U0136021

易經研究2

道解易經

大藏 著

蘭臺出版社

特別感謝

今值科技互聯網時代，使本人在寫此書時，得到非常便利之幫助。《道解易經》中關於各卦簡論之佐證參考中的書目大多數來自中國《古文詩網》，另有其他簡論之佐證參考書目及圖片來自《百度百科》，相關涉及歷史迷案如中國西安豐鎬車馬坑背景資料來自《中國華夏文化遺產網》，關於此點本人再次特別感謝上述網站！

本書參考資料：《易經》原文來自馮金梁《周易預測手冊》、中國哲學文化協進會出版。

簡論部分佐證參考書目如下：

一、周秉鈞《白話尚書》

中醫經典《黃帝內經•靈樞經》

宋趙全陽真人纂輯、蕭天石編《歷世真仙體道通鑒卷之一》

春秋古代先秦老子《道德經》

2001年修訂版《新華詞典•北宋易學家邵雍「商代年表」》

魏晉間醫學家皇甫謐《帝王世紀•第五》

二、《古文詩網》：

周公旦《周禮》

朱右曾氏以及黃懷信先生《逸周書》

周代《儀禮》

先秦古籍《山海經》

佚名《詩經》

春秋末年孫武《孫子兵法》

春秋戰國 孔子及其弟子《論語》

魏王肅注《孔子家語》

戰國時代姜子牙《六韜》

戰國劉向《管子》

戰國末期 韓非《韓非子》

戰國荀況《荀子》

戰國初期吳起《吳子》

秦末漢初黃石公《素書》

東漢王充《論衡》

西漢劉安《淮南子》

漢代司馬遷《史記》

西漢戴德《禮記》

唐代趙蕤《反經》

北宋司馬光《資治通鑑》

北宋沈括《夢溪筆談》

南朝劉勰《文心雕龍》

南北朝 顏之推《顏氏家訓》

宋代諸葛亮《將苑》

明清《三十六計》

馬王堆漢墓出土帛書《黃帝四經》

三、《百度百科》：

秦末漢初 黃石公《黃石公三略》

《易‧乾鑿度》中國西漢末緯書《易緯》中的一篇。又
稱《易緯乾鑿度》

《春秋》《漢書》

《周易‧說卦傳》

《古文苑•蔡邕〈協和婚賦〉》

《萬機論》

《晉書•樂志》

《三國演義》

《中國華夏文化遺產網》

《韓非子》

《麥秀歌》

《清華簡•尚書•保訓》

《周語》

《禮記•月令篇》

成公亮《文王操》打譜後記等。

　　另，以上參考書目中有的文字採用譯文本，有的為原著文，經本人重新解讀，關於譯文引言部分本人沒有在各網錄入的原著中找到譯文者姓名，因此各書名前面均沒有注明譯文作者，此點深感抱歉。如果本書中另有參考書目遺漏沒有注明出處及感謝的，本人特此抱歉並在此說聲特別感謝！！

　　　　　　　　　　　　　　　　大藏在此鞠躬感謝！

說 明

特別說明一

本部《道解易經》是還原文王演易真正的目的和內容，涉及道而不涉及技術占卜方面的相關內容。讀者想全面瞭解易經占卜方面的內容，請看其他大家著作。

特別說明二

本部《道解易經》在卦序編排上經過重新編排，重新編排原因讀者看完即明。此處不做解釋。如下舉例說明：

```
䷜
29.坎為水
藏解易經1
```

說明： 1. 29. 坎為水：是《易經》中原來的排序

2. 藏解易經1：是大藏著《道解易經》的排序，簡為藏解易經1。

《易經》原卦卦序如下

1、乾	2、坤	3、屯	4、蒙	5、需	6、訟
7、師	8、比	9、小畜	10、履	11、泰	12、否
13、同人	14、大有	15、謙	16、豫	17、隨	18、蠱
19、臨	20、觀	21、噬嗑	22、賁	23、剝	24、復
25、無妄	26、大畜	27、頤	28、大過	29、坎	30、離
31、咸	32、恒	33、遯	34、大壯	35、晉	36、明夷
37、家人	38、睽	39、蹇	40、解	41、損	42、益
43、夬	44、姤	45、萃	46、升	47、困	48、井
49、革	50、鼎	51、震	52、艮	53、漸	54、歸妹
55、豐	56、旅	57、巽	58、兌	59、渙	60、節
61、中孚	62、小過	63、既濟	64、未濟		

關於《易經》：

《易經》到底是一部什麼書，各家眾說紛紜，大藏不在此進行過多闡述，《易經》體制來源伏羲64卦，卦體周天360度，各家各派如何解讀都是正確，本文並非解讀伏羲64卦、《連山》、《歸藏》。關於本部書，屬於文王羑里演之，我簡單稱為文王聖經。

Contents 目錄 ——————————

第三章　君子終日乾乾　145

Contents 目錄 ——————————

序

大藏借《道德經》說序

道德真經五千言， 千言不離易之理。

不知道來何識易， 陰陽大道易之始。

易中變化有玄機， 玄機背後鬼伏藏。

藏中又有恍惚象， 像是像來又不像。

孔子大德掩真機。 真機一現天地光。

子曰[1]：「朝聞道，夕死可矣。」

是誰創造了宇宙？是誰創造出風雨雷電？是誰安排了日出日落？是誰安排了春夏秋冬？是誰創造了人類？人生下來，即使什麼也不做，時間也會過去，人也會老去，死去。這一切是如此神奇，人類到底被誰所設計？是否自然界中有一隻看不見的手默默操縱這一切？能夠操縱這一切神秘的物質是否就叫做時光之手，是否這個時光之手就是日月？！日者太陽，陽也，月者，陰也。老子說一陰一陽謂之道也，兩者相輔相成形成了春夏秋冬運轉的規律，有了春夏秋冬的運轉，才構成了宇宙的紀元，我們才可知道未來，我們才可追溯過去，可我不知道這日月二者之前是如何形成？我翻開《道德經》[2]，老子告訴我：

有一個東西在宇宙混沌初開，天地還沒有形成以前就已經存在了。它既沒有聲音也沒有形體，寂靜而空虛，它獨立於宇宙之中，從來都沒有改變，它周而循環運行不止，可以說它是天地的母親，萬物的本源。我不知道它叫什麼名字，但是卻知道它非常地強大，只能用強字稱它為「道」，因為它太強大，因此叫它「大」。它的大，讓你看不見它，它無邊無際，你看不見它，它卻能反射你身邊，永遠地運行，輪回不止，因此說道大、天大、地大、人也大。宇宙間有四大，而人居其中之一。人效仿大地順

從於大地，地順從於天，天順從於「道」，而道順應自然。

能用語言說的道，不是那個永恆不變的道，能可以叫出的名也不是永恆不變的名，它本來就無名，不知叫什麼這個「無」就是萬物的開始，有了名這個「有」就成了萬物的本源。因此說道的本源是無也，只有從「無」中才能觀察領悟「道」的奧妙；要常從「有」中去觀察體會「道」的端倪。「無」與「有」這兩者，名字不同但都是用它稱呼道，道即無又有，所以說它玄之又玄。玄之又玄變化莫測就是它奧秘之門。

大道無所不在，左右上下無所不到。萬物依賴它生長，而道從不推辭，道完成了功業，卻不謂有功。它養育萬物而不自以是萬物的救世主，它沒有任何欲望，可以稱它為「小」，萬物歸附而不自以為主宰，可以稱它為「大」。正因為它不自以為偉大，所以才能成就它的偉大、完成它的偉大。

道不變的是無和有，一直自然存在，它雖然很小不可見，但天地萬物都臣服於它。如果侯王能遵守並保護它而不破壞它，萬物資源將有序貢獻侯王。天地間陰陽之氣相合，就會降下甘露，百姓不違反它的命令自然就能做到生活有保障。侯王從治理天下開始就要依從道建立一種體制，確定各種名分，名分既有，就要遵行，各自站好自己的位子，在自己的位子上行駛，知道自己應該幹什麼就沒有危險。就猶如「道」存在於天下而自然順行輪轉，就好比山川河谷中的水最終流入江河湖海。

道永遠是順應自然而不自行其事，侯王如果能按照「道」的原則為政治民，萬事萬物就會自我地教化。當自生自長而產生貪欲時，我就要用「道」的自然力量來鎮住它。用「道」的自然力量鎮服它，人們就不會產生貪欲之心了，沒有貪欲之心，天下便自然而然地達到穩定、安寧。

道是無，為陰，道也是有，為陽，道是陰陽二氣的物質，它可以先生出一個物體為一，為陽，再生出一個為二，為陰，兩個物體陰二和陽一相互地結合生出第三個物體，最後三個物體再相互地存在，陰與陽的結合變生出無數個物體。因為道是陰陽的物

體生出了萬物，因此萬物也就存在著陰和陽，萬物都是背靠陰面而頭部向陽，兩種陰陽二氣的互相交集而產生和諧。人最怕的就是晚年喪偶犯有「孤獨」、「守寡」和「短壽」，但工公卻用這些字眼來稱呼自己。因此一切事物或者有多或者有少，因此就要損去多的，用來補充少的來使它平衡。聖人這樣教導我，我也這樣去教導別人。強暴的人沒有好死的。我把這句話當作施教的宗旨。

自古得到道的有：天得到道而清明；地得到道而寧靜；神（天地的精華：能量體，如鑽石，人參，或人之精華，科學家，能者）得到道而英靈；河谷得到道而充盈；萬物得到道而生長；侯王得到道而成為天下的首領。推而言之，天沒有道則不清明，恐怕要崩裂；地無道則不安寧，恐怕要震潰；神無道則不能保持靈性，恐怕要滅絕；河谷沒有道不能保持流水，恐怕要乾涸；萬物無道不能保持生長，恐怕要消滅；侯王無道不能保持天下首領的地位，恐怕要傾覆。因此貴以賤為根本，高以下為基礎，侯王們自稱為「孤」、「寡」、「不穀」，這是以賤為根本嗎？當然不是，因此最高的榮譽無須用讚美來稱譽。不要求球球晶瑩像寶玉，而寧願自己平常像個堅硬的石頭一樣，自然就好。

誰掌握了那偉大的「道」，普天下的人們便都來向他投靠、嚮往、投靠他而不互相妨害，於是大家就和平而安泰、寧靜。音樂和美好的食物，使過路的人都為之停步，用言語來表述大道，是平淡而無味兒的，看它，看也看不見，聽它，聽也聽不見，而它的作用，卻是無窮無盡的，用也用不完。

老子告訴我道的軌跡是無和有，你不掌握它可以稱它無，你掌握它可稱作有。老子又說：「古時候善於行道的人，他的能力微妙不可測」。我想文王就是這樣的人，用老子以下的話來形容文王可以看出文王道之端倪。文王的能力淵深不可識出，他深奧得無法用語言來形容，因為難以形容他，所以只能勉強地說：他小心謹慎啊，好像冬天踩著冰過河；他警覺戒備啊，好像防備著鄰國的進攻；他恭敬鄭重啊，好像要去赴宴做客；他行動灑脫

啊，好像冰塊緩緩消融；他純樸厚道啊，好像沒有經過加工的原料；他曠遠豁達啊，好像深幽的山谷；他渾厚寬容，好像不清的濁水。誰能使渾濁安靜下來，慢慢澄清？慢慢顯出生機？保持此「道」的人不會自滿。正因為他從不自滿，所以能夠去故更新。

視而不見，稱它無形。聽而不聞，稱它無聲，摸它不著，稱作無跡。這三者不能分別清楚，原本渾然。

大道恍惚，恍惚無形，無形就隱藏，一個羑里豈能囚禁了它？

懂得道的人也會運用於道，人遇困，道豈能被困，只是隱矣。懂得道的人不會推辭於道，如何都要居守於道，這才合乎道。

這至古的道理，懂道的人是不說出來的，我今天冒膽說出來，借用老子《道德經》向人們說一說文王之道。

大道至簡，龍終究是龍，龍豈可變蟲？《連山》，《歸藏》[3]道之秘密，文王羑里無奈演《易》洩露天機，64卦濃縮道德之神奇，自始《易經》[4]得傳，而後老子《道德經》始出安。

文王智慧，古今堪奇，羑里遭囚，揮指江山，易經出世，羑里復出，天之受命，800朝周，鳳有自由。

聽老子說道，智者明心，聽老子說德，智者見性，明心見性方可識物識人，道生萬物，德蓄育萬物。萬物順勢而生長，因此萬物即遵崇道也珍貴德。道之所以被尊崇，德所以被珍貴，就是由於道生長萬物而不加以干涉，德畜養萬物而不加以主宰，順其自然。因而，道生長萬物，德養育萬物，使萬物生長發展，成熟結果，使其受到撫養、保護。道生長萬物而不居為己有，德撫育萬物而不自恃有功，導引萬物生長而不主宰萬物，這就是奧妙玄遠的德。

用老子的話說自古大德之人都能教化世人，同樣用老子的話說，孔子就是這樣的大德之人，他的表現是遵循著道。他保護著道，他看見的道之物（文王《易經》），忽然大悟又忽然恍惚，

其中裏面有形象。它是那樣的恍恍惚惚啊，其中有實物。它是那樣的深遠又是那麼暗昧啊，其中有精神；這精神是非常地真實，這其中還有信。從當今上溯到古代，這個名字永遠不能消失，有它存在，人們才能參閱它以滋養哺育眾人的精神。我從何得知眾人的形狀，就以此為證而知道。

　　天地無全功，天下最完美的東西，好似有殘缺一樣，但它的作用卻不會因為這個瑕疵弊端所影響，越能裝東西的器物越是虛空無底，虛空使它永遠裝不滿。樹大盤根，根系越長越大直若屈。越靈巧的東西，好似最笨拙；最卓越的辯才，好似不善言辭一樣。清靜戰勝躁動，寒冷克服暑熱。只有清靜順其自然才能使天下正常運轉從不會失序。

　　大道一理，大道同存，聖賢相知，聖賢相感，因此才有文王善道而作「易」。老子知道而識「易」做「道德」，周公[5]、孔子[6]尊道貴德而「彖」、「象」、隱「易」。聖人皆知後其身而身先，外其身而身存，大音希聲，道隱無名。

　　天地萬物「易」理「道」言，聖人居無為之事，是不自以為，依法天地人情而治理世間人事，我借天地萬物之理，聖人之言，以示天下執政管理之主：「人法地，地法天，天法道，道法自然。自然生三才[6]，五行出於道，居中人矣，五寶一管居一國[7]，人能奉五常，仁義禮智信，守中，正道自無咎，無咎天下安！」

　　大道至簡，一經不二。

　　真經天下傳！

《老子道德經之節選》

有物混成，先天地生。寂兮寥兮，獨立而不改，周行而不殆，可以為天地母。吾不知其名，強字之曰：道，強為之名曰：大。大曰逝，逝曰遠，遠曰反。故道大，天大，地大，人亦大。域中有四大，而人居其一焉。人法地，地法天，天法道，道法自然。

道可道也，非恒道也。名可名也，非恒名也。無名，萬物之始也；有名，萬物之母也。故恒無欲也，以觀其眇；恒有欲也，以觀其所徼。兩者同出，異名同謂。玄之又玄，眾眇之門。

道常無名，樸。雖小，天下莫能臣。候王若能守之，萬物將自賓。天地相合，以降甘露，民莫之令而自均。始制有名，名亦既有，夫亦將知止，知止可以不殆。譬道之在天下，猶川穀之於江海。

道常無為而無不為。候王若能守之，萬物將自化。化而欲作，吾將鎮之以無名之樸，鎮之以無名之樸，夫將不欲。不欲以靜，天下將自定。

道生一，一生二，二生三，三生萬物。萬物負陰而抱陽，沖氣以為和。人之所惡，唯孤、寡、不穀，而王公以為稱。故物或損之而益，或益之而損。人之所教，我亦教之。強梁者不得其死，吾將以為教父。

昔之得一者，天得一以清；地得一以寧；神得一以靈；穀得一以盈，萬物得一以生；候王得一以為天一正。其致之也，謂天無以清，將恐裂；地無以寧，將恐廢；神無以靈，將恐歇；穀無以盈，將恐竭；萬物無以生，將恐滅；候王無以正，將恐蹶。故貴以賤為本，高以下為基。是以候王自稱孤、寡、不穀。此非以賤為本邪？非乎？故至譽無譽。是故不欲琭琭如玉，珞珞如石。

執大象，天下往。往而不害，安平太。樂與餌，過客止，道之出口，淡乎其無味，視之不足見，聽之不足聞，用之不足既。

　　大道汜兮，其可左右。萬物恃之以生而不辭，功成而不有。衣養萬物而不為主，常無欲，可名於小；萬物歸焉而不為主，可名為大。以其終不自為大，故能成其大。

　　古之善為道者，微妙玄通，深不可識。夫不唯不可識，故強為之容；豫兮若冬涉川；猶兮若畏四鄰；儼兮其若客；渙兮其若凌釋；敦兮其若樸；曠兮其若穀；混兮其若濁；孰能濁以靜之徐清？孰能安以靜之徐生？保此道者，不欲盈。夫唯不盈，故能蔽而新成。

　　道生之，德蓄之，物形之，勢成之。是以萬物莫不尊道而貴德。道之尊，德之貴，夫莫之命而常自然。故道生之，德蓄之，長之育之，亭之毒之；養之覆之。生而不有，為而不恃，長而不宰，是謂玄德。

　　孔德之容，惟道是從。道之為物，惟恍惟惚。惚兮恍兮，其中有象；恍兮惚兮，其中有物；窈兮冥兮，其中有精，其精甚真，其中有信，自今及古，其名不去，以閱眾甫。吾何以知眾甫之狀哉？以此。

　　大成若缺，其用不弊。大盈若沖，其用不窮。大直若屈，大巧若拙，大辯若訥。靜勝躁，寒勝熱。清靜為天下正。

【注解】

[1] 子曰：孔子。孔子（前551年9月28日，即農曆八月廿七～前479年
　　4月11日，即農曆二月十一），名丘，字仲尼，東周時期魯國陬邑
　　（今中國山東曲阜市南辛鎮）人，先祖為宋國（今河南商丘）貴
　　族。春秋末期的思想家和教育家、政治家，儒家思想的創始人。
　　孔子集華夏上古文化之大成，在世時已被譽為「天縱之聖」、「天
　　之木鐸」，是當時社會上的最博學者之一，被後世統治者尊為孔聖
　　人、至聖、至聖先師、萬世師表。

[2] 《道德經》：又稱《道德真經》、《老子》、《五千言》、《老子
　　五千文》，是中國古代先秦諸子分家前的一部著作，為其時諸子所
　　共仰。傳說是春秋時期的老子（即李耳，河南鹿邑人）所撰寫，是
　　道家哲學思想的重要來源。是中國歷史上首部完整的哲學著作。

[3] 《連山》、《歸藏》：伏羲64卦，夏代的《連山》、殷代的《歸
　　藏》上古聖賢關於占卜、治家治國奇書。

[4] 《易經》：關於《易經》到底是一本什麼書，各家有不同的見解，
　　我大藏在此簡單稱之文王《易經》是宇宙大道之經，是人類聖人之
　　經簡單稱為聖經。是人類文化、文明的源頭。

[5] 周公：周公為周代的爵位，得爵者輔佐周王治理天下。歷史上的第
　　一代周公姓姬名旦（約西元前1100年），亦稱叔旦，周文王姬昌第
　　四子。漢族，因封地在周（今陝西省寶雞市岐山北），故稱周公或
　　周公旦。為西周初期傑出的政治家、軍事家和思想家，被尊為儒學
　　奠基人，孔子一生最崇敬的古代聖人之一。

[6] 三才，天、地、人合稱三才。

[7] 五寶一管居一國：五寶為大智、大農、大工、大商、大兵。一管為
　　國家政黨，國家的管理者。

元亨利貞

　　距今約3138年前，西元前1125年（此時間為大藏依據「易經」中的武王克商時間約計，準確時間不祥。），商紂王朝，紂王[1]為政殘虐，對百姓施以炮烙之刑。西伯昌[2]（周文王，後稱文王）暗中歎息，被崇侯虎[3]得知，他密告紂王說：「西伯積累善行、美德，諸侯都歸向他，這將對您不利呀！」商紂王聽信崇侯虎的讒言，龍威大怒。遂命人去西郊傳西伯昌赴朝歌事商。

　　三月十五日，文王召集六州的諸侯要去商朝奉服國事。諸侯不滿擔心，勸阻文王不要赴商。文王不忍負商，準備啟程去往朝歌，臨行前安排國政，對司徒、司馬、司空三吏交代工作，以作（《逸周書》之《程典》）[4]。

　　文王告誡官員說：「你們要體察民情，要重視細節。不要出現政事失誤，要警戒災難，做事一定要謹慎。慎重對待土地農田，慎重對待制度，慎重對待人事，慎重對待道德，要親身儉行以己才能度人，要知明德。做事要合乎道德合乎法度，上屬做好表率下屬才能順從，大家做事要盡力盡責，要謙讓不爭讓禮儀流

行。要使下屬順從，上司必須嚴於自律。上司要辨是非，下屬不要結黨。治國要選拔賢才。國無賢才，百姓就會凶頑，凶頑就會危害上司。選擇官吏要他們知曉安危懂得訓教，這樣頑民就會順從。尊卑貴賤才有准度，要防備天災外寇。協和三族，穩定四方支援，明確部武的輪流值守，操練好武備，保衛好山川，通順水陸交通，以便於防務。

士大夫[5]不要參與經商[6]，士之子不知儀禮法度，就不能教育好下一代。工人不聚集一起做工，生產分散不能管理，不能管理就生產不足，不能有效率將物品供給官府。族人不分屬各鄉，就不會使之和順。上司不明智，下屬不順從啊、就會不知恥醜，行為輕率，愚昧和無知。

對待土地要慎重，必須規劃成圖，標明好物產。要辨明土地好壞，量出土地之高低。利用好池塘水溝，珍惜農事季節。制定土地的等次，努力搞好生產。區別土地的租賦，賦稅多少要制定得當。賦稅得當就有利於農民的耕種，耕種要順應天時的意願。

謹慎所用，物品一定要珍惜。工匠治理手中的材料，商人交易他們的貨物，百物鳥獸魚鱉都是順時而生長。人生愛惜之心必節省財用，不會超過限度。草木滋生之時不放火，樹木成林不砍伐，牛羊齒牙不全不宰殺。土地盡其力就不求最美，美以不妨害使用為限度，使用法律制度時要謹慎。所有的準備工作都要認真，不要去想多多享受。財用少可安定親人，財用多可召來遠人。遠人到來，近處人就會安寧。

安寧時要想到危難；開頭之時要想到終了；靠近身時要想到防備；在遠方之時要想到近處；在年老之時要想到多動……不止這些啊，不要違背，要嚴加戒備啊。」

……

文王入商。……

崇侯虎讒言得逞，紂遂囚西伯於羑（yǒu，有）里（今河南湯陰北）。

【啟示】

大藏：文王臨行赴商告誡官員的「啟程典章」說明什麼？此典章說明文王非常「重視五寶一管」。

【注解】

[1] 紂王：《史記．殷本紀》說：乙帝即位，殷朝更加衰落。乙帝長子叫微子啟。啟的母親地位低，因啟不能繼承帝位。乙帝小兒子叫辛，辛的母親是正王后，因而辛被立為繼承人。乙帝逝世後，辛繼位，稱辛帝，天下都管他叫「紂」，因諡法說「紂」表示殘義損善。

紂憑聲威抬高自己，自大狂妄。好酒淫樂，寵愛女人。特別寵愛妲己，一切聽從妲己。他讓樂師涓為他製作淫樂，每天縱舞歡歌。他加重賦稅，強取民財營造鹿臺，搜集犬馬和新奇的玩物，擴建沙丘，捕捉大量野獸飛鳥置於園林樓臺，對鬼神傲慢不敬。戲樂，聚集在沙丘，酒做池水，肉懸掛當做樹林，讓男女赤身裸體，在其間追逐戲鬧，飲酒尋歡，通宵達旦。

紂的荒淫無度，致使百姓怨恨，諸侯有的背叛。他變本加厲加重刑罰，設置「炮烙」酷刑，讓人在塗滿油的銅柱上爬行，下面點燃炭火，爬不動了就掉在炭火裏。紂任用西伯昌、九侯、鄂侯為三公。九侯有女兒非常美麗，獻給了紂，她不喜淫蕩，紂大怒，殺了她，同時把九侯也施以醢（hǎi海）刑，剁成肉醬。鄂侯極力強諫，爭辯激烈，結果鄂侯也遭到脯（fǔ斧）刑，被製成肉乾。西伯昌聞見此事，暗暗歎息。崇侯虎得知，向紂去告發，紂就把西伯囚禁在羑（yǒu，有）里。

今人說：帝辛繼位後，重視農桑，社會生產力發展，國力強盛。發起對東夷用兵，打退了東夷向中原擴張，把商朝勢力擴展到江淮一帶，國土擴大到山東、安徽、江蘇、浙江、福建沿海。現存歷史記載帝辛於西元前1075年即位，西元前1046去世，在位30年，後世評價褒貶不一。

[2] 西伯昌：周文王，姓姬名昌，生卒年不詳，享年97歲。商紂時為西伯，建國於岐山之下，積善行仁，政化大行，因崇侯虎向紂王進讒言，而被囚於羑里，後得釋歸。益行仁政，天下諸侯多歸從，武王克商立周後，追尊姬昌為文王。

《史記•周本紀》說文王繼承後稷、公劉開創的事業，仿效祖父古公亶父和父親季曆制定的法度，實行仁政，敬老愛幼，禮賢下士，治理岐山下的周族根據地。在治岐期間，對內奉行德治，提倡「懷

保小民」，大力發展農業生產，採用「九一而助」的政策，即劃分田地，讓農民助耕公田，納九分之一的稅。商人往來不收關稅，有人犯罪妻子不連坐等，實行著封建制度初期的政治，即裕民政治，就是徵收租稅有節制，讓農民有所積蓄，以刺激勞動興趣。對外招賢納士，許多外部落的人才以及從商紂王朝來投奔的賢士，他都以禮相待，予以任用。如伯夷、叔齊、太顛、閎天、散宜生、鬻熊、辛甲等人，都先後歸附在姬昌部下稱臣。姬昌自己生活勤儉，穿普通人衣服，還到田間勞動，兢兢業業治理自己的國家。岐周在他的治理下，國力日漸強大。西周國力增強壯大，引起商王朝的不安。商紂王的親信讒臣崇侯虎，暗中向紂王進言說，西伯侯到處行善，樹立自己的威信，諸侯都嚮往他，恐怕不利於商王。紂王於是將姬昌拘於羑里（今河南湯陰縣）。

[3] 崇侯虎：崇氏國君，今河南嵩縣北，受商封為侯，是紂王的重要羽翼。中國歷史上的第一個「告密者」。

[4] （《逸周書》之《程典》）：《逸周書》，本名《周書》。自漢以來，眾家稱之為「周書」。

稱為「逸周書」始於東漢許慎，見於他的《說文解字》。清代修《四庫全書》，題名為《逸周書》。書名從此確定。

《逸周書》七十篇，《序》一篇，舊分十卷，實存五十九篇。

就其內容而言，涉及禮制、兵戎，有史事、有訓詁，有政令、有說教。其書涉「史」雜「文」後世歸入「雜史類」，《漢書·藝文志》題為「周史記」，大體反映了該書的性質。《逸周書》多數篇目，標明是記文、武、周公、成王、穆王時事。

現存《逸周書》最早的注本當是晉孔晁注。在現有五十九篇中，有孔注者四十二篇，無注者十七篇。現譯本採用朱右曾氏《集訓校釋》作底本。

此《程典》，《逸周書·序》說：文王在程，因此作了《程寤》、《程典》。……，因此作了《九開》。

[5] 士大夫：
士大夫是上古的「爵」
《通典·職官·封爵》上載有：
黃帝：方制萬裏，為萬國，各百里。
唐虞夏：建國凡五等：公、侯、伯、子、男。
殷：公、侯、伯三等，公百里，侯七十里，伯五十里。
周：公、侯、伯、子、男五等，公侯百里，伯七十里，子男五十里。周公居攝改制，大其分封，公五百里，侯四百里，伯三百里，子二百里，男百里。
戰國以前，各諸侯國內部的爵實際上有卿、大夫、士三級，每級又

分上中下三等。各國按國大小待遇不同，如《左傳》中載「次國之上卿當大國之中，中當其下，下當其上大夫。小同之上卿當大國之下卿，中當其上大夫，下當其下大夫。」有不同的食封標準，如《國語》中載「大國之卿，一旅之田，上大夫，一卒之田。」《左傳》中也載趙簡子曾有「上大夫受縣，下大夫受郡」之語。

[6] 士大夫為什麼不要參與經商

五寶乃是「大智、大農、大工、大商、大兵，」。大農是把農民組織起來聚居在一地進行生產，糧食就會充足；大工把工匠組織起來聚居在一地進行生產，器具就會充足；大商把商賈組織起來聚居在一起進行貿易，財貨就會充足。讓此三大行業各安其業，民眾就會安居樂業。文王如此重視國之「五寶」，國有如此五寶何愁不富不強，因此要特別做好管理，這個管理就是當官者的真正責任和義務。當官者只要做好這一條就夠了，不要參與經商，當官者參與經商就是擾亂國家秩序。擾亂國家秩序，「五寶一管」出現混亂，國之必亂。文王說：「負且乘，致寇至」。就是如此道理。可歎後世愚癡無知，竟然認為「士、農、工、商，士最高貴，商最賤，排在末。」其實在聖人文王眼中「五寶一管」就是「春夏秋冬，元亨利貞。」就是人間秩序，沒有「大農、大工、大商」官又何貴之有？「一管」不管理好「三寶」何稱國家，國家養官為何？既然國家養官給官福祿尊貴，官就不要再參與經商。後世人妄解元亨利貞，鄙夷商人，商人地位妓女不如，人間不平，天因此生出呂不韋，可惜呂不韋盡知天下人人之天下，也敵不過嬴政一人之天下，試想嬴可知道乎？

【注明】

本序《道德經》，本前提（《逸周書》之《程典》），《史記》原底本文章來自互聯網《古文詩網》，注解中相關內容來自互聯網《百度百科》。以此誠謝高科技帶來的便利，以及《古文詩網》及《百度百科》相關的工作人員作出的工作努力。

【說明】

關於本書《道解易經》中各卦節簡論部分之佐證，如引用各典籍的譯文有的地方本人做了些改動，改動原因是本人理解與原來譯文理解有些不同不涉及其他，如有冒犯請予諒解。

第一章 潛龍勿用

 一、坎為水 險從何來？

29.坎為水
藏解易經1

坎：習坎，有孚維心，亨，行有尚。

簡譯：（經歷坎境，唯有小心，順從於險境，才可能脫險）

譯文：文王說：「我現在正陷入重重的險境中，唯有小心應對才
　　　能擺脫險境啊！」

象曰：習坎，重險也。水流而不盈，行險而不失其信。維心亨，
**　　　乃以剛中也。行有尚，往有功也。天險不可升也，地險**
**　　　山川丘陵也，王公設險以守其國，險（坎）之時用大矣**
**　　　哉！**

譯文：周公說：「坑上加坑，雙重險也。有多少水也裝不滿。
　　　（文王遭遇到）如此的險坑也沒有失去信心，唯有心中順

從，真是剛強也。（文王）此行光明磊落，前往是有功勞的。（文王）此處之險非天險，地險也。乃是權利之險。王公設險以保衛自己、國家。坎的作用大啊。」

大藏：紂王聽信大臣讒言怕文王取代自己而囚禁文王。

象曰：水洊至，習坎；君子以常德行，習教事。

譯文：孔子說：「水積存到坎坑裏，陷入牢中，君子要以仁義禮智信五常的標準來規範自己的行為做事。」

大藏：人生遇坎，常有的事。

【注解】

坎：卦名。有陷，險之義。因卦體內外二經卦皆坎，故「習坎」。習，重複。「習坎」即重坎。有重險之意。

有孚維心，亨，行有尚：有孚：當這個險境，這件事。心：小心，行：行動。尚：才可能。

初六：習坎，入於坎窞，凶。

簡譯：（掉入重重陷井，凶。）

譯文：文王：「我現在被囚禁了，進入了重重險坑中。凶啊。」

【注解】

入於坎窞：入坎險穴中。(窞，dàn)，小穴。

象曰：習坎入坎，失道凶也。

譯文：孔子說：「知道坎之道者掉入坎中，要失去大道凶啊。」

大藏：孔子此句有兩個意思。一是指文王因入坎而不能治理西郊岐山，二指紂王無故囚文王為失君之道而藏隱患。

九二：坎有險，求小得。

簡譯：（身陷險中，可以提點小要求）

譯文：文王說：「現在，險沒有開始那麼兇險了，但還是沒有脫

離險境，仍然危險，不過我可以提一些小小的要求。」

象曰：求小得，未出中也。

譯文：孔子說：「小小的要求，可以的，是適中的，要求不過
　　　分。」

六三：來之坎，坎險且枕。入於坎窞，勿用。

簡譯：（不能脫離坎境，要靜觀其變）

譯文：文王說：「既然不能放我，囚禁已成定局，坎既來之則安
　　　之吧，要靜觀其變，什麼也不要想了。」

象曰：來之坎坎，終無功也。

譯文：孔子說：「坎來勢洶洶，終究沒有降住聖人，最終成就聖
　　　功。」

大藏：紂王設置了那麼大的坑，白忙乎了。

六四：樽酒，簋貳，用缶，納約自牖，終無咎。

簡譯：（順其自然）

譯文：文王說：「在坎中，我唯有順其自然，喝酒，吃飯，按時
　　　間出來觀風，還是沒有問題的。」

【注解】

樽酒簋，貳用缶，納約自牖：（行祭時）樽中酒簋（中黍稷），並
副之以缶，（祭時）由窗口納勺於樽以取酒。樽（zūn），古代酒
器。簋（guǐ），古代盛黍稷的竹器。貳，副。約，酌酒之勺。牖
（yǒu），窗戶。

象曰：樽酒簋貳，剛柔際也。

譯文：孔子說：「喝酒，吃飯，剛中有柔，很實際。」

九五：坎不盈，祗既平，無咎。

簡譯：（1．險境還沒有過去還會再來。2．坎不久長，恭敬順
　　　從，不要擔心。）

譯文：文王說：「被囚禁的境況不會長久的，我只要恭敬順從，
　　　劫難過去就好了。如沒有什麼過錯是沒問題的。」

【注解】

坎不盈，祗既平：坎陷未滿盈，（需）安定而險自平。祗，恭敬順
從。

象曰：坎不盈，中未大也。

譯文：「孔子說：坎不久，還是坑不夠大呀。這也就是文王也，
　　　大也。」

上六：系用徽纆，寘於叢棘，三歲不得，凶。

簡譯：（沒有外界的聯繫，擔心政務，國家安危，凶）

譯文：文王說：「在這裏，被（紂王）捆住了手腳，置於獄外監
　　　獄中，三年沒有得到西郊的任何消息，凶啊。」

【注解】

系用徽纆，寘於叢棘，三歲不得：用黑色繩索捆縛，又被置於監
獄，三年不得出來。系，捆綁。徽纆（纆，mò），古代捆綁罪人的黑
色繩索。寘（寘，zhi），置。叢棘，古代在獄外種的荊棘，據說有
「九棘」，以防罪人逃跑，猶如現在的鐵絲網。三歲不得，在獄中
囚三年不得自由。

象曰：上六失道，凶三歲也。

譯：孔子說：「紂王失道，文王已經被關了三年了。」

簡論坎卦

坎卦之險：天設險：為風雨雷電地震海嘯等一切自然災難，
地設險：古代為山中毒蛇猛獸，老虎等自然界中的野獸之險。
人設險：為國家治理政治的法律準繩。

文王遭遇人為設險入羑里遭囚，對自身環境狀態自行審視，
險來之則安之，險之難脫唯有服險。險總不長久定有脫險，安貞

等待上策也。孔子說：「來之坎坎，終無功也。」一個小坎豈能坎住聖人。老子說：「一陰一陽謂之道也」，陰極陽始，最冷的時候，春天要來矣。

二、澤水困 脫困謀政

47.澤水困
藏解易經2

困：亨，貞，大人吉，無咎。有言不信。

簡譯：（身處困境，平安無事，想做事，有話要說卻不便寫信。）

譯文：文王說：「我現在什麼也做不了，被囚困此處，因為我對大王的順從和忠心，才沒有什麼事發生。我身體都很好，但是放心不下國家的政務，我想有話對你們說（兒子：姬發），可是不能給你寫信呀。」

象曰：困，剛掩也。險以說，困而不失其所，亨；其唯君子乎。貞，大人吉，以剛中也。有言不信，尚口乃窮也。

譯文： 周公說：「才能被困所掩埋，在身處危險中不忘自己的根本和責任。冒險以說，順從，只有君子才能做到。忠心，才可安全。這可是強中不失本分守中道也。有話說不能寫信，是因為沒有辦法也。」

象曰：澤無水，困。君子以致命遂志。

譯文：孔子說：「應該常年積水的地方卻沒有水，是為困哪，君子喪失自由還在謀劃大志(政治抱負）。」

大藏：致命遂志：致命是命運遭到創擊。此處指失去自由。遂志，有兩個含義，1、指文王沒有完成國家政治的使命，2、文王正在謀劃大志的意思。

初六：臀困於株木，入於幽谷，三歲不覿。

簡譯：（在幽谷中坐在木臺上，三年不見人。）

譯文：文王說：「在寂靜的幽谷中，我每天都坐在地臺上的桌案前，想你們，也思考著國家的政務，前途，三年了，沒有你們任何資訊。」

【注解】

> 臀困於株木：臀：盤腿坐著。株木：古代地炕上。木頭拼成，相當於今天的木地臺，木地板。三歲不覿：三年不見面。歲，年。覿（dí），見。

象曰：入於幽谷，幽不明也。

譯文：孔子：「在幽谷裏面，文王不知道自己國家發生了什麼事情。」

九二：困於酒食，朱紱方來，利用享祀，征凶。無咎。

簡譯：（喝酒時，想到辦法了。）

譯文：文王說：「困中喝酒，方法來了，我可利用連山歸藏的64卦祭祀占卜訓文寫下我的治國方針，雖然有些冒險，但無有事的。」

【注解】

> 朱紱（紱fú）：竹簡，古代官員有奏摺上書給君王，君王要用紅筆批奏摺，圈點。這裡是指文王治理國家的政治方針利用占卜的短語來說明。
> 祀：祭祀，此處指占卜辭。

象曰：困於酒食，中有慶也。

譯文：孔子說：「困中喝酒啊，想到辦法了，真是值得慶祝啊。」

六三：困於石，據於蒺藜。入於其宮，不見其妻，凶。

簡譯：（石牆外邊，設聯絡點）

譯文：文王說：「在我囚禁地的左面，有一面石牆，爬滿茂密的蒺藜，在那個地方，你們要建起一座房子，要住著夫妻一家人，如果沒有女人容易引起懷疑，就凶啊。」

大藏：嘻嘻，最早的諜報站。實在是高！

【注解】

困於石：石頭牆，也可說是左面石頭牆。為什麼呢，石通商音，石通金屬，商和金在方位上代表左方。
蒺藜：類似爬山虎的攀藤植物。

象曰：據於蒺藜，乘剛也。 入於其宮，不見其妻，不祥也。

譯文：孔子：「據於蒺藜，大膽冒險啊（犯上啊），蓋間房子，沒有女人，是不吉利也。」

九四：來徐徐，困於金車，吝，有終。

簡譯：（來往往，用貨車傳遞資訊）

譯文：文王說：「叫男主人和隨人扮成商人，拉些貨物於此和西郊城來來往往。雖然不方便，但最終是有好處的。」

象曰：來徐徐，志在下也。 雖不當位，有與也。

譯文：孔子說：「來往往，有大志啊，但在下處（房簷下的辦法），雖然犯上，但是有所需要啊。」

大藏：有與也，必須的。不如此哪有後世文明。金車，拉金子的車？或者是金色的車？笑話，可能嗎？誰敢？金是商，當然是商車，買賣人做生意裝貨物的車。拉點蔬菜什麼的？有可能，這個扮成商人的夫妻，男的倒騰菜拉到西郊城中的飯館中，沒準西郊城飯館就是王家聯絡站。中古時期的地下情報站。哈哈。

九五：劓刖，困於赤紱。乃徐有説，利用祭祀。

簡譯：（治理國家的法律，寫在竹板上）

譯文：文王：「我將把如何治理國家的法律、方法、建議等，藏在占詞、訓教及短文中。寫在竹簡上。我會一步步慢慢地說。」

象曰：劓刖，志未得也。乃徐有説，以中直也。利用祭祀，受福也。

譯文：孔子說：「劓刖，大志沒有得到實現啊，才慢慢說，以穩妥啊。利用祭祀，是有福，天意也。」

大藏：密碼暗語，文王是鼻祖啊。劓刖：（劓yì；刖yuè）本意是刑法，是割鼻斷足，文王被囚禁自己都不自由，能割誰的鼻子斷誰的足呢？文王羑里作易，紂王武人大君剛愎自用，力大無腦，才相信文王給他寫易經。就連我鄉野小兒都不信。易乃變也，易乃反也，明明是改旗易幟，連孔老夫子都說犯上啊犯上。古今3000年世面《易經》流傳盡然千解百解。此真乃世間奇書也！

廢話不說了，劓刖，既然是刑法，文王無疑是在此說治理國家的法律，方法。

赤紱：赤是斥（辭），是祖上的訓辭，斥 有訓教的意思。家法或國法。

紱：是跋，是短語，短文。64卦是伏羲64卦，本身是用來治國、治家、治軍、治民和祭祀占卜用的，伏羲64卦原卦中本身就有短語，如：元亨利貞等等。

上六：困於葛藟，於臲卼，曰動悔，有悔，征吉。

簡譯：（用牆上木樁子，繩子，來回傳遞《易經》）

譯文：文王說：「我讓人在牆上釘上木樁子，拴有繩子，留意我這裡的動靜，一有動靜就是有東西（竹簡）給你。」

大藏：什麼是悔？悔就是易，變也。此處文王是指《易經》64個
　　　卦簡，可以改變西郊未來局面的大寶。用此「悔」（易
　　　經）征伐紂王江山是大吉也。

象曰：困於葛藟，未當也。　動悔，有悔吉，行也。

譯文：孔子說：「困於葛藟，未必妥當啊，　動悔，有暗號吉，
　　　可以，可以。」

大藏：困於葛藟（藟lěi），於臲卼（臲niè；卼wù）：葛藟；多
　　　年生草本植物，莖可編籃做繩，纖維可織布，臲卼，木樁
　　　子，綁繩子用的，另外藟字有石牆的含義。

大藏簡論

聖人遇困智出，小人遇困計窮。商道休廢，聖人出焉！大道隱藏，天理不廢，羑里豈可困焉。聖人作易，為蒼生謀始，道德乃傳。64卦大道開創，卦卦隱道，爻爻含魂，困中謀政，伯侯脫困，天下文明始見焉！

信否，不信笑之，看故事，何然？
——手捧《易經》恍然然，心已飛上九重天
眼忘周朝江山起，亙古文明史流傳。
一杯小酒一碟菜，不羨紅塵只羨仙。
有易，人生快哉！

第二章　見龍在田

三、乾為天　國家體制

1.乾 為 天
藏解易經3

乾：元亨，利貞。

簡譯：（乾為宇宙為大元，創造出春夏秋冬。）

譯文：文王說：「王啊，要效法天地自然治理國家。依照自然法
　　　度設置天地春夏秋冬六種官來協助王治理國家。」

大藏：文王通過乾卦告訴兒子治理國家的體制、組織架構要依照
　　　自然之法而設置。

　　　元亨，利貞：一年開始，春天為首為元，乾為大元，夏天
　　　依序順行為亨，通順，利為秋天，為莊稼收穫可以利益人
　　　類。冬天收藏穩定為貞固。

　　　乾在自然為宇宙（有天的含義，但不是天），在人間為

君王的父親。震為乾的兒子（為天子，因此皇帝自稱震）。元亨，利貞，在自然為春夏秋冬；在國為春官，夏官，秋官，冬官。

象曰：大哉乾元，萬物資始，乃統天[1]。雲行雨施，品物流形。大明始終[2]，六位時成[3]，時乘六龍以禦天[4]。乾道變化，各正性命，保合太和，乃利貞。首出庶物，萬國咸寧。

譯文：周公說：「乾是宇宙，大啊，是萬物之主，可以統禦天。天有雲，有雨。因為有雲有雨，才有萬物生成。太陽的升起降落，有序的運轉使得六位時間得以形成，這六個時間乘六條龍以統禦天道。因為宇宙規律的變化，使各個龍都安守自己的性命（位子），來保護自然共同的一種和諧秩序，這樣天道才可以永遠地貞固不變。有首（乾元）出來就有眾多物種出來，因為有乾才能使萬國安寧。」

【解象】

[1] 大哉乾元，萬物資始，乃統天：

　　a、中國上古，中古時期人民通過觀察自然，天象就知道天外有宇宙，只不過古人不叫宇宙而叫乾。乾中包含著天。

　　b、天，甲骨文在「大」 𡗕（人）的頭上加四邊就變成 𡗕，表示在人的頭頂上還有空間。造字本義：人的頭頂上方的無邊蒼穹。

　　c、乾是十。日十，指太陽在中間，上下十是指有星體在它的周圍運轉，乞「乞」與「氣」同源，也代表轉動，有空氣流動。「乙」是人體跪著「拜日」的形象。「拜日」是上古的人類中最重要的一種祭祀活動，是對太陽神的崇拜。

[2] 大明始終：指太陽的升起升落。寅、辰、午是指大明始（太陽的值日），申、戌、子是指大明終（太陽的休日）。

[3] 六位時成：子、寅、辰、午、申、戌。六個月，或六個時辰。

[4] 時乘六龍：是指子、寅、辰、午、申、戌。都是陽（單數為陽，在十二地支中排列為陽支）這六條龍都是陽龍，所以說他們六位乘六條龍而來。這六條龍分別叫做潛龍、見龍、乾乾龍、淵龍、飛龍、亢龍。

大藏説彖

　　上古聖賢居無為之事，而治理國家世間人情。人要尊法與地的德行，地要尊法於天道，天遵守的是宇宙運轉秩序，這就是道。而道是自然而來，沒有誰去創造。這個天、地、人、構成了三才，而人居中，人是一切生物之主，而宇宙是萬物之主。因此人要想治理好人間的秩序，必須推舉賢德之人依法天地之道來治理世間人事。既然要依法天地的道理就要先懂得天地的道理，就要瞭解天地的道理，以及掌握天地的道理。能做到這三者還是首先要認識天地的道理，那麼聖人是如何認識的呢？聖人是通過觀察而認識的。

1、干支紀年生出六龍六時：

　　天干地支的發明者是四五千年前上古軒轅時期的大撓氏。大撓氏是黃帝時期的大臣。考古發現說：「在商朝後期帝王帝乙（商朝第30代國王）時的一塊甲骨上，刻有完整的六十甲子，可能是當時的日曆。這也說明在商朝時已經開始使用干支紀日了。」

　　在中國古代的曆法中，甲、乙、丙、丁、戊、己、庚、辛、壬、癸被稱為「十天干」，子、丑、寅、卯、辰、巳、午、未、申、酉、戌、亥叫作「十二地支」。古人用天干地支來表示年、月、日、時。

　　十天干和十二地支進行迴圈組合：

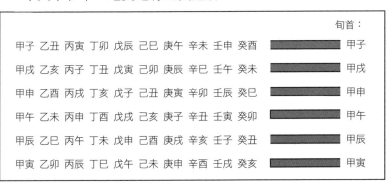

										旬首：
甲子	乙丑	丙寅	丁卯	戊辰	己巳	庚午	辛未	壬申	癸酉	甲子
甲戌	乙亥	丙子	丁丑	戊寅	己卯	庚辰	辛巳	壬午	癸未	甲戌
甲申	乙酉	丙戌	丁亥	戊子	己丑	庚寅	辛卯	壬辰	癸巳	甲申
甲午	乙未	丙申	丁酉	戊戌	己亥	庚子	辛丑	壬寅	癸卯	甲午
甲辰	乙巳	丙午	丁未	戊申	己酉	庚戌	辛亥	壬子	癸丑	甲辰
甲寅	乙卯	丙辰	丁巳	戊午	己未	庚申	辛酉	壬戌	癸亥	甲寅

甲子、乙丑、丙寅……一直到癸亥，共得到60個組合，稱為六十甲子。如此周而復始，無窮無盡。年月日時都是60一個循環。即使西方的時間的也是一分鐘是60秒，一小時是60分鐘。現在的一天24個小時，和中國傳統的每天12個時辰（時辰也就是大時，兩個小時為一個大時）對應，中國用5天作為一個時辰的大循環，所謂「五日一候」，共是60個時辰。

上古時期聖人通過觀察天象（上古天文學），得出自然之數6是一種天地中的一個暗含宇宙奧秘的一種特殊數字。6，也是水，在八卦中為坎，代表大智，代表欲望，代表百姓，代表流通等等，通時吉利為順暢。不通不吉為迷糊，缺乏智慧、兩坎重疊為雙坎為水坑，為受困、為勞、為阻隔、囚禁等等。因此聖人根據6數字來治理國家，因此說時乘「六龍」以禦天。

這就是法於陰陽合於數術。

2、宇宙間自然規律生出先天八卦與後天八卦。

《尚書》中《虞夏書堯典》說：「帝堯名叫放勳，他恭敬節儉，明察四方，善理天下，道德純備，溫和寬容。他忠實不懈，又能讓賢，光輝普照四方，思慮至於天地。他能發揚大德，使家族親密和睦。家族和睦以後，又辨明其他各族的政事。眾族的政事辨明了，又協調萬邦諸侯，天下眾民因此也就相遞變化友好和睦起來。他命令羲氏[1]與和氏，敬慎地遵循天數，推算日月星辰運行的規律，制定出曆法，敬慎地把天時節令告訴人們。分別命令羲仲，住在東方的暘穀，恭敬地迎接日出，辨別測定太陽東升的時刻。晝夜長短相等，南方朱雀七宿黃昏時出現在天的正南方，依據這些確定仲春時節。這時，人們分散在田野，鳥獸開始生育繁殖。又命令羲叔，住在南方的交趾，辨別測定太陽往南運行的情況，恭敬地迎接太陽向南回來。白晝時間最長，東方蒼龍七宿中的火星黃昏時出現在南方，依據這些確定仲夏時節。這時，人們住在高處，鳥獸的羽毛稀疏。又命令和仲，住在西方的昧穀，恭敬地送別落日，辨別測定太陽西落的時刻。晝夜長短相

等，北方玄武七宿中的虛星黃昏時出現在天的正南方，依據這些確定仲秋時節。這時，人們又回到平地上居住，鳥獸換生新毛。又命令和叔，住在北方的幽都，辨別觀察太陽往北運行的情況。白晝時間最短，西方白虎七宿中的昴星黃昏時出現在正南方，依據這些確定仲冬時節。這時，人們住在室內，鳥獸長出了柔軟的細毛。堯說：『啊！你們羲氏與和氏啊，一周年是三百六十六天，要用加閏月的辦法確定春夏秋冬四季而成一歲。』由此規定百官的事務，許多事情就都興辦起來。」

【注解】

[1] 羲氏：羲氏又稱伏羲即太昊，本姓風。傳說他有聖德，像日月之明，故稱太昊。神話中華夏民族的始祖。人類始祖伏羲生於甘肅仇池，長於甘肅天水，歿於河南淮陽。伏羲氏仰觀象於天，俯察法於地，用陰陽八卦來解釋天地萬物的演化規律和人倫秩序。伏羲氏取火種、正婚姻、教漁獵，結束了人們茹毛飲血的歷史。在位15年。伏羲氏則被奉為中華民族的「人根之祖」、「人文之祖。」

3、天道以九制，地理以八制，人道以六制。

天道最高，屬陽，故其數為終極之「九」。天有九野，地有九州。何謂九野？中央曰鈞天，其星角、亢、氐。東方曰蒼天，其星房、心、尾。東北曰變天，其星箕、門、牽牛。北方曰玄天，其星須女、虛、危、營室。西北方曰幽天，其星東壁、奎、婁。西方曰顥天，其星胃、昂、畢。西南方曰朱天，其星觜嶲、參、東井。南方曰炎天，其星輿鬼、柳、七星。東南方曰陽天，其星張、翼、軫。

何謂九州？東南神州叫農土，正南次州叫沃土，西南戎州叫滔土，正西弇州叫並土，正中冀州叫中土，西北臺州叫肥土，正北沛州叫成土，東北薄州叫隱土，正東陽州叫申土。九州地理不變對應先天八卦（瞭解就可不必展開詳解）。

地道低於天道，屬陰，其數則只好為「八」。天有八風，八風總稱為風。八卦符號以巽表示，八風有不同的季節風，按照季節分有東北風叫炎風，對應艮卦、東風叫條風，對應震卦、東南

風叫景風，對應巽卦、南風叫巨風，對應離卦、西南風叫涼風，對應坤卦、西風叫颼風，對應兌卦、西北風叫麗風，對應乾卦、北風叫寒風，對應坎卦。八風對應季節春夏秋冬、對應後天八卦。

人道更次，人君以六律。人離不了風，空氣，人更離不開水，水代表智慧，代表流通。自然界中有五湖四海和六水，五湖四海人皆知此，何為六水？為：河水、赤水、遼水、黑水、江水、淮水。水主流動，政令如風八風施行歸巽所主，巽為風統領，因此制度命令為巽風。命令要由人發出，流行，因此取六水為人道六制。無論是政令，還是管理者行令，都離不開這個政府機關，就是乾宮也。

因此：乾為政府機關，國務院，白宮。巽為國家的政治法令。坎水六為國家的組織流通結構。此處還缺首腦，君主，君主就是震。秦始皇后來自稱朕（震）也是以此由來。

據說當初舜在太廟接受堯的禪讓時，祭祀膜拜的就是六宗、六神，而後制定的用人制度也叫六制。就是佛教中的所說的六道輪回也沒有離開六。六是流通也。組織結構必須政治流通，才能治理國家也。因此上古以及周朝訂立國家政治管理組織為六制體系。

六制，上古叫六卿，以天地春夏秋冬為名：天官塚宰，掌邦治；地官司徒，掌邦教；春官宗伯，掌邦禮；夏官司馬，掌邦政；秋官司寇，掌邦禁；冬官司空，掌邦土。

《史記‧秦始皇本紀》載，秦時官制不但嚴格「以六為紀」，連戴的冠冕也是六寸長六寸寬。這種六的制式歷代沿襲，漢為「六官」，唐以後改為「六省」：尚書、門下、中書、秘書、殿中、內侍。下設六部：吏部、戶部、禮部、兵部、刑部、工部。

綜上所述乾卦包括後面要講的其他卦中六爻設置的根據是有來歷的，並非古人隨意而畫，是人類認識自然認識宇宙，認識自

身與天人合而統一的一種智慧表現。以下，將全面解讀乾卦的內容：

第三卦　乾為天國家體制

▇▇ ▇▇	戌　亢龍	三公	上九：亢龍有悔。
▇▇▇▇▇	申　飛龍	王	九五：飛龍在天，利見大人。
▇▇ ▇▇	午　淵龍	太宰	九四：或躍在淵，無咎。
▇▇▇▇▇	辰　乾乾龍	卿士	九三：君子終日乾乾，夕惕若歷，無咎。
▇▇ ▇▇	寅　見龍	平民	九二：見龍在田，利見大人。
▇▇▇▇▇	子　潛龍	奴隸	初九：潛龍勿用。

乾：元亨，利貞。

簡譯：（乾為宇宙為大元，創造出春夏秋冬。）

譯文：文王：「王啊，要效法自然治理國家，依照自然法度設置天地春夏秋冬六種官來協助王治理國家。」

象曰：天行健。

譯文：孔子說：「天是剛健，強勁的。運動的。」

大藏：天行健蘊藏著宇宙、人類天人合一最大的秘密，並非是簡單「君子自強不息」的意思。因此我去掉象曰中的君子自強不息。天行健是人類如何從遠古走到今天，如何從新石

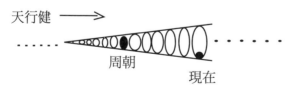

器文明走到今天的科技文明。（大藏送寶、見圖開智。）

初九：潛龍勿用。

簡譯：（1、潛龍不用，2、時機不到）

譯文：文王說：「1、國家的最底層人民，不用他們在國家做
事，讓他們安守自己的位子上就可以了。」

大藏：子月，十一月：通常稱冬月、龍潛月。中國歷史是農業國
家，上古更是把農業當做立國之本。在子月不能進行農
耕，因此謂潛龍。那麼與此地位相配的最低的身份是奴
隸。其實在文王治理的時期，這個奴隸基本不能稱作奴
隸，可以稱為閒人，或者是家奴，傭人。此層之人在有錢
的人家或王宮大臣家做事做傭。基本與想像中的奴隸不一
樣的。另外文王還有說此龍的賢德，能力不行，時機不
到，正在潛心學習也是不可堪做大用的。

象曰：潛龍勿用，陽在下也。

譯文：孔子說：「這個龍啊，地位低不能用，時機不到也。」

九二：見龍在田，利見大人。

簡譯：（農民在田勞動，在給國家創造財富。）

譯文：文王說：「農民啊，是國家根本啊，他們在田地上勞動，
國家有了他們才興旺啊，要善待他們，他們才是國家有大
功的人啊。」

大藏：國家沒有老百姓，君王給誰當王呢？貴族又如何顯貴呢？
這就是本末的由來，沒有百姓的本，哪有官的末，本末如
何能倒行呢？

象曰：見龍在田，德施普也。

譯文：孔子說：「農民在田勞動，是盡百姓的德行義務，同時也
在養育自己和國家。」

九三：君子終日乾乾，夕惕若厲，無咎。

簡譯：（君子要效法天每天兢兢業業地工作，晚上要修身警惕犯
過錯。）

譯文：文王說：「各位官員們白天要兢兢業業、小心翼翼地工作

千萬不要犯過錯，回家也不要忘記修身修業，保持著警惕，隨時反省白天所做的工作，不能出現過錯呀。」

象曰：終日乾乾，反復道也。

譯文：孔子說：「每天勤奮工作，1，重複工作是得到其方法，要領的門道。2，君子工作必須如此，這是他的本分。」

九四：或躍在淵，無咎。

簡譯文：（更大的發展，要賢德）

譯文：文王說：「此處的太宰們想要得到發展就要有賢德啊，才沒有問題。」

象曰：或躍在淵，進無咎也。

譯文：孔子說：「認同此言啊。」

九五：飛龍在天，利見大人。

簡譯：（王在上位，九五之尊要惠利百姓）

譯文：文王說：「在九五的位置猶如飛龍在天上，這是天子的位子，作為天子要代天裕民，必須要愛戴百姓給百姓利益和希望啊。」

象曰：飛龍在天，大人造也。

譯文：孔子說：「飛龍在天，百姓給的。」

上九：亢龍有悔。

簡譯：（1、老龍有教誨。2、驕傲，強盛的龍會犯過錯，要改悔。3、物極必反，要讓位。）

譯文：文王說：「遇事要多聽三公教誨，他們很有經驗。不要驕傲啊，過剛則斷，會做出讓自己悔恨的事情來，要改正啊，物極必反啊！」

象曰：亢龍有悔，盈不可久也。

譯文：孔子：「亢龍會出錯，好不久常，物極必反。」

用九：見群龍，無首吉。

簡譯：（群龍無首，聯邦分封核心。）

譯文：文王說：「要建立一個恒久的治國政治體制，群龍無首共
　　　同擁有天下是最好的辦法。」

大藏：此句是周朝制度聯邦分封的理論源頭。不可不查。

象曰：用九，天德不可為首也。

譯文：孔子說：「用九是天德也，是不可為首也。」

大藏：天不居功，人何居功？

簡論乾卦

　　上古聖人認為天下是人人之天下。天命神授要得到百姓的擁
護才是天授大命，天下是老百姓之天下，老百姓在天人合一中代
表著天上的無數星星，老百姓推舉聖賢做為國家的統治者，這就
是得民心者得天下。這就是天授。在八卦中農民也代表著坎，坎
既是水，是智慧，是困苦。古時期農民這個階層是全能者，農時
種地，戰時打仗，閑時製造手工業，當時有很多農民都是手工業
大師。農民在集體工作中產生了很多智慧，但農民也是困苦的。
因此聖人皆知道，農民是水，君王是舟，水能載舟亦能覆舟的道
理。在乾卦中此乃核心，不能不查。中國的古代「聖君得道」由
此而來。「昏君失道」即是由此而去。因此文王說：九二：見龍
在田，利見大人。

　　《易•乾鑿度》把六爻的排列視為社會等級的符號和表徵：
「終於上初為元士，二為大夫，三為三公，四為諸侯，五為天
子，上為宗廟(鄭玄注：宗廟，人道之終)。凡此六者，陰陽所以
進退，君臣所以升降，萬人所以為象則也。」這種排列也是表述
上古伏羲八卦乾卦的一種。這一種排列屬於周天60度排列。屬於

官者排列。一個國家只有60度，只有官，沒有民，官者也就不是官了。上為宗廟，下為社稷，社稷就是黎民，沒有黎民何來社稷之有，沒有社稷如何會有宗廟之說。因此在文王《易經》中乾卦等級排列是周天360度的。此處讀者要明察。

文王通過乾卦告訴兒子治理國家的體制、組織架構要依照自然之法而設置。那麼周朝的體制，組織架構是如何呢？體制留在後面說，先說組織架構：天、地、春、夏、秋、冬六種官制：（詳細見，《周禮》）

1、天官：此系統共有六十三職官，最高長官是太宰。太宰天官之長，又是六官之首。負責治理國政之官。（管理國家各大小官員及皇家宮廷相關一切內務等）簡言之管宮廷、管貴族、管理當官的。

2、地官：此系統共有七十八職官，地官之長叫做大司徒。負責管理國家百姓人民的教化，掌管土地。簡言之管百姓，官土地的。

3、春官：此系統共有七十職官，大宗伯是其長，即掌禮事的官，負責禮儀、音樂、祭祀、占卜等。

4、夏官：此系統共有六十九職官，大司馬夏官是「政官」，即掌理軍政之官，就是負責軍隊防務打仗等等。

5、秋宮：此系統共有六十六官，大司寇是其長，是「刑官」，即掌刑法之官，法律等等。

6、冬官：此系統職責在於「富邦國」，「養萬民」，「生百物」。管理商業，百工工藝技巧，屬於國家智慧的部分。換言之如何管理國家特殊的人才和精英。此部分後人稱冬官在《周禮》中是未完成的部分，說《周禮》原缺《冬官》，漢人取《考工記》補之，我說非是缺少，而是遺失七零八落。為何，因為冬官在八卦中對應坎，屬於「大智」屬於仁義禮智信中的「大智」，沒有大智如何「富邦國」，「養萬民」，「生百物」。有人類就

有智慧，人類都完成了哪能智慧沒有完成之理。因此是被偷，失落，拆個七零八落也。

孔子說「古代統治天下者，用六官治理國家。塚宰之官成就道，司徒之官成就德，宗伯之官成就仁，司馬之官成就聖，司寇之官成就義，司空之官成就禮。六官控制在手如同手有韁繩，司徒、司馬、司寇、司空均以仁為所納，故稱有此四馬可執六韁。要成為統治天下者就要正六官。因此善於禦馬者要正自身以攬韁繩，這樣才能使馬用力均勻，齊心一致，即使走千里蜿蜒之路，也能控制平衡隨心所欲。因此就可以走長路、赴急難。此聖人用此來掌握天地和治理民眾的法則。天子以內史作為左右手，以六官作為韁繩，然後和三公一起來執掌六官，使五教均齊，五法齊備，因此只要你有所指引，沒有不如願的。遵從道，國家就能治理；遵從德，國家就能安定；遵從仁，國家就能和平；遵從聖賢，國家就能平安；遵從禮，國家就能長治久安；遵從義，國家就會有信義。這就是施政之術也。

那麼以上一切六種官制都是為二爻見龍在田，農民大人所設。為何，這就是禦馬為民，禦馬為國，無民則無國，民和國就是《易經》之道，就是天地之規律也。《易經》二、五爻同頻共振，是相合的關係。二爻為水，五爻為舟，水能載舟亦能覆舟。民窮則國不富，民亂國不穩，民死國不生。其他初爻，三爻，四爻，六爻都是以二、五兩個大人爻來服務才有初爻的生路、三爻之前途、四爻富貴及六爻宗廟善終之可言。

君子為什麼終日乾乾，夕惕若厲，無咎？因為九三的君子離君王遠離百姓近，天高皇帝遠，貪汙不法做壞事比較容易。所以文王說，晚上睡覺都要小心，因為每日的乾乾，看起來每天都在做事，到底哪些是給國家和百姓做事？哪些是給自己做事？即使不是給自己做事也要防止事情做出來出現錯誤或者因為失察導致禍患。因此要夕惕若厲，才無過錯。

九四，文王說「或躍在淵，無咎。」此處的淵有四個意思：九四是王爺的位置，如果王爺想長久地佔據這個位子一是要賢

明，明辨是非。二要有功不居，要謙。三要領導臣下有方，就是有才，淵博的知識，有才華。四是要尊上位九五，盡貞尊道，還要守德。

上九中亢龍有悔，有五個意思，第一是對所有的龍（人）說的，任何事物都是強到一定時候就會盛極而衰，不會持久地強下去。因此要懂得自然之理，為人做事不可滿盈，滿盈則會缺損。第二是做王的不能乾綱獨斷，剛愎自用，做事要聽左右意見，不可妄作決策。第三做王不能總做下去，要知道進退，想要國家治理好，要在君主最旺盛的時期，智力、狀態最好的時期治理國家。一旦能力和生理運氣出現問題就該讓位讓賢。要知道人的能力，生命體力是有限的，生命狀態隨著年齡的衰退，決策事物的能力智力都會下降，如此狀態治理國家必然會出現弊政。其實有不少君王到老的時候都出現了半糊塗半癡呆的現象，自己不知，會臆想別出心裁地做決策，結果導致國家政治出現天大的笑話，落下可怕的結局，嚴重者，國家倒退，再嚴重者，國家易手了。第四是亢的宇宙核心意義，什麼是亢？亢的真正的含義是老，是衰的開始，把亢用在水果上來講，就是熟透了。馬上要爛了。想想吧，一個亢真是了得，結果就是曇花一現也。第五個意思在坤卦中再講。

上古、中古的聖人都是根據宇宙的模型來創建體制，老子說：「聖人居無為之事」。上古三皇五帝都是如此，依一年四季的變化而開創國家政治體制。到了文王時代可以說時代已經變遷，完全的無為還不能做到有效地管理國家。因此，乾卦就是瞭解周朝制度的關鍵樞紐，明白了乾卦之道，就明白了周朝的制度建立。聖人文王在建立國家制度體制上是採用半無為的方法。什麼是半無為？半無為是指制度的建立既不要脫離天道本質，又要根據時代現實來制定，就像科學中的發明，如「太陽能發電」早期就是根據太陽光伏效應原理發現的。任何一種發明創造都不能脫離宇宙的本體，國家治理政治的體制也是如此。另外一半有為就是根據當時的時代變化，來完善商朝時期諸侯聯邦中制

度的不足。是什麼不足呢？一是禮制的不足，二是商朝諸侯聯邦制度中的「負且乘」和「繻有衣袽」的問題。關於「負且乘」和「繻有衣袽」的含義讀者看完本部《易經》就全然明瞭，此處不做解釋。文王根據朝代中的時弊來創立國家制度，但總核心都是圍繞宇宙模型，沒有脫離道的本源。文王的政治治國理念是想達到天人合一的政治秩序。從而使國家達到元亨利貞，長治久安的目的，聖人不自己創造體統，即使補漏救偏也是根據宇宙自然的大道秩序來創建人間秩序。為何這樣說呢？因為文王深知聖君之道，勤政，君子終日乾乾；愛民，飛龍在天，利見大人；天德不可為首，天外有道，因此要用九，群龍無首也。什麼是用九？用九就是永久也，恒也。

　　另外一個話題是，許多人說中國人沒有信仰，其實關於信仰問題要以時代畫線。上、中古人崇拜太陽，信仰宇宙，使用自然，運用自然。人皆天地中氣之所生，受氣不同，序列有高低，只有在自己的軌道行駛才是遵循著道，離了老天，沒了自然誰可活呢？現如今的人享用科技帶來的文明，卻不了解人之本源。人的本源是什麼？乾卦中背後的本源是陽剛的物質為強健運動的，如男人的本性也，男人本性好鬥，好稱王，男人要守秩序，世界就安定了。因此孔子說：天行健。天是強壯運動的。後來有一句是天行健，君子要自強不息。我在此告訴讀者，《易經》的本意這句話如是說：天行健，君子要守序。君子本來就是健的，君子是人不是自然，不是宇宙，不能總自強不息下去。如此下去有三個結果：一是累出病，二是貪婪，三是好鬥。君子做事要順應天道自然，該奮鬥則奮鬥，該滿足則滿足。不奮鬥成就何來？不滿足幸福何來？不休息健康何來？因此乾卦之道就是群龍無首，節制欲望。欲望太強，戰爭火起，誰能得到利益，天道有玄機，不遵循道的戰爭設計、製造者未必是贏家。

　　君子終日乾乾，要警惕。天行健，要守序。想躍在淵。飛龍在天惠民利。

　　強健者，要息，亢龍悔改。群龍無首，節制欲望，有恆久。

2. 坤 為 地
藏解易經4

四、坤為地　聯合外交

　　坤：元，亨，利牝馬之貞。君子有攸往，先迷後得主，利西南得朋，東北喪朋。安貞吉。

簡譯：（坤是大地，生長萬物，關乎生命。春天播種，秋天收穫，先耕耘後收穫。）

譯文：文王說：「坤是大地，體現女性的忠誠，品德（臣子的德行）她關乎國家的根本。先耕耘後收穫。十二月，一月沒有利益。但八月秋天就收穫了。「土地」，要守衛好保持穩固，吉。」

象曰：至哉坤元，萬物資生，乃順承天。坤厚載物，德合無疆。含弘光大，品物咸亨。牝馬地類，行地無疆，柔順利貞。君子攸行，先迷失道，後順得常。西南得朋，乃與類行；東北喪朋，乃終有慶。安貞之吉，應地無疆。

譯文：周公說：「偉大呀大地，生長萬物，是順從並承載著天道。大地寬厚肥沃可以生養萬物，她的品德和融合萬物的能量廣大。她的功德像太陽一樣那麼廣大。各種物種都能享受到她的功德。她是屬於母性的一類，無邊廣大，以柔順來奉獻她的忠誠。她關乎君子的命運，剛開始耕耘看不到結果，但隨後便能收穫到希望。在西南得到利益是因為與我同類。東北雖然沒有利益，但終歸是值得慶祝的。安守忠誠之吉是盡了大地的美德，因此才能無疆廣大。」

象曰：地勢坤，君子以厚德載物。

譯文：孔子說：「地是順守坤道，君子要效仿大地，以寬容和忠誠承載萬物。」

初六：履霜，堅冰至。

簡譯：(腳踩到霜，冰也不遠了。)

譯文：文王說：「各種事物要提前做好準備。」（1，農業提早準備。2，各種需辦理的政務。）

大藏：通過現象看本質，防微杜漸，未雨綢繆都是履霜，堅冰至。

象曰：履霜堅冰，陰始凝也。馴致其道，至堅冰也。

譯文：孔子說：「履霜堅冰，是寒冷的凝結，順其發展自然就變成堅冰了。」

大藏：大事情都是由小事情發展而來。

六二：直，方，大，不習無不利。

簡譯：（又大又直又肥沃的土地，不用費力耕耘。）

譯文：文王說：「直，方，大，土地是優質土地，耕作省力。人的性格如果像這種土地一樣，就是正直，沒有私心，心裡想什麼，一眼看到底，做事守規矩，又有能力，那麼這樣的人才是可堪當大任的。」

象曰：六二之動，直以方也。不習無不利，地道光也。

譯文：孔子說：「六二的舉動是直以方對，同頻共振，共同的希望。」

六三：含章可貞。或從王事，無成有終。

簡譯：（有內涵又忠誠的人可用）

譯文：文王說：「有的種子飽滿種植可以很快有結果，有的不是，但終有成。有的臣子也是如此，有的人內裡外表都很有能力。外有能力，內有修養。有的很快能為君王做事立功，但有的不會，這都沒有關係，無成都有終。」

象曰：含章可貞；以時發也。或從王事，知光大也。

譯文：孔子說：「含章可貞，時機到了自然發芽，或從王事，知道未來希望也。」

六四：括囊；無咎，無譽。

簡譯：（農作物有的結果，有的還沒有結。）

譯文：文王說：「有的臣子能力性格，都顯露於外比較平庸，既無能又無才。」

象曰：括囊無咎，慎不害也。

譯文：孔子說：「括囊無咎，謹慎才不會有害處。」

括囊（在人的形象表現為大肚子，比較草包，沒什麼心機。屬於張飛的性格，肚大無腦。）

六五：黃裳，元吉。

簡譯：（莊稼豐收大地變黃了，皇家大吉。）

譯文：文王說：「作為君王一定多多學習，使自己的內心擁有文韜武略。」

黃：為中。

象曰：黃裳元吉，文在中也。

譯文：孔子說：「黃裳元吉，才華在內也。」

上六：龍戰於野，其血玄黃。

簡譯：（一排排農民在地裡搶收，就像龍與田野大戰，農民割麥子時手上的流淌的血與麥子相混成色。）

譯文：文王說：「獨龍與廣大的田野戰鬥，累死在田野上，鮮血流淌在黃色的麥田上。作為君王不要逞匹夫之勇，自己的力量是有限的，治理國家要懂得任用臣子之道。財富是老百姓創造，君王一定要愛惜百姓。」

象曰：龍戰於野，其道窮也。

譯文：孔子說：「君主與百姓戰鬥，無道也。」

用六：利永貞。

簡譯：(利用德行治理天下）

譯文：文王說：「想要國家永遠穩固就是要利益百姓啊。」

象曰：用六永貞，以大終也。

譯文：孔子說：「用六永貞，就能成其大終也。」

簡論坤卦

　　坤道背後還藏著什麼內容呢？文王到底要告訴武王的是什麼？在人道中，做君王守道，做臣子守德，守德要盡忠，這是常理。天地之間的白天和黑夜，春天和秋天雖然之間有序，但他們也是相互的轉換，這就構成了日月的輪轉。乾卦的特徵是陽剛，健，是動，動就顯，很多表像從外表就可得知。那麼坤的特徵是什麼呢？坤土的特徵是厚德載物那也是它表面呈現的特徵，它還有隱在暗處的特徵。坤為陰，為靜，為隱，不顯。乾剛陽有鬥的特徵。坤土陰有粘結，有抱團的特徵。坤土大地生長的植物有串根性，屬於陰性物質的物種願意聚群紮堆。因此作為臣子是屬於坤土特徵喜歡結盟結黨。

　　此卦中隱藏著巨大的秘密，文王有特殊使命要告訴武王，在坤卦卦辭中文王說：「君子有攸往，先迷後得主，利西南得朋，東北喪朋」。文王暗中隱晦的意思是告訴他可以聯繫其他的諸侯國，先搞搞關係以後會有好的結果。可以先與西南方向的諸侯結盟交往。東北方向不必結盟。另外聯繫諸侯時要保持對商紂的忠誠，這樣才吉。文王在初六，「履霜，堅冰至」中告訴武王這事要早做準備。在六二，「直、方、大，不習無不利」中說：「同類者可以坦誠交往，有事可直說」。在六三，「含章可貞。或從王事，無成有終」中說：「找有用的諸侯國建立關係」。

在六四：「括囊；無咎，無譽」中說「只要努力運作最終有收穫」。在六五：「黃裳，元吉」中說「諸侯合作要有利益」。在上六：「龍戰於野，其血玄黃」中說「聯合諸侯孤立紂王」。在用六：「利永貞」中說：「諸侯外交聯盟共同的利益就是，江山永固能使諸侯國的百姓永久安居，這就是貞」。

讀者看到此處，也許有歧義。文王《易經》是宇宙模型，模擬世間萬物，思想多維。《易經》360度周天從百姓到君王誰都可以用，占卜者玩易用小術，聖人玩易用大道，同為宇宙原理在普通人手上就是掌握一下知識而已，在科學家手中可以啟發智慧發明科技。同為《易經》，在精通預測術人身上可以占卜，在不懂道人手上窮其一生也看不明白，在聖人手中就是變出個天地。這就是《易經》。本人學識平庸不能用它發明科技，僅僅看出文王道之端倪。各大家與此有不同的見解都對，這才是《易經》。

在乾卦中，「亢龍有悔」的第五種解讀隱藏在坤卦中。文王說：「我老了，今天我要改變國家格局」。什麼是悔？悔在普通人眼裡是後悔興歎，在聖人眼中是改變。改過，易者，變也。日月陰陽，一陰一陽謂之道，無吉無凶，就看陰陽如何運用而已。

信否？隨你。讀者不要認為坤卦只適用於3000年前，看看今日外交就已思之過半矣。

夕惕若厲，無咎。履霜，堅冰至。

五、震為雷　天威震怒

51.震為雷
藏解易經5

震：亨。震來虩虩，笑言啞啞。震驚百里，不喪匕鬯。

簡譯：（天上驚雷，震驚百里，人們驚恐，如喪考妣，說話和笑聲全部停止。）

譯文：文王說：「做天子要有威儀，臣子要順從。天子震怒，做
臣子們要知道恐懼小心。」

【注解】

虩虩（xì）：老虎發出的聲音，此處形容天子發怒。
震驚百里：驚動所有朝堂上的臣子們。
不喪匕鬯：鬯（chàng），一種用黑黍酒和郁金草合成的香酒，專
供宗廟祭禮之用。「匕鬯」即指盛在棘匙中的香酒。此處意思說沒
有死人卻要準備陪葬品，比喻好像死人一樣。換個說法就是如喪考
妣。

**象曰：震，亨。震來虩虩，恐致福也。笑言啞啞，後有則也。震
驚百里，驚遠而懼邇也。出可以守宗廟社稷，以為祭主
也。**

譯文：周公說：「天子震怒，恐懼可以得福。停止笑聲，後有責
罰。敲敲臣子們，遠臣（做事沒有過錯的臣子）得到警
告，近臣（做事出了過錯的臣子）害怕出事。這樣可以為
國家好好做事。」

象曰：洊雷，震；君子以恐懼修身。

譯文：孔子說：「雷，朕（天子），君子要以恐懼修身。」

大藏：君子沒有恐懼，天不怕地不怕，王不怕法不怕，膽大妄
為，時機一到死路一條。

初九：震來虩虩，後笑言啞啞，吉。

簡譯：(天子震怒，臣子要有覺悟。)

譯文：文王說：「天子震怒，事皆有因，做臣子的要嚴肅，要認
真對待。」

象曰：震來虩虩，恐致福也。笑言啞啞，後有則也。

譯文：孔子說：「天子震怒，恐懼可以得福。停止說話和笑聲，
後有責罰。」

六二：震來厲，億喪貝，躋於九陵，勿逐，七日得。

簡譯：（天子大怒，罷免官職，朝堂明察，七天之內有結果。）

譯文：文王說：「天子雷霆大怒，先罷免臣子的官職，對臣子所犯的錯誤要在朝堂進行審理，不要急於做出判決，七日之內能取得結果，再做判決，沒問題則給臣子恢復官職。」

　【注解】

　　億喪貝：官帽，職位。九陵；朝堂

象曰：震來厲，乘剛也。

譯文：孔子說：「天子雷霆大怒，臣子做錯事了。」

　【注解】

　　乘：爬在。剛：天子。（爬在天子的脖頸上，比喻欺負人，這裡解釋是做臣子欺騙君王。）

六三：震蘇蘇，震行無眚。

簡譯：（天子明察秋毫，不要犯錯。）

譯文：文王說：「天子斷事要一明再明，千萬不能武斷犯錯誤，誤判臣子。同時天子要懂得如何驚醒、梳理臣子，可以先不採取行動，給臣子自己反省交待過錯的機會。」

象曰：震蘇蘇，位不當也。

譯文：孔子：「震（天子）要一明再明，要防止做事處理失當。」

九四：震遂泥。

簡譯：（天子可以裝糊塗，但不能真糊塗。）

譯文：文王說：「天子對臣子所做的一些事情點到即止，可以裝糊塗，但不能真糊塗，要觀察臣子的後來表現。表現好的

自己交代錯誤的就從輕處罰。對於臣子也裝糊塗矇騙天子的一定不要犯糊塗。」

象曰：震遂泥，未光也。

譯文：孔子說：「震遂泥，事情沒有點出來，明智也。」

六五：震往來厲，億無喪，有事。

簡譯：（天子大怒了，有事發生。）

譯文：文王說：「天子又一次雷霆大怒，這次沒有罷免誰的官職，但是有事要發生。」

象曰：震往來厲，危行也。其事在中，大無喪也。

譯文：孔子說：「朕又大怒，這次危險了，這事在情理之中啊，官職無啊，命要喪也。」

大藏：在九四時，天子裝糊塗，是讓臣子自己主動述職交代自己的行為過錯。臣子見天子裝糊塗自己也裝糊塗，最終事情敗露，引來天子的大怒。

上六：震索索，視矍矍，征凶。震不於其躬，於其鄰，無咎。婚媾有言。

簡譯：（只抓當事人，提取證物，臣子犯法不連宗親。）

譯文：文王說：「抓人，抄家。臣子犯法一人接受刑法不要連累宗親，抓人要有證物。」

【注解】

視矍矍：矍矍（jué），眼睛到處查看，尋找證據。

象曰：震索索，中未得也。雖凶無咎，畏鄰戒也。

譯文：孔子說：「鎖人是因為沒有得到臣子的忠誠。雖然凶但沒有過錯。不搞連坐是畏鄰戒也(是防止犯罪連坐產生系列後果，對國家不利)。」

簡論震卦：

震卦在《易經》中代表雷，而雷代表黃帝，是乾（天）的兒子。在家庭中是長子。天子的來歷也是由此得來。

《百度百科》說：黃帝（前2717-前2599年）是華夏始祖之一、人文初祖，與生於薑水（今中國寶雞境內）之岸的炎帝並稱為中華始祖，中國遠古時期部落聯盟首領。少典之子，本姓公孫，長居姬水（今中國陝西武功漆水河），故改姓姬，居軒轅之丘（今中國新鄭西北），故號軒轅氏。出生、建都於有熊（今中國新鄭），故亦稱有熊氏，因有土德之瑞，故號黃帝。他以統一中華民族的偉績載入史冊。播百穀草木，大力發展生產，始制衣冠，建舟車，發明指南車，定算數，制音律，創醫學，在此期間有了文字。黃帝居五帝之首，有嫘祖、嫫母等四位夫人。

為什麼說雷是黃帝呢？在《周易•說卦傳》說：帝出乎震，齊乎巽，相見乎離，致役乎坤，說言乎兌，戰乎乾，勞乎坎，成言乎艮。這個帝出乎震，在古代天文學上是指春分時節鬥柄指向東方。其中「帝」是天帝，是北辰中的帝星。在地理方位是代表東方，《周易•說卦傳》中帝出乎震就是指皇帝，天子的代稱。至於齊乎巽，相見乎離，致役乎坤，說言乎兌，戰乎乾，勞乎坎，成言乎艮。這幾句話後面再講。

在《重修緯書集成》卷六《河圖始開圖》曰：「黃帝名軒轅，北斗神也，以雷精起。」《史記•正義》中說：「軒轅十七星，在七星北，黃龍之體，主雷雨之神。」《歷代神仙通鑒》中說：「(黃帝)封號為九天應元雷聲普化真王。所居神雷玉府，在碧霄梵氣之中，去雷城二千三百里。雷城高八十一丈，左有玉樞五雷使院，右有王府五雷使院。真王之前有雷鼓三十六面，三十六神司之。凡行雷之時，真王親擊本部雷鼓一下，即時雷公雷師興發雷聲也。雷公即入雷澤而為神者也。力牧敕為雷師皓翁。三十六雷，皆當時輔相有功之臣。

相傳上古時期，天地人三界發生了大亂。妖魔鬼怪橫行，人間災禍連連。玉皇大帝甚是焦慮，眼看著天下大亂，正無計可施

的時候，在人界中（人間）的華夏民族出現了軒轅黃帝。軒轅非常了不起，他心地善良，武藝高強，英勇善戰，人人尊敬，人人佩服。軒轅黃帝與蚩尤大戰沒有一點畏懼之色，說話時候，聲音洪亮。打仗時也有雷聲相助，玉皇很看中他，就命九天玄女接上天宮，把與雷有關的事情交給他，封為九天應元雷聲普化天尊。意思是三界、六道、四生、十方的雷事，雷人，雷仙，五雷令，雷令，天雷，地雷，水雷，妖雷，神雷，社雷都歸他管，每次有與雷有關的事情，都要他批准，才可施行。他最後把那些做壞事的妖魔用雷轟滅，而那些好的妖被點化之。這樣九天應元雷聲普化天尊成了大家公認的大雷無上上天天尊。

關於這個雷，是行使仁德之道。在《淮南子•覽冥訓》中說齊國一位貧賤的寡婦含冤呼告蒼天，引起雷鳴電閃，並擊中齊景公的高臺樓閣，墜入物砸傷景公的肢體，海水也隨之洶湧漫溢到陸上。類似如此的事件在古代的故事中記載很多，這說明人做惡事會遭到天的報應。文王在此卦中是說作為一個天子既要懂得行仁，又要有威儀。懂得用法則來維護國家的正統。不能對臣子的違法做惡放任不管，同時懲惡不連累族裡親人，不要搞株連，以事實證據說話，既要明察，又要給臣子改過的機會，如真有罪就必然要採取手段以責罰。震卦中透露出周朝制度中是採用仁德和法律二者兼用的方式來治理國家的。

我們現在來看一下，文王在初九中說：「震來虩虩，後笑言啞啞，吉。」虩虩是老虎嘴裡發出的呼呼聲音，也比喻天上的雷一聲接一聲的打來，文王用這個詞來隱喻天子發怒有微詞了，在述說什麼事情，臣子們聽到後不敢說話，臉上的表情也發生了變化。

在六二爻中文王說：「震來厲，億喪貝，躋於九陵，勿逐，七日得。」震來厲是，天子要處理臣子，「億喪貝」，億是官帽，官職，也是做官的職責，義務。喪貝是停止職務，要將犯事的臣子的官帽剝下。另外「億喪貝」裡面還有臣子貪污了，為什麼如此說呢？貝是錢，億是官帽，義務，也就是說官員見財忘

義，丟掉自己為官的責任，可以說因為自己貪欲貪財使官位飯碗最終喪失。躋於九陵是臣子的職務受封於九陵，九陵是指朝廷，皇庭之上，將剝奪的官帽要放在朝廷上。勿逐，是不要立即放逐，驅趕，文王意思是說天子動怒時難免會做事武斷，容易懲罰錯了，至少要明察審理，不要馬上判決，天子處理問題千萬不要犯錯，要給臣子解釋的機會。七日得是審查臣子犯罪的情由，仔細瞭解七天後再做結論，根據罪重罪輕做出相應的處理，如果無罪要給其恢復官職。這種做法就是文王在六三中說：「震蘇蘇，震行無眚。」震蘇蘇是天子要蘇醒再蘇醒，就是天子要一明再明，要賢明，明察，不能憑感情用事。震行無眚是指天子令出即止，金口玉言，因此決定的事情，一切行為都不能出現事後再後悔反省。因為，事情處理不公反悔無意義，還會留下因處理事情失當的後果。

　　文王在九四中說：「震遂泥」。天子在處理臣子的問題時，知道臣子的事情但需要有時裝不知道，看臣子是否自己老實交代。對於老實交代的臣子雖然犯了錯誤但對天子忠誠，誠心交代問題說明有悔改之心，這樣天子在處理這個問題的時候可以酌情考慮。如果臣子對自己所犯的惡行又不老實交代，不珍惜天子給的機會，還想矇騙天子，那麼天子想裝糊塗也是遂泥不成。

　　文王在六五中說：「震往來厲，億無喪，有事」。天子再一次發怒，並做了決定要責罰臣子，這就是往來厲，天子有決定了，但並沒有在朝堂上剝你的官職，有大事要發生了。在上六中文王說：「震索索，視矍矍，征凶。震不於其躬，於其鄰，無咎。婚媾有言」。震索索，用鎖鏈子直接鎖人。視矍矍征凶是查抄證據。震不於其躬，於其鄰，無咎。婚媾有言」。這句話說，把犯人帶走就可以了，不要牽連親屬宗族。

　　通過此卦，我們可以充分地肯定周朝的時期政治治理的方法是仁德和法律二者兼用的。在上古三皇五帝時期採用無為而治，到了三王夏商周的政治環境又發生了一些變化，關於這方面的問題，我就不展開講了。重點是讓讀者明白震卦在文王易經中所表達的是天子應該如何處理不法臣子的原則和藝術，明白即可。

六、巽為風　制度法律

巽：小亨，利攸往，利見大人。

簡譯：（國家制度要利國利民）

譯文：文王說：「國家制定的制度法令既要利於國家的長久將來，又要利於百姓。」

象曰：重巽以申命，剛巽乎中正而志行。柔皆順乎剛，是以小亨，利有攸往，利見大人。

譯文：周公說：「兩個巽重疊是皇家的命令，皇家的法令要中正合乎人道，這樣才能使國家的使命得以實行。臣子聽命服從於天子，只是小順，真正的大順則是國家做事要立足於長遠，要有利於百姓。」

大藏：巽為風，風是國家的制度，法令，諭令。申命，申是指皇帝的身體被天賦予了執行天道的使命，申通道路（古代天命所受既是申命）。剛，為皇帝九五之尊為強陽，為君王。柔指臣子。小亨，指臣子服從君命只不過是小的順從。如果做事能為國家利益和百姓利益考慮這就是大亨大順。

象曰：隨風，巽；君子以申命行事。

譯文：孔子說：「隨風，制度，君子做事要符合天道。」

初六：進退，利武人之貞。

簡譯：（秋官制度）

譯文：文王說：「秋官制度(刑官制度)有利於軍人進退。」

象曰：進退，志疑也。利武人之貞，志治也。

譯文：孔子說：「僅僅是進退法令，使武人對國家產生質疑（不願意賣命），出的法令有利於武人忠誠安定，志治也。」

九二：巽在床下，用史巫紛若，吉無咎。

簡譯：（春官制度）

譯文：文王說：「史巫樂禮的制度已經創立了，都是沒有問題的可以使用的。」

【注解】

史：古官名。職別各異《周禮》中史：掌史及星曆的官，有大史、小史、馮相氏、保章氏、內史、外史、禦史等，凡七職。

巫：商代的巫地位較高。周時分男巫、女巫，司職各異，同屬司巫。春秋以後，醫道漸從巫術中分出。《周禮》中1，掌蔔筮的官，有大蔔、蔔師、龜人、菫氏、占人、筮人、占夢、視祲等，凡八職。2，祝巫之官，有大祝、小祝、喪祝、甸祝、詛祝、司巫、男巫、女巫等，凡八職。

紛若：是禮樂制度。紛：掌樂事的官。若：掌禮。

床下：文王用隱晦字眼說，巽在創下，巽已經在創下意思是說已經完成了，如史巫樂禮的制度創建好了。

象曰：紛若之吉，得中也。

譯文：孔子說：「眾多禮樂制度之吉。好啊。」

九三：頻巽，吝。

簡譯：（制度忌重複）

譯文：文王說：「制度不要重複，重疊。否則難以實行。」（不知以哪種為准）

象曰：頻巽之吝，志窮也。

譯文：孔子說：「制度重疊，工作沒辦法開展。」

六四：悔亡，田獲三品。

簡譯：（地官制度）

譯文：文王說：「改變和完善夏商朝制度中的弊端。從前制度中的弊端導致國家出現紛亂，百姓生活痛苦的局面。制度的制定要利於國家長期發展，不能導致亡朝。要悔亡啊！由其是要建立國家的三品管理監督制度。」（大司徒、大司馬、大司寇。）

【注解】

田獲三品：田指國家，一是土地管理制度（大司徒）。二是邦國管理（大司馬）。三是刑法管理（大司寇）。

象曰：田獲三品，有功也。

譯文：孔子說：「國家制度有此，有功啊。」

九五：貞吉悔亡，無不利。無初有終，先庚三日，後庚三日，吉。

簡譯：（制度確定不能改變，開始就要想到終了。）

譯文：文王說：「國家要穩定，要節儉要思亡啊，無不利。出令就要想到結果會如何呀，開始就要想到終了，出令即不能改變。國家制度非是兒戲，制度一旦確定不能更改。令行頒佈即為執行，因此制定制度和出令時都要再三思考，一定要三思而後行。」

大藏：先庚三日，後庚三日：先庚三日為丁，丁為令、為令的開始。後庚三日為癸，癸為死，為終，出令即死，開始就要想到終了。另外也含有我（文王）制定的制度是經過再三思考的，因此不要隨意改變。

象曰：九五之吉，位正中也。

譯文：孔子說：「正確。應該的。」

上九：巽在床下，喪其資斧，貞凶。

簡譯：（制度已制定，不能使用。）

譯文：文王說：「制度都已經制定好了，暫時不能使用。」

象曰：巽在床下，上窮也。喪其資斧，正乎凶也。

譯文：孔子說：「諸侯國文王創建了制度法令，而作為統領諸侯
　　　國的大王（紂王）卻沒有創建這些國家的制度，是無能
　　　啊。文王雖然創建了制度但尚缺資格和大印，還不到時候
　　　使用，文王能夠正視此點也。」

大藏：文王制定的制度是管理一個國家的制度，不是管理西郊
　　　岐山的制度，還尚缺使用這個制度的資格（資：資格，
　　　斧：權柄大印）。文王內聖外王，擁有鴻鵠大志，豈能在
　　　西郊上空翱翔，只有九州翱翔才可配也。天下是人人者天
　　　下，聖賢者才能管理好天下，草包逢世遇見文王，商朝結
　　　束只能是天命註定矣。

論巽卦：

　　巽卦中透露出兩個資訊：一是文王在囚羑里之前，就制定
了一些國家相關的制度。二是根據巽卦內容推測《周禮》原始制
度（核心）是文王所制定。巽卦可以揭開《周禮》之迷。哪些迷
呢？現在我先給讀者簡單介紹一下《周禮》。

一、《周禮》簡介

　　《周禮》又稱《周官》，是官制和政治制度的典章。《周
禮》在漢代最初命名為《周官》，始見於《史記•封禪書》，
曰：《周官》曰：「冬日至，祀天於南郊，迎長日之至；夏日
至，祭地祇。」又曰：自得寶鼎，上與公卿諸生議封禪。封禪用
希曠絕，莫知其禮儀，而群儒采封禪《尚書》、《周官》、《王
制》之望祀射牛事。《周禮》涉及內容豐富細緻。大至天下九

州，天文曆象；小至溝洫道路，草木蟲魚。邦國建制，政法文教，禮樂兵刑，賦稅度支，膳食衣飾，寢廟車馬，農商醫葡，工藝製作，各種名物、典章、制度，無所不包。堪稱為上古文化史之寶庫。

《周官》。原書設有天官、地官、春官、夏官、秋官、冬官等六篇，冬官篇已亡，漢儒取性質與之相似的《考工記》補其缺。王莽時，因劉歆奏請，《周官》被列入學官，並更名為《周禮》。

《周官》的六官分工大致為：天官主管宮廷，地官主管民政，春官主管宗族，夏官主管軍事，秋官主管刑罰，冬官主管營造，涉及到社會生活的所有方面，在上古文獻中實屬罕見。

二、《周禮》掠影

1、國都如何建設

《周禮》給世人展示出一個理想完善的治國典制，國中治理井然有序，大道儒法深藏其中。看《周禮》仿若治天下如圖紙在手。如，國都地點的選擇建立，如何通過「土圭法」來確定的。在哪裡建設，風水朝向等等。在《周禮•大宗伯》云：以土圭之法測土深，正日景（影），以求地中。……日至之景（影）尺有五寸，謂之地中：天地之所合也，四時之所交也，風雨之所會也，陰陽之所和也。然則百物阜安，乃建王國焉，制其畿方千裏而封樹之。

土圭是一種測日影長短的工具。所謂「測土深」，是通過測量土圭顯示的日影長短，求得不東、不西、不南、不北之地，也就是「地中」。夏至之日，此地土圭的影長為一尺五寸。之所以作如此選擇，是因為「地中」是天地、四時、風雨、陰陽的交會之處，也就是宇宙間陰陽沖和的中心。

2、王畿、九畿劃分

王畿，以王城為中心建立的。王畿之外有「九畿」。《周

禮‧夏官‧大司馬》云：方千里曰國畿，其外方五百里曰侯畿，又其外方五百里曰甸畿，又其外方五百里曰男畿，又其外方五百里曰采畿，又其外方五百里曰衛畿，又其外方五百里曰蠻畿，又其外方五百里曰夷畿，又其外方五百里曰鎮畿，又其外方五百里曰蕃畿。

從上可知九畿的分佈，是以方千里的王畿為中心，其四外的五千里之地，依次劃分為侯畿、甸畿、男畿、采畿、衛畿、蠻畿、夷畿、鎮畿、蕃畿等九層，大小相套，依次迭遠。相鄰之畿的間隔都是五百里。《尚書》中確有侯、甸、男、衛、采等外服的名稱，卻沒有如此類似於同心圓的分佈。

3、居民組織。

居民組織建有兩大體系：國都之外的四郊之地為鄉，鄉之下細分為州、黨、族、閭、比等五級行政組織。郊外之地為遂。遂之下細分為鄰、里、酇、鄙、縣等五級行政組織。根據地官的《大司徒》、《遂人》等記載，鄉、遂的民戶構成分別為：

一鄉：12500家一遂：12500家。

一州：2500家一縣：2500家。

一黨：500家一鄙：500家。

一族：100家一酇：100家。

一閭：25家一里：25家。

一比：5家一鄰：5家。

4、農田規劃

農田的規劃，整齊有序。《地官‧遂人》云：凡治野，夫間有遂，遂上有徑；十夫有溝，溝上有畛；百夫有洫，洫上有塗；千夫有澮，澮上有道；萬夫有川，川上有路，以達於畿。這裡記載了兩個系統，一是農田系統，二是溝洫系統。農田以「夫」為基本單位，一夫受田百畝。夫田與夫田之間有稱為「遂」的水渠，遂上有稱為「徑」的道路。每十夫之田之間，有稱為「溝」

的水渠，溝上有稱為「畛」的道路。每百夫之田之間，有稱為「洫」的水渠，洫上有稱為「塗」的道路。每千夫之田之間，有稱為「澮」的水渠，澮上有稱為「道」的道路。每萬夫之田之間，有稱為「川」的水渠，川上有稱為「路」的道路。如此通達於王畿。溝洫、道路系統有嚴格的丈尺規定。溝洫上的道路的寬度，徑可以讓牛馬通過，畛可以讓大車（車軌寬六尺）通過，塗可以讓一輛乘車（車軌寬八尺）通過，道可以讓兩輛乘車通過，路可以讓三輛乘車通過。

三、《周禮》制度的思想體現

《周禮》陰陽全備，四時順布，《天官•內小臣》說政令有陽令、陰令；《天官•內宰》說禮儀有陽禮、陰禮；《地官•牧人》說祭祀有陽祀、陰祀等等。王城中「面朝後市」、「左祖右社」的佈局，也是陰陽思想的體現。南為陽，故天子南面聽朝；北為陰，故王后北面治市。左為陽，是人道之所向，故祖廟在左；右為陰，是地道之所尊，故社稷在右。如前所述，《周禮》王城的選址也是在陰陽之中。

《周禮》治國思想博大精深，學術治術雙包，治國六官體制，影響百代。被後世稱為儒家經典，《周禮》中的道、法、陰陽思想文化、歷經千年流傳影響不止，作者奉行「人法地，地法天，天法道，道法自然的治國之根本。」「以人法天」思想為後代治理立出基本法則。「非聖賢不能作，誰敢堪當？」

四、《周禮》一書中華大寶但卻迷霧紛呈。

第一個謎：作者之迷。

一曰作者周公旦：西周政治家。周公姓姬，名旦。周武王之弟，亦稱叔旦。周文王的第四子周武王的同母弟。因采邑在周，稱為周公。武王死後，其子成王年幼，由他攝政當國。武王死後又平定「三監」叛亂，大行封建，營建東都，制禮作樂，還政成

王，在鞏固和發展周王朝的統治上起了關鍵性的作用，對中國歷史的發展產生了深遠影響。周公在當時不僅是卓越的政治家、軍事家，而且還是個多才多藝的詩人、學者。其兄弟管叔、蔡叔和霍叔等人勾結商紂子武庚和徐、奄等東方夷族反叛。他奉命出師，三年後平叛，並將國家勢力擴展至東海。後建成周洛邑，作為東都。相傳他制禮作樂，建立典章制度。其言論見於《尚書》諸篇。

二曰《周禮》雖非西周的作品，更非周公所作，而出於戰國人之手。

第二個迷：秘藏之謎

《周禮》面世初期，被藏秘府，世人無人知曉。直到漢成帝時，劉向、歆父子校理秘府所藏的文獻，才重又發現此書，並開始著錄。劉歆倍崇此書，認為出自周公之手著作，是「周公致太平之跡」。東漢初，劉歆的門人杜子春傳授《周禮》之學，鄭眾、賈逵、馬融等鴻儒皆仰承其說，一時注家沸起，歆學鼎盛。

第三個迷：真偽之謎

《周官》無法確定朝代典制。《周官》在西漢乍然發現，沒有端緒可尋。西漢立於學官的《易》、《詩》、《書》、《儀禮》、《春秋》等儒家經典，都有師承考鑒，只有《周官》典制無從考究。因此其真偽和成書年代問題成為聚訟千年公案。歷代學者為此進行了曠代持久爭論，形成西周說、春秋說、戰國說、秦漢之際說、漢初說、王莽偽作說等六種說法。古代名家大儒，以及近代的梁啟超、胡適、顧頡剛、錢穆、錢玄同、郭沫若、徐複觀、杜國庠、楊向奎等著名學者都介入了這場曠代討論，影響巨大，可堪一窺。

五、巽卦與《周禮》

為什麼要大篇幅地給讀者介紹《周禮》呢？因為本卦巽卦就是講制度啊，在《周易•說卦傳》說：帝出乎震，齊乎巽，相

見乎離，致役乎坤，說言乎兌，戰乎乾，勞乎坎，成言乎艮。帝出乎震中的震是指震卦，在上一個卦中，我已經講了，震是指天子。那麼齊乎巽是什麼意思呢？就是天子必須要有一套匹配的制度來治理國家。你光有天子的稱呼但是沒有好的國家管理制度，這個天子之位是不會做長久的。關於「相見乎離，致役乎坤，說言乎兌，戰乎乾，勞乎坎，成言乎艮」，這幾句話含義後面解釋。

文王《易經》巽卦已經告訴讀者：這些制度我已經創建好了「巽在床下，喪其資斧」但是時機還不成熟，我西郊不是天子之國不能使用這個創建好的制度，我使用了就說明我要公開與商紂決裂，公開反商了。一旦使用就犯了莫逆之罪，不忠誠了（貞凶）。

這個卦同時也告訴你周禮為什麼有朝代之謎、作者之謎、誰寫的？什麼時候寫的？如果周禮不涉及一個敏感的問題何來如此秘密，什麼敏感問題？就是文王寫了周禮就是包藏反商之心。這就是說文王早就有了反商之心的。關於反商的問題我可以這麼回答讀者，文王一生下來，商朝滅亡就已經註定了，反商之局早就註定，至於何時反商，那只是一個時機問題。為什麼如此說？老子說：大道廢有仁義。也就是說商紂廢道，天地一定生出仁義之人出來。何也？因為有冬天，春天就不遠了，明白了真正的道就不會糾結文王什麼時候反商的問題。反商不過是時機成熟了，就如同果樹長成自然就結果一樣。我在前面說《周禮》作者奉行「人法地，地法天，天法道，道法自然的治國之根本。」「以人法天」思想為後代治理立出基本法則。「非聖賢不能作，誰敢堪當？」大家想想除了文王誰可當之呢？後人為什麼稱姬昌做文王呢？周公雖然也是聖人但也只能說是進一步完善周禮而已。根據九五爻中：「貞吉悔亡，無不利。無初有終，先庚三日，後庚三日，吉。」文王這句話說，制度定下來不能更改。因此，周公應該是《周禮》完善和傳承者。為什麼如此說呢？大家想想聖人幾代出一個，幾百年一個，像文王這樣的聖人現在都3000多年了，

還沒出來一個呢。就是上百年的同仁堂藥店的藥方也是同仁堂祖先發明。後人不過是根據時代變化而增減，大體骨幹部分還是要保留。因此說文王是《周禮》的制定者，後人也只能完善如何敢稱始作俑者。文王不說自己是作者，那麼周禮的作者自然就是迷了，自然也就眾說紛紜了。

　《周禮》是文王在治理西郊時期就開始著手寫的，文王要是沒有如此能力，為何一個小小的西郊在商紂時期就能做到諸侯信服，文王被紂王囚禁羑里不就是因為文王在天下諸侯心目中的地位有凌駕於紂王之上麼？紂王囚禁文王不也說明怕商紂江山易手麼？文王是上中古的大道集大成者。知道自己姬姓一族最終可以領導一個朝代，知道自己一定會成為中華文化的大成者，這就是孔子說的「田獲三品，有功也。」田這裡是指國家的領土，國家的領土就是國也。孔子說國有三品管理制度，有功也。三品還有另外一個意思，三公、三足，鼎的三個腳也。此處後面再講。因此說除了文王誰有資格給後世立法則？

　歷史上任何的有名的典籍都要注明作者和時代，更何況像《周禮》這樣的一部治國寶典怎能沒有來歷呢？因為寫書的時間和寫書的作者不想讓世人知道，這才成為秘密。為什麼不想要世人知道？我們還是再瞭解一段歷史。楚國想聯合齊國、韓國共同進攻秦國，順便滅掉周王朝。周王派東周的武公對楚國任令尹職的昭子說：「周朝可不能算計。」昭子說：「要說算計周朝，那是沒有的事。儘管如此，我想問你，周朝為什麼不能滅掉？」武公回答：「西周現在的地盤，取長補短，也不過方圓一百里。搶佔這塊地方並不足以使哪個國家富強，得到那裡的百姓也不足以壯大軍隊。但西周卻有天下共同擁戴的宗主名義，誰攻打它，誰就是犯上作亂。儘管如此，還是有人想去攻佔它，是何原因呢？就是因為古代傳下來的祭祀重器在那裡。老虎的肉腥臊而又有尖牙利爪，仍有人獵取牠；山林中的麋鹿沒有爪牙之利，假如再給牠披上一張誘人的虎皮，人們獵取牠的欲望一定會增加萬倍。楚國的情形正是這樣，分割楚國的領土，足以使自己富庶；討伐楚

國的名義，又足以有尊崇周王室的聲名。楚國要是殘害了天下共同擁戴的周王朝，佔有了夏、商、周三代相傳的禮器，你剛把禮器運回南方，各國征討的大兵也就到了！」令尹昭子覺得言之有理，於是放棄了楚國原來的打算。

　　讀者看到沒？夏、商、周三代相傳的禮器到底是什麼？夏朝的政治制度延續上古的制度增減使用，商朝延續夏朝的制度增減使用，而到了文王時代自己秘密制定了《周官》制度，特別注重禮儀，這是因為夏朝制定體現忠直，商代制度體現恭敬，周代體現禮儀。各三代治理國家側重不同，子曰：「殷因於夏禮，所損益可知也；周因於殷禮，所損益可知也。其或繼周者，雖百世，可知也。」這句話什麼意思呢？我先不解釋此句話的含義，董仲舒曾引用此句話來回答漢武帝關於什麼是治理天下之道的考題。《資治通鑑第十七卷》記載：「漢紀九漢武帝建元元年（辛丑，西元前140年）冬季，十月，漢武帝下詔，令大臣舉薦賢良方正直言極諫的人才。武帝親自出題，圍繞著古往今來治理天下的「道」，進行考試。參加考試的有一百多人。廣川人董仲舒在回答說：「所謂的『道』，是指由此而達到天下大治的道路，仁、義、禮、樂都是推行『道』的具體方法。所以，古代聖明的君王去世之後，他的後代可以長期穩坐天下，國家幾百年太平無事，這都是推行禮樂教化的功績。凡是君主，沒有人不希望自己的國家能安寧長存，但是政治昏亂、國家危亡的卻很多。用人不當，治理國家的方法不是正道，所以國家政治一天比一天接近滅亡。………

　　三代聖王的治國之道，側重點各有不同，並不是它們相互矛盾，它們都是為了醫治社會積弊，只是由於各自面對的社會情況不同，才形成了治國之道的不同。所以孔子說：「國家採用無為而治的人，應該是舜吧！」舜改換曆法，改變衣服顏色，只是順應天意罷了。其餘一切都遵循堯的治國之道，哪裡改變過什麼呢！所以，聖明的君主，有改變制度的名義，而沒有改變治道的實際內容。然而，夏代推崇忠直，商代推崇恭敬，周代推崇禮

儀，形成這種不同的原因，是因為它們要各自拯救前朝的缺失，必須使用各自不同的方法。孔子說：「商代繼承了夏代的制度，所廢除的和增加的是可以知道的；周代繼承了商代的制度，所廢除的和增加的是可以知道的；若有後人繼承周代，就是過了一百代之後所實行的制度，也可以推測得出來。」這是說百代君主所用的治國之道，也就是使用夏商周這三種了。夏代是繼承了有虞氏的制度，而孔子唯獨沒有說到兩者之間的增減，是因為兩者的治國之道一致，而且所推崇的原則相同。道之所以精深博大，是因為它來源於天，只要天不變，道也就不會變。所以，夏禹繼承虞舜，虞舜繼承唐堯，三位聖王相互授受禪讓天下，而遵循相同的治道，是因為其間不需要補救積弊，所以孔子不說他們之間的增減。由此看來，繼承一個大治的朝代，繼起者實行與原來相同的治國之道；繼承一個政治昏亂的朝代，繼起者一定要改變治國之道。

　　我們通過董仲舒的話和他引用孔子的話可以說明，文王是為了補救夏、商朝的政治積弊而制定的《周禮》制度。夏朝、商朝的制度尊忠，尊恭敬都是以貴族官為本位，這樣社會是把官與民分成二個等級，這就產生了極大的矛盾，而解決這個矛盾的手段就是消除特別的不平等，要使社會尚行禮儀之風，這就使仁義禮智信相互平衡，社會構建一個以人為本相互謙和守禮的文明社會。《史記•周本紀》說文王仿效祖父，古公直父和父親季曆制定的法度，實行仁政，敬老愛幼，禮賢下士，讓農民助耕公田，納九分之一的稅。商人往來不收關稅，有人犯罪妻子不連坐等，徵收租稅有節制，讓農民有所積蓄，以刺激勞動興趣。據《詩經•大雅•棉》篇注說：虞芮兩國看到周國是「耕者讓其畔，行者讓路」，「男女異路，斑白不提攜（扶老攜幼）」，「士讓為大夫，大夫讓為卿」，一派君子之風。兩相對比，內心羞愧，回國之後虞芮兩國都主動將所爭之地做了閑田處理，糾紛從此解決。

　　讀者看此處也應該知道《周禮》出書的朝代如果不是與周朝有關，不是與文王有關，那就不妨再瞭解瞭解自周朝以後春秋、

戰國、秦、西漢的千年歷史中的哪一段出現這種「耕者讓其畔，行者讓路」，「男女異路，斑白不提攜」，「士讓為大夫，大夫讓為卿」的一種和諧（仁義禮智信）禮儀之風。《周禮》的制度是建立天下人人之天下的思想，否則如何有仁義禮智信。（仁義禮智信的原創是文王非孔子也，看完《道解易經》自知。）再想想孔子為什麼推行周禮？再看「秦」可有道乎？何為道，平等也，通俗解釋就是「公路」也，人人都在上面行走。道，道路也，大家的，你可以行，我也可以走，不管你是開車的，還是坐車的，不管你是騎車的，還是走路的，人人可以行走，只不過是規劃好快車道、慢車道、人行道罷了。這就是「道」也。

孔子說：「巽在床下，上窮也。喪其資斧，正乎凶也。」文王的上面是誰？文王是西郊諸侯國，其上面是商朝大國，上為君，下為臣。孔子說臣下之國有制度創建了，君王大國上窮也，就是君王國沒有制度，「喪其資斧，正乎凶也。」就是說文王制定了制度但沒有與此相匹配的身份不可以堂而皇之地使用，使用就是謀反。就像是一個臣子還不是皇帝身份時候在家做了一件皇袍，私刻了一個皇帝印章，這就犯了欺君之罪，犯了謀反之罪，更何況是制定了一個「治國大典」了！哈哈……所以說文王牛啊，自比那些私做黃袍的牛啊！所以文王說制定好了制度也不能使用。這個制度也是後世朝代想要爭奪的目標。所以武公說佔有了夏、商、周三代相傳的禮器，你剛把禮器運回南方，各國征討的大兵也就到了！」這個「禮器」就是治國大典《周官》後被稱的《周禮》也。這也是《周禮》的秘藏之謎。

這就是帝出乎震齊乎巽也。震在八卦中是東方代表草木，代表開花的農作物，巽是東南方代表風，震成長中的草木農作物，要是缺少了巽風的傳播開花的農作物如何結很多果呢？因此說，作為一個天子，要是缺乏一個治理國家的制度，如何能夠治理好一個偌大的國家？所以後世朝代有的朝代歷經易手就是有其名而無其實也。得震而少巽也。有其國而無其治國的利器也。

至於說《周禮》是人法天的思想，如果沒有《易經》宇宙

整體的思維，如何能創建出《周禮》人法天的制度？伏羲演義八卦，《連山》、《歸藏》出世，那也不過是「緯、讖」屬於「六緯」、「七緯」之列。文王《易經》是經，乃大法也，否則如何能成儒家「六經」、「七經」之首！何謂緯、讖？君子以術也。占卜也。何謂經？君子以經綸，經世治國之用也。

　　《易經》文王演義，改朝換代也。《周官》文王作，經世治國也。這就是文王，我要帝出乎震也要齊乎巽，文能安邦，武能定國。一陰一陽謂之道也。道隱於無形，《易經》、《周官》全讓你摸不清也。迷也，玄也。

七、兌為澤　聽取他人意見

58.兌為澤
藏解易經7

　　兌：亨，利貞。

簡譯：（對話，溝通，利穩定）

譯文：文王說，「多聽取臣民們的意見有利於國家建設和穩固。」

彖曰：兌，說也。剛中而柔外，說以利貞，是以順乎天，而應乎人。說以先民，民忘其勞；說以犯難，民忘其死；說之大，民勸矣哉！

譯文：周公說：「兌，說話也。溝通。內剛而外柔（誠心請教），君與臣子相說，聽取智者意見是順乎天，應乎於人。說說治國，說說治民，說說如何防範國家存亡，說的用途真大，聽取臣民們的意見有利於國家建設和穩固。」

象曰：麗澤，兌；君子以朋友講習。

譯文：孔子說：「明智，說和問，君王與臣子之間像朋友一樣對話交流。取人所長，補己不足。」

初九：和兌，吉。

簡譯：（對話，要平等）

譯文：文王說：「一來一往，一問一答對話，要平等對話。吉。」

象曰：和兌之吉，行未疑也。

譯文：孔子說：「和兌之吉，解決所疑。」（疑惑不明的事情）

例如：《六韜中三疑篇》

武王問太公說：「我想建功立業，但有三點疑慮：恐怕自己的力量不足以進攻強敵，恐怕不能離間敵君的親信，恐怕不能瓦解敵國的軍隊。您看該怎麼辦呢？」

太公回答說：「首先是因勢利導，其次是慎用計謀，再次是使用錢財。進攻強敵，一定要慫恿他，使其恃強驕橫；放任他，使其倡狂自大。敵人過於強橫必遭折挫；過於狂妄，必致失誤。要進攻強大的敵人，必先助長他的強暴；要離間敵人的親信，必先收買敵人的心腹；要瓦解敵人的軍隊，必先爭取敵國的民心。」……

九二：孚兌，吉，悔亡。

簡譯：（誠心請教）

譯文：文王說：「要誠心對待自己的不足，請教之。吉。知不足而思亡。」

大藏：文王的意思是告誡當王者，要避免因自己不足而做出的錯誤決策將導致國家的治理失敗。

象曰：孚兌之吉，信志也。

譯文：孔子說：「孚兌之吉，誠信真心能實現大的志向。」

六三：來兌，凶。

簡譯：（責問，凶）

譯文：文王說：「臣子，百姓質責君王，凶啊。」

大藏：說明君王理政出問題了，臣子不滿意，百姓不滿。

象曰：來兌之凶，位不當也。

譯文：孔子說：「來兌之凶，是上面做事失當了。」

九四：商兌，未寧，介疾有喜。

簡譯：（商討對策）

譯文：文王說：「與臣子商討對策，有的地方出現事情了(或亂
　　　子)，派誰去解決？臣子解決了立功了，該如何獎勵呀等
　　　等。」

象曰：九四之喜，有慶也。

譯文：孔子說：「九四（臣子）立功了，被嘉獎了。」

九五：孚於剝，有厲。

簡譯：（問責臣子）

譯文：文王說：「有臣子犯法，是君王向臣子問話後剝掉官職，
　　　以儆效尤。」

象曰：孚於剝，位正當也。

譯文：孔子說：「孚於剝，君王處理臣子應該的。」

上六：引兌。

簡譯：（引導對話）

譯文：文王說：「要一步步引導臣子談其對事物的看法，要一步一步深入。」

大藏：目的：一是將臣子的智慧挖掘出來。二是用來判斷臣子的做事能力、性格、人品。引兌是瞭解人、識人的一種重要方法。

象曰：上六引兌，未，光也。

譯文：孔子說：「上六引兌，是對事或對人情況的不夠瞭解，要進行引導，明智也。」

大藏：引兌可以將臣子的智慧挖掘出來。

例如：《六韜—舉賢篇》

文王問太公說：「君主致力於舉用賢能，但卻不能收到實效，社會越來越動亂，以致國家陷於危亡，這是什麼道理呢？」

太公答道：「選拔出賢能而不加以任用，這是有舉賢的虛名，而沒有用賢的實質。」

文王問道：「導致這種過失的原因在哪里呢？」

太公答說：「導致這一過失的原因在於君主喜歡任用世俗所稱讚的人，因而就不能得到真正的賢人了。」

文王問道：「為什麼這樣說呢？」

太公說：「君主以世俗所稱讚的人為賢能，以世俗所詆毀的人為不肖之徒，那麼黨羽多的人就會被晉用，黨羽少的人就會被排斥。這樣邪惡之人就會結黨營私而埋沒賢能，忠臣無罪而被置於死地，奸臣憑藉虛名騙取爵位，所以社會越來越混亂，國家也就不能避免危亡了。」

文王問道：「應該怎樣舉賢呢？」

太公答道：「將相分工，根據各級官吏應具備的條件選拔賢能；根據官吏的職責考核其工作實績，選拔各類人才。考查其能力強弱，使其德才與官位相稱，這樣就掌握了舉賢的原則和方法了。」

簡論兌卦：

兌卦背後道深啊。人之所以不同於動物，其他方面不談，單就組織性而言，人類組織就不同於動物組織。人類組織需要說話溝通才能發揮組織的作用，著名組織管理學家巴納德就認為「溝通」是把一個組織中的成員聯繫在一起，以實現共同目標為目的。在人類社會中，從一個世界、國家、集體、單位中各個組織都需要進行「溝通」。「溝通」的手段和技巧運用可以說決定著一個組織是否能夠高效的運轉。80%以上的組織出現70%的溝通障礙。這些障礙會導致組織執行力差、領導力不能有效發揮，其實歸根到底還是領導或一個組織如何懂得溝通，有效地溝通起著決定性的作用。那麼溝通這一詞或者此一形式在《易經》中就屬於兌卦的範疇。文王在此卦中已經告訴各個管理者，無論是總統還是一個小幹部如何進行有效的溝通。在我們現在的社會中溝通大部分屬於平面和垂下的，同等身份的溝通，上與下的溝通，在溝通中最大缺失的就是禮賢而溝通。在當今組織的工作職能中更是出現了領導說什麼，下屬就以為是什麼的局面，何曾有尊重集體的智慧？更別說禮賢了。領導者一人嘴大，幾個平面領導拍腦門子只需決定命令就是了，何需溝通這個時髦的辭彙。

一人智窮，眾人智盛，賢者更是智能，就連文王這樣內聖外王古今中外幾千年難現的大聖之人，都不敢托大，還要虛心向姜尚請教。不僅是姜尚[1]還有鬻熊[2]等其他賢人，孔子對周禮十分熟悉。他來到祭祀周公的太廟裡卻每件事都要問別人。對於孔子此舉，有人就對他是否真的懂禮表示懷疑。孔子聽到此話後說：「這就是禮呀！」。文王對國家大事瞭若指掌卻經常與大賢來往乎兌，這說明什麼？

在《周易‧說卦傳》說：「帝出乎震，齊乎巽，相見乎離，致役乎坤，說言乎兌，戰乎乾，勞乎坎，成言乎艮。」這個說言乎兌就是指君主之間言事議論政事，作為一國之統帥，不能憑一己之智對待全局，這叫以偏概全。在重要決策中容易決策失誤，這就是文王說的要悔亡啊。孔子說：「知之為知之，不知為不

知，是知也。」老子說：聰明人聽取他人的言論以全自己的策略。兌卦蘊含大道，《淮南子》云：「月者，太陰之精。《釋名》云：月，缺也，言滿則復缺也。」那麼，兌卦在天文中代表月亮，人物中代表少女，在事物中代表水澤。兌卦上缺，二陽一陰。複兌，上兌下也兌，六個爻，就是四陽二陰，這說明什麼呢？上兌二陽一陰說：智者百慮必有一失。複兌四陽二陰意思是兩個智者千慮也會不足。為什麼如此說呢？因為兌卦之陰爻佔據陽位，就是提醒你，就算是你非常明智都有看不清事物本質的情況，也會決策不明，決策起事物來像少女一樣幼稚。陰者晦也，不明也，陰者缺也，缺者損也，損就是不足，金無足赤，人無完人，傳統的解釋是沒有純而又純的金子。比喻沒有十全十美的事物。也比喻不能要求一個人沒有一點缺點錯誤，聖人是不做如此解釋。因為君王一點錯誤，可能是死幾萬個人，甚至更多，甚至會喪失國家，因此才要悔亡，才要多聽取別人的意見來補之不足也，這就是兌的解決之道。

國君治理國家核心是用人，那麼兌就顯其功用，通過兌瞭解臣子的長處，而達到知人用長。因此兌作用大呀。多看幾遍兌卦，省去研究西方如何溝通藝術百倍。

當然兌還有很多種含義，在領導者手中僅一條足矣。

【注解】

[1] 姜尚，名望，呂氏，字子牙，或單呼牙，也稱呂尚。華夏族，生於西元前1156，死於西元前1017年，壽至139歲。先後輔佐了六位周王，因是齊國始祖而稱「太公望」，俗稱姜太公。東海海濱人。西周初年，被周文王封為「太師」（武官名），被尊為「師尚父」，輔佐文王，與謀「翦商」。後輔佐周武王滅商。因功封於齊，成為周代齊國的始祖。他是中國歷史上最享盛名的政治家、軍事家和謀略家。（來自百度百科）

[2] 鬻熊：[鬻 yù]（西元前11世紀）又作粥，又稱鬻熊子、鬻子。楚之祖先。相傳曾為周文王師（火師）。成王時追封功臣後裔，其曾孫熊繹受封於楚蠻，建立楚國。

鬻熊傳有《鬻子》一書，舊題鬻熊撰。《漢書藝文志》道家有《鬻子》二十二篇，小說家類有《鬻子說》十九篇。劉勰《文心雕龍諸子第十七》「至鬻熊知道，文王諮詢，餘文遺事，錄為《鬻子》。」今傳《鬻子》僅二卷。鬻熊是一位有政治頭腦的大酋。通曉法術，是一位有宗教聲望的大巫（來自百度百科）。

八、天火同人　志同道合

13.天火同人
藏解易經8

同人：同人於野，亨。利涉大川，利君子貞。

簡譯（與道同者共事）

譯文：文王說：「與志同道合的人共事於朝野，順利，有利於國家的發展，有利於君臣之間的穩定。」

大藏：道不同者不相為謀。

象曰：同人，柔得位得中，而應乎乾，曰同人。同人曰，同人於野，亨，利涉大川，乾行也。文明以健，中正而應，君子正也。唯君子為能通天下之志。

譯文：周公說：「相同志向的臣子，共同遵守天道曰同人。這樣的人共聚一起為國家做事，有利於國家的未來。國家的規劃因同人而能有序運行，國家的文明繁榮得以建成。君王正，臣子正也，只有君臣共同賢能才能統領天下的有志之士啊。」

象曰：天與火，同人；君子以類族辨物。

譯文：孔子說：「天和太陽同屬一系，同人，物以類聚人以群分。」

初九：同人於門，無咎。

簡譯（同屬師門，沒問題）

譯文：文王說：「同屬一個師門(遵循共同的道德體系），任人
　　　唯賢。無咎。」

象曰：出門同人，又誰咎也。

譯文：孔子說：「出門同人，誰能有錯呢？」

六二：同人於宗，吝。

簡譯（同屬宗族，有問題）

譯文：文王說：「同屬一個宗族的（有親屬關係），任人唯親拉
　　　幫結派不好啊。」

象曰：同人於宗，吝道也。

譯文：孔子說：「同人於宗，不利於開展工作，壞道也。」

九三：伏戎於莽，升其高陵，三歲不興。

簡譯（朝堂不用武將）

譯文：文王說：「立過戰功的武將(軍人），做朝堂高官，國家
　　　三年都不會興旺。」

象曰：伏戎於莽，敵剛也。三歲不興，安行也。

譯文：孔子說：「武將，居功自傲，克君王，三年不興，安置好
　　　才行也。」

大藏：魏時桓範說：「帝王用人的原則是審時度勢，合理使用人
　　　才。打天下的時候，以任用懂得軍事戰略的人為先；天下
　　　安定之後，以任用忠臣義士為主。

古語說：「和平時期，品德高尚的人職位高貴；戰亂發生的時
　　　候，戰功多的人得到重賞。」

九四：乘其墉，弗克攻，吉。

簡譯（武將要守城）

譯文：文王說：「讓武將守城去（或邊關駐防)，叫敵人不能攻
　　　打國家。吉」

【注解】

　乘其墉，弗克攻：墉（yōng），城牆。乘，登上、攻佔。守衛邊關
城牆。

象曰：乘其墉，義弗克也，其吉，則困而反則也。

譯文：孔子說：「守城（邊關）是能夠使敵人不來攻打，但是管
　　　理不好（安置不當，）也容易造反。」

九五：同人，先號咷而後笑。大師克相遇。

簡譯（同人朝堂議事各抒己見）

譯文：文王說：「同人在朝堂殿上，大臣和師（或丞相，或三
　　　公）因為一些問題的觀點先爭執得面紅耳赤，而後達到共
　　　識哈哈大笑。」

象曰：同人之先，以中直也。大師相遇，言相克也。

譯文：孔子說：「志同道合在先，言語坦誠正直也。大師相遇，
　　　是因為觀點不同也。」

上九：同人於郊，無悔。

簡譯（與道義相同的人做事無悔）

譯文：文王說：「有志同道合的人同在國家效力，人生無悔
　　　也。」

【注解】

　郊：西郊岐山，文王屬地。

象曰：同人於郊，志未得也。

譯文：孔子說：「同人於郊，文王的理想沒有實現啊。」

大藏：1，文王此時身居羑里，與臣子分離。2，大周成立，文王因命所限，沒能更多體驗到做君王與大師的同人於郊願望，說白了，就是沒有活到那個時候。

簡論天火同人卦：

此卦看完即明，不用再論。

同人於郊，無悔。（畫像臨摹於廣州陳家祠雕塑）

15.地山謙
藏解易經9

九、地山謙　君子德行

謙：亨，君子有終。

簡譯：（君子謙虛有收穫）

譯文：文王說：「要謙虛啊，謙虛使君子得其所順，使君子得其
　　　善終，能收穫好的結果。」

**象曰：謙，亨，天道下濟而光明，地道卑而上行。天道虧盈而益
謙，地道變盈而流謙，鬼神害盈而福謙，人道惡盈而好
謙。謙尊而光，卑而不可逾，君子之終也。**

譯文：周公說：「謙虛為大順也。天道陽剛高而強壯卻能謙虛折
　　　下，普照萬物使萬物都能享受光明。地道卑下卻養育萬物
　　　而使萬物成長。天的日月盈虧平衡運轉，能夠兼顧於萬物
　　　的生長輪回，這就是益謙而使萬物平衡。地道因為變盈而
　　　使孕育人類萬物的食物得以長成，長成而謙才能收斂萬物
　　　而蓄存。這就是天道的謙屬於冬天而後春天的明媚；地道
　　　的謙屬於春天而後秋天的萬物之豐收。天地之道，謙之平
　　　衡，而使萬物有功成。鬼神害盈是無妄之災禍的滿盈，禍
　　　患滿盈終到頭，難平而福臨，禍止福來而之謙。人道行惡
　　　終有盡，惡盡滿盈人思謙。謙乃中，中乃平衡，平衡是
　　　福，福謙得到尊崇而使萬民得光明。謙為禮數，謙為福
　　　氣，謙為平衡之道，謙卑之禮不可越過。此乃君子之始終
　　　也。」

象曰：地中有山，謙；君子以裒多益寡，稱物平施。

譯文：孔子說：「土地之外有高山，山外有山，人上有人。謙
　　　虛，君子要多接受別人意見，彌補自己的不足，這才能達

到平順施展君子的抱負。」

初六：謙謙君子，用涉大川，吉。

簡譯：（對待百姓更要謙誠）

譯文：文王說：「困境中君子更要謙誠啊，這樣才有利於將來啊。」

大藏：1、君王對待百姓更要謙誠。2、逆境中，更要忍耐，謙謙就是忍辱負重，一謙再謙，臥薪嚐膽，外表卑而心不卑。

象曰：謙謙君子，卑以自牧也。

譯文：孔子說，「謙謙君子，用卑誠之謙才能未來廣大。」

六二：鳴謙，貞吉。

簡譯（人人有禮，謙恭。）

譯文：文王說：「人與人相互之間要有禮，為人謙誠，互相謙恭。」

象曰：鳴謙貞吉，中心得也。

譯文：孔子說：「有禮謙恭，好啊，得民心也。」

九三：勞謙君子，有終吉。

簡譯：（為官者要為百姓做事，是應該的。）

譯文：文王說：「為官者要承擔責任，對待工作要任勞任怨，為百姓服務，上對起國家，下對起百姓，遇事要當仁不讓。勤奮做事，有勞承擔，有賞接受。勞謙有始有終，終吉。」

象曰：勞謙君子，萬民服也。

譯文：孔子說：「勞謙君子，萬民服從。」

六四：無不利，撝謙。

簡譯（身在高位不居功）

譯文：文王說：「六四王爺，功不居己，謂之撝謙。」

　　　【注解】

　　撝謙：撝（huī）：擺手，不居功。

象曰：無不利，撝謙；不違則也。

譯文：孔子說：「無不利，撝謙；不違反規定也。」

大藏：六三臣子具體做事有功，六五領導有功。六四只有擺手撝
　　　謙。

六五：不富以其鄰，利用侵伐無，不利。

簡譯（對待其他諸侯國要平等，和平。）

譯文：文王說：「不要採用侵伐的手段佔據鄰國的資源，使自己
　　　富裕。這是不利的。」

象曰：利用侵伐，征不服也。

譯文：孔子說：「利用侵伐，征伐也不服也。」

上六：鳴謙，利用行師，征邑國。

簡譯（禮謙。）

譯文：文王說：「在征伐商紂時，行師中對待上下一定要鳴謝謙
　　　誠，鳴謝謙誠啊。」

象曰：鳴謙，志未得也。可用行師，征邑國也。

譯文：孔子說：「鳴謝禮謙啊，是大志沒有得到實現。可用在行
　　　師中，征邑國也。」

大藏：孔子言外之意是說：文王鳴謙之志未得，而文王制定的
　　　種種禮儀沒有用到和平時期，只能用在行師中，征邑國
　　　也。

簡論謙卦：

聖人文王在治理西郊時期，西郊的百姓相互之間和睦有禮謙讓，這種祥和的國情民風曾讓許多諸侯國和百姓人心思郊，以至後來的人心思周。此卦再一次說明《周禮》的作者是文王也。此卦很好理解，不多論也。與文王、孔子，千古對話人生快哉！

十、澤山咸　娶妻選妃

31.澤山咸
道解易經10

咸：亨，利貞，取女吉。

簡譯（男子娶妻）

譯文：文王說：「男大當婚，女大當嫁，娶妻，有利於繁育後代。吉。」

象曰：咸，感也。柔上而剛下，二氣感應以相與，止而說，男下女，是以亨利貞，取女吉也。天地感而萬物化生，聖人感人心而天下和平；觀其所感，而天地萬物之情可見矣！

譯文：周公說：「咸，心心相通，感應也。女在前，男在後，是男子追求女子，窈窕淑女，君子好逑。二人相互有感覺而互相許配。因此男子要停止當下交往，而前去女方求婚。是順從與禮節規則。這樣娶女吉也。天和地互相感應生萬物。聖人能感悟百姓之心而天下和平。觀察天地間的一切感應，所有天地之間的情意可知道也。」

象曰：山上有澤，咸；君子以虛受人。

譯文：孔子說：「男子看到女子，有感應，因此，君子以此女子求配偶而繁衍後人。」

初六：咸其拇。

簡譯（婚姻大事父母做主）

譯文：文王說：「婚姻大事，要母親做主。」（男方向女方家提
　　　親）

象曰：咸其拇，志在外也。

譯文：孔子說：「問其母，父親不在也。」

大藏：父親在羑里呢。

六二：咸其腓，凶，居吉。

簡譯（男女合婚否）

譯文：文王說：「切不可盲目定親，要問芳名，用龜卜占卜吉凶
　　　啊。吉，再決定。」

大藏：腓（fēi）是指女方的芳名。古時要男女對方的八字，此
　　　為中古時期，要出生年月日六字與姓名再進行占卜，看是
　　　否合婚。合則禮聘。《周禮•地官》說：媒氏掌管民眾的
　　　婚姻。凡男女自出生三個月、取名以上的都要記錄他們出
　　　生的年月日和姓名。男子年滿三十要娶妻，女子年滿二十
　　　要出嫁。凡娶再嫁婦為妻和接納再嫁婦所帶子女的，都
　　　要記錄。仲春二月，法律規定男女成婚。這個時候，如
　　　果有私奔的也不要禁止。如果無故該嫁娶而不嫁娶的，就
　　　要處罰。如果男女過了婚齡但還沒有成婚的要幫助他們成
　　　婚。凡嫁女娶妻，送聘禮用緇帛，不超過五兩。法律禁止
　　　把生前沒有夫妻名分的男女遷葬在一起，對於一方有戰死
　　　或非正常死的男女禁止再行嫁娶。凡因男女淫蕩引起的
　　　爭訟，在社壇聽斷，其中有觸犯刑律的，交給司法官處
　　　置。

象曰：雖凶，居吉，順不害也。

譯文：孔子說：「雖凶，但居吉，順從不會有害處。」

九三：咸其股，執其隨，往吝。

簡譯（告知占卜結果）

譯文：文王說：「如果占卜吉利，請人帶著禮物前往告知占卜結果。」

象曰：咸其股，亦不處也。志在隨人，所執下也。

譯文：孔子說：「即使帶著禮物前往，你認為吉利，也許女方家認為你不吉。此事全看隨人怎麼說了，女方在上，一女百家求也。」

大藏：孔子此句話不是針對文王兒子求婚，而針對世人男子求婚也，就事論事。事情如此。世上畢竟男子多，而王子少。

九四：貞吉悔亡，憧憧往來，朋從爾思。

簡譯（要娶賢德女子）

譯文：文王說：「女子一定要貞潔賢德，女子不貞潔賢德會導致亡家亡國。一幢幢搖曳波動不定的江山，家庭歷史，崩亡倒塌都是從女子不貞不賢開始啊！」

大藏：後漢秦嘉在《述婚詩》中就說：「紛紛婚姻，禍福之由；衛女興齊，褒姒滅周。戰戰兢兢，懼其不仇；神啟其吉，果獲令攸。我之愛矣，荷天之休。」

象曰：貞吉悔亡，未感害也。憧憧往來，未光大也。

譯文：孔子說：「有的人對貞吉能導致悔亡，未感到害怕也。歷史教訓，人不明此，這問題重要啊。」

九五：咸其脢，無悔。

簡譯（送聘禮求婚）

譯文：文王說：「送聘禮於女家以約訂婚禮事宜，不能悔婚。」

象曰：咸其脢，志末也。

譯文：孔子說：「遵守媒妁之言，白頭到老也。」

　　【注解】

　　脢（méi）：媒妁之言

上六：咸其輔，頰，舌。

簡譯（大王娶妻要徵求三公意見）

譯文：文王說：「王家娶女要徵求三公意見。」（太傅，太保，
　　　太師意見）

象曰：咸其輔，頰，舌，滕口說也。

譯文：孔子說：「徵求三公意見，這是給十四子錯叔秀說親（滕
　　　氏人口，說親而來）。」

大藏：錯叔秀系周文王的第十四子，西周初年，被周武王封於滕
　　　地同，建立諸侯國——滕國。後國失。原滕國王族便以國
　　　命姓，為滕氏之始。輔，頰，舌：人臉重要三器官。是首
　　　腦三官，國家為首，比喻三公。皇家，王子娶妻既要女子
　　　貞吉悔亡又要徵求三公意見，否則國凶也。由其作為管理
　　　一個國家的君主，看看歷史皆是如此。歷史各個妖後亂
　　　國，從古自今全沒有逃脫。原因都是大王自己選美，沒有
　　　徵求三公意見，以為自己婚姻與國無關。

　　簡論咸卦雅、趣、閑：

　　雅：

　　東漢蔡邕的《協和婚賦》云：惟情性之至好，歡莫備乎夫
婦。受精靈於造化，固神明之所使。事深微以玄妙，實人倫之端
始。考遂初之原本，覽陰陽之綱紀。乾坤和其剛柔，艮兌感其脢
腓。此賦中的艮兌感其脢腓正是說的澤山咸卦（上兌下艮）。艮
少男，兌少女，感應而為咸，象徵夫婦結合，因而咸卦是說親

卦。

咸卦是《士昏禮》的由來。此卦再次佐證文王與《周禮》的關係。咸卦講的是男女婚姻應該遵守的禮儀。在周禮《儀禮》之《士昏禮》記述士娶妻成婚的禮節儀式。

《士昏禮》疏引鄭玄《目錄》說，「士娶妻之禮，以昏為期，因而名焉。」按規定，男子在昏時親迎新婦。以昏為名，所以稱作昏禮。今所謂婚，即本於此。

士昏禮有六項內容，也叫作六禮。

第一，納采：即男家遣媒向女家提親，女家同意，男家備禮至女家求婚所行的禮儀。

第二，問名：男家使人問女子之名，以歸蔔其吉凶。

第三，納吉：男家蔔得吉兆，備禮告知女家，至此，婚姻始定。

第四，納徵：徵即成，男家在納吉之後，送聘禮於女家以成婚禮。

第五，請期：男家蔔得迎娶吉日，備禮告於女家，征得同意。

第六，親迎：至婚期，婿親至女家迎娶新婦完成婚禮。《禮記•中庸》說：「君子之道，造端乎夫婦。」因此，儒家對婚禮非常重視。《禮記•昏義》論婚禮的意義說：「禮之大體，而所以成男女之別，而立夫婦之義也。男女有別而後夫婦有義；夫婦有義而後父子有親；父子有親而後君臣有正。故曰，昏禮者，禮之本也。」從這種血緣倫理道德觀念出發，儒家把婚禮看作整個禮制的基礎。——（見《儀禮-士昏禮》）

趣：

文王在這個卦中想告訴自己的妻子要給兒子說親。我為什麼譯象時說孔子說是給十四子說親。這是根據卦中所提示的內容所譯的。為什麼是給十四子錯叔秀說親，在此卦中有二個方面有顯示之象：一是暗象隱喻象，二是明象，孔子的道破機關象。我們先來看看隱喻象一：

六二：咸其腓，腓：是芳名，也是弊端，病，罪，犯錯。凶，
　　　　居吉；是占卜。　　　　　　　　　　　　　　　　（錯）

九四：貞吉悔亡，貞；貞淑。　　　　　　　　　　　　　（叔）

九五：咸其脢，脢：媒人，婚姻約定，感其美，美者為秀也。
　　　　　　　　　　　　　　　　　　　　　　　　　　　（秀）

　　二四五爻各爻中都隱藏者一個意思，我今來說說，權當下酒
小菜以茲讀者雅興。不必當真。

　　為什麼只取二四五爻呢？因為二四五中各有隱喻。一爻說，
婚姻之事憑母親做主。三爻說，婚姻禮儀不可無。要求婚前往。
上爻說，王家孩子娶妻不是小事要徵求三公意見。只取二、四、
五爻，與男女婚姻本身有關。另外，九五咸其脢與六二咸其腓，
二五相合，上兌為幼女，下艮為幼男，原象徵夫婦結合，後以
「脢腓」來比喻不可分離的關係。因此，有二爻必與五爻相連
也。

六二：咸其腓，意思是要交換名字（上、中古名字，出生六
　　　　字），合婚。如果合錯了而結婚叫陰差陽錯，乃為錯
　　　　婚。所以文王說要占卜吉凶。二爻說凶，就是指這個問
　　　　題，核心是別弄錯了。

九四：貞吉悔亡，說女子要貞潔，女子貞潔就賢淑啊，核心是淑
　　　　德。

五爻：咸其脢，咸其美，是美了，指成了，要訂婚約。結婚是人
　　　　生一大美事，核心是美。

　　連起來就是錯淑美。但是文王的兒子中沒有叫錯淑美的，只
有叫錯叔秀的，是十四子，美也可以理解成秀麗。也可以說結婚
乃是人生秀事一件也。再加上孔子的滕口說也，也就是滕叔秀娶
妻聯姻也。

　　現在，我們再來看明象二，孔子道破機關的象：

　　孔子說：「咸其輔，頰，舌，滕口說也。」滕是滕公，孔

子在文王400年後，已經有了滕國，此文，滕乃錯叔秀也。口是指藤氏人口。說是說親也。孔子意思說：藤氏人口來源與咸卦說親也。從這句話中不難想像，孔子知道的事不少，老夫子啥都明白，就是好裝糊塗。

　　閑：

　　我今借酒說說咸，自古咸卦不清閑。

　　文王聯姻把親咸，合婚父母三公言。

　　為了江山後代起，婚姻禮數盡周全。

　　人文禮儀從依始，君臣父子有名傳。

　　今人不識咸卦理，婚姻閃結又閃離。

　　中華禮儀全不記，背道失道一夜銷。

　　銷得美哉妄思賢，以為聖人與我同。

　　咸起手來又咸腳，咸起牙舌沒有完。

　　豈知文王在羑里，耄耋聖人豈能咸。

　　世人譯咸百種出，一次更比一次閑。

　　一次更比一次狠，惹得大藏笑翻天。

　　若是大藏譯錯了，再添一景趣無邊。

　　——大藏醉酒譯咸

37.風火家
藏解易經11

十一、風火家人　治國治家

家人：利女貞。

簡譯（臣子要盡忠盡職）（女人要貞潔賢慧）

譯文：文王說：「一個家庭有貞潔賢慧，治家有方的女人會使家庭出現生機。國家也是一樣，國家要是有一批賢臣良將，忠誠能臣，輔佐伴隨王的左右，遇事則沒有什麼不順利的。」

象曰：家人，女正位乎內，男正位乎外，男女正，天地之大義也。家人有嚴君焉，父母之謂也。父父，子子，兄兄，弟弟，夫夫，婦婦，而家道正；正家而天下定矣。

譯文：周公說：「家人，女主人主內，男主人主外。只有男女的順序端正了，天地之間才能出大義也。一個家庭有嚴父，慈母。父親像父親，兒子像兒子，兄長像兄長，弟弟像弟弟，丈夫像丈夫，妻子像妻子，各盡其位，各守其道。只有家道正，正家而天下安定矣。」

大藏：家之，母德妻賢才能孕生賢兒。有福之人不落無福之地，賢德之地才有賢子降生。

鹽鹼地豈能生出哈密瓜。《詩經•思齊篇》云：「雍容端莊是太任，周文王的好母親。賢淑美好是太姜，王室之婦居周京。太姒美譽能繼承，多生男兒家門興。文王孝敬順祖宗，祖宗神靈無所怨，祖宗神靈無所痛。示範嫡妻作典型，示範兄弟也相同，治理家國都亨通。」

太姜：文王之祖母。太任：文王之母，祖母賢淑，母親雍容端莊，二人言其德行純備，故生聖子。

象曰：風自火出，家人；君子以言有物，而行有恆。

譯文：孔子說：「風助火力，有風生火，上行下效，家人，君子
　　　說話要有證據，君子做事有目標，行動要堅持持久有始有
　　　終。」

大藏：風自火出，風為巽，代表辰巳月（4，5月），火為離是午
　　　月，代表6月，先5後6，因此孔子說風自火出，意思為上
　　　行下效也。

初九：閑有家，悔亡。

簡譯（無事也要自查反省）

譯文：文王說：「平常沒事的時候，要反省過錯，檢查自己的行
　　　為有沒有失當之處，會不會給自己和家人，國家帶來滅亡
　　　的災難。」

大藏：閑有家，悔亡。比居安思危還要深遠，居安思危是一種風
　　　險憂患意識，它有提示作用。而悔亡是反省自查因為決
　　　策出現失誤而導致亡國的危險，有馬上改正，悔改的意
　　　思。昔日讀《論語》曾經對曾子的「吾日三省吾身，為
　　　人謀而不忠乎？與朋友交而不信乎？傳不習乎？」感想
　　　非常，曾子說：「我每天三次地反省我自己。我替人謀
　　　事，到底有沒有盡心盡力？我和朋友交往，是否真誠交
　　　往？我所傳授於人的，是不是我所真正知道的？」「吾日
　　　三省吾身」是一個君子對自我人格修養的要求。「閑有
　　　家，悔亡。」這個厲害啊，這是君王對自己作為領導者的
　　　要求。不僅是君王，就是普通人也該如此要求，一不小
　　　心，一生都毀了。因此說「閑有家，悔亡」可以作為世人
　　　的座右銘也。

象曰：閑有家，志未變也。

譯文：孔子說：「閑在家裏，也沒有改變自己的志向。」

六二：無攸遂，在中饋，貞吉。

簡譯（不能解決的問題大家聚聚商討商討）

譯文：文王說：「有什麼不順利的事情，不能解決的問題請一些
　　　有智囊忠心的臣子們一起聚聚。」

大藏：無攸遂：攸，是重要的事情，遂，沒有達到，將要。無攸
　　　遂，有事沒有解決。

　饋：《周禮•天官》注，古者致物於人，尊之則曰獻，通行曰
　　　饋。中是核心，中饋請核心的人。

中饋：指「中宮殿」指皇后居住之處。借指皇后。也指正妻。此
　　　處文王用隱喻說招待臣子聚會。

象曰：六二之吉，順以巽也。

譯文：孔子說：「六二之吉，順從命令也。」

九三：家人嗃嗃，悔厲吉；婦子嘻嘻，終吝。

簡譯（臣子聚會不要嘻嘻哈哈）

譯文：文王說：「臣子們一起碰撞碰撞，頭腦風暴，談談如何
　　　做會出現不利的因素，如何做會有危害，如何做會有好
　　　處，大家集思廣益，相互碰撞，最終解決難題吉。臣子在
　　　一起要因為遇事不決而嗃嗃，千萬不能聚在一起嘻嘻哈
　　　哈，互相逗樂，互相吹捧，互相讚歎，不談正事，互相打
　　　哈哈，一副國不關己，大家嘻嘻的場面，這樣國家就不好
　　　啊。」

【注明】

家人嗃嗃：嗃嗃（hè），嚴厲叱責聲，比喻治家嚴厲。

象曰：家人嗃嗃，未失也；婦子嘻嘻，失家節也。

譯文：孔子說：「家人（臣子）因問題吵吵，不失禮也，婦子
　　　（臣子）嘻嘻哈哈，有失體統也。」

六四：富家，大吉。

簡譯（有錢要養賢）

譯文：文王說：「國有賢臣，大吉。」

象曰：富家大吉，順在位也。

譯文：孔子說：「富家大吉，順利是因為有資格，有名位，不是王如何富家也。」

九五：王假有家，勿恤吉。

簡譯（有人才，有問題也能解決）

譯文：文王說：「王駕有賢臣良將，有事勿憂慮，吉。」

象曰：王假有家，交相愛也。

譯文：孔子說；「王駕與臣子，互相欣賞。」

上九：有孚威如，終吉。

簡譯（賞罰分明）

譯文：文王說：「作為王，對待臣子要有功則賞，有錯則罰，恩威相並不失體統，最終吉利。」

象曰：威如之吉，反身之謂也。

譯文：孔子說：「威如之吉，是身份變了。」

大藏：孔子的意思是說，九五，王駕與臣子，互相欣賞。互相欣賞是有知己，英雄相惜之感。到了上九則是身份變了，哪個臣子敢與王稱英雄稱知己？這是君臣父子名位的問題，是朝綱是體統也。

簡論家人卦：

家人卦有二個方面是值得議論的，一是文王治國的思想意識，在九三中，家人嗃嗃，悔厲吉；婦子嘻嘻，終吝。二是家人卦對後世人治家的影響。

先談談第一條，文王的思想意識是整個貫穿周朝的興起，至於為什麼周朝會興起，會分封，讀者看完愚作《道解易經》自然明白。此處只論家人卦，說家人卦不得不提兌卦，兌卦是聖人做事不想用己之智決策是非，為避免出現偏頗，要聽取他人意見補之不足。而家人卦講述的是：當決策者面對問題遇到疑問或猶豫不決的時候要召集謀臣賢將，廣開言路，群策群力，集思廣益，群臣爭鳴的一種熱鬧場面。也就是現代人所說的頭腦風暴。是君王真正頤養能臣賢將智庫（智囊團）的意義所在。在九三中，文王提到婦子嘻嘻，終吝。這句話充分體現國家養人要避免出現群臣和氣，國家理政畢竟不是娛樂機構，怕得罪人而互相吹捧，互相抬高，這樣只是浪費國家錢糧，犧牲百姓血汗而已。用在今天就是浪費納稅人的錢，因此，文王說：「婦子嘻嘻，終吝。」孔子說婦子嘻嘻，失家節也。孔子為什麼說婦子嘻嘻，失家節，這跟文王說的利女貞是相同的意思，只是語言表達不同罷了。利女貞，在國家來說，臣子要遵守為臣之道，要對國家，君王忠心。在家庭，妻子要對家庭，丈夫忠心。這就是利女貞。既然是臣子要利女貞就要盡心盡力輔佐王上治理國家，怎能不顧國家，君主，百姓的安危在朝堂殿上相互嘻嘻，這不就是有失臣子之道麼？因此，孔子說婦子嘻嘻，失家節也。節，節操，操守，臣道也。

另外，文王的「家人嗃嗃」的思想意識也為後世春秋戰國時期的百家爭鳴起了開端。此點見仁見智。我之淺見。閑說也。

現在談一下家人卦對後世人治家的影響：我們看看顏之推的《顏氏家訓-治家篇》中的一些治家理念與本卦中的卦辭對應關係。（《顏氏家訓-治家篇》文引用來源《古文詩網》王利器《顏氏家訓集解》，）：

1，風自火出

教育感化，自上向下推行，是從先向後施行影響的。所以父不慈，子就不孝，兄長不友愛，弟就不恭敬兄長，丈夫不仁義，妻子就不賢順。那麼也有的是，父雖慈而兒子還要叛逆，兄雖友

愛而弟卻傲慢，丈夫雖然仁義而妻子卻霸道不善良，那就是天生的兇惡之人，要用刑罰殺戮來使他畏懼，而不是用訓誨誘導能使他改變的了。

2，上九：「有孚威如，終吉。」

家裡沒有家法，那童僕的過錯就會馬上出現；刑罰不公平，百姓就難以施教。治家的寬仁和嚴格，猶如治國一樣。

孔子說：「奢（有錢）則狂妄，儉（窮）則簡陋淺薄，與其狂妄，寧可簡陋淺薄。又說：「如果有周公的才華美德，但只要他既驕傲又吝嗇，即使有才華也不值得稱道了。這樣說來是可以省吃儉用但不可以吝嗇施捨了。儉者，是對奢侈的反省；節儉，而不吝嗇。那就很好了。」……。

3，家人：利女貞。

象曰：家人，女正位乎內，男正位乎外，男女正，天地之大義也。

六二：「無攸遂，在中饋，貞吉。」

國家臣子是中饋，家庭的婦女是中饋：

婦女主持家中飲食之事，只從事酒食衣服並做得合禮而已。國不能讓她過問大政，家不能讓她干預大事。如果真有聰明才智，見識通達古今，也只應輔佐丈夫，對他達不到的做點幫助。一定不要母雞晨鳴，而導致家庭或國之禍殃，這就是利女貞也。

九五：「王假有家，勿恤吉。」

象曰：王假有家，交相愛也。

婦女的習性，大多寵愛女婿而虐待兒媳婦，寵愛女婿那女兒的兄弟就會產生怨恨，虐待兒媳婦那兒子的姐妹就易進讒言。這樣看來女的不論出嫁還是娶進都會得罪於家，都是為母的所造成。以至俗話諺語有道「落索阿姑餐。」說做兒媳婦的以此冷落來相報復婆婆。這是家庭裡常見的弊端，能不警戒嗎！

大藏：家庭如能做到交互相愛，利女貞也就避免出現家庭的弊端了。

以上足以管窺家人卦之全貌。

風自火出，家人嗃嗃。有孚威如，利女貞操。

上行下效，家人商討。賞罰分明，忠誠守操。

君君臣臣，父父子子。母女兄弟，夫婦相惜。

君正愛民，臣行臣道。父親仁義，母守貞道。

夫婦相賓，子孫孝道。相鄰禮到，見弱善道。

天地大道，各盡其道。人世尊道，天下有道。

這就是文王，風火家人，卦之大道也。

18.山風蠱
藏解易經12

十二、山風蠱　臣子進諫之言

蠱：元亨，利涉大川。先甲三日，後甲三日。

簡譯：(進諫之言皆有緣由，要知其始末)

譯文：文王說：「君王對臣子的『進諫之言』，要清楚究竟緣
　　　由，要分清臣子的奏言是對國家有利還是無利，採納
　　　『進諫之言』要三思而後行。不能草率回應啊，這樣對國
　　　家才有好處。」

【注解】

蠱：蠱（gǔ），蠱惑人心，蠱動如舌，都是代表勸說別人改變主
意，做出如蠱動者所希望的決定。小人之蠱猶如毒蛇害人。君子之
蠱卻猶如火鍋燉蛇，看起來可怕可是吃起來美味。與良藥苦口有異
曲同工之妙。這裡是指臣子有話要說。

先甲三日：甲的三日是辛，是兌，是臣子進諫之言，對臣子所說的
話要知其緣由。

後甲三日：是對臣子進諫之言的回應，要經過詳細的思考，不能草
率決定。

象曰：蠱，剛上而柔下，巽而止，蠱。蠱，元亨，而天下治也。
　　　利涉大川，往有事也。先甲三日，後甲三日，終則有
　　　始，天行也。

譯文：周公說：「蠱之言，是臣子對君王有話要說，有蠱就說明
　　　有事情發生了。要細細審查，這蠱是因何事而來，事情
　　　的發生是有其原因始末的，知其來源才能採取正確的行
　　　動。」

象曰：山下有風，蠱；君子以振民育德。

譯文：孔子說：「外有風言，臣子進諫，君子以瞭解聽聞而振民
　　　育德。」

初六：幹父之蠱，有子，考無咎，厲終吉。

簡譯：(忠言之蠱，救了考)

譯文：文王說：「我兒子伯邑考面對危險最後能夠平安都是因為
　　　比干的話救了他，這就是幹父之蠱啊。」

　　　【注解】

　　　幹父：比干。有子：兒子。厲：開始不好，有危險。終吉：後來好
　　　了。
　　　考：原指父親，後多指已死的父親。這裡指長子伯邑考。

象曰：幹父之蠱，意承考也。

譯文：孔子說：「幹父之蠱是有意保伯邑考也。」

九二：幹母之蠱，不可貞。

簡譯：(妖後之蠱，迷亂人心。)

譯文：文王說：「皇后的話不可啊，沒有盡皇后之德啊。」

象曰：幹母之蠱，得中道也。

譯文：孔子說：「幹母的話，深得紂王之心。」

大藏：幹母是妲己也。母，是指國母。別人聽不聽沒關係，紂王
　　　愛聽就行，孔子此話要反著聽。

九三：幹父之蠱，小有晦，無大咎。

簡譯：(逆耳之蠱，難聽有用)

譯文：文王說：「比幹再次說的話，使紂王面上無光，但沒什麼
　　　大過錯。」

大藏：紂王也沒把比幹怎麼樣。

象曰：幹父之蠱，終無咎也。

譯文：孔子說：「幹父之蠱，終究是無過錯也，說的對也。」

六四：裕父之蠱，往見吝。

簡譯：(奸臣之蠱，禍國。)

譯文：文王說：「挑動，教唆紂王做壞事的蠱惑之言啊，以往
　　　看，都不是什麼好話。」

大藏：如奸臣費仲蠱動紂王的話，讓紂王得到了什麼？

象曰：裕父之蠱，往未得也。

譯文：孔子說：「裕父之蠱，以往也都沒有得到什麼益處。」

六五：幹父之蠱，用譽。

簡譯：(忠言之蠱，讚譽)

譯文：文王說：「比幹勸說紂王的話，值得讚譽。」

象曰：幹父用譽。承以德也。

譯文：孔子說：「幹父之蠱，盡了臣子該盡的義務（美德）。」

上九：不事王侯，高尚其事。

簡譯：(忠言不聽，走了)

譯文：文王說：「比幹死諫紂王，任其挖心不事紂王，他的事蹟
　　　高尚啊。」

象曰：不事王侯，志可則也。

譯文：孔子說：「不事王侯，氣節成為了後世的模範（準則）。」

大藏：比干乃中國古代從奴隸社會到封建社會的第一個死諫者。

簡論蠱卦

蠱卦中講述五個人物透露五個資訊：紂王，比干，妲己，費仲，伯邑考。比干的忠言救了伯邑考。文王說：「我兒子伯邑考面對危險最後能夠平安都是因為比干的話救了他，這就是幹父之蠱啊。」（初六：幹父之蠱，有子，考無咎，屬終吉。）從這句話中讓我們瞭解第一個重要的資訊，伯邑考是文王的長子。曾經在文王羑里期間，伯邑考去了朝歌，不知什麼事情，妲己之蠱，討得紂王開心，伯邑考激怒了紂王，紂王要殺伯邑考，伯邑考面臨危險，而比干對紂王進言，使紂王放了伯邑考，讓伯邑考在這個卦中逃了一劫。具體發生了什麼事情，從歷史記載中難以知曉。我只是根據這個爻來推測之。

第二個資訊是比干不事王侯，高尚其事。這個資訊透露出比干不唯紂王是從，堅守臣子應盡的本分直言以明。根據《史記•宋微子世家》記載：比干見箕子諫不聽而為奴，則曰：「君有過而不以死爭，則百姓何辜！」乃直言諫紂。紂怒曰：「吾聞聖人之心有七竅，信有諸乎？」乃遂殺王子比干，剖視其心。比干忠諫被殺之事，為後代忠義之士所稱道。

第三個資訊是紂王喜歡聽妲己（幹母）之言，這就是「母雞司晨」。文王說：「幹母之蠱，不可貞。」孔子說：「幹母之蠱，得中道也。」文王說：「作為後宮女人之言，說話不符合貞道，就是沒有堅守坤道，守住自己的德行。」說話不可慮君王的身份肩負國家的使命，卻總是蠱惑紂王幹一些違法道的事情，這就是不可貞。孔子笑言譏諷幹母之蠱，深得紂王之心。讀者對此不一定認同此譯。這是因為這個「中」字意義大也。在這個卦裡

是指國家的核心。此時的國家核心只用紂王而已，文王此時被囚也。

第四個資訊是「裕父之蠱，往見咎」是說奸臣之蠱費仲也。這個「裕」是貪利欲望的意思，說費仲不僅為了達到自己貪利貪欲的目的總是蠱動紂王和妲己做一些事情，從中撈財。根本不把紂王當做君王，不僅蠱動而且還會滿足紂王和妲己的種種不合理的欲望。這就是裕父之蠱，以往都是壞的。

第五個資訊是：文王寫此卦的時候，伯邑考和比干仍然在世活著。這是我之愚見。

蠱卦是文王告誡做君王者應該如何對待逆耳之言與順耳之言。縱觀古今人人都喜歡聽順耳之言都不喜聽逆耳之言。俗語說「忠言逆耳利於行，良藥苦口利於病」。如果做為君王者喜歡聽順耳之言，溜鬚拍馬之言，又如何能真正地治理好國家呢？《皇帝四經》說：「做為『帝』的大臣，名義上是臣子，其實是他的老師；做為『王』的大臣，名義上是臣子，其實是他的朋友；做為『霸』的大臣，名義上是臣子，其實只是臨時雇員；流亡君主的大臣，名義上是臣子，其實只是僕人罷了。」何者說何言，何者聽何言，道已經安排好也。根據道就知道紂王為何喜歡「幹母和裕父之言也。」

比干：

比干，子姓，沬邑人（今衛輝市北）。生於殷武乙丙子之七祀（西元前1125年夏曆四月初四日），卒於西元前1063年。一生忠君愛國宣導「民本清議，士志於道。」為殷商貴族商王太丁之子，名幹。比干幼年聰慧，勤奮好學，20歲就以太師高位輔佐帝乙，又受託孤重輔帝辛。從政40多年，主張減輕賦稅徭股，鼓勵發展農牧業生產，提倡冶煉鑄造，富國強兵。比干是殷帝丁的次子，帝乙的弟弟，帝辛（即紂王）的叔父，官少師（丞相）。受其兄帝乙的囑託，忠心輔佐侄兒——幼主紂王。帝辛戊寅三十二祀冬十月二十六日被紂王殘殺，終年（西元前1063年）63歲。

　　周武王克商後安撫殷商遺民。釋放被紂王囚禁的百姓。修整商朝賢臣比幹的墳墓，封比幹國神，命三千年後才可發揚光大，派閎夭立放銅盤銘。放出賢臣箕子並恢復其原職。周武王封比幹留下銅盤銘：封軒轅王子比幹壟，上報天神，下報地神。中華民族千秋令：「齊封神雨，雷電照今；供幹師忠，慎為瞻遺。」命為宗祀，歷朝致祭。並令禁慎瞻遺。——《百度百科》

▤ 12.天地否
藏解易經13

十三、天地否　不正之氣

否：否之匪人，不利君子貞，大往小來。

簡譯：（不正之氣，失敗開始）

譯文：文王說：「否是敗壞，不正之氣，是貪欲，是壞人，不利君子的德行，是盛大變衰的開始。」

象曰：否之匪人，不利君子貞。大往小來，則是天地不交，而萬物不通也；上下不交，而天下無邦也。內陰而外陽，內柔而外剛，內小人而外君子。小人道長，君子道消也。

譯文：周公說：「否是壞人，不利君子的德行。從大變小（由強轉衰，由好變壞）是因為陽氣與陰氣不相交所產生的邪氣，而使萬物不能順利正常地生長。國家的君與臣上下做事都不遵守於道，（君不像君，臣不像臣，該做什麼不該做什麼，亂象叢生。）而天下必亂也。金玉其外敗絮其中，這是內陰而外陽，國家外表看起來比較強硬，實際內裏空空，這就是內柔而外剛，外表滿口仁義道德，內心卻陰險毒辣，這就是內小人而外君子。小人的勢力一天天長大，君子之道卻一天天消失。這就是小人道長，君子道消也。」

大藏：天地不交：是指天和地都沒有在自己的軌道上正常運轉。在人事中指國家王，與臣子都沒有各守其道，都沒有做自己應該做的事。過分地貪求不屬於自己的東西。

象曰：天地不交，否；君子以儉德辟難，不可榮以祿。

譯文：孔子說：「天地不交，不好，君子要約束自己的欲望，不要奢求，安守自己的本分盡德，才能避免災難的發生。享受國家的俸祿不可以享受榮華啊。」

大藏：俸祿和榮華是否一件事呢？非也。所謂臣子拿國家的俸祿養命，是古代讀書人在朝廷做官的理想實現（學成文武藝，貨賣帝王家），君子學藝貢獻國家，國家給了你的俸祿，你要為國家做事，在你的臣子之道行駛，不可越過此線。這就是所謂的升官不一定發財。

有大貴不一定有大富。這就是以祿不榮。那麼有的人說了，自古升官都發財，這不就是富貴雙全麼。這是外行道也。當官者，盡職，有俸祿。當官者立功，有重賞，那個賞這是榮華啊。但這個榮華你要有立功表現的。你沒有立功享受榮華那就是貪，這是偷，這是非正道。你拿的不是該拿的，用時不自信，偷偷摸摸，睡覺不安穩，非是天道不伐，而是時機沒到啊。因此孔子說君子以儉德辟難，不可榮以祿。這不是已經告訴你榮中有難麼？另外孔子這句話「不可榮以祿。」換成文王的話說就是「負且乘」。就是又想當官又想發財。

初六：拔茅茹，以其匯，貞吉亨。

簡譯：（選用遵守道德之人）（志同道合）

譯文：文王說：「治理國家要任用願意承擔責任，願意為百姓服務的人，這樣可以匯成一股力量。這樣治理國家才能順利和安定。」

大藏：文王意思說國家需要有這樣的人為百姓自願遮擋風雨寒霜，願意忍受吃苦的精神。做官的人格理想是為百姓做

事，實現君子地勢坤厚德承載萬物的德行。

【注解】

拔茅茹：拔：一群，一把，是個量詞。

茅茹：茅：多年生草本植物，春季先開花，後生葉，花穗上密生白毛。根莖可食，亦可入藥。葉可編蓑衣，亦稱「白茅」，茅草蓋成茅廬。

茹：吃苦，忍受。原意忍受辛苦。

象曰：拔茅貞吉，志在君也。

譯文：孔子說：「拔茅國家穩定吉利啊，核心是君王有大志也。」

大藏：君王無大志，哪有拔茅？

六二：包承。小人吉，大人否亨。

簡譯：（諂媚小人）

譯文：文王說：「這樣的人啊整天忙於阿諛奉承，向主子討好，無非是想撈好處。他是好了，可是大人要順從他就不好了。」

象曰：大人否亨，不亂群也。

譯文：孔子說：「大人不好，『哼』不會亂，都是一夥的。」

大藏：仔細看看孔子到底說啥？大人否，亨，不亂，群也，一夥的，一群人都如此，一丘之貉，一路貨色：群也，乞能亂，都那樣，都是小人。

六三：包羞。

簡譯：（獻寶小人）

譯文：文王說：「還有一些人整天向大人進獻寶貝，珍饈，美女。」……

象曰：包羞，位不當也。

譯文：孔子說，包羞，不該他們做的事。

大藏：孔子深層次含義是說：「這個層次的官屬於司空級別的，他們哪有這些好東西還不是貪來的？他們所做的事與職位，身份，財力都不相符，因此位不當也。」

九四：有命無咎，疇離祉。

簡譯：（有命，福祿沒了）

譯文：文王說：「這個王爺太宰級別的人啊，如果國家斷送在否人手裡，他們雖然會喪失他們的土地，但他們至少還有命在啊。」

象曰：有命無咎，志行也。

譯文：孔子說：「是保住性命了。但是有才能的（大志）也可以被新的國君所用。」

大藏：文王指的是九四的王爺們，在太宰，王爺這個位置的有部分是皇帝的宗親關係。文王說他們，如果國家一但否時，他們也會遭殃，但至少有命的存在。孔子說，志行也，是指與皇家沒有宗親關係的相當於職業CEO們，他們有才能還會為別人效力，此處不養人，自有養人處。孔子曾說過：「走遠路的人，要借助於車馬；渡江海的人，要憑藉船隻。賢能的士人要立功成名，就需有資產、財物的援助。可惜孔子沒早出生400年啊。沒有像太公遇到文王那樣。

九五：休否，大人吉。其亡其亡，系於苞桑。

簡譯：（不用否人，用否人亡國。）

譯文：文王說：「停止使用否人，否事，國君吉啊！要麼，國家就亡啊！國家身系老百姓的重任不能亡啊！

象曰：大人之吉，位正當也。

譯文：孔子說：「這是國君所考慮的事，正當也。」

上九：傾否，先否後喜。

簡譯：（要清理否人）

譯文：文王說：「要清理否人，不能任用否人，只有清除這樣的人而後才無後顧之憂啊。」

象曰：否終則傾，何可長也。

譯文：孔子說：「否終究是要清理的，怎能讓這種人長久呢！」

簡論否卦：

朝代的滅亡，否於開始。象曰：「否之匪人，不利君子貞。大往小來，則是天地不交，而萬物不通也；上下不交，而天下無邦也。」就其否道，核心是君臣定位，國家定位。上梁不正，下梁必歪，國家不正，民必邪之。上行下效，邪久亂之。

國家為什麼而存在？當官為什麼而當官？文王給出答案。文王說當官的人啊是拔茅，拔茅是啥兒？是茅草，茅草幹啥用啊？是蓋房子用的，做草屋的，為老百姓遮風擋雨的，為人民服務的。要茹，要有吃苦精神。當官不是為了發財而來。為了享受而來。當官都富了，還能為人民服務麼？天理昭昭，天理已經擺在那裡，天有天道，地有地道，君有君道，官有官道，商有商道，民有民道，這就是各安天命，有序運轉，才能不亂。開飛機的駕駛員又想開飛機又想當旅客，那結果如何？

孔子一生推行周禮，晚年更視《易經》如寶，孔子曾說：「再給我幾年時間，到五十歲學習《易》，我便可以沒有大的過錯了。」可惜世人不識《易經》，也不了解真正的孔子，從孔子的這句話中也沒有看出什麼端倪。一個占卜書如何能值得孔子愛不釋手，韋編三絕，孔子是識「易」者，識文王者。孔子說：「朝聞道，夕死可矣。」這句話意思說，如果早晨能瞭解什麼是

道，懂得什麼是道，就是當天晚上死了，人生都知足矣。我非常理解孔子的想法，當我看《易經》時，我就跟我父母說：「我現在雖然年輕，讓我立即死去我都無憾！」孔子說這話的意思是，如果你真正懂得道，瞭解道，你對人生就全明白了。你對世間人事，是是非非，一切一切都明白了，因此一切也就放下了。能放下也就成佛了。孔子還說：「道不同，不相為謀，」文王說：「拔茅茹，以其匯。」看到這個卦讀者應該明白《論語》中孔子有些話的來源吧。

　　《論語》與《道德經》的翻譯不盡人意，誤解老子和孔子，使後人學不到精髓。中國傳統文化寶藏真面目沒有露出。讓世人沒有學到真經，真是可惜。孔子說：「鳳鳥不至，河不出圖，吾已矣夫！」這句話讓後人解讀的令我心痛。孔子意思是說：「鳳鳥不來，黃河不出河圖洛書，我這一生就過去了！」孔子一生想實現自己的大志，想克己復禮，推行周朝的禮制。在孔子的時代，亂世春秋，道廢，哪有鳳？哪有凰？哪有洛書？鳳鳥為什麼飛來？河為什麼出圖？這是說文明的世界裡，人人尊道，人人守禮。人類與動物和諧相處，人不傷害動物，動物不怕人，動物與人類和諧共處。人類和動物同享自然，鳳凰得到生長繁殖，河裡的魚蝦烏龜成群，這是一幅聖人治世，人間太平，賢人圍繞君主身邊，百姓安居樂業的景象。去過澳洲就感覺到人與自然，人與動物，天堂的景象。人間祥和，動物自然生長，才可見到鳳與凰比翼飛翔。孔子春秋時代，鳳鳥恐怕嚇得早已飛回老巢，世人不明緣由，以為孔子到了晚年，他頭腦中的宗教迷信思想比以前更為嚴重。以為孔子到了晚年還盼望出鳳鳥、出烏龜（烏龜背負洛書）呢。這是世人沒有理解老子《道德經》中所說的聖人無為而治和聖人半為而治的天下有道鳳鳥聽歌，鳳與凰比翼同飛的時代。現在人見到一個小鳥都恨不得烤了，別說看到鳳鳥，就是在城市中看到烏鴉都是夢想了。河流污染的魚蝦都斷了種，哪還有烏龜王八給你背書。

　　其實，孔子這句話的真正意思是，沒有聖賢的君主出現，我

這一生的大志就難以實現了。孔子用鳳鳥和河圖比喻聖君不現，自己就是「拔茅」也不能為國家做事也。因為這個「拔茅」也是「白茅」，「白茅」是授命封侯委以重任的一種象徵。就是這句話象曰：「拔茅貞吉，志在君也。」孔子說：「沒有聖明的君主，這些「茅」如何能匯在一起呀。」用我小民的話說：「匯在一起的可能都是雜草吧！」

文王說：「治理國家，百姓需要拔茅，沒有拔茅用否人，其亡其亡，系於苞桑。」對人君來說什麼是義？愛國家愛百姓就是義也。系於苞桑啊！什麼是苞桑？苞桑是桑樹。桑樹全身是寶。桑樹的木材可入藥，有三用：一是木材所燒成的灰，叫桑柴灰，可治療水腫、金瘡出血、目赤腫痛等。二是桑柴灰加水制汁，經過濾、蒸發後所得的結晶狀物，名桑霜，可治療噎食積塊及癰疽疔毒。三是老桑樹木材上的結節，名桑癭，古人認為能祛風除濕，療風濕痹痛、老年鶴膝風等。桑樹結的果實桑椹又名桑果，桑果具有天然生長、無任何污染的特點，所以桑椹又被稱為「民間聖果」。它含有豐富的活性蛋白、維生素、氨基酸、胡蘿蔔素、礦物質等成分，營養是蘋果的5～6倍，是葡萄的4倍，具有多種功效，被醫學界譽為「21世紀的最佳保健果品」。常吃能顯著提高人體免疫力，具有延緩衰老、美容養顏的功效。

桑葉可以養桑蠶。本來桑樹養桑蠶，桑蠶一年可生兩季，但是古聖人知道一年要是養兩季桑蠶，桑蠶就會把桑樹葉子吃光，最終桑樹也養不好，桑蠶也得餓死。這就是因貪欲造成的其亡其亡。桑樹也亡，桑蠶也亡的下場。你看這個聖人文王多麼道義、多麼聖明。文王用苞桑，桑葉與桑蠶的關係比喻國家與百姓的關係，如何能其活其活，就在於傾否，不任用貪利否人啊。

孔子為什麼推行周禮，克己復禮是拉歷史倒車嗎？孔子推行周禮的目的不過是讓仁、義、禮、智、信，各行其道。什麼是仁？仁乃儒者，儒者官人，古人為讀書人為儒，讀書為啥？讀書為當官，因此儒乃官也。何為仁？是一人為二者服務者，哪兩種？二，上下二橫，一橫為天，一橫為地，也就是說上為國家下

為百姓而服務為仁。能管理好國家，百姓種種需要的就是仁儒。

想發財不要當官，經商就好。當官的不做仁事，總想動腦筋做智的事，挖空心思想發財，想享受，身在儒道擠入商道，天天動腦筋想不該自己應該擁有的事情，這就叫否啊。因此文王說，治理國家需要願意吃苦願意為百姓遮風擋雨的茅茹，這樣才能彙集成一種力量。

三千年前啊，文王的內聖外王，這就是所謂的聖君啊！

縱觀古今，知否之興亡的國君有幾人也？國豈能滅，只是朝代滅也！！

十四、澤雷隨　君王隨從

17.澤雷隨
藏解易經14

隨：元亨利貞，無咎。

簡譯（親信尊守忠義）

譯文：文王說：「君王親信隨從（君王身邊的侍從人員）要順從天道，對君王要盡忠，有德才沒有問題。」

象曰：隨，剛來而下柔，動而說，隨。大亨貞，無咎，而天下隨時，隨之時義大矣哉！

譯文：周公說：「隨從，是君王身邊的親信人員，君王有令(有任務)，要交代隨從去執行，隨從要對君王交代的事情要盡忠盡職，隨從意義大啊！」

象曰：澤中有雷，隨；君子以晦入宴息。

譯文：孔子說：「百姓，臣子上面有君王，隨從可以傳遞君王，百姓臣子之間的資訊。」

初九：官有渝，貞吉。出門交有功。

簡譯（讓親信出門辦事）

譯文：文王說：「官令，讓隨從人員出差辦事，隨從要盡心盡力為國家辦事，回來交差是有功的。」

象曰：官有渝，從正吉也。出門交有功，不失也。

譯文：孔子說：「官有口諭，是辦正義的事，隨從回來複命，有功才不失大義。」（別出去辦壞事）

六二：系小子，失丈夫。

簡譯（親信出門辦事收賄了）

譯文：文王說：「隨從出門辦事拿了人家好處（收受賄賂），廢道失德。」

象曰：系小子，弗兼與也。

譯文：孔子說：「系小子，與費仲一樣」

大藏：弗兼，弗，費仲。兼，比肩。與費仲媲美。費仲貪利忘義，費仲是貪利的代名詞。

六三：系丈夫，失小子。隨有求得，利居貞。

簡譯（親信盡忠辦事，回來有求）

譯文：文王說：「如果隨從出門辦事秉公無私，沒有拿人家好處，回來還替對方說好話，提舉人家，那麼這樣是真心為國家考慮的，有利於國家的穩固啊。」

象曰：系丈夫，志捨下也。

譯文：孔子說，「系丈夫，志在成他人之美。」

九四：隨有獲，貞凶。有孚在道，以明，何咎。

簡譯（親信愛財有道）

譯文：文王說：「隨從收賄，對國家沒有好處，君子收禮回來上交。還有什麼過錯？」

象曰：隨有獲，其義凶也。有孚在道，明功也。

譯文：孔子說：「隨從拿好處，就不能行大義（正確做事了），凶也。所獲得應該是君給的，明明白白立功，無功不受祿啊。」

九五：孚於嘉，吉。

簡譯（忠誠嘉獎）

譯文：文王說：「對忠誠盡心盡力辦事者進行嘉獎，吉。」

象曰：孚於嘉，吉。位中正也。

譯文：孔子說：「忠誠嘉獎，正確也。」

上六：拘系之，乃從維之。王用亨於西山。

簡譯（隨人收賄，法辦。）

譯文：文王說：「對收賄的隨人給與法律制裁。一切公用都是國家的。」

【注解】

西山：西郊，當時文王的屬地岐山。（今陝西省西部，寶雞市境東北部是炎帝生息、周室肇基之地，是周文化的發祥地，是民族醫學巨著《黃帝內經》、古代哲學宏著《周易》誕生之地。地處關中平原、陝北黃土高原過渡區。）

象曰：拘系之，上窮也。

譯文：孔子說：「拘系之，君王沒有辦法了，只好採取如此手段。」

簡論隨卦：

隨卦講述是君王（領導）身邊的隨從人員。這個隨人可以是君王身邊的隨從人員，也可能是使臣，替君王出使其他諸侯鄰國辦事的人員，也可以說是兩軍交戰的信使人員，總之是要外出公

幹的人員。文王在此卦中告知武王做為君王要如何考核隨從辦事人員的忠誠。作為君王身邊信任的隨從人員，他可以起到多種作用，最簡單的作用之一就是可以起到君主耳目的作用。如在君王出門視察政令民風，考察官員做事是否為民，為君盡職忠誠時，隨從人員可以提前打探一些君王想知道的第一手資訊。如果君王的隨從被臣子或鄰國買通，系小子，失丈夫。那後果是可以想像出來的。

文王說：「隨從人員接到君王命令辦事要立功回來」。（初九：官有渝，貞吉。出門交有功。）孔子則說：「如果君王的命令是正義的命令，隨從辦事回來立功則沒有問題。」（官有渝，從正吉也。出門交有功，不失也。）孔子為什麼要多加一句官有渝，從正吉也。

這句話說明兩個人的身份、所處的環境、經歷、年代不同而產生的各自想法不同，文王是聖仁之君，是真正的王主，在文王的眼中所有需要辦理的事情都是以國家和百姓利益為重的。而孔子的所處的身份是臣子的身份，經歷環境則是「衰主」的年代，這個「衰主」有時讓隨從辦的事也許是收集珍寶和美女也未可知。因此孔子比文王多此一說。其實，看隨從如何，也就知君主如何，看君主如何就知他會有什麼樣的隨從了。概括起來說：隨從的忠與不忠貪與不貪要取決於跟隨什麼樣的君主。

東漢末史學家苟悅說，國有六種君主：

第一種，王主：

王主可以稱作帝王的君主。王主本身具有先天的仁慈美德，仁慈，賢明，志在天下大同，一切舉措都是為了人民，而不是為滿足自己的私欲。

第二種，治主：

治主能給國家帶來一個清明盛世的景象。治主的表現是個人能克制情欲，忍痛割愛，性格寬厚，身體力行，勤學好問，辦事遵循仁義的原則，不感情用事。

第三種，存主：

存主能坐守江山。他奉行先主的傳統法規沒有自創一些體統，勤政愛民，兢兢業業地保護先烈開創的基業，絲毫不敢荒淫懈怠，處理國家大事能做到先公後私。

第四種，衰主：

衰主是走上窮途末路的君主。他的性情狂悖，叛逆倫常，朝廷裏的奸邪爭權奪利，公私並行，政策的得失沒有什麼真正的理論標準做依據。

第五種，危主：

危主是使國家社稷危在旦夕的君主。情欲壓倒了禮義，私利重於公益，國家制度超過了界限，政治文化失去了常規。

第六種，亡主：

亡主是亡國之主！親信、重用誣陷忠良的邪惡小人，排擠、打擊德才兼備的忠臣；放縱情欲，貪得元厭，不顧忌禮教法規，出入遊幸放蕩；不受規章制度的約束，拿著國家的財物賞賜親信，超過了用在公共事業上的開支，一不高興就亂加刑罰；從不依據法律，文過飾非，有錯不改，忠誠的意見聽不到，敢於冒死直諫的大臣都要被殺掉。

所以說，「王主」可以統一四海，使天下興盛太平；「治主」可以鞏固這種局面；「存主」可以保住江山；「衰主」如果國家不發生災難可以勉強保住安全，有難就危險了；「危主」沒有國難就謝天謝地了，有難必是亡國；「亡主」則必亡無疑了。

君王隨從的德行是依此六主而行，臣子的德行也是因此六主而行。什麼君配什麼臣，相輔相成。這就是道。國有危臣豈會有王主？國有衰主豈會有賢臣忠隨？

20.風地觀
藏解易經15

十五、風地觀　觀風理政

　　觀：盥而不薦，有孚顒若。

簡譯：（暗觀民情）

譯文：文王說：「觀察臣風，民風。要在官員不知道的情況下進
　　　行。」

　　【注解】

　　盥而不薦：盥（guàn），古代祭典祭前洗手謂之盥。此處意思是臉
　　上洗漱，塗上了胭脂，不知她實際長相如何。文王暗指君王觀察臣
　　子做事，臣子知道君王要檢查工作會粉飾工作。
　　有孚顒若：顒（yóng）：臣子知道了君主要視察臣子的治政成效就
　　會弄虛作假。不會讓君主看到真實的情況。

　　**象曰：大觀在上，順而巽，中正以觀天下。觀，盥而不薦，有孚
　　　　　顒若，下觀而化也。觀天之神道，而四時不忒，聖人以神
　　　　　道設教，而天下服矣。**

譯文：周公說：「視察臣子工作，是否依從王道符合律法做事，
　　　以示公平任用。視察，就要看真實的情況，不能有所粉
　　　飾做假。知道臣子做事如何，知道民風如何，就可以制
　　　定辦法來加以教化。君主視察的手段，何時何地都可以
　　　進行，聖人以變化手段不知不覺中教化民眾，天下臣
　　　服。」

　　象曰：風行地上，觀；先王以省方，觀民設教。

譯文：孔子說：「臣子在下面做事，先王以省查四方百姓生活，
　　　而依民的生活情況進行設立制度和禮法。」

初六：童觀，小人無咎，君子吝。

簡譯：（明觀，效果不好）

譯文：文王說：「明查啊，百姓不會作假，但大臣就會作假欺騙君主啊。這樣視察效果不好。」

【注解】

童觀：瞳孔觀看，指用眼睛看，指明查。

象曰：初六童觀，小人道也。

譯文：孔子說：「明觀方法，基礎官員可以使用。」

六二：窺觀，利女貞。

簡譯：（暗觀，能看到真實的問題）

譯文：文王說：「只有暗訪用心觀察才能知道臣子做事如何，是否盡職為國家做事。」

【注解】

窺觀：窺視，偷著看，此處指暗訪用心觀察。

象曰：窺觀女貞，亦可丑也。

譯文：孔子說：「窺觀臣子做事，可以知道臣子的醜事。」

大藏：有的臣子殿上是人，背後是鬼，當著君王面滿口忠君愛民，背地裡幹盡缺德的事情。

六三：觀我生，進退。

簡譯：（觀我民生，要知進知退）

譯文：文王說：「觀我國的人民生活好壞，好知道採用何種方法來治理國家了。」

象曰：觀我生，進退；未失道也。

譯文：孔子說：「觀我生，進退；沒有失去道義。」

大藏：這句話有兩種意思，一種是孔子對文王的評價。一種是對
　　　自己的評價。孔子一生奔波，在自己的當代始終沒有遇到
　　　「鳳鳥河圖」（自己的大能沒有像姜尚遇到文王那樣得到
　　　施展），但也開創了弟子三千，打破教育壟斷的局面，被
　　　後世稱之「至聖」。孔子回顧自己的一生，對自己做出了
　　　評價「觀我自己的一生，或者前進奔波求官或者後退教
　　　學，都沒有失去道的根本。」

六四：觀國之光，利用賓於王。

簡譯：（觀我民禮儀，要合乎規範）

譯文：文王說，「觀國民的禮儀，舉止行為，要展現國家的風
　　　貌。」

象曰：觀國之光，尚賓也。

譯文：孔子所說的話與文王所同。

九五：觀我生，君子無咎。

簡譯：（觀我民生，君王不可犯錯。）

譯文：文王說：「要關心我國的民生生活，君臣（我兒）千萬不
　　　要犯過錯啊。」

象曰：觀我生，觀民也。

譯文：孔子說：「觀我生（孔子此處點頭)，是關心老百姓的生
　　　活啊。」

上九：觀其生，君子無咎。

簡譯：（觀自己一生，勿要犯錯。）

譯文：文王說：「觀我自己的一生，還沒有什麼過錯。」

象曰：觀其生，志未平也。

譯文：孔子說：「觀其生，大志沒有實現啊。」

大藏：孔子說自己也。

簡論觀卦：

觀卦背後之道進一步透露出文王與周禮的關係。此處不必贅述。參考巽卦便知。

易經能夠占卜。這是肯定的。易經可是占卜？

易經哲學否？這是肯定的。易經可只是哲學否？

道可道？非常道。

人在做，天在看。

子曰：「朝聞道，夕死可矣。」

觀卦給讀者們論吧。……

十六、地澤臨　農事親臨

19.地澤臨
藏解易經16

臨：元，亨，利，貞。至於八月有凶。

簡譯：（農業國之根本，要早抓。）

譯文：文王說：「農業，是國之根本，要提前光臨指導。等到秋天再親臨就凶了。」

大藏：農業要春抓，秋抓就晚了。

象曰：臨，剛浸而長。說而順，剛中而應，大亨以正，天之道也。至於八月有凶，消不久也。

譯文：周公說：「視察農事，農業因春耕而生長，到了夏天不過是延續春天的生長罷了。到時必然要成熟，乃天之道也，至於八月有凶，是因為農作物長成就要收割，壯不久

也。」大藏：果子成熟就要採摘。

【注解】

臨：親臨指導，光臨、親臨農事，坤代表土地，澤，恩澤，恩惠澤農(指在水澤地區耕作的農夫)、此處代表百姓。臨，是君王要親臨。

剛浸而長：剛，指春分，春分時期為陽氣正在生長，為剛。浸：春雨綿綿灌溉了農田，連在一起就是農田的秧苗因得到雨水的灌溉而生長。

說而順：正在說話，還在順著往下說，意思是說正在長著的秧苗繼續著生長。

剛中而應：是指農田的農作物長得非常強壯，莊稼正在應時生長。

大亨以正：天之道也：農業講究時令氣節，春種、夏長、秋收、冬藏，一概以時令為轉移。此句話是說，春種、夏長、就要到了秋收。農作物種下，而天氣沒有出現不好的現象，如，大旱，大撈，出現蟲害等天災現象叫大亨以正，天之道也。簡單說就是農業年景順利。

至於八月有凶，是說如果到了秋收再抓農業，君王視察就晚了，應該及早做好準備。在坤卦中初六文王就說：「履霜，堅冰至。」農業要提早準備。

消不久也：消是把時間度過去了，此句話說八月份秋天要搶收。

文王說至於八月臨就有凶。意思是說農業從整地，到播種、灌溉、施肥、除草，很多環節都要做好田間管理。農業生長中由於自然天氣狀況會導致農業生產發生變化。如果不提前抓好農業工作，到時出現了突發事件就不好處理，就被動了，嚴重時會影響百姓的生命，生活。因此，八月視察，馬後炮當然就凶了。

象曰：澤上有地，臨；君子以教思無窮，容保民無疆。

譯文：孔子說：「百姓種田，臨啊視察呀，是君子要指導農事思慮農業的變化。以保護百姓生活無虞。」

注解：無疆：百姓的領地，領域。百姓的領域就是吃飽飯。衣食住行。古時百姓有此四樣就是保民無疆了。

初九：咸臨，貞吉。

簡譯：(春播，勿耽誤農時)

譯文：文王說：「春播，不要耽誤農時。」

【注解】

咸：是交感，陰陽交感，是指春回大地，秧苗要與土地交感結合、天地陰陽二氣交感結合。

象曰：咸臨貞吉，志行正也。

譯文：孔子說：「春播，不耽誤農時，做的正啊。」

九二：咸臨，吉無不利。

簡譯：（春播工作要做到位）

譯文：文王說：「春播時視察農田，要保住不出什麼問題，各種工作要做好。」

象曰：咸臨，吉無不利；未順命也。

譯文：孔子說：「咸臨，吉無不利；不能任其生長，要做好管理。」

六三：甘臨，無攸利。既憂之，無咎。

簡譯：（做好防旱工作）

譯文：文王說：「千萬要做好防旱工作。」

象曰：甘臨，位不當也。既憂之，咎不長也。

譯文：孔子說：「乾旱不好，既然做好防禦準備，問題不大。」

六四：至臨，無咎。

簡譯：（王要親臨）

譯文：文王說：「君王和大司徒要親自下去親臨指導，才沒有問題。」

象曰：至臨無咎，位當也。

譯文：孔子說：「君王親自光臨，沒有問題，正當的。」

六五：知臨，大君之宜，吉。

簡譯：（要瞭解農業生產相關問題）

譯文：文王說：「作為君王一定要掌握與農業生產相關的各種問題。出現任何狀況都能做到處理得當。這才是吉利的。」

象曰：大君之宜，行中之謂也。

譯文：孔子說：「大君不僅要適時光臨，還有知道為什麼要臨。如何解決問題。」

上六：敦臨，吉無咎。

簡譯：（督促農業生產）

譯文：文王說：「在農業成長期間要經常督促臣子親臨指導農事。豐收時更要注意搶收工作，吉沒有問題。」

象曰：敦臨之吉，志在內也。

譯文：孔子說：「敦臨之吉，志在內也。本應該如此。」

大藏：君王養臣子，就應該讓臣子辦理此事，土地那麼大君王一個人能臨的完麼。

簡論臨卦：

　　視察農田是古代時期國家重要的一項工作，民以食為天，國以民為本，農業關乎國家民生根本。本卦中文王告誡做君王者千萬不要耽誤農時要抓好農業工作。臨卦要講述的是一年四季春、夏、秋、冬的季節來臨，咸臨正是陽氣開始萌生的季節，春夏之植物長養在先，而秋冬之肅殺在後，如何順應天時，抓住時機，使人民務農即不要錯過天時，還要適時指導農業能因地制宜種植植物。根據時令來種植五穀，如何讓君王，百姓，臣子間各自盡力其事。為國家為百姓有效地創造財富。

9.風天小畜
藏解易經17

十七、風天小畜　誰富了

小畜：亨。密雲不雨，自我西郊。

簡譯：（富了，有事了）

譯文：文王說：「富了，順利啊，我西郊的臣民有了財富積累。
　　　但是，有事發生了。」

大藏：小畜，是有了積蓄，富了，有錢了。密雲不雨，是天空起
　　　了烏雲，烏雲彌漫天空，說明一場狂風暴雨就要來臨。這
　　　是說因為富了，要起事端，什麼事端呢？往下看吧。

**象曰：小畜；柔得位，而上下應之，曰小畜。健而巽，剛中而志
行，乃亨。密雲不雨，尚往也。自我西郊，施未行也。**

譯文：周公說：「民因國家穩定得到發展，大臣，小民都富裕
　　　了。國家更要富裕，才能使國家一切的好的目標得以實
　　　現，這樣才能順利。可是只有王爺，大臣們富了，國家並
　　　沒有真正富強。權富國富不相平衡，使國家很多的計畫都
　　　不能實現。」

象曰：風行天上，小畜；君子以懿文德。

譯文：孔子說：「天上颶風，不平靜因為財富。君子應該以蓄養
　　　自己的德行，才華來守德。」

大藏：「君子以懿文德」，君子要修身養性，不要追求財富。

初九：復自道，何其咎，吉。

簡譯：（財富來自正當的途徑）

譯文：文王說：「農民的積蓄來自土地上辛苦地勞動，何來過錯

之有，吉。」

象曰：復自道，其義吉也。

譯文：孔子說：「復自道，治理百姓的法度是好的也。」

大藏：孔子的言外之意是法度不好，百姓何來富裕。

九二：牽復，吉。

簡譯：（財富來自日常的積累）

譯文：文王說：「積蓄來自日常的積累，或國家的俸祿收入是吉的。」

大藏：此處的牽復人物是指小邑長，小管理者，底層吃公家飯的，如小吏等。

【注解】

　　牽復：百姓平時收入的省吃簡用，點滴的積累，或者國家底層官員拿的俸祿，日常省吃簡用的積累。

象曰：牽復在中，亦不自失也。

譯文：孔子說：「牽復在中，也是合理的。」

九三：輿說輻，夫妻反目。

簡譯：（坐車的和拉車的打架了，不安，內亂。）

譯文：文王說：「坐車的太富了，拉車的貧窮，這是貧富不均導致國家秩序失衡，國家管理內部發生爭鬥。」

大藏：道是如此啊！

象曰：夫妻反目，不能正室也。

譯文：孔子說：「權貴財富積累過大，導致百姓與權貴形成矛盾，國家不安定也。」

大藏：孔子的另外一句是「不患貧而患不安。」

六四：有孚，血去惕出，無咎。

簡譯：（損有餘補不足）

譯文：文王說：「太宰，司空，王爺等貴族們，要誠心將多餘的財富惕出，這樣才沒有過錯。」

象曰：有孚惕出，上合志也。

譯文：孔子說：「多餘的剔出，君王才能實現宏大的目標。」

九五：有孚攣如，富以其鄰。

簡譯：（均富）

譯文：文王說：「共同富裕，要均富啊。」

【注解】

有孚攣如，富以其鄰：天之道，補不足，損有餘。九三對九四不滿，相互為鄰。兄弟一般，九四財富多的，要給九三，相互均衡發展。

象曰：有孚攣如，不獨富也。

譯文：孔子說：「有福同享，不獨富也。」

大藏：孔子另外的一句是：「不患寡而患不均。」

上九：既雨既處，尚德載，婦貞厲，月幾望，君子征凶。

簡譯：（要平衡。失衡危險。）

譯文：文王說：「既然雨已經下來了，事情解決了，此德行還可以繼續承載他們的福祉，對於不能為國奉獻忠誠的臣子（不願意把多餘的拿出來的）要給於嚴厲的制裁。王爺，權貴們太富了，對於君王，百姓來說就出現國家兇險了！」

象曰：既雨既處，德積載也。君子征凶，有所疑也。

譯文：孔子說：「雨下了，事情解決了，可以積德載福。如果國

家與百姓不和睦，國家就有危險也。」

大藏：疑是危的意思。

簡論小蓄之道：

小蓄背後到底蘊藏着什麼樣的道？三千多年前，文王《易經》到底講什麼？什麼是道？孔子為什麼推行周禮，推行周禮的目的為什麼？核心就是文王的「有孚攣如，富以其鄰」

國家百姓共同富裕。實現真正的大同。

學習文王《易經》要重新認識歷史，世界人類歷史的發展進步為何差異巨大？有的國家為什麼能科技發展，有的國家為什麼科技停步不前？一個國家總是在「輿說輻，夫妻反目」中打轉轉還有什麼精力進行科技發展？有的國家正在無盡地「輿說輻，夫妻反目」中循環時，歷史的精力時間全部都放在內耗時，正在江山潮起潮落，不斷易主時，其他的國家正在穩定中發展科技卻不斷地壯大！……什麼是財富？對財富的認識永遠停留在金錢時，國家的科技沒有發展也就不足為奇了。環球廣大，視野有限，沒有遠慮，引來近憂啊！

文王為什麼說：「輿說輻，夫妻反目。」「有孚，血去惕出，無咎。」「有孚攣如，富以其鄰。」「既雨既處，尚德載，婦貞厲，月幾望，君子征凶。」

以上幾句話就全部道出了聖人明瞭天地之道的核心所在，人類不奉行天道，你的財富能累積幾輩？給你累個吐血幾代人積累的財富能永遠守護住嗎？人類不遵循天道，結果只是好好壞壞無盡的循環。別說你把財富運到美國去，就是運到太空去，人類不遵守天道，最終結果還是重新洗牌。

在本卦中，聖人依據天道來治理人道，在財富問題上也要符合天道來進行分配。聖人的眼中天下非能仁者之天下，而是人人之天下，能仁者只不過是載舟結果，是天道所制定結果在人道中的顯現罷了。天道，人道合而統一的就是老百姓所想的事就是君

王要做的事。孫子說：「放在第一位的是道。所謂道，是使民眾與國君的意願相一致。」

在聖人的眼裡，道是什麼？道是陽光普照。道是什麼？道是空氣無所不在。道是什麼？道是泉水共飲。是人，都可獲得，均衡而不少。你說，陽光，空氣，水，在人類的分配中誰多誰少？這就是道，這就是文王所說的「有孚攣如，富以其鄰。」文王的花園方圓七十里，與民同用，與民同樂，連割草打柴的人都能進去。誰人如此？也只有聖人如此。為何？陽光普照有孚攣如。那麼「有孚，血去惕出，無咎。」說明什麼呢？道之如此，白天黑夜各占一半，一年四季相互平均，一陰一陽謂之道。天之道，損有餘而補不足。聖人知治國治世不越天道。因此說，多的給少的補之這就是「有孚，血去惕出，有孚攣如，富以其鄰。」

臣子不照此辦理怎麼辦呢？文王說，你把多餘的拿出來，我還給你福祉，不拿，好辦，我征伐你，必須拿。為什麼呢？文王說：「月幾望，君子征凶。輿說輻，夫妻反目。」什麼意思呢？月幾望是位高權重的大臣，王爺。如果非常富裕，那就車輪子跟車身打仗不和，夫妻打仗。比喻說國家因為財富分配不公平，士子，官員與王爺不和睦會引起國家的爭鬥。這樣對國家來說，對百姓來說又有什麼好處呢？

孔子說：「不患寡而患不均，不患貧而患不安。」國家的憂患不是來自貧窮而是來自財富分配不均勻。國家的憂患不是因為貧窮而是因為的臣子不能安分守己，而發生內亂。

荀子說：「能修明禮教的，可以為帝王；會鞏固統治的，國家就強大；善於攏絡人心的，社會就穩定；只知道搜刮民財的必然亡國。所以，推行王道的國家是為了老百姓富有；推行霸道的能讓有才能的人富有；苟延殘喘的國家只會讓當官的富有；而將要滅亡的國家，統治者知道大難就要臨頭，於是開始拼命想把財富統統據為己有，這時就會出現私人的庫房、箱櫃塞滿金銀財寶的現象。這種情況叫做當官的『肥得流油』，老百姓『四處漏水』。」

縱觀天下，因財富分配問題上演了多少江山爭戰，倒楣的到底是誰？朝代的興衰只能是易朝改家，國可變否？朝代的興衰起起伏伏，國可否強大？一國之土，可是九州之域？國中之外還有遠邦，放眼世界不過一隅。對於宇宙來說，更是一點。從三皇、五帝、三王，到如今世界，國還是國，地球還在，國不過是土地概念，土地豈能危亡，不過是君子征凶，朝代有所疑也。

什麼是朝野，一朝也。一朝有多長？看你推行的道有多長也。道長800多年，不長則18天定矣！

十八、山地剝　剝取稅費

23.山地剝
藏解易經18

剝：不利有攸往。

簡譯：（剝削，不利國）

譯文：文王說：「對百姓的剝削不利於國家的長遠發展。」

彖曰：剝，剝也，柔變剛也。不利有攸往，小人長也。順而止之，觀象也。君子尚消息盈虛，天行也。

譯文：周公說：「剝。剝削也，是把好事變成了壞事，不利國家長遠的發展。可以使百姓的不正之氣生長（百姓反也）。根據實際情況而取之，國家剝取稅費要依照百姓的財富所有多少來制定剝取的稅費，此為行天道也。」

大藏：天生民而養之，能苦民乎？地載民而育之，能棄民乎？民有國而安之，國有民而富之，國與民相輔相成，能殺雞取卵乎？

象曰：山附地上，剝；上以厚下，安宅。

譯文：孔子說，「國家靠百姓興旺，剝取稅費，國家對百姓厚

養，安居樂業也。」

初六：剝床以足，蔑貞，凶

簡譯：（剝取多，不利國。）

譯文：文王說：「剝取百姓的財富七分之一，（14.2%），凶
　　　啊。百姓就失去對國家的忠誠了。容易反啊！」

【注解】

　足：是腳板，身體與一足的平均比例為7：1

象曰：剝床以足，以滅下也。

譯文：孔子說：「剝床以足，下邊別活了。」

六二：剝床以辨，蔑貞凶。

簡譯：（剝取要根據情況）

譯文：文王說：「剝取稅費要辨明情況。不辨明情況百姓也會失
　　　去對國家的忠誠了也易反啊。」

大藏：蔑，是滅。文王意思要辨明是豐收年還是災年。災年就是
　　　免了。災年百姓連飯都吃不飽還交稅那就會反了。

象曰：剝床以辨，未有與也。

譯文：孔子說：「剝床以辨，這是遇到災年了（未有)，還要給
　　　與賑災啊（與也）。」

六三：剝之，無咎。

簡譯：（六三階級可剝）

譯文：文王說：「對於商人，有錢的，土地主來說，可以剝取一
　　　定的稅費，沒有問題。」

象曰：剝之無咎，失上下也。

譯文：孔子說：「剝之無咎，剝取六三（失上）接濟六二，初六

（下也）。」

大藏：對，補不足損有餘。

六四：剝床以膚，凶。

簡譯：（對王爺權貴剝皮凶）

譯文：文王說，「對於這個王爺階層的來說，如果剝取稅費太過，就凶。」

象曰：剝床以膚，切近災也。

譯文：孔子說：「剝取王爺，離九五之尊太近，生變故有災也。」

六五：貫魚，以宮人寵，無不利。

簡譯：（自家人吃飽飯就行）

譯文：文王說：「對於家人，後宮，吃飽了有魚就不錯了。沒有什麼不利的。」

象曰：以宮人寵，終無尤也。

譯文：孔子說：「以宮人寵，總歸沒有特別的。」

上九：碩果不食，君子得輿，小人剝廬。

簡譯：（得道獎勵，失道懲罰）

譯文：文王說：「君子取財有道，大行方便，做小人財來不正沒收家產。」

　　【注解】

　廬：房舍

象曰：君子得輿，民所載也。小人剝廬，終不可用也。

譯文：孔子說：「君子得輿，民所擁護。小人剝廬，總歸不可以用這樣的人。」

簡論剝卦：

在前面坎卦中已經簡單提過文王實行仁政的事情，現再簡單回顧一下以便對此卦加深瞭解。文王在治理西郊岐山期間，對內奉行德治，提倡「懷保小民」，大力發展農業生產，採用「九一而助」的政策，即劃分田地，讓農民助耕公田，納九分之一的稅。商人往來不收關稅，有人犯罪妻子不連坐等，實行著封建制度初期的政治，即裕民政治，就是徵收租稅有節制，讓農民有所積蓄，以刺激勞動興趣。……

十九、天水訟 官不與民鬥

6.天水訟
藏解易經19

訟：有孚，窒。惕中吉。終凶。利見大人，不利涉大川。

簡譯：（打官司不利）

譯文：文王說：「從開始就要警惕打官司的事情。公正處理好可以，不處理就凶了。官司這種事情從來都是對做官的有利，但是對國家是不利的。」

象曰：訟，上剛下險，險而健訟。訟有孚窒，惕中吉，剛來而得中也。終凶；訟不可成也。利見大人；尚中正也。不利涉大川；入於淵也。

譯文：周公說：「官司，當官和百姓打官司，當官為強者上剛，百姓為弱者下險。結果是對強者有利對弱者是失利的。弱者和強者打官司。會出現偏袒失去公正，要警惕。公平是吉的。既然是強者打官司得中，結果也會凶啊。官司打不成，對當官者也是有利的。尚能得中，但對國家是不利了，因為老百姓蒙冤也。」

象曰：天與水違行，訟；君子以作事謀始。

譯文：孔子說：「官與民違法做事，打官司。君子做事從開始就要想到後果。」

大藏：君子做事要以終謀始。從開始要想到終了。

初六：不永所事，小有言，終吉。

簡譯：（小事解決，不養小患）

譯文：文王說：「不論什麼事情發生了矛盾，開始就要解開。以免往大發展。要想到後果」。

象曰：不永所事，訟不可長也。雖有小言，其辯明也。

譯文：孔子說：「不論什麼事情，訟都不可長久的爭執下去，雖是說說，但是要辨明是什麼問題導致發生矛盾。」

九二：不克訟，歸而逋，其邑人三百戶無，眚。

簡譯：（打官司有後果）

譯文：文王說：「一個管邑長，打輸了官事，回家以後怕招到報復逃跑了，連同300戶的邑民也跟著逃亡，跑到山林中不見了。」（國家損失了300人口）因此要以此事警戒。

　　【注解】

　　眚（shěng）：為災難，警戒。

象曰：不克訟，歸逋竄也；自下訟上，患至掇也。

譯文：孔子說：「打輸了，回家就跑，是因為民告官，擔心出現禍患而選擇逃跑也。」

六三：食舊德，貞厲，終吉，或從王事，無成。

簡譯：（思德，吃虧是福。）

譯文：文王說：「這個級別的官員們是祖上積累了功德，才能讓你有如此的福德，不思祖上之德還與民打官司是為貞

屬。要思祖上恩德，不要持強凌弱，最終吉。或者服從王的判決。雖然沒有收穫但也是吉的。」

象曰：食舊德，從上吉也。

譯文：孔子說：「食舊德，聽從王命吉也。」

九四：不克訟，復即命，渝安貞，吉。

簡譯：（有身份的人不要打官司）

譯文：文王說：「王爺，太宰們不要打官司，自己沒什麼錯誤（錯在民）也要認命。改變打官司的決定，安靜守貞吉。」

【注解】

復即命：命：天子的命是九五之尊，天授百姓授之。沒有天子哪有王爺呢？因此，文王說：有君命才有你的複命。還打什麼官司，成什麼體統，給我老實點得了。

渝安貞：改變初衷，安於正道。

象曰：復即命，渝安貞；不失也。

譯文：孔子說：「復即命，渝安貞；什麼都不會失去。」

九五：訟元吉。

簡譯：（判決官司要公平）

譯文：文王說：「有身份的人啊不要打官司，如果百姓有訴訟，審判要公平啊。」

象曰：訟元吉，以中正也。

譯文：孔子說：「訟元吉，以公平也。」

上九：或錫之鞶帶，終朝三褫之。

簡譯：（為官者不要打官司）

譯文：文王說：「為官者不要打官司，不打官司者受委屈的，君

王賜給獎勵。如果打官司不管你對還是不對都要罷免你職務。

【注解】

鞶（pán）帶，古時依官品頒賜的腰帶。

終朝三褫之：（鞶帶）一天三次被剝奪。褫（chǐ），剝奪。

象曰：以訟受服，亦不足敬也。

譯文：孔子說：「當官的以訟讓老百姓信服，也不會讓人尊敬也。」

簡論訟卦：

　　訟卦之道蘊含深啊。聖人知道，民與官鬥，民豈會贏？民與官的官司輸了，誰會贏？天道有昭示：輸者與天近啊，贏者離地低。與天高者為陽，輸了官司如何，贏了官事如何？一陰一陽為之道啊。老子說：老百姓連死都不怕，還怕你以死嚇唬他麼。（民不畏死，奈何以死懼之。）因此，老百姓說：我死都不怕，還怕輸不成，我光腳豈能怕你穿鞋。你看聖人早就知道小民傷不起。小民受到傷害，最終是國家有損失。天道昭昭。天與水違行，訟；君子以作事謀始也。……

10.天澤覆
藏解易經20

二十、天澤履　以履為鏡

履：履虎尾，不咥人，亨。

簡譯（亡朝末尾）

譯文：文王說：「商朝的末期已經衰退，已經不能統禦八方了。」

象曰：履，柔履剛也。說而應乎乾，是以履虎尾，不咥人，亨。剛中正，履帝位而不疚，光明也。

譯文：周公說：「商朝的末期，外表看起還很強盛，其實內裏已經不行，嘴上總說我命應乎於天。（紂王自稱是上帝的兒子。）實際已是朝代末端。履的帝位不會太長久，即將迎來光明也。」

象曰：上天下澤，履；君子以辨上下，定民志。

譯文：孔子說：「上有天，下有黎民，商履，應該辨別國家內外形勢，使民安居樂業呀。」

大藏：何為定民志，就是安定民的志向，民的志向就是吃飽住暖。安居樂業。

初九：素履，往無咎。

簡譯（商朝開始好）

譯文：文王說：「先商，商朝開始創立時，沒有任何過錯啊。」

象曰：素履之往，獨行願也。

譯文：孔子說：「履，天乙江山獨自管理。」（孔子的意思說天乙憑藉自己的武力打下了江山，也自己坐江山了。）

九二：履道坦坦，幽人貞吉。

簡譯（商道運行坦蕩，祖上順服忠誠）

譯文：文王說：「中商的時期，施行政治也坦坦然然，我周人對商履都一直守護忠誠。」

【注解】

幽：文王自稱。文王被囚禁羑里幽禁。

象曰：幽人貞吉，中不自亂也。

孔子說：「幽人貞吉，能夠守中，但中商內部自己已經亂也。」

六三：眇能視，跛能履，履虎尾，咥人，凶。武人為於大君。

簡譯（美女獨視，三公廢弛，兇狂少智，武人治國。）

譯文：文王說：「現如今，履啊，眼裡只有美人，只有這個美人
讓他順服，其他的視而不見，自己乾綱獨斷三公廢弛，誰
也不聽，只聽女人之言。對任何人都很兇狂。殺人如吃
肉。國凶啊，這都是武人做君王的弊端。」

大藏：武人大君，只愛美人不愛江山也。現在文人也那樣，眇能
視是眼裡只有美女，跛能履是國有三公，現在只有一隻腳
行走，臣子的話都不聽，只聽妙女之言。

【注解】

眇能視：（眇miǎo），一隻眼睛斜眼看人，色鬼看妙齡美女的眼
神。作為君王要目視江山，為何要色眼看美女。
跛能履：（跛bǒ），瘸了，只剩下一條腿。比喻國有三公而遭廢
弛，誰也不聽，眾叛親離。
咥人：（咥dié）咬人；比喻殺人如吃肉。

象曰：眇能視；不足以有明也。跛能履；不足以與行也。咥人之
凶；位不當也。武人為於大君；志剛也。

譯文：孔子說：「只看美女，不會明智。只聽從美人的，三公廢
弛，乾綱獨斷，政治難行，治人之兇狠，有失君王的德
行。武人作為君王，性情暴烈，治國過剛也。

九四：履虎尾，愬愬終吉。

簡譯（尾巴長不了，在忍忍。）

譯文：文王說：「履虎尾，在恐懼恐懼吧，終究是吉的。」

【注解】

愬愬（sù），恐懼，畏懼貌。

象曰：愬愬終吉，志行也。

　　譯文：孔子說：「愬愬終吉，可以使自己的理想得以實現也。」

九五：夬履，貞厲。

簡譯（獨斷剛愎，危險。）

譯文：文王說：「評價判斷商履的現狀啊，獨斷剛愎，商朝危險啊。」

　　【注解】

　　夬履：夬（guài），一人決斷國事，剛愎自用，乾綱獨斷。

象曰：夬履貞厲，位正當也。

譯文：孔子說；「夬履雖然面臨危險，但還在位子上了。」

大藏：孔子指紂王的氣數還在也。

上九：視履考祥，其旋元吉。

簡譯（以履為鏡）

譯文：文王說：「以履為鏡，看履的前後歷史要考察詳細，以使我西郊千萬不要犯他的錯誤啊，這樣吉啊。」

象曰：元吉在上，大有慶也。

譯文：孔子說：「元吉在上，百姓值得慶倖也。」

　　簡論履卦：

　　做為一個朝代的末期，如果出現了一個要亡之君，這個亡君一亡啊，國家立即失去秩序，陷入混亂中。隨後就是戰亂，百姓立即遭受各種之苦：如餓死、戰死、病死等等系列的死亡襲來，有時這種動亂狀況持續幾十年甚至是百年，這是人類中最不幸的事情。孔子說：「元吉在上，大有慶也。」這是說，商朝末期雖

然商紂王昏君無能，武人做君治理政治手段剛烈，又不愛民，但好在他要是死了，國家立即就出現了聖君。賢君啊，百姓不用忍耐多長時間就能過上太平日子。因此孔子說：「元吉在上，大有慶也。」

在聖人的眼裡人類的秩序應該是如何呢？

在聖人的眼裡是人類的秩序應該像自然宇宙一樣。一陰一陽為之道，陽消陰長，陰消陽長，要依序往復。就是說太陽下去，月亮上來，月亮下來，太陽上去，春天過去夏天開始，夏天過去秋天開始，秋天過去，冬天再來。你想一年的四季，一天的陰陽，誰能說，太陽好，月亮不好，有太陽工作，有月亮休息。都好。這就是聖人眼中如果一個國家遭遇的亡主時代，趕快明主出現。不要等待亡主死了，明主沒有出來，諸侯征戰，百姓死了，民不聊生後再跑出一個明主。那是啥？這就好比喻一個家庭遭遇了煤氣中毒，如果剛剛中毒，就被人發現，這全家有救了，如果好幾天都沒有發現，結果也不用說了。

所謂乾旱時來了一場及時的雨，亡國之主沒死就有了明主出現這就是天降祥瑞，吉兆啊。老子說：「天地不仁，以萬物為芻狗；聖人不仁，以百姓為芻狗。」什麼意思呢？老子說如果天地不仁任由其出現各種災害，不停止地出現，不管人類的死活。聖人不仁，我管你誰做皇帝，我管你江山滅亡不滅亡，我管你誰打誰，打死一個少一個；任其自生自滅，看百姓就象祭祀的紙狗一樣。

老子又說：「天乃道，道乃久，沒身不殆。」道是不死的。終究會撥亂反正的。終究會有聖人出來救世的。只不過是百姓的福分不同，有上福德的百姓還不知道王室發生了什麼，治理國家百姓的權力就被交接了，或換掉了。有中福德的百姓知道王室發生了什麼事，但沒有經歷多久，國家也安定了。有下福德的百姓知道國家衰敗了，等待吧，也許，自己的晚年或兒子可以安享太平了。沒有福德的百姓那就等孫子再享太平吧。所以說太陽的升起，和季節的轉化也是在不經意間完成的，正所謂春風又吹江南

岸，一夜春風百花開。天地之功全屬自然，悄悄息息。因此，文王再忍忍，等待時機，時機一到，履尾也就報銷了。

此卦以履講述紂王，自古對紂王評價本來沒有什麼不同，既然已經給他諡號曰「紂」其實就已經知其為人了。《諡法》說殘忍捐義曰紂。我有個朋友，他是研究歷史的，閑時也與我學易，我們經常一起喝酒閑談古人，他說：「紂王人有那麼壞嗎？為什麼歷史把他說的很壞呢？紂王文武全才本事很大呀。在歷史上是有功勞的」。我說：「這樣看從哪個角度看了？評價老百姓可以用善良不善良，是好人還是壞人。評價臣子呢，可以用是能臣還是庸臣，是賢臣還是逆臣。評價君王呢不能像評價百姓和臣子那樣，重點只有一條，這個君王呢是個什麼主，是王主麼？治主？存主？衰主？危主？亡主？為什麼呢？不是說勝者王侯敗者賊寇麼？還說什麼好人不好人也」。

他說：「你這個觀點的確能說服我，但紂王的壞話會不會是周人說的？紂王很有才幹，紂王也並非好色。」我說：「何以為據？」他說：「文王生了20多個孩子，而紂王只生了兩個。」

他說完這話，引來我哈哈大笑，我說：「周（姬），商（殷）同屬皇（黃）宗，是黃帝開枝散葉的結果。在上中古時期對於王族來說，最大的問題莫過於繁育皇族血統，多妻多妾目的只為了皇族血統廣大，便於江山永繼。最怕專寵一妻或是一妾，皇族人丁凋零，江山後繼無人。早起人類文明初期沒有皇帝的多妻多妾，又何來炎黃子孫？又何來華夏始祖之說？

至於文王20多個孩子說明什麼？說明黃帝幾十代後姬性一族又繁榮興旺了。紂王最終得兩子，只能說明殷性一族皇道中落，皇種凋零，皇室香火無繼，後續無人也。」

我又說：「周人說紂王壞話，周人否定紂王也是正常，但歷史豈能否定呢？就憑此卦，文王在羑里評價商朝的晚期狀況，文王冒著生命的危險，對自己的孩子評價商朝現狀，為了什麼？還不是警告兒子要以紂王為警戒，不要學習他，以免喪失國土麼？文王犯得著在囚禁羑里期間偷偷摸摸跟兒子傳話造謠中傷紂王

麼？然後孔子還附和文王之話。如果是，這不是兩傻子麼？你想想吧。孔子看《易經》寫「象」的時候，那還有其他書可參考，孔子時還沒有焚書坑儒呢。那要有多少的商朝、周朝的相關書籍來讓孔子瞭解紂王的真實家底，還用得著後人憑藉自己的喜惡經驗之心來妄猜古人麼？

我這些話聽得朋友無話，半晌才反過來說：「那如何解釋紂王的氣節，他自殺了，寧死不投降」。我說：「這話更是大錯特錯了，亡國之君是有罪之君，只能死路一條，怎可投降。征伐就讓他死，他又不是明君，被侵略，可以投降。他哪有這個資格啊。在否卦中文王就說，「如果國家亡，作為臣子雖然福分、官職、財富都沒有了，尚可有命，那麼作為君王只能是其亡其亡。」（否卦：九四：『有命無咎，疇離祉。』九五：『休否，大人吉。其亡其亡，系於苞桑。』）你看古人的仁義禮智信，氣節忠義廉恥，今天人怎可全部領會。你還說他寧死不投降，他何來寧死之說，那不是抓了一個將，一個卒，不投降可以說氣節高尚寧死不投降。換個角度來想想就明白了，一個亡國之君何來投降之理。」

接下來他又為紂王辯解的說：「紂王伐東夷，打了勝仗，但損失也很大。俘虜太多，消化不了。周武王乘虛進攻，大批俘虜倒戈，結果使商朝亡了國。當時微子是裡通外國。為什麼紂王滅了呢？如果不是微子反對他，箕子反對他，比干反對他。紂王又去打東夷，紂王怎麼會輸給周武王？紂王那個時候很有名聲。商朝老百姓很擁護他，只有周人說他的壞話。你說這一切如何解釋呢？」

我反問他：「紂王為什麼伐東夷？周武王如何乘虛進攻？俘虜為什麼倒戈？紂王身邊所有的親戚臣子為什麼都反對他？是周朝人說他的壞話，還是800諸侯都說他的壞話，還是百姓都說他的壞話？不說紂王為什麼伐東夷？周武王如何乘虛進攻？作為一個君主讓人欺負到如此份上，就算他是個好人，那也是個傻子。還說有才幹，從古至今都是君王需要賢明，臣子要有才幹。君王

最大的才幹是會用賢人，自己拉弓射箭再厲害再本事有什麼用？文王說：『武人大君，貞厲，只能亡國。』關於紂王的臣子不好，不是裡通外國的叛徒就是反對他的臣子，你這個評價客氣地說是角度很窄，不客氣地說是不辨是非。作為一個君王出現了眾叛親離的局面居然還敢說臣子個個不是。別說作為一個君王了，就是作為一個君子，如果也落一個眾叛親離的下場，那人品都已經壞到了極點。但凡有一點是非觀念的人都能分辨出一個人落得眾叛親離的下場之前應該是有什麼樣的原由，才能落得如此狼狽不堪。老百姓尚可以說倒楣遭遇人際關係不幸，要是一個君王也說遭遇人際關係不幸，那可笑抽我，不等我老，牙齒都得笑光。

　　因此說評價君王核心只有一條：是否聖賢、明察、是否與民心同頻者，民想即君想之。

　　後來他又說了紂王一大堆好話，我同樣是一一駁他。

　　一時，朋友無語，我自己在那點頭。

【注解】

履：

成湯，帝嚳kù（傳說中古代部族首領）之子契的14世孫，姓子，名履，又名天乙。他在夏朝末年一舉成為商族的首領，由於愛護百姓，施行仁政，深得民眾得擁護，以至於周圍的一些小國也前來慕名歸附，其勢力便迅速強大起來。他本居於亳，是夏朝的方伯，專管征伐之事。夏末時，帝桀為君，殘暴無道，國內日趨動盪不安，他見其形勢，便產生了代夏的雄心。於是開始實行滅夏的計畫。他先滅掉了商附近的一小國葛國。接著不久，經過11次的出征，滅掉了夏王朝的三個重要同盟國家豕韋、顧、昆吾，之後再一舉滅夏，歷史上稱之為「鳴條之戰」。然後把夏桀放逐到南巢。這樣履就建立了中國歷史上第二個奴隸制國家商朝，定都於亳，死後被謚為成湯。其後子孫中有一支以謚號命氏，成為湯氏。是為河南湯氏。《——百度百科》。

帝辛，是中國商朝末代君主，在位30年，後世稱商紂王。子姓，名受或受德，商謚帝辛。周武王稱其為「紂王」，部份文學小說則稱其為「壽王」。夏商周斷代工程認為他在前1105年－前1046年在

世，都城於沫，改沫邑為朝歌（今淇縣）。《——百度百科》
《諡法》說殘忍捐義曰紂。

諡法：中國古代帝王、諸侯、卿大夫、大臣等人死後，朝廷根據他
們生前事蹟和品德，評定一個稱號以示表彰，即稱為「諡法」。

二十一、雷風恒　江山恒久之道

32.雷風恒
藏解易經21

恒：亨，無咎，利貞，利有攸往。

簡譯：（順從天地法則，江山恒久之道）

譯文：文王說：「君主要取法順從天地恒久之道，制定各項政
策律令，使人民得以安身立命。這樣才利於江山永久穩
固。」

【注解】

恒：甲骨文（二，代表天地兩極）。「亙」是「恒」的本字。亙，
（夕，即『月』，借代天體星辰），表示天地宇宙，日月星辰，千
古如斯，永續恒久。

**彖曰：恒，久也。剛上而柔下，雷風相與，巽而動，剛柔皆
應，恒。恒亨無咎，利貞；久於其道也，天地之道，恒
久而不已也。利有攸往，終則有始也。日月得天，而能
久照，四時變化，而能久成，聖人久於其道，而天下化
成；觀其所恒，而天地萬物之情可見矣！**

譯文：周公說：「恒，天地宇宙，日月星辰，千古如斯，恒久不
變也。天在上地在下，陰陽能量相搏產生雨（雷）、冷熱
空氣對流而形成風，因空氣（巽風）的轉動，天地交感恒
久不變。宇宙日月星辰有序轉動久於其道，一年四季春夏
秋冬，白天黑夜，依序往復。天地之道恒久不變。君主效

法天地恒久之道，制定各項政策律令，使人民有序安身立命。這樣才能利於攸往。冬天過去就是春天，黑夜過去又是白天，這都是日月得天的協調，而能光明久照。春夏秋冬的四時變化使萬物生長得以久成，聖人如能長久取於此道，而天下黎民則得教化所成。觀其宇宙，天地間萬物之情都可以知道也。」

象曰：雷風，恒；君子以立不易方。

譯文：孔子說：「國家的制度，效仿宇宙自然之道，既然制定了，就不要變來變去。」

初六：浚恒，貞凶，無攸利。

簡譯：（掘恒，政策失衡，國凶。）

譯文：文王說：「天地之道平衡發展，掘恒會失衡，國家的政治體制訂立不能失衡。失衡臣子百姓不貞，對國家穩定不利，危險。」

象曰：浚恒之凶，始求深也。

譯文：孔子說：「掘恒之凶從開始就應該深刻認識。」

大藏：國家體制的制定，開始建立就要想到長久深遠地使用。

九二：悔亡。

簡譯：（不好則亡）

譯文：文王說：「國家一定要思亡，時刻要有危機意識。」

象曰：九二悔亡，能久中也。

譯文：孔子說：「危機意識，經常思亡，使朝代長久發展。」

大藏：一個國家從成立開始不僅建立了一個像宇宙法則那樣恒久的制度，而且又能居安思危，在國家的強大時要想到滅亡的危險，有這樣的憂患意思，一個朝代就能長久運行。國家朝代恒久的存在核心問題是國家制度建立能否符合天地

法則，即使符合了還要有悔亡思想。不能總高唱讚歌，稍稍有點成績就自大不知天外有天，國外有國，四處漏風，不知悔亡。不能正確評估自己，浮誇大話豈能變成強國。反之，強國總是思亡啊！......

九三：不恒其德，或承之羞，貞吝。

簡譯：（臣民風氣不守德，都愛錢，國不穩定。）

譯文：文王說：「臣子要忠誠，臣子百姓不以美德作為追求目標，而追求物質享受，國家就不會穩定啊。」

大藏：精闢啊！

象曰：不恒其德，無所容也。

譯文：孔子說：「不恒其德，天道不容也。」

九四：田無禽。

譯文：文王說：「國家沒有賢臣。要選賢啊。」

象曰：久非其位，安得禽也。

文王：孔子說：「你一直在羑里，都沒有在其職位上，那會有賢臣也。」

六五：恒其德，貞，婦人吉，夫子凶。

簡譯：（臣守德行，君行道義。）

譯文：文王說：「如果我要堅守自己臣子德行對紂王永遠的忠誠，我的臣子的名聲就保有德的名聲了。做為臣子可以，但是，行道的夫子看著國家動亂而不行道，就凶啊。」

象曰：婦人貞吉，從一而終也。夫子制義，從婦凶也。

譯文：孔子說：「臣子從一而終可以。夫子制義，從一而終不行，從就凶也。」

上六：振恒，凶。

簡譯：（國家動亂，凶。）

譯文：文王說：「現在國家正在發生動亂，各地諸侯紛紛反叛，百姓不能安生，凶啊。」

象曰：振恒在上，大無功也。

譯文：孔子說：「國家發生了動亂，紂王做大王，對國家百姓沒有功勞啊。」

簡論恒卦：

恒卦背後的大道是恒道。恒道中有兩個道：一個是君主的義，一個是臣子的德。

君主的義要顯，在恒局中是由天空，白天，陽光所代表的陽性物質，光明正大，為民造福的一面。臣子的德要隱，要忠誠，在恒局中是大地，夜晚，月亮所代表的陰性物質。這個陰性物質要含蓄，要順從陽剛的一面。義和德兩面都能守衡就是平衡，君王與臣子各遵守自己的道就不會出現「振恒」的情況，這樣國家就穩定。能夠讓君主與臣子保持這樣的恒局，關鍵是一個國家體制的制定能否依照宇宙自然的法則制定，並且管理國家的君主和臣子必須是國有賢君國有良禽，恒其德而不承之羞，這樣朝代才能恒久存在。

那麼一個朝代如何能夠像宇宙天體中永恆運行的道持久地存在呢？

《皇帝四經》說：「上天依靠道的力量生成了日月星辰，並使陰陽定位，建立八政（八政：古代國家施政的八個方面，食、貨、祀、司空、司徒、司寇、賓、師；民以食為命，以貨為資，是以八政以食為首），頒行七法（治理國家的七種法典），然後施行於天下，使天下萬物無不聽命。同時，各種動物也都能安其心性，而不違背各自存在的法則，這些都是由恒一的天道所決定

的。上天靠著道生出日月星辰，其中太陽總是按照確定的時間東升西落，南行北輶皆有規則，這是由它的運行度數所決定的客觀規律。月亮十五時飽滿而初一時卻消失不見，其盈虧滿損皆有常規，這是由它的生死氣數所決定的客觀規律。眾星運行也各有度數，而從不離失它們的運行軌道，這是由它們各自確定的位置所決定的客觀規律。上天成了日月星辰並使陰陽定位，這樣便有了畫夜、陰陽、生殺的交替轉化更迭。上天使陰陽各得其位，又使八政得以建立，這樣四時節候皆有定則，動靜進退各得其序，適度與非適度都有定位。」

陰陽各得其位是一陰一陽各守其位，一天，一地，一太陽，一月亮，一白天，一黑夜，一男，一女，簡單說世界有兩種物質相互對立，這是二元論。周易並非二元論，很多人都解讀二元，陰陽相互對立，其實周易真正的道的核心是多元存在。日月的存在在人事中只不過是君王與臣子的關係，而國家也並非只有皇帝家族和臣子。還有第三種關係，第三種關係就是百姓，在自然中那就是星辰。除了百姓還有第四層關係，那就是鄰邦，友邦，敵邦。在自然中天氣表現春夏秋冬，地理表現就是東西南北各居一方。除了第四層的關係還有第五層的關係，遠域之邦（中國與印度、美國、古代所表現地是東方和西方）。在天表現九大恒星（還有第十星，古代只檢測到九大恒星）。在地球上所表現的是九大洲和天地人各種氣息相混生變的一層變化的未知變數關係。

在上、中古聖人觀察宇宙知道世界之大，我之有外，人外有神（求占卜，問神靈，天之不測風雲），天外有天（在天的字義上又多一個乾，乾，乃宇宙日月星辰的轉動）。一個國家，要面對各種環境的交錯變化，就必須要有一個長久的政治管理體制，像天體的運動一樣要保持恒久的不變，才能應對各種環境交織的變化。

那什麼是不變呢？聖人都知道，宇宙的規律是不變的。恒就是宇宙的規律。恒也是平衡。規律就能平衡。國與國之間，君主與君主之間，君主與臣民之間的相互利益，義務都要有其規律。

這就是恒。恒也平衡，平衡非是平均，而是要相應符合。什麼是符合？符合就是合乎法則，合乎自然，合乎身份，合乎義務，合乎德行，合乎道義。合乎標準。不合乎道的就會失去平衡，失去平衡就是不能恒久。一陰一陽謂之道，核心不過是公平。孫中山說：「天下為公。」就是人人享有公平。老子說：「知常曰明。不知常，妄作凶。知常容，容乃公，公乃全，全乃天，天乃道，道乃久，沒身不殆。」老子的話說的多明白：「知道不變的道（規律）是明智的。不知道宇宙中還有一個不變的道，就會亂行其道。亂行其道就是凶。知道這個不變的道，就能容下世間萬物。能容下就能分配其公平，有了公平的分配就能成全萬物的生命。成全萬物生命就有其天的意義。天乃道義，道義長久，就是你看不到他的身體，他也長久地存在，永不死亡。」

這就是因為有了這個不變的道，才能以不變應萬變也，這是恒道也。

君主不遵守道國家就會「振恒」，「振恒」就生變也。今人都知國家興亡，匹夫有責。那麼君王不正，諸侯判亂，民不安生，夫子應該如何？因此文王說：「恒其德，貞，婦人吉，夫子凶。」該怎麼辦？連最守臣德的孔子都說：「婦人貞吉，從一而終也。夫子制義，從婦凶也。」匹夫的責，夫子的義就是道也。

如果文王安靜繼續對紂王保持忠誠可以成其臣子的仁德之美，但卻失之義也。夫子懂道而不讓道行天下是乃之不義。君子成德是因為君子本來就是屬於德的一類，可以在德的方面建功立業。夫子懂道必須施行道義讓天下黎民安生才能成其道義。（本是太陽卻做月亮的事就是失道，本是月亮反做太陽就是失德，各守其位，各盡其能就是道。紂王是武王大君，只知道施行暴政，寵信美女，他的道就只是屬於暴君昏君之道，江山豈能長久與此之手。

老子說：「大道敗壞，然後才有仁義產生；國家昏亂，然後才有忠臣出現。」從文王在羑里韜光養晦，以避紂王的迫害，就可以明白紂王昏庸；從紂王以小人女子是從就知大道的敗壞，比

幹挖心，更是慘無人道。商紂如此，百姓如此不堪，文王還要成就婦人之德，那豈不天道無存了麼？

因為國家需要恒卦，文王不為自己也要為黎民蒼生拼一個天下，立下千古規矩。為什麼如此之說？因為文王老矣，老矣要制義，死後才讓武王克商，80多歲垂暮改變天下，你說為什麼？老子說：「天長地久，天地所以能長久存在，是因為它們不為了自己的生存而自然地運行著，所以能夠長久生存。因此，有道的聖人做事沒有想到自己的虛名，而成其大名，想到天下百姓而成就其大身。做事是因為真正的無我，因此才能成其大我。」

因為國需恒局，文王要行動也。

二十二、山雷頤　觀我人才

27.山雷頤
藏解易經22

頤：貞吉。觀頤，自求口實。

簡譯：（養賢，實話實說）

譯文：文王：「觀看我的臣子都很忠誠，觀看臣子才能，我呀實話實說。」

象曰：頤貞吉，養正則吉也。觀頤，觀其所養也；自求口實，觀其自養也。天地養萬物，聖人養賢，以及萬民；頤之時義大矣哉！

譯文：周公說：「臣子忠誠吉。國家用正直的臣子是吉的。觀看臣子，看我們所用的人。實話實說。天地養育萬物，聖人養賢臣，以惠及萬民。頤臣的意義非常大也。」

象曰：山下有雷，頤；君子以慎言語，節飲食。

譯文：孔子說：「天在看，作為臣子要謹言慎行，遵守操守以德養命。」

初九：舍爾靈龜，觀我朵頤，凶。

簡譯：（評估臣子）

譯文：文王說：「我用龜卜占卜了一下，看我西郊的眾多臣子，凶啊。」

象曰：觀我朵頤，亦不足貴也。

譯文：孔子說：「觀我朵頤，沒有什麼有能力的。」

六二：顛頤，拂經，於丘頤，征凶。

簡譯：（軍將才能不行）

譯文：文王說：「看我殿下的臣子們，兩軍對陣的經驗沒有經歷過，征伐凶啊！」

象曰：六二征凶，行失類也。

孔子說：「六二征凶，與商朝將領相比不是一個等級也。」

六三：拂頤，貞凶，十年勿用，無攸利。

簡譯：（軍將才能與紂將相比無勝算）

譯文：文王擺手說：「這些臣子的能力不行，十年內，別動，（征伐）沒有好處啊。」

象曰：十年勿用，道大悖也。

譯文：孔子說：「十年勿用，道不相助。」

大藏：十年揹運。

六四：顛頤吉，虎視眈眈，其欲逐逐，無咎。

簡譯：（軍將士氣可以）

譯文：文王：「觀我殿的臣子的志氣，都對商朝虎視眈眈，欲要前往，沒有問題。」

象曰：顛頤之吉，上施光也。

譯文：孔子說：「顛頤之吉，都是因為上有（文王）聖明之光也。」

六五：拂經，居貞吉，不可涉大川。

簡譯：（軍將經驗不行）

譯文：文王繼續擺手說：「不行啊，沒有經驗，保護城池還行，出征征伐不行啊。」

象曰：居貞之吉，順以從上也。

譯文：孔子說：「居貞之吉，繼續順從商朝才是上策。」

上九：由頤，厲吉，利涉大川。

簡譯：（要養賢練兵）

譯文：文王說：「我西郊要有能力的賢臣良將，才能征伐啊。」

象曰：由頤厲吉，大有慶也。

譯文：孔子說：「有賢臣良將，才能壯大，值得慶祝。」

簡論頤卦：

首先解釋一下初九的舍爾靈龜，觀我朵頤，這是一個用龜卜占卜的動作。

此卦文王在羑里用龜卜占卜一下，西郊與商朝的力量對比，其實文王不用占卜也是知道，此處是一個比喻評估法，未必文王用龜卜占卜雙方的力量。看看自己現在所處的吉凶狀態，閑來占卜也是可以預料的。這說明什麼呢？說明文王在平衡厲害得失後終於做出決定。要準備與商紂脫離君臣關係。在此卦中也可以得知周朝文王手下的臣子早都有反商之意，只是文王一直沒有拿定

主意。也可以說還沒有反商之意。我認為文王早年有了一些其他的準備，換言之就是文王知道商朝到了紂王帝辛這一代必亡。為什麼如此說呢？因為《周禮》，是文王在囚羑之前就開始制定了，只是在武力方面沒有為反商做任何的準備，或者說文王是在製造機會與等待機會。作為一個有能力的聖君沒有做好反商系列準備，或者是時機不成熟，沒有水到渠成，文王是絕不能反也。當時天下諸侯早已反了400，文王手下的臣子都有反商之心，這不足為怪。但凡一個朝代面臨「亡主」時，天下就有動盪了。有能力或有野心的就會蠢蠢欲動，扯旗反叛是必然。文王是內聖外王，是中國幾千年才有的這麼一個主，不可能輕易做出反商決定。為什麼如此說呢？聽我細細分析，讀者自明。

1，什麼是聖人？

孔子說：「人有五儀：有庸人、有士人、有君子、有賢、有聖。審此五者，則治道畢矣。」什麼意思呢？就是說：「人分五種層次：有庸人、士人、君子、賢人、聖人也。能清楚辨別這五類人，那麼治理國家的方法也就找到了。

庸人者，沒有信念，做事馬虎，有頭無尾，為人處事不善始善終，滿口胡言，不三不四。喜歡結交三教九流的朋友，周圍沒有品學兼優的高人。不能扎實地做事，也不能老實地做人。見小利，忘大義，自己不知道自己應該幹什麼。迷戀於聲色犬馬，隨波逐流，遇事把持不住自己——有諸如此類的表現的，就是庸人。

士人者，有信念，有原則。不懂大道和人道的根本，但有自己的觀點和主張；並非行善行得十全十美，但卻有值得稱道之處；士人者並不執著追求智慧的多少，但對所喜歡的就務必要徹底明瞭；言語理論不多，但只要是他所主張的，就務必中肯簡要；他所要做的事業不一定很多，但每做一件事都必需明白為什麼。他的思想明確，言語扼要得當，做事有根有據，人格和思想完整、獨立，外在力量很難改變他。富貴，貧賤，對他沒什麼大的影響。——這就是士人，所謂士人就是知識份子也。

君子者，以誠實守信為原則，心中對人不存忌恨。秉性仁義，不喜炫耀，通情達理，明智豁達，說話不武斷。行為一貫，守道不渝，自強不息。在別人看來，顯得平常，並無什麼特別出眾之處，但是想要趕上他，卻很難做到。這就是君子的品行。

賢人者，遵守道德規範，以自身為表率，與君子每說話必言規範卻不會傷害對方。以事論事。以教化百姓卻不會有損國本（君王）形象。能教會百姓致富自己卻並沒有積累更多的財富。看人貧困有病就樂施好善，普濟天下。這就是賢人。

所謂聖者，他的德行符合天地自然之道，智慧天成，知道世間萬事萬物的終始來源。協助百姓，施行大道，功成卻退，安閒與陶冶性情(功成身退，去做自己喜歡做的事情）。他的明智，進退自如猶如日月陰陽的變化，悄然若神。百姓得到了好處也不知道是他的德行所致。就是與他相近的鄰居都不識其真人之廬山面目也。

所謂聖人就像老子所說的太上，不知有之；最好的統治者，人民並不知道他的存在；其次的人民親近他並且稱讚他；再次的，人民畏懼他；更次的，人民輕蔑他。統治者的誠信不足，人民才不相信他，最好的統治者是多麼悠閒。他很少發號施令，事情辦成功了，老百姓說「我們本來就是這樣的。」

為什麼孔子說：明立日月，日月的進退，多麼自然，你能感受到它，你同樣也會說，他本來就那個樣子。因此，聖人就是本來，如來。在中國道教就是聖人，在佛教就是佛祖，在國君就是聖君也。

世人只知道文王賢德仁愛，善於占卜，羑里演易寫寫卦辭，豈知占卜只是小術，世上精通術者也皆能占之。世人都知道姜尚助文王，武王完成大業。可有誰知道文王羑里已經把商朝江山收拾了大半？武王牧野大戰不過是在亡主身上踹了幾腳。不知者說，紂王能文能武，能武是事實，以自己武力拼守江山，征伐開疆擴土。不知兵法所雲：上兵者伐謀，不戰而屈人之兵。下兵者伐城。上兵伐謀此為上策。也有人說：文王、武王的國家實力武

力都沒有紂王大，周朝的建立是在諸侯聯合的基礎上的。而商朝的江山是殷商自己打下的。這話不錯，但只是說了表面，不知其理也。奪取江山的手法豈止是一種方法。說紂王能文，也是有可能，但那智商也就太成問題了，任其文王在羑里「演易」，還以為給自己商朝增添法寶呢，其不知「易」成江山就斷也。你說，在羑里，有誰輔助文王了，文王在羑里一面排兵布將，一面發號王令，一人身兼軍師大王二職，神不知鬼不覺就把江山翻個了，後世之人誰也不知道。縱觀人類歷史，世界歷史，識道懂術，取江山在寫書「作易」之間就化為烏有，還有二人乎？這真是一本書勝你千軍萬馬，文王易經大白天下，誰還敢稱兵聖，軍事家，政治家？……

　　看此，讀者是否已知我為什麼說文王是聖人也。在此之前，文王一直沒有反商之心，因為，一切反商的準備還沒有完成，聖人如何去反？聖人做事豈能急躁，無瓜摘瓜，不熟摘瓜？聖人懂道一定要取江山於自然之中。

　　至此：聖人觀頤，十年勿用。韜光養晦，羑里種瓜。瓜熟蒂落自然摘瓜。

二十三、水雷屯　屯兵屯糧

3.水雷屯
藏解易經23

屯：元，亨，利，貞，勿用，有攸往，利建侯。

簡譯：（屯資源）

譯文：文王說：「屯集物資兵力，做好戰略儲備，開疆擴土，現在不用，以後用。」

彖曰：屯，剛柔始交而難生，動乎險中，大亨貞。雷雨之動滿盈，天造草昧，宜建侯而不寧。

譯文：周公說：「屯，強者與弱者的交戰，弱者生艱難，動就生險，只有一切準備大得停當。蓄積糧草以備戰時需要。」

象曰：雲，雷，屯；君子以經綸。

譯文：孔子說：「國家儲備，文王要籌畫國家大事以施展治國抱負啊。」

初九：磐桓；利居貞，利建侯。

簡譯：（屯軍隊，屯人才。）

譯文：文王說：「準備組建軍隊，保護西郊，開疆擴土。」

　　　【注解】

　　磐（pán）桓：軍隊

象曰：雖磐桓，志行正也。以貴下賤，大得民也。

譯文：孔子說：「雖組建軍隊，此舉做法正確也。以軍隊保護百姓，大得民心也。」

六二：屯如邅如，乘馬班如。匪寇婚媾，女子貞不字，十年乃字。

簡譯：（十年後揮師征伐）

譯文：文王說：「屯好兵馬，現在我西郊不反，十年後必反，與商紂決裂，揮師征伐。」

　　　【注解】

　　邅如：邅（zhān），改變，改變什麼呢？是改變國號，改朝換代。
　　乘馬班如：揮師征伐。匪寇婚媾：匪：廢掉。寇：指紂王。婚媾：原來締結的君臣盟約。
　　女子貞不字：女子：臣子。貞：堅守臣子之道守忠。不字：不置，

不至，是不去征伐的意思。

十年乃字：乃字，十年再至，十年再去征伐的意思。

象曰：六二之難，乘剛也。十年乃字，反，常也。

譯文：孔子說：「六二之難，臣子反君王，十年後反，正常也。」

六三：即鹿無虞，惟入於林中，君子幾不如舍，往吝。

簡譯：（屯箭，兵器。屯武士。）

譯文：文王說：「有鹿就不能有虎啊。現在老虎正藏在林中，出來就會傷鹿啊，君子著急，不如君子幾個人一起射殺它。」

大藏：這句話什麼意思呢？射殺老虎需要箭。需要眾多勇士。因此要屯箭，兵器，屯武士。

象曰：即鹿無虞，以縱禽也。君子舍之，往吝窮也。

譯文：孔子說：「有鹿就不能有虎，以大夥之力擒它。君子射箭殺之。老虎死在林中就出不來了。」

六四：乘馬班如，求婚媾，往吉，無不利。

簡譯：（屯邦交聯盟，合眾抗敵。）

譯文：文王說：「聯合其他的諸侯國訂立一起射殺老虎（紂王）的盟約，沒有不利的。」

大藏：前面第一個乘馬班如是對紂王的揮師征伐，這第二個乘馬班如是搬諸侯聯兵。

求婚媾是與諸侯國締結盟約。因此這句話是屯邦交聯盟關係。

象曰：求而往，明也。

譯文：孔子說：「有求而往，明智也。」

九五：屯其膏，小貞吉，大貞凶。

簡譯：（屯軍需，糧草。）

譯文：文王說：「屯軍需，屯糧草。早早囤積。晚屯凶啊。」

象曰：屯其膏，施，未，光也。

譯文：孔子說：「屯其膏，實施計畫，未雨綢繆，英明智慧也。」

上六：乘馬班如，泣血漣如。

簡譯：（屯錢）

譯文：文王說：「要多屯錢，戰爭會有將士喪命犧牲，要給撫恤金，以慰死難靈魂，給遺孤以撫養都需要錢啊。」

象曰：泣血漣如，何可長也。

譯文：孔子說：「泣血漣如，如何長久也。」

簡論屯卦：

看屯卦六步，屯軍將，屯兵馬，屯兵器，屯糧草輜重，屯邦交，屯錢。誰說文王只是文王也。這正是：文王囚，始種瓜，謀屯師。智勝剛，武王克商，紂魂早喪，滅亡非是鹿臺起，履霜堅冰有定期。

千古人變道不變，看古思今，看古思今！

䷆	二十四、地水師　軍隊
7.地水師 藏解易經24	

師：貞，丈人，吉無咎。

簡譯：（論帥選才）

譯文：文王說：「軍隊是戰爭的施行者，軍人要忠誠。軍中的統帥是戰爭的組織者和指揮者，統帥要善於治軍和打仗，好的統帥吉，沒有問題。」

象曰：師，眾也，貞正也，能以眾正，可以王矣。剛中而應，行險而順，以此毒天下，而民從之，吉又何咎矣。

譯文：周公說：「師眾人組成也，智勇、仁信、忠誠的將帥才能領導眾將，可以成為眾將之王。這樣強健的將領才能聽從號令，遇險則能化險為夷，以此取天下。而民從之，吉，又有何過呢？」

象曰：地中有水，師；君子以容民畜眾。

譯文：孔子說：「國家有軍隊，君王以保衛人民而建立軍隊。」

初六：師出以律，否臧凶。

簡譯：（軍律是成功的基礎）

譯文：文王說：「要建立軍律，軍隊出征要軍律嚴明。否則藏著兇險。」

象曰：師出以律，失律凶也。

譯文：孔子說；「師出以律，沒有軍律凶。」

九二：在師中，吉無咎，王三錫命。

簡譯：（主帥是核心，不可亡。）

譯文：文王說：「主帥是核心。要在軍隊的中間，前後左右要有其大將護衛。戰爭，是國家的大事，它關係著國家的存亡，國家的命運掌握在將帥手裡。將帥，是國家的輔佐，因此王三錫命，將帥不可亡。」

象曰：在師中吉，承天寵也。王三錫命，懷萬邦也。

譯文：孔子說：「在師中吉，承天恩，王三錫命，萬邦的命運都掌握在手中也。」

六三：**師或輿屍，凶。**

簡譯：（主帥要會領兵打仗，要有才能。）

譯文：文王說：「統帥要有統軍之能，無能會使將士死亡。
　　　凶。」

　　【注解】

　　輿屍：給你一個師的兵力，結果你拉回一車車屍體。這是草包將
　　軍。

象曰：**師或輿屍，大無功也。**

譯文：孔子說：「師或輿屍，是王無功也，」

大藏：大無功也，大是王，王無功也是說統帥領兵打了敗仗，拉
　　　回一車車屍體。誰過錯也？王過錯也，為何？糊塗大王選
　　　了草包將軍。豈不是王的過錯。其實，這句話文王也是告
　　　訴武王要會選主帥，會識人也。

六四：**師左次，無咎。**

簡譯：（主帥要以仁治軍）

譯文：文王說：「統帥要愛護士兵，要仁，沒有過錯。」

象曰：**左次無咎，未失常也。**

譯文：孔子說：「左次無咎，未失常也，應該的。」

六五：**田有禽，利執言，無咎。長子帥師，弟子輿屍，貞凶。**

簡譯：（主帥要有賢能）

譯文：文王說：「國家有統帥良將，有話語權。是沒有過錯的。
　　　善於統帥軍隊的可以利用軍隊，不善於統帥軍隊的害
　　　師。國家的存亡就危險了。要千萬辨明。」

象曰：**長子帥師，以中行也。弟子輿屍，使不當也。**

譯文：孔子說：「長子帥師，用人得當，弟子輿屍，用人失
　　　當。」

上六：大君有命，開國承家，小人勿用。

簡譯：（不用不忠不能的草包將軍）

譯文：文王說：「先主有命，開國承家，小人勿用。」

【注解】

大君：大，為父親的稱呼，也是大王，此地的大君，應該是文王先祖的遺訓。

象曰：大君有命，以正功也。小人勿用，必亂邦也。

譯文：孔子說：「大君有命，要以正確的治國之道建立功業。用
　　　小人，國家必亂也。」

簡論師卦

師卦中有二點是值得談論的：

一，六四：「師左次，無咎」。左次蘊含很多的治軍之道，現簡單說明一二：

1、「左」為仁，帶兵要仁。

2、左為山林，駐紮軍隊時要利用山林地理優勢。

3、「後」為智，為謀，為術。為智帶兵要識變；為謀，主帥要有謀略，會使用計謀誘使敵人上當；為術，主帥要有術，帶兵要有方法等等。

4、師「前」為禮，古代打仗還要先禮後兵。師中，為信，忠誠。

5、師「右」次呢，就是主帥要有勇，會用武，紂王就是右次統帥也，打仗全憑一把力氣。左為戰爭之中的青龍之術，是以仁用兵，如何用仁對待將士，如何用仁術對待敵人使其投降，如何運用仁術使敵人自動拱手讓城等等的各種仁之戰術。右為戰爭之中的白虎之術，為勇猛之術。這都是八卦兵法中的戰法。諸葛亮的善於八卦戰法，因此知道何時用左，何時用右。用右最明顯地就是如何使用張飛，趙子龍。一般君主都善愛仁術，採用師左

次之道，如劉備，以仁術起家。單看此條，明白的人和真正瞭解上古史的人就已經知道伏羲演先天八卦，皇帝戰蚩尤，文王做後天八卦，這是華夏最精華基因的傳承。此卦已透露了文王八卦兵法，後面卦中還要涉及系列的八卦兵法，《易經》兵法等。

第二點是六五：「田有禽，利執言。」說的是如果國家的軍隊和統帥都非常厲害，外國是不敢惦記你的國土了，這樣的國家君主說話霸氣。如果國家的軍隊和統帥熊蛋，窩囊，強國吐口吐沫你都哆嗦，要是強國再惡恿別國搶你一點東西，你就像沒看見一樣，事後還會找出種種理由說這說那，只能逞逞口上威風。你看，三千年前，文王就說田有禽，利執言。《萬機論》中說：「即使有百萬軍隊，在戰鬥打響時想要吞沒敵人，關鍵還在於將領。」戰國時期的衛國軍事家吳起說：「常人在評論將領時，常把『勇』看成一個重要的衡量標準。其實，『勇』對於一個將領來說，只占他所具備品質的萬分之一也。」

二十五、山水蒙　童子軍

4.山水蒙
藏解易經25

蒙：亨。匪我求童蒙，童蒙求我。初筮告，再三瀆，瀆則不告。利貞。

簡譯：（招蒙童）

譯文：文王說：「招蒙童，非是國家有求於童蒙，也非童蒙有求與國家，而是國家需要童蒙效力，童蒙也需要報效國家以實現其大志。這樣有利於保護國家也使國家穩固。在西郊城內發佈告示，為了使西郊百姓都知道此消息，可以出告示9天，並在告示中寫明，看到告示的鄉民要互相傳告一下。這樣西郊百姓就都知道了，就不必再出告示了。」

大藏：初筮告，初，第一天，筮是事由，出告示的目的。第一天
　　　發佈告示内容：招童蒙。

再三瀆，瀆是讓大家看到告示，然後再互相傳達。再三是共出三
　　　次告示，每次分別是多少天。估計是第一次9天，第二次6
　　　天，第三次3天。具體天數不用管，明白意思就行。

**象曰：蒙，山下有險，險而止，蒙。蒙亨，以亨行時中也。匪我
　　　求童蒙，童蒙求我，志應也。初筮告，以剛中也。再三
　　　瀆，瀆則不告，瀆蒙也。蒙以養正，聖功也。**

譯文：周公說：「童蒙，防禦未然，培養童蒙以順。少年長成青
　　　年，正好也，非是國家有求於童蒙，也非童蒙有求與國
　　　家，而是國家需要童蒙效力，童蒙也需要報效國家以實現
　　　其大志。第一次出告示，有一半的西郊人就知道了，在告
　　　示中讓百姓以一傳三地傳遞資訊，由百姓們傳遞資訊就不
　　　用在出告示了。這就是瀆蒙也。童蒙以早期訓練可以提前
　　　儲備以得其大用。此乃聖功也。」

象曰：山下出泉，蒙；君子以果行育德。

譯文：孔子說：「未來希望，蒙，君子以『目的，結果』教育兒
　　　童（童子軍）。」

初六：發蒙，利用刑人，用說桎梏，以往吝。

簡譯：（利用案例教育童子軍）

譯文：文王說：「教育伊始要樹立軍律。利用犯人及其犯罪事例
　　　來教育童蒙，以其知道國法軍法是不可違背的。違背是要
　　　承擔後果的。」

象曰：利用刑人，以正法也。

譯文：孔子說：「利用犯罪案例教育兒童，以樹立軍法也。」

九二：包蒙吉；納婦吉；子克家。

簡譯：（壯男吉）

譯文：文王說：「已經成家娶妻生子的男子來投軍吉利，有子延
　　　續家業而能負擔家的責任也。」

象曰：子克家，剛柔接也。

譯文：孔子說：「有子抗家，香火相接。」

　【注解】

　　子克家：克，是能勝任的意思，子克家，就是能勝任家庭責任了。
剛，是父，柔，是子，壯年父親當兵，又生下孩子，這就是剛柔接
也。

六三：勿用娶女；見金夫，不有躬，無攸利。

簡譯：（弱童，膽小的都不要。）

譯文：文王說：「身體弱的膽小的像女人的男童，見到比他強的
　　　兵士，身體會遭到損傷的（甚至會死），沒有好處，這樣
　　　的蒙童不要。」

象曰：勿用娶女，行不順也。

譯文：孔子說：「弱童，打仗不行。」

六四：困蒙，吝。

簡譯：（獨子不要）

譯文：文王說：家庭就一個孩子的童子都不要用。讓其續集香
　　　火。用其，家庭就更艱難也。

象曰：困蒙之吝，獨遠實也。

譯文：孔子說：「一個孩子養家，獨子遠征，實際更困難也。」

大藏：何為困呢？一是困難，二是困住。一個童蒙被什麼困住
　　　了？是因為自己沒有兄弟姐妹，必須一人照顧家，困住了
　　　自由身，或是家庭有病母，或病父被困住了。總之文王的
　　　意思是說，不能斷其百姓的生活根本和希望。因此獨子不
　　　能當兵。孔子也有遠遊之戒(父母在，不遠遊的戒訓)；因

此孔子說：獨遠實也，獨子遠征，實情如此也，如此什麼，就是如此困蒙之吝。把這句話意思再重新整理一下為獨子遠征，實乃困蒙之吝也。

六五：童蒙，吉。

簡譯：（健康的童子吉）

譯文：文王說：「家庭中有多個兄弟的，如二子、三子的健康童蒙是最吉的。」

大藏：家庭中如果有三個兄弟，有一個或二個兄弟去當兵，留下一個或二個照顧父母家庭。

象曰：童蒙之吉，順以巽也。

譯文：孔子說：「童蒙之吉，順以漸漸長大也。」

大藏：十年後用，順以巽也。

上九：擊蒙；不利為寇，利禦寇。

簡譯：（善於打仗勇敢的童子）

譯文：文王說：「會武的童子，能打善於搏殺，勇敢的童子教育好就能為軍隊所用，教育不好的就成為了軍隊的禍患。因此一定要教育好。」

象曰：利用禦寇，上下順也。

譯文：「孔子說：利用禦寇，上下都順利。」

簡論蒙卦：

蒙卦中透露的資訊是，文王開始叫武王著手準備訓練童子軍，留十年以後再用。在這個蒙卦給了一個清晰的畫面：什麼樣的兒童可以做為合格徵兵錄用的條件。

非常值得介紹的是關於初筮告，再三瀆，瀆則不告這條的內容。在西郊城門上貼大佈告，放上三次9、6、3天。讓百姓看後

互相轉告。這是什麼意思呢？就是互相傳遞消息。以一傳十，十傳百，百傳千，千傳萬也。3000年前的心口相傳，中古傳「消」也。傳遞消息也。

另外本人大膽猜測一下，此童蒙也可能就是武王克商時的那3000名勇士是也。

二十六、水地比　選才用人

8.水地比
藏解易經26

比：吉。原筮元永貞，無咎。不寧方來，後夫凶。

簡譯：（比武選才）

譯文：文王說：「比武（比文），選撥良將，要提前儲備，以應對國家戰時的人才需要。」

象曰：比，吉也，比，輔也，下順從也。原筮元永貞，無咎，以剛中也。不寧方來，上下應也。後夫凶，其道窮也。

譯文：周公說：「比武，比文，吉。從基層開始。比武的本意是選撥優秀的武將來保衛國家。沒有過錯。比武環節危險，因此要剛中取中分出勝負即可。等戰事發生了，就有人才使用可以從容應對。否則，等需要時，再想到人才，就凶也。沒有人才可用也。沒招也。」

大藏：1、原筮元永貞：原：是事情的起初，原因。筮：占卜。元：開始。一般需要占卜者，就是說已經有什麼事情發生了，但卻不知結果會如何，或者有事了既不知因何而發生，又想瞭解事情最終結果會如何，如此種種就需要進行一下占卜。其實核心就是做好準備以應對事情的繼續演化。那麼這句話就可以譯成，「開始要知道原因，這樣

才能有好的結果。」文王用這句話說，比武是因為前面我
所說的與紂王十年後要征伐，征伐要人才，因此提前準
備。

2、無咎：沒有問題。

3、不寧方來：不寧：打仗了。方來：才想方法，才想人
才。

4、後夫凶：後：馬後炮者凶，臨急抱佛腳者凶。

不寧方來，後夫凶。整句話就是說，要打仗了，然後主帥
拍大腿說，糟糕，缺將才，缺勇士，趕快招兵比武也。

5、以剛中也：這是比武的標準不必死比，分出勝負即
可。

6、上下應也：進退自如，從容應對，我想打就打，想守
就守，我怕你何來，我有將士勇士。

7、後夫凶，其道窮也。都馬後炮了，現上轎現紮耳朵
眼，那就是其道窮也，沒有辦法了。

象曰：地上有水，比；先王以建萬國，親諸侯。

譯文：孔子說：「百姓有智慧能人，比賽選才，文王要建萬國基
業，親近諸侯。」

初六：有孚比之，無咎。有孚盈缶，終來有它，吉。

簡譯：（設立比賽獎項）

譯文：文王：「比賽要有名目，有獎品，勝者獎勵。吉。」

　　【注解】

　有孚：名目，盈缶：獎品。
　終來有它：勝者獎勵。

象曰：比之初六，有它吉也。

譯文：孔子說：「比之初六，有獎勵吉也。」

六二：比之自內，貞吉。

簡譯：（內部選撥）

譯文：文王說：「進行內比，也可以從西郊城內的人民開始進行，吉。」

象曰：比之自內，不自失也。

譯文：孔子說：「人才從西郊內部挖掘，國家沒有埋沒人才，國家也沒有失去人才也。」

六三：比之匪人。

簡譯：（犯人中選撥）

譯文：文王：「從違反國家法規的一些人中進行比賽，給他立功贖罪的機會。」

象曰：比之匪人，不亦傷乎！

譯文：孔子說：「比之匪人，不也是傷嗎！」

大藏說：國家處罰也是傷，上戰場也是傷，兩者不一。國家處罰，那就罪罰，帶著罪的過一生或死的。戰爭，那就是立功了。死了也恢復了名義。歷史上惡人，土匪當兵當官就是如此也。開疆擴土，還非此類不可。

六四：外比之，貞吉。

簡譯：（外部選撥）

譯文：文王說：「從外邦之人中挑選首先是有品德之人進行比。吉。」

象曰：外比於賢，以從上也。

譯文：孔子說：「外比用於選賢，以服務於大王也。」

大藏：從歷史上看大賢之人都非來自本土。

九五：顯比，王用三驅，失前禽。邑人不誡，吉。

簡譯：（公平比賽）

譯文：文王說：「公平比賽，選撥優勝者，良將，勇士，做王駕
　　　先鋒大將。普通老百姓都可以選拔。吉。」

【注解】

　邑人不誡：邑人：百姓。不誡：不設限制，不拘一格選撥人才，臣
　民，內外一律平等。

象曰：顯比之吉，位中正也。舍逆取順，失前禽也。邑人不誡，
**　　　上使中也。**

譯文：孔子說：「顯比之吉，公平也，優勝劣汰。補充人才（賢
　　　臣）不足，邑人不誡，上策好也。」

上六：比之無首，凶。

簡譯：（設置比賽的目標）

譯文：文王說：要設置比賽的目的，要求，一些官職，位子，等
　　　級，沒有這些比賽就凶啊。如：副將等職位。

象曰：比之無首，無所終也。

譯文：孔子說：「比之無首，有始無終，有頭無尾。」

大藏：比之無首，瞎忙。

簡論比卦：

　　比卦在軍隊，國家中能夠快速地發現人才，是選拔人才的重
要手段。在師卦中，文王告訴武王作為治軍主帥的能力要求，在
蒙卦中，文王說要準備軍事力量時從童子軍抓起，選拔人才要在
現有的軍隊中，自己西郊內部國家和其他願意來投軍的外邦國家
的人員中進行，包括自己西郊的囚徒，犯人等。

　　「師、蒙、比」三卦說明，文王在進行克商革命的軍事準備

中是非常嚴密細緻的。

　　我在師卦的簡論結尾中引用《萬機論》說：「即使有百萬軍隊，在戰鬥打響時想要吞沒敵人，關鍵還在於將領。那麼，延續此句說，識人、用人，是一員將領必須要掌握的重要能力之一，因為取得戰爭的勝利最根本還是要有一支強大軍士隊伍。光組織起來不會使用也沒用，就像劉備下有三大將、關羽、張飛、趙子龍和一群士兵，沒有孔明，還是打遊戰擊。戰爭成功背後是主帥充分地調動資源的能力，發揮軍中將士的各自所長，用其所長，避其所短，各顯其能從而建立奇功也。

　　如何各顯其能？那就是比，比什麼，比勇，對敵廝殺；比行步，行走快速；比箭術，善騎善射；比力大，善弓弩等等。以類分隊，編成各組等等。比的作用大啊。但是有一點要注意，比卦適合在中層人才的選撥中使用。像高層的如太宰、丞相，這個層次中就不能使用比之道，那要用舉賢、臨、觀、辨等其他的方法了。

第三章　君子終日乾乾

終日乾乾

夕陽若歷

無咎

16.雷地豫
藏解易經27

二十七、雷地豫　識音變吉凶　五音戰法

豫：利建侯行師。

簡譯（利用好音律，掌握音律是有利於行軍的）

譯文：文王說：「利用好音律，掌握音律是有利於行軍打仗
　　　　的。」

大藏：豫是軍樂，號角也，是打仗行軍之用。文王重點說的是六
　　　　律。文王告訴武王音律是戰爭中必須使用的技術之一，作
　　　　為一個統帥要懂得如何運用音律。

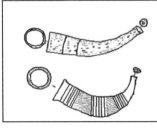

圖片臨摹於
《中國上古出土乐器综论》
第十六章 角笙竽 第409頁
作者：李存一

【注解】

豫，是角，或者是牛角或者是陶角。是上、中古時期行軍打仗使用的號角。在軍中傳遞資訊用的。在《晉書‧樂志》曰：「橫吹有鼓角，又有胡角。」按周禮雲「以鼓鼓軍事」。舊說雲，蚩尤氏帥魑魅，與黃帝戰於涿鹿，帝乃始命吹角爲龍鳴以禦之。

【釋律】

大藏：豫卦的背後是六律，六律是帝王之道。《周語31》周景王的樂官伶州鳩說：「帝王制定規定，建立法度，確定萬物的度數和準則，一切都要遵照六律，六律是萬事萬物的根本。六律對於古代兵家尤其重要，有『望敵氣而知道吉凶，聞聲音而決定勝負』，這是古代戰爭中百代不變的法則。」

我國古代審定樂音高低的標準，把樂音分為六律和六呂，合稱十二律。在現代人眼中把音樂單純地看做音樂。而上古時期，把這十二律與自然十二月，與季節、與五行、與性情等等相配應。律管是採用上等的竹子製成。（見圖，律管畫的不太細緻，大約如此，明白就好）。

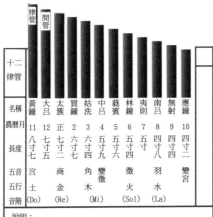

十二律管	律管	間管									
名稱	黃鐘	大呂	太簇	夾鐘	姑洗	中呂	蕤賓	林鐘	夷則	南呂	無射	應鐘
農曆月	11	12	正	2	3	4	5	6	7	8	9	10
長度	八寸七	七寸五	七寸二	六寸七	六寸四	五寸九	五寸六	五寸四	五寸	四寸八	四寸四	四寸二
五音	宮	商		角		變徵		徵		羽		變宮
五行	土	金		木			火		水			
音階	(Do)	(Re)		(Mi)			(Sol)		(La)			

說明：
1. 律管長度引用《史記》之《律書》的長度。
如以古人黃鐘九寸始，用三分損益法計算，各律長度數會改變。但這不是本書研究的關鍵，故給出一些概念，使讀者明白即可，細節不必深究。
2. 奇數月份，為陽，稱律，六律。為律管。
3. 偶數月份，為陰，稱呂，六呂。為間管。

　　《周語31》記載：

應鐘，對應亥月，在十月，應鐘，就是陽氣的反應，陽氣這時還不主事。

黃鐘，對應子月，在十一月，黃鐘的意思是陽氣隨黃泉而出。

大呂，對應丑月，在十二月，，大呂是說天寒地凍，萬物休息，旅居冬眠。

泰簇，對應寅月，在正月泰簇，是說萬物簇擁而生的意思，所以稱為泰簇。

夾鐘，對應卯月，在二月，夾鐘，是說陰陽相夾，

姑洗，對應辰月，在三月，姑洗相對應。姑洗的意思是說萬物初生，顏色光鮮如洗。

中呂，對應巳月，在四月，中呂。中呂的意思是說萬物全都向西旅行。

蕤賓，對應午月，在五月，蕤賓。蕤賓的意思，是說陰氣幼小，

所以稱為蕤；衰落的陽氣已不主事，所以稱為賓。

林鐘，對應未月，在六月林，林鐘。是說萬物走向死亡的氣象懍然恐懼的樣子。

夷則、對應申月，在七月，夷則。夷則，是說陰氣克害萬物的意思。

南呂，對應酉月，在八月，南呂。南呂，是說陽氣旅行入於藏所，就要被收藏起來了。

無射，對應戌月，在九月，無射。無射，是說陰氣正盛，主宰事物，陽氣隱藏無所餘，所以稱為無射。

關於十二律與五音（宮、商、角、徵、羽及五音變音）還有很多細節運用於音樂中，在此不過多涉及。讀者有個概念就可。

那麼六律到底與戰爭有何關係？下面將解讀豫卦，為卦之完整將卦辭再次續上。

豫：利建侯行師。

簡譯（利用好音律，掌握音律是有利於行軍的）

譯文：文王說：「利用好音律，掌握音律是有利於行軍打仗的。

大藏：豫是軍樂，號角也，是打仗行軍之用。文王重點說的是六律。文王告訴武王音律是戰爭中必須使用的技術之一，作為一個統帥要懂得如何運用音律。

象曰：豫，剛應而志行，順以動，豫。豫，順以動，故天地如之，而況建侯行師乎？天地以順動，故日月不過，而四時不忒；聖人以順動，則刑罰清而民服。豫之時義大矣哉！

譯文：周公說：「吹響號角，聲音振奮而激勵人心、鼓舞鬥志。號角，音樂，順人心而動。故同天地號令，更況行軍開設疆土，天地始終順著一個方向迴圈運轉；故日月，春夏秋冬四季都沒有出現過任何差錯聖人無為治理天下，依照自

然秩序而作為。一切制度，刑法都非常清楚地依照自然的規律制定而使民眾服從。樂（yue)的意義大啊。」

象曰：雷出地奮，豫。先王以作樂崇德，殷薦上帝，以配祖考。

譯文：孔子說：「天上打雷大地振奮。樂，先王以做音樂尊崇德行，敬天祭祖。」

大藏：《五經析疑》曰：「先王之制禮樂也。制禮以節事，修樂以導志，故觀其禮樂，理亂自知也。」「殷薦上帝，以配祖考」是指不同的音樂配以不同的大典。《周禮》曰：「奏大樂皆以鐘鼓。奏九夏，(夏樂章名，若今之奏鼓吹。)一曰王夏，(天子出入奏之。)二曰肆夏，(祭祀屍出入奏之，亦王賓入門奏之，享四方奏之。)三曰昭夏，(牲出入奏之。)四曰納夏，(享四方奏之。)五曰章夏，(納有功奏之。)六曰齊夏，(大夫祭奏之。)七曰族夏，(族人侍奏之。)八曰祴夏，(賓醉出奏之。)九曰鷔夏。(公出入奏之。)天子祭祀用六代之樂。(一曰雲門，二曰咸池，三曰簫韶，四曰大夏，五曰大濩，六曰大武。)」

《禮記》曰：「大樂與天地同和，大禮與天地同節。」《阮籍論》曰：「樂者使人精神平和，衰氣不入，天地交泰，百物來集。」

總之孔子這句話的意思就是先王創造音樂。根據黃鐘大呂演奏不同的曲目，韻調音樂來祭禮天神、向地祇祈禱、向祖宗祈禱。這就是「先王以作樂崇德，殷薦上帝，以配祖考。」

初六：鳴豫，凶。

簡譯（徵音，凶）

譯文：文王說：「號角發出徵音（火）音，凶。」

大藏：火音說明敵軍士氣高漲。

象曰：初六鳴豫，志窮凶也。

譯文：孔子說：「初六徵音，沒有辦法，凶。」

六二：介於石，不終日，貞吉。

簡譯（商音，一天內吉。）

譯文：文王說：「號角發出商音（金）音，一天內，吉。」

大藏：金音，敵軍士氣穩定。

象曰：不終日，貞吉；以中正也。

譯文：孔子說：「一天內，貞吉，要利用好。」

六三：盱豫，悔。遲有悔。

簡譯（角音，有變化。）

譯文：文王說：「號角發出角音（木）音，有變，趕快改變策略，遲則生變。」

大藏：角音，敵軍士氣向上有準備。

【注解】

　　盱（xū），張目、此處文王隱喻角音。

象曰：盱豫有悔，位不當也。

譯文：孔子說：「角音有變，行動不是時候。」

九四：由豫，大有得。勿疑。朋盍簪。

簡譯（宮音，有收穫）

譯文：文王說：「號角發出宮音（土音），大有收穫，不要遲疑。群聚合圍功之。俘獲敵方大將。」

大藏：土音，敵軍士氣死沉，靜，無準備。適宜夜晚偷襲。

　　【注解】

　　盍（hé），聚集軍力聚合圍功。

簪（zān），古代達官貴人的冠飾。後遂藉以指高官顯宦，此處指大將。

象曰：由豫，大有得；志大行也。

譯文：孔子說：「宮音大有收穫，行動成功也。」

六五：貞疾，恒不死。

簡譯（四面八方，夜晚佈防要嚴密。）

譯文：文王說：「無論如何夜晚佈防要嚴密，兩軍強兵對峙，士兵佈陣成城牆，佈陣裡外嚴密。」

象曰：六五貞疾，乘剛也。恒不死，中未亡也。

譯文：孔子說：「六五貞疾，嚴防，對手強硬，佈陣嚴密，我軍不會有敗的。」

上六：冥豫成，有渝，無咎。

簡譯（羽音成，以它為基礎音變。）

譯文：文王說：「以律管發出羽音（水音)作為基礎的音，以此來判斷其他音的變化。」

大藏：水音做基礎音，其聲極短極高極清，羽音相當於等於 6(La)音。此句話的含義是以羽音做定音，暗號音。羽音對應律管為夷則律，對應時間為戌時。

象曰：冥豫在上，何可長也。

譯文：孔子說：「羽音在上，不會長久的。」

大藏：水音下行因此不會長久的。

簡論豫卦：

　　豫卦短但不簡單哪。借用太公的話說：「深奧啊！」，豫卦的背後是什麼呢？是音律，音律的背後是什麼呢？是天地之間運

行的規律，是宇宙之間的聲頻音律，這個宇宙的聲頻音律相互作用就產生了音樂。音樂是從樂器中發出的一中混合聲音，那麼此卦中的豫是什麼樂器呢？仔細看豫字，是矛加大象的象。這是什麼東西？是象鼻子。象鼻子是什麼樂器？是號角。文王豫卦告訴武王在戰爭中出現的聲音預兆要分辨吉凶。

一、事例：

《六韜中的五音_龍韜篇》記載：

武王問太公曰：「律音之聲，可以知三軍之消息，勝負之決乎？」

太公曰：「深哉！王之問也。夫律管十二，其要有五音：宮、商、角、微、羽，此其正聲也，萬代不易。五行之神，道之常也，可以知敵。金、木、水、火、土，各以其勝攻之。」

「古者三皇之世，虛無之情，以制剛強。無有文字，皆由五行。五行之道，天地自然。六甲之分，徵妙之神。其法；以天清淨，無陰雲風雨，夜半，遣輕騎往至敵人之壘，去九百步外，偏持律管當耳，大呼驚之，有聲應管，其來甚微。角聲應管，當以白虎；微聲應管，當以玄武；商聲應管，當以朱雀；羽聲應管，當以勾陳；五管聲盡不應者宮也，當以青龍。此五行之符，佐勝之征，成敗之機。」

武王曰：「善哉！」

太公曰：「微妙之音，皆有外候。」

武王曰：「何以知之？」

太公曰：「敵人驚動則聽之。聞枹鼓之音者，角也；見火光者，微也；聞金鐵矛戟之音者，商也；聞人嘯呼之音者，羽也；寂寞無聞者，宮也。此五者，聲色之符也。」

這個故事非常好，能解釋五音與戰爭的關係，為能通俗些，我重譯成現代文：

武王問太公說：「從律管發出的聲樂中，可以判斷軍隊力量的情況嗎？可以預知戰爭的勝負嗎？」太公回答道：「王所問

的，深奧啊！律管有十二個音階，能發出五個基本聲音，即宮、商、角、徵、羽。萬代不改變。五音與五行之氣所配，為天地之道不變也。識五音可知敵情之變化，金、木、水、火、土五行各有相互制約之道。古代三皇伏羲、神農、黃帝的時代，無為而治理天下，也不使用文字，一切按照五行相互生克，天地變化自然規律。六甲之分十分微妙（六甲：六十甲子中的甲子，甲寅、甲辰、甲午、甲申、甲戌）。

使用方法是：選擇晴朗天，沒有陰雲風雨時，在半夜時，派輕騎前往敵營距九百步以外的地方，手拿律管對著耳朵，向敵方大聲疾呼，以使敵人受驚。然後，看其反應。此時，敵營就有躁動，因此而生出聲波。然後傳到律管中，與五音形成共鳴。

回聲微弱的是角聲反應於律管中，角聲屬於木聲，可採用西面白虎[1]方向攻擊；徵聲應管是火音，就採用玄武水的方向北邊攻克之；商聲應管是金音，就以朱雀火的方位南邊來進攻敵人；羽聲應管是水音，就以勾陳土的中央方位來攻打敵人；所有律管都沒有回聲的是宮聲土音的反應，就以青龍木的方位從東邊攻打敵人。這就是五行律管的法門，它可以捕捉聲音之特徵，聲音的特徵於自然結合，能識此法即可制定成敗之時機也。

武王說：「太妙了！」

太公說：「微妙的音律，都有外在的徵兆所顯現。」

武王問：「怎麼才能知道呢？」

太公說：「當敵人被驚動時就仔細傾聽，聽到鼓聲是角聲的反應，見到火光是徵聲的反應，聽到金鐵矛戟各種兵器聲是商聲的反應，聽到敵人的呼叫聲是羽聲的反應，寂靜無聲的是宮聲的反應。這五種音律與外界的動靜是各有對稱，互相符合的。」

【注解】

白虎[1]：
古立二十八宿，分為四組，每組有七個星宿。這四組各配四季春、

夏、秋、冬。

春天生機配以東方，為青龍。青龍代表了春天的生機、萬物生長之氣。

夏天炎熱配以南方，雀鳥特別多活動，夏天為朱雀。朱雀是紅色的火雀。

秋天肅殺配以西方，古時行刑亦多於秋季，稱之為秋決。秋天，樹黃葉落。以白虎代表秋天的落寞、肅殺的氣氛。

冬天收藏則配以北方，冬季動物冬眠，以玄武代表。所謂玄武，即黑色的大龜，因為龜有收藏之象。黑色代表收斂。青龍代表東方，白虎代表西方，玄武代表北方，朱雀代表南方，勾陳代表中央。

通過這個故事也可以得知武王對文王告知的五音識吉凶有關音律方面的知識還是沒有完全消化理解，因此特別請教姜尚。

2，律音用處爭議：

關於古律音用處現在學者比較有爭議。此卦也許能解開律音之面紗。

（《周語》31景王問鐘律於伶州鳩）中有一段這樣的話：「武王伐紂時，吹律管聽聲音而占卜吉凶，自孟春至季冬的音律，都有殺氣並聲而出，而軍聲與宮音相合。同聲相從，這是事物自然的道理」……

「武王在二月癸亥晚上排陣，還未完畢就下起了雨。在夷則律相應的時辰上排陣完畢，正好與辰星相應。其時辰星在戌位之上，所以就以夷則律為主，稱之為羽，用以佑護民眾的法度。武王在與黃鐘律相應的日子裡陳兵於商郊牧野，所以稱之為厲，用以激勵六軍。在與太蔟律相應的日子裡頒令於商都，弘揚文德，指斥紂王的罪狀，所以稱之為宣，用以讚頌先王的美德。返回故土後，在與無射律相應的日子裡，發佈政令施惠於百姓所以稱之為羸亂，用以寬容優厚地對待百姓。」

《周禮•春官宗伯第三•大司樂/小師》說：「大師，執同律以聽軍聲而詔吉凶。」（大征伐時，手持銅制的律管以辨別軍將發出的呼聲，而告訴[王]吉凶。）東漢末年的經學大師鄭玄解釋

說：「古時候王者出兵的日子，授給大冼弓矢，大將整頓士卒張弓試射，與士卒一起大呼口號。太師以律管確定將卒呼號的聲音是屬於十二律的那一律，由此占卜出兵的吉凶。如是商聲則戰勝；角聲軍心不定，可能發生軍變；宮聲士卒同心等等。

3：五音為什麼可以辨別吉凶：

在六韜中：太公說音律和外界的動靜是各有對稱，互相符合，這就是自然界中出現的各種徵兆與吉凶之間形成的一種呼應關係。明白了豫，預兆也，就明白了吉凶的先機。明白了律，自然界的規律，也就明白了《易經》為什麼可以占卜，預測吉凶。從而也就明白了上古人類的智慧文明。

好最後再講一個豫卦，有關預兆吉凶的故事，以懿讀者。

大藏縮寫《三國演義》第四十八回橫槊賦詩：

周瑜和諸葛亮，定下火攻計後遂又採納黃蓋的苦肉計，安排闞澤投獻詐降書，龐統巧獻連環計，一場驚天動地的連環陷阱正在等曹操鑽進去。此時曹操絲毫沒有警覺，卻在龐統給他設計的三國航母上大置酒宴。橫槊賦詩，其中一個場面，羅貫中描寫道：「吾今年五十四歲矣，如得江南，竊有所喜。昔日喬公與吾至契，吾知其二女皆有國色。後不料為孫策、周瑜所娶。吾今新構銅雀臺於漳水之上，如得江南，當娶二喬，置之臺上，以娛暮年，吾願足矣！」言罷大笑。唐人杜牧之有詩曰：「折戟沉沙鐵未消，自將磨洗認前朝。東風不與周郎便，銅雀春深鎖二喬。」曹操正笑談間，忽聞鴉聲望南飛鳴而去。操問曰；「此鴉緣何夜鳴？」左右答曰：「鴉見月明，疑是天曉，故離樹而鳴也。」操又大笑。時操已醉，乃取槊立於船頭上，以酒奠於江中，滿飲三爵，橫槊謂諸將曰：「我持此槊，破黃巾、擒呂布、滅袁術、收袁紹，深入塞北，直抵遼東，縱橫天下，頗不負大丈夫之志也。今對此景，甚有慷慨。吾當作歌，汝等和之。」歌曰：「對酒當歌，人生幾何；譬如朝露，去日苦多。慨當以慷，憂思難忘；何以解憂，惟有杜康。青青子衿，悠悠我心；但為君故，沉吟至

今。呦呦鹿鳴，食野之蘋；我有嘉賓，鼓瑟吹笙。皎皎如月，何時可輟？憂從中來，不可斷絕！越陌度阡，枉用相存；契闊談讌，心念舊恩。月明星稀，烏鵲南飛；繞樹三匝，無枝可依。山不厭高，水不厭深：周公吐哺，天下歸心。」歌罷，眾和之，共皆歡笑。忽座間一人進曰：「大軍相當之際，將士用命之時，丞相何故出此不吉之言？」操視之，乃揚州刺史，沛國相人，姓劉，名馥，字元穎。馥起自合淝，創立州治，聚逃散之民，立學校，廣屯田，興治教，久事曹操，多立功績。當下操橫槊問曰：「吾言有何不吉？」馥曰：「月明星稀，烏鵲南飛；繞樹三匝，無枝可依。此不吉之言也。」操大怒曰：「汝安敢敗吾興！」手起一槊，刺死劉馥。眾皆驚駭。按下曹操後悔厚葬劉馥不提。就提他沒有聽劉馥之言果真在赤壁時東漢建安十三年（西元208年）冬月十三日，被孫、劉聯軍借助風勢，動用火攻，大火葬送曹操二十六萬兵馬，敗得落荒而逃。

　　月明星稀鵲南飛（南一火）

　　曹操怒赫殺元穎（怒二火）

　　橫槊賦詩鳥鳴聲（鳥三火）

　　三火預兆赤壁燒

　　戰前皆是火徵兆，

　　不識豫卦只得逃，

　　大藏油詩解豫魂

　　將此卦靈贈緣人。

　　此故事說明三火預兆沒有被曹操所掌握，導致曹操二十六萬兵馬被葬送。這就是文王所說的，天地萬物皆有象，息息相通，象乃大象為吉祥動物之造。天地萬物顯像吉凶互藏，因此就把象字加矛字。矛乃兵器，兵器為凶啊，一凶一吉，字之隱藏，聖人稱豫，豫為預兆也，文王演豫，五音吉凶識變。這就是豫卦之魂啊。作為一個古代統領千軍萬馬的將領必須要具備的一種才能就

是識五音辨吉凶，因變而變，乃為「易」的真正意義所在。即使在今天，豫卦對各行各業和各種事物應用上都有著很高的借鑒價值。明白此卦之理，便修得半仙之體。大藏特此懿之。

二十八、天雷無妄　不要妄動

25.天雷無妄
藏解易經28

無妄：元，亨，利，貞。其匪正有眚，不利有攸往。

簡譯：(沒有理由千萬不要前來探視）

譯文：文王說：「千萬不要輕舉妄動，紂王正有所懷疑，不要前來探視，不利。」

象曰：無妄，剛自外來，而為主於內。動而健，剛中而應，大亨以正，天之命也。其匪正有眚，不利有攸往。無妄之往，何之矣？天命不佑，行矣哉？

譯文：周公說：「不要妄動，危險在外，自主於內，動而挑戰相鬥。危險，對沖同時而來，紂王有名位而正，此乃天命也。其正在警覺，不利前往探視（父王）。無名無實，輕舉妄動前往又有什麼好處呢？時機不到，天不護佑，又何必採取行動呢？」

象曰：天下雷行，物與無妄；先王以茂對時，育萬物。

譯文：孔子說：「臣子在天子腳下，都不要輕舉妄動。先王做事要看準時機應勢而為。」

初九：無妄，往吉。

簡譯：(來了不要有任何要求）

譯文：文王說：「如果來朝歌不要對紂王有任何的要求。正常的朝拜納貢前往是吉的。」

象曰：無妄之往，得志也。

譯文：孔子說：「沒有要求前往，能實現大志啊。」

六二：不耕獲，不菑畬，則利有攸往。

簡譯：(不逗留不與臣子交往)

譯文：文王說：「前來朝歌，不要與朝歌大臣們有任何的交往，要求，不要停留，要快回去，則對長久的將來有利。」

大藏：不耕獲，不菑畬，菑（zī），本意荒田，開墾。畬（yú），古三歲治田稱「畬」，亦即熟田。此意是文王告訴來朝歌不要找人活動打聽，不打聽不有所求結果會好，否則反而壞事。

象曰：不耕獲，未富也。

譯文：孔子說笑：「不與臣子交往，沒有收穫也。」

六三：無妄之災，或系之牛，行人之得，邑人之災。

簡譯：(有不測發生，隨從回國告信。)

譯文：文王說：「如發生不測之災，叫隨從人員回西郊告信。」

【注解】

牛：隨從人員。魯迅說：俯首甘為孺子牛，指為人民服務的人。文王兒子的牛就是隨從人員。

象曰：行人得牛，邑人災也。

譯文：孔子說：「隨人和牛，不見主人，主人有災，說明西郊要有災啊。」

九四：可貞，無咎。

簡譯：(忠心無事)

譯文：文王說：「對大王（紂王）要忠誠，就沒有問題。」

象曰：**可貞無咎，固有之也。**

譯文：孔子說：「忠心啊沒有問題，西郊還會保持穩固啊。」

九五：無妄之疾，勿藥有喜。

簡譯：(不要看我，不要救我）

譯文：文王說：「千萬不要亂想什麼法子救我，看我。你們沒有任何行動對我才是最安全的。」

象曰：**無妄之藥，不可試也。**

譯文：孔子說：「無妄的方法啊，不可試也。」

上九：無妄，行有眚，無攸利。

簡譯：(不要動任何念頭，來時小心。）

譯文：文王說：「沒有任何想法，要求和行動，來時小心，則沒有關係。」

象曰：**無妄之行，窮之災也。**

譯文：孔子說：「無妄之行，去朝歌沒有理由沒有東西可朝貢就災也。」

　　簡論無妄卦：

　　無妄卦講述，文王，在當時稱西伯是紂王的商朝治下的諸侯國，應該在正常的時間段向商朝納貢朝拜。因此武王或者使臣必須要前往朝歌，這是正常的往來。文王怕武王借來朝機會而輕舉妄動，結交臣子，亂想辦法探視文王而引來不測之災。因此文王再三囑咐，不能找關係，不能有要求，辦完事趕快回國。這就是文王的小心啊小心。

　　《詩經•大雅大明》詩云：「大任有身，生此文王。維此文王，小心翼翼。」

　　《詩經》又云：「王赫斯怒，爰整其旅，以遏徂莒，以篤周

祐，以對於天下。」從這個卦中我們看到了文王的小心翼翼。那麼「王赫斯怒」是什麼呢？「王赫斯怒」講的是文王義憤激昂，發令調兵遣將，把侵略莒國的敵軍阻擋，增添了周國的吉祥，不辜負天下百姓的期望。這是周文王的勇。周文王一怒便使天下百姓都得到安定。

自古大賢都知文王王赫斯怒，一怒天下安，老子，孔子更識文王小心翼翼卻取得江山800年啊。王赫斯怒對文王來說僅僅是個小勇也。此為狂風暴雨罷了，俗不知冬天變春天卻是不知不覺之間。文王真乃道也。

《老子道德經》第十五章說：「古時善行道者，變化神通，深不可測，不識此道之人就看不透，不能瞭解。因此我也如此，只能對他勉強地做出描述：他做事謹慎啊，就好像冬天踩著冰過河一樣；他防守嚴密啊就好像鄰國隨時要攻打；他恭敬莊重啊，就好像接待貴客一樣；他變化之快速啊，就像冰川瞬間得消融；他厚道樸實啊就像質樸的老百姓；他的心胸豁達啊，就像大山谷淵而廣大；他的智慧啊大智若愚，看似很渾濁實際很清，看是安靜，實際有所行動。保此道者不在欲取天下，正是不是為了取天下，才能隱藏而沒有什麼能做不到的。」

看易識道，識道知志，知志識人，識人智哉也。

䷦ 39.水山蹇 藏解易經29	**二十九、水山蹇　外交聯盟**

蹇：利西南，不利東北；利見大人，貞吉。

簡譯：（派使結盟）

譯文：文王說：「派遣使者去西面南面方向的諸侯國進行聯盟，不要去東北兩地結盟。」

【注解】

蹇（jiǎn），原義為跛，引申為行動不便，有險難之意。

彖曰：蹇，難也，險在前也。見險而能止，知矣哉！蹇利西南，
往得中也；不利東北，其道窮也。利見大人，往有功
也。當位貞吉，以正邦也。蹇之時用大矣哉！

譯文：周公說：「派遣使者與諸侯聯盟，難啊，因為危險在前面
等著，見險而能停止行動，是知道前面何種險境。結盟利
西南，是與有共識和自己的比朋之鄰的諸侯交往。不利東
與北，因其東北兩地與商接壤，聯盟不會有所收穫。去西
南求見諸侯大人，前往會有收穫，能聯合有著共同目的對
像是可以正邦，蹇的意義重大也。」

象曰：山上有水，蹇；君子以反身修德。

譯文：孔子說：「諸侯聯盟，君子以反商聯合諸侯伐商。」

初六：往蹇，來譽。

簡譯：（前往聯繫）

譯文：文王說：「派使者前往，帶著禮單及目的與西南兩地的鄰
邦交往。」

象曰：往蹇來譽，宜待也。

譯文：孔子說：「往蹇來譽，要等待回復也。」

六二：王臣蹇蹇，匪躬之故。

簡譯：（諸侯交往不得已）

譯文：文王說：「王和臣子交往是不得已為之，都是昏君無道所
致。」

象曰：王臣蹇蹇，終無尤也。

譯文：孔子說：「王臣蹇蹇，禮制不允許啊。」

九三：往蹇來反。

簡譯：（一來一往）

譯文：文王說：「前去拜訪後，對方會回訪。」

象曰：往蹇來反，內喜之也。

譯文：孔子說：「一來一往，有喜信也。」

六四：往蹇來連。

簡譯：（深化交往）

譯文：文王說：「需要再去再聯繫，深化交往。」

象曰：往蹇來連，當位實也。

譯文：孔子說：「連續交往，實誠了應該互為信任了。」

九五：大蹇朋來。

簡譯：（締結盟約）

譯文：文王說：「終於迎來最終盟約的結果。」

象曰：大蹇朋來，以中節也。

譯文：孔子說：「大蹇朋來，結盟了。」

上六：往蹇來碩，吉；利見大人。

簡譯：（締結盟約目的共贏）

譯文：文王說：「聯盟達成意願，讓結盟者得到利益，實現共贏。吉。」

象曰：往蹇來碩，志在內也。利見大人，以從貴也。

譯文：孔子說：「往蹇來碩，目的是為了實現治國抱負，把好處讓利給聯盟國，自己取貴。」（是為身份地位及其留名。）

簡論蹇卦：

文王聖經如何？大藏飲酒哈哈。

往蹇來反　　　　往蹇來連

三十、雷水解　解決之道盟約

40.雷水解
藏解易經30

解：利西南，無所往，其來複吉。有攸往，夙吉。

簡譯：（解決問題：盟約，消除爭端。）

譯文：文王說：「我西郊與各諸侯所面臨的問題，只有通過結盟
　　　遵守共同的合約來解決。這對我們所有的諸侯來說都將有
　　　利。與西南諸侯沒有問題，不用再去前往了，等其回信就
　　　可以。」

【注解】

無所往：這是延續蹇卦說的，蹇卦武王已經派人去西南諸侯國了，
現在不用再去，等待對方回復即可。

夙：夙願，過去的心願，但此處也指過去的老朋友，指有交往的各
諸侯國一起共同願望。

象曰：**解，險以動，動而免乎險，解。解利西南，往得眾也。其**
來複吉，乃得中也。有攸往夙吉，往有功也。天地解，
而雷雨作，雷雨作，而百果草木皆甲坼，解之時義大矣
哉！

譯文：周公說：「解決問題，因為各諸侯面臨被商紂隨時征討的
危險，因此才要採取相應行動而避免大險，結盟結黨。西
南諸侯對我有利，前往可以得到眾多諸侯國的支持。等其
來復信，說明意向能夠達成。這對各諸侯國來說都是意義
重大，關係非凡。前往可以成功達成所願。天地相交，而
雷雨大作，雷雨降下，大地百果草木都可以得到滋潤而生
長。結的意義大也。」

象曰：**雷雨作，解；君子以赦過宥罪。**

譯文：孔子說：「雷雨大作，結盟，君子以赦免過錯赦免罪
過。」

大藏：結盟能使百姓免遭戰亂

【注解】

赦過：赦免過錯。

宥（yòu）罪：赦免罪過。

初六：無咎。

簡譯：（結盟沒有過錯）

譯文：文王說：「為了百姓和各個諸侯國的將來，聯盟沒有過
錯。」

大藏：天下豈能陪亡國之君一起埋葬。結盟好也。

象曰：**剛柔之際，義無咎也。**

譯文：孔子說：「生死之際，取大義沒有過錯。」

大藏：文王，孔子聖也。

九二：田獲三狐，得黃矢，貞吉。

簡譯：（與西南三大聯盟）

譯文：文王說，從西南方向要獲得三大聯盟使我西郊的克商力量得以壯大，是吉的。

象曰：九二貞吉，得中道也。

譯文：孔子說：「九二貞吉，得到同盟。」

六三：負且乘，致寇至，貞吝。

簡譯：（明確責權利）

譯文：文王說：「諸侯結盟責權利要明晰，不能搞成負且乘，而導致相互征伐。這樣就會出現背信盟約和倒戈的事發生。」

象曰：負且乘，亦可丑也，自我致戎，又誰咎也。

譯文：孔子說：「負且乘，醜態百出，自我戒鬥，又是誰的過錯呢？」

大藏：負且乘，是指義務和利益，在分配上要明晰。這裡文王的意思是諸侯結盟是為瞭解決商紂的昏君政治給諸侯和百姓帶來的系列社會問題。是為了讓諸侯和百姓都能安居樂業。而不是為了分紂王的江山，又得權力又與百姓爭利。因此，與諸侯結盟時必須明確這個目的，接受這個目的。

九四：解而拇，朋至斯孚。

簡譯：（簽訂協約）

譯文：文王說：「為防止上述事件發生，因此，在結盟的時候，要簽訂協約。這樣各諸侯之間才能像朋友一樣彼此地真誠，放下心來，才能目標達成一致，互相信任啊。」

象曰：**解而拇，未，當位也。**

譯文：孔子說：「結盟而簽訂盟約，正確也。」

六五：君子維有解，吉；有孚於小人。

簡譯：（君子結盟，以防小人。）

譯文：文王說：「諸侯各國要想保證自己治下的百姓生活太平，唯有結盟，共同遵守大道，這樣才吉。結盟也是為了防止小人破壞國家安定也。」

象曰：**君子有解，小人退也。**

譯文：孔子說：「君子能夠結盟，小人自然不敢興兵作亂也。」

上六：公用射隼，於高墉之上，獲之，無不利。

簡譯：（共同利益建築城牆）

譯文：文王說：「天下是人人之天下。諸侯結盟是為了建築城牆，共同射殺兇猛的鳥禽，使國家安定。」

象曰：**公用射隼，以解悖也。**

譯文：孔子說：「公用射隼，以結盟來解決國家的混亂局面也。」

大藏：公用：此處指諸侯共同的利益。為了不被兇殘的隼一個一個地獵殺，諸侯只能結盟建築一座高牆，共同防禦，射殺隼鳥，以解決諸侯之間相互的叛亂，相沖，混亂的國家局面。

【注解】

隼：隼（sǔn），一種兇猛的鳥，本性兇殘。特徵是有長的翼，嘴短而寬，上嘴彎曲並有齒狀凸起。飛得很快，它們通常突然從空中沖向獵物處獵取食物。防止結盟中出現的背棄信義的結果。

簡論解卦

解卦兩個核心：

第一個明確諸侯結盟的責任和義務關係。文王說：「負且乘，致寇至。」這是什麼意思呢？在古代乘車者，是指君王，當官者，當大官才可以有車乘，老百姓是沒有車乘的，這就是指權力啊。負者，是負擔者，是指小人，百姓做的事，百姓出力背包者。

上天生養萬物，萬物自然生存，都要遵循一個法則，什麼法則呢？就是上天賜給利齒的動物不讓牠再長犄角，賜給雙翅的鳥類只讓牠有兩隻腳，就是說受大利者，不能再取得小利。換言之，就是說接受俸祿的官員，不得經營工商副業，不能既得大利又取小利。為官得大利又要奪取小利的人，就是負且乘。你又想得大利又想得小利，不給別人留機會，就會致寇至，導致社會弊端！那些達官顯貴，身受朝廷榮寵而居高位，家庭富裕又享受豐厚俸祿，於是憑藉著既富又貴的資本和權勢，在下面與平民百姓去爭利，百姓哪裡又能比得上他們，那麼這正是百姓紛紛怨歎困苦不足的原因。富貴的人奢侈成風揮金如土，窮困的人走投無路苦不聊生；百姓沒有感覺到活著有什麼樂趣，怎麼能避免犯罪呢？國家長久下去，因此而遭到匪寇禍患生出來了，那麼國家如何能安貞呢？因此，文王說：「與諸侯結盟要明確這個關係，是為了人人有飯吃，有生存的空間。不能負且乘爭來爭去，最終導致國家不安，百姓不能安享太平生活。」

文王在赴商朝囚禁羑里之前，臨行時就交代說：「士大夫不要參與經商」這就是士大夫不能負且乘。又當官又經商，貪欲過度導致「致寇至」。

第二個是明確天下是誰的？天下是屬於一人之天下？還是眾人之天下？文王說：「各諸侯與百姓都是天下的共同持有者，這就是「公用」。既然天下是公用，就不能有兇殘的猛禽出現來獵殺大家，造成混亂。各諸侯要維護這個秩序平衡，不能發生叛亂，征伐，應該停下來共同建築城牆來治理國家。消除爭端，要

共同建立一個新的朝代，聯邦共同治理國家的局面，建立新的國家秩序。

大藏：關於周朝名字意義是取周天360度，代表的是各諸侯擁有天下，共同治理天下。周天子是各諸侯所共同擁立推舉出來的。在周朝時期各個國家，其中周天子所在之地豐鎬就是中央之國，這就是中國之發源，中國名字的原始由來。

三十一、澤天夬　君臣決裂

43.澤天夬
藏解易經31

夬：揚於王庭，孚號，有厲，告自邑，不利即戎，利有攸往。

簡譯：（對決王庭）

譯文：文王說：「你兄橫眉揚聲昂對於王庭之上，心情浮躁，言語鋒利。發兒，要防備紂王對西郊突然採取軍事行動。」（因對決王庭而導致紂王發兵)

象曰：夬，決也，剛決柔也。健而說，決而和，揚於王庭，柔乘五剛也。孚號有厲，其危乃光也。告自邑，不利即戎，所尚乃窮也。利有攸往，剛長乃終也。

譯文：周公說：「夬，決裂，決鬥。大王與臣子相對決也，強硬與弱小的決鬥，正義與不正義的決鬥也。因為內心氣憤而說，如果採用明智的決斷就能和解，不會產生嚴重後果。但，非也，揚聲昂對君王，是臣子犯上也。臣子激怒大王也，言語嚴厲，雖然危險但也帶來光明也。告訴西郊，防備不測，此次前往朝歌的決定失策也。這關係著長

兄的生命，長兄乃去也（死也）。」

象曰：澤上於天，夬；君子以施祿及下，居德則忌。

譯文：孔子說：「臣子頭上有君王，與君對決，君王要愛惜臣子性命官位，不要輕易剝奪臣子祿位性命。作為有德行的君王更要注意。做臣子的也要給君王留顏面，不要犯上。」

大藏：老子說，百姓不怕死，還怕你用死來嚇他。象曰：「其危乃光也。」剛兄以死換來周朝聯邦。譚世同說：「我自橫刀向天笑，去留肝膽兩昆侖。」譚英以死換清名。死小而成其大。死一鳳毛而換江山。孰大孰小，何尺衡量？人都會死，活長活短，留屍留名不同也。人非天地，豈有壽者之象。居德則忌此乃儒家見識，愚忠自保也。

初九：壯於前趾，往不勝為吝。

簡譯：（羽翼未豐，以卵擊石。）

譯文：文王說：「剛剛強壯羽翼未豐就前往朝歌，頂撞於朝堂之上，前往不成功，為過啊。」

象曰：不勝而往，咎也。

譯文：孔子說：「沒有勝算的把握就前往朝歌，過錯也。」

九二：惕號，莫夜有戎，勿恤。

簡譯：（警惕戒備）

譯文：文王說：「聽到了不祥的聲音，使我警惕，整夜都在戒備，也不敢憂慮擔心。」

大藏：文王的意思是：「我聽到了烏鴉的啼嚎聲音，聲音裡透著不祥之音（烏鴉有時的叫聲為吉祥，這裡不多解釋）。我占卜了一下，我兒有凶啊。我整夜不敢入睡，一直戒備著怕生意外，也不敢露出擔心的面容，怕人有所察覺。」

象曰：莫夜有戎，得中道也。

譯文：孔子說：「不睡警戒，做的對啊。」

九三：壯於頄，有凶。君子夬夬，獨行遇雨，若濡有慍，無咎。

簡譯：（君臣對決，紂王暴怒。）

譯文：文王說：「我兒對大王言語有怨怪之色，傷了紂王顏面，有凶。紂王暴戾獨斷，剛愎、無以復加，對兒勃然大怒。降下罪責。我兒內濡外慍，沒有什麼過錯。」

【注解】

壯於頄：傷了臉面，頄（kuí），顴。即臉面。傷了紂王顏面。

獨行遇雨：獨行遇雨而被淋濕。生了一肚子氣。比喻兒子遇到紂王大怒。降下罪責。

若濡有慍：慍（yùn），怒，恨。內忍痛苦外露恨怒。

象曰：君子夬夬，終無，咎也。

譯文：孔子說：「君子夬夬，終沒有放過，過錯也。」

大藏：孔子意思是說君子夬夬，最終無命也。

九四：臀無膚，其行次且。牽羊悔亡，聞言不信。

簡譯：（兒被剝肉）

譯文：文王說：「我兒有來無回，兒被剝皮剝肉！一刀刀啊！讓我牽腸刮心！！後悔啊！亡兒啊！！不聽我言，叫你不要前來，不信我的話啊！！！」

大藏：啊！！！

象曰：其行次且，位不當也。聞言不信，聰不明也。

譯文：孔子說：「有來無回，失當也，不聽父親之言，前來送死，自作聰明不明智也。」

九五：莧陸夬夬，中行無咎。

簡譯：（英年早喪）

譯文：文王說：「兒啊英年早喪，魂啊飄蕩，一路走好！夬夬，
　　　我兒無罪啊！」

象曰：中行無咎，中未光也。

譯文：孔子說：「中行沒有罪過，中沒有等到光明的那一天
　　　也。」

上六：無號，終有凶。

簡譯：（無罪遭殺）

譯文：文王說：「不敢哭啊！我兒沒有罪名就被殺了啊！！」

象曰：無號之凶，終不可長也。

譯文：孔子說：「無罪之凶，終究不可長久也。」

簡論夬卦：

　　夬卦是我最不願意譯的卦，為什麼這樣說呢？請讀者耐心聽
我道來。當我剛看此卦時，我忽然間淚如雨下。這一卦是文王在
羑里最痛心的一卦了，文王羑里囚禁期間痛失愛子。夬卦是文王
在羑里時，聽到了一種「惕號」聲音，（見九二：惕號，莫夜有
戎，勿恤。），這個惕號是什麼聲音？在爻裏表面上，根本看不
到。平常人也不會對這兩個字有所疑慮。但是，對會占卜的人來
說，這兩個字就是預兆。還記得我在豫卦中寫的識音辨吉凶以及
曹操聽到鴉聲飛鳴時問曰；「此鴉緣何夜鳴？」。這種事情在現
代人眼中不太容易理解。可是在古人的眼中那就有事發生了。古
代跟今天不同，古人能見到許多種動物，動物在自然界中存在互
相相吸，互相克應的關係。動物在自然界中為什麼會找到水源，
為什麼會找到食物，為什麼會找到草藥，有的動物能夠自行找到
草藥治癒自己的傷口。其實這都是生物一種本能。如果你很熟悉

螞蟻的品性，你就知道，螞蟻的組織力極強，牠們可以找到各種適合牠們的食物。找食物是動物的本能，這是一種氣味科學。那麼作為烏鴉呢，烏鴉是非常聰明的鳥，為雜食性，吃穀物、漿果、昆蟲、腐肉及其他鳥類的蛋。既然烏鴉吃腐肉，牠對撲捉腐肉，撲捉血腥有極強的味覺能力。因此才能找到動物屍體或人類屍體。而且大多動物都有提前預知的能力。如蛇類可以對地震有感應性。這些動物與自然所相關的各種狀態都存在呼應關係。文王在羑里聽到「惕號」，有所感應，要出大事。占卜一算便知與自己兒子相關也。我們可以這樣想像，文王在九二的意思：我聽到了烏鴉的啼嚎聲音，聲音裡透著不祥之音。我占卜了一下，我兒有凶啊！我整夜不敢入睡，一直戒備著怕生意外，也不敢露出擔心的面容，怕人有所察覺（九二：惕號，莫夜有戎，勿恤。）

此爻說明了什麼？說明文王預感到兒子出事了。那麼有的讀者說，你怎麼知道是兒子？別急聽我往下講。

夬是什麼？是決裂。決斷卦，總不是文王在羑里閑著無事掰竹子玩吧，或者掰什麼東西兩瓣了，而且還不睡覺，一晚上在戒備，這也說不通。既然是決裂，對決，就一定有當事人，有對手。那麼誰與誰對決呢？在夬卦的卦辭開頭文王就說：「夬：揚於王庭」從這句話中我們知道了，王庭是皇庭之上，朝堂上。那麼誰揚於王庭？總不能說，紂王揚於王庭上，這句話只能這麼說，紂王坐在王庭上，有人與紂王言語相對決。

那麼這個人是誰呢？就是文王長子「伯邑考」。為什麼說是長子伯邑考呢？因為周公在象上已經告訴我們了，象怎麼說的呢？象說：「剛長乃終也。」剛長：剛：強硬的，脾氣剛烈的男人。剛也是年輕也，陽剛之氣也。長：長兄也，你也可以說是長（chang）。但是剛長（chang)終了，剛長（chang)沒了怎麼說得通也？因此是說：我那年輕的長兄終了（死也）。我們繼續深挖：揚於王庭，可以說：1，邑考魂飄在王庭之上。2，邑考大名揚於王庭之上。3，邑考趾高氣揚於王庭之上。那麼這三種解釋都比較合理，他有一個先發展後結果的過程，那麼無疑最終結果是：

邑考魂飄在王庭之上。

還有一個資料也顯示伯邑考是死了，那就是在《逸周書》-世俘解第三十七章裡記載：

辛亥這天，武王獻上所獲殷之九鼎。武王恭敬地手執玉圭，身披法服，敬告天神上蒼。武王未改換祭服就來到周廟。手持黃色大斧，把統治眾諸侯國之事敬告祖廟。樂師奏樂九節。武王有功業之祖，從太王、太伯、王季、虞公、文王、伯邑考，依次列其神位於廟堂。武王向先輩神位歷數殷紂之罪。樂師奏樂，武王手持黃色大斧任命方伯為各方諸侯之長。

各位看到沒有，在文王之後就是伯邑考，那麼疑問來了，伯邑考哪裡去了？

（見〈逸周書•世俘解第三十七章〉）：辛亥，薦俘殷王鼎。武王乃翼，矢慓矢憲，告天宗上帝。王不革服，格於廟，秉語治庶國，篇入九終。王烈祖自太王、太伯、王季、虞公、文王、邑考以列升，維告殷罪，篇人造，王秉黃鉞，正國伯。壬子，王服袞衣，矢琰格廟，篇人造王，秉黃鉞，正邦君。）

我們接著往下看，剛長怎麼終的？

現在歷史最殘酷一幕揭開了：

九四：「臀無膚，其行次且。牽羊悔亡，聞言不信。」

這句話什麼意思？臀無膚是屁股上的肉沒了，肉哪去了？別急，下一卦中我會告訴你肉哪去了，還是先看看肉如何了？這個屁股上的肉被行次且了。「其」在這裡指的是膚，就是肉。行是直排為行，橫排為列。屁股上一行一行的肉被次且了。次：一次次，且同趄也同切。這句話意思是，屁股上的肉一行行，一次次地走了下來，這可能麼？肉都成精了。文王的意思是說，屁股上（身體上）的肉被刀一刀刀一下下地刮了下來、切了下來。我牽腸痛心啊！叫你別來，你聽到我的話，這是不信，前來送死啊！

「牽羊悔亡，聞言不信：」牽羊：牽腸。羊為什麼代表腸？

這涉及十二屬相與五行指代方面的含義，簡單說就是羊，是未土，在人體的器官有代表小腸大腸，消化系統的意思。另外，羊也可以連成羊腸小徑。那麼痛心在哪？我看此卦心都痛，文王能不痛麼？悔亡，這裡是後悔，喪命。聞言不信，是文王在無妄卦中告訴他們千萬不要前來，這不來了麼。所以文王說，聞言不信。因此孔子說：「聞言不信，聰不明也。」聰明不明智也。這不，孔子也是指人說的。指誰說的，當然是伯邑考。

好了，我們再看第五爻：九五：「莧陸夬夬，中行無咎。」

莧陸是什麼意思？莧：一年生草本植物，莧菜。陸：路，道。莧陸，就是比喻人生的道路短暫，文王意思說我兒的人生道路這麼短就遭遇了如此不幸。哪種不幸呢？文王說夬夬，遭遇了夬夬之厄。什麼意思呢？我兒只是頂撞了大王而已。兩夬相遇而已。一夬，指伯邑考，語言激烈。一夬指紂王剛愎爆烈。夬夬也指折斷。文王說，我兒到底何罪之有？只是言語不敬了一些，就遭遇了如此不幸。中行無咎：中行是指兒子，為什麼是中呢？兒子是家庭中的中流砥柱，行是排行。無咎，沒有過錯。五爻說，我兒沒有罪過，生命卻遭遇折斷。為什麼在上面我要譯我兒啊魂啊飄蕩，一路走好。夬夬，我兒無罪啊。這是我看到卦時出現的畫面，出現的象如此。《易經》，易乃象也，看什麼象就譯什麼象。道乃多維空間。就看你站在哪個空間上，只是維度不同而已，無甚奇怪。

我們再看上六：「無號，終有凶。」這句話什麼意思呢？有兩種意思，第一個意思，我知道兒子去了，我不敢大聲哭出來，只能在心中哭兒。第二個意思是，死的無名，殺人要安個罪名吧，沒有罪名就被殺了，殺了就殺了。而且還一刀刀給刮了。真慘啊！

自古殺人不過頭點地，還有這麼慘無人道的昏君所為，簡直就是禽獸！在履卦中我曾經提到，我與一個研究歷史的朋友的一段關於紂王的對話，後來他又說：「不管怎樣把紂王看做壞人是錯誤的。史書上把紂王描寫得如一個青面獠牙、十惡不赦的惡

人，太過分了。紂王只不過是寵愛妲己剖了比幹心，就這兩件壞事，使他得到了一個大暴君的惡名，結果天下之惡就都歸結到紂王頭上了，好像紂王什麼善事都沒有做。紂王這個人聰明能辯，尚武能文。他打起仗來是很有英雄氣概，這就是他的優點。」關於這句話讀者反復咀嚼也能嚼出味道。我當時回答朋友說：「作為一個君王，又不是畜生，剝比幹心還不是壞人，我說這簡直就壞到了極點！一個君王殺人也就殺人了，你又不是刑官，不是對待敵人特務，對待自己的叔叔都是如此，這簡直就是豬狗不如！竟然還可以說不壞，視人命如草芥之人如何配做君王？一個不知掩飾自己殺人如兒戲的國君那是何等地殘暴，這就是畜生道的國君本性而已。只知寵愛妃子，不知愛民，難道不知自古國君是應該上敬大道下愛黎民的嗎？如果只是知道男女之愛，何必自稱有使命做君王！真是亡國敗類也。此等敗類，眾叛親離也就不足為疑了。俗不知，普通百姓家有逆子，家長還會大義滅親呢！作為一個國家的明臣們如果連這點覺悟都沒有，那不成了蛇鼠一窩，一丘之貉，助紂為虐了嗎？還好意思為此等國君伸冤。至於紂王以前和祖上的功德豈能混談？功何以掩過，過何以混功？真乃笑話也。沒聽說，一失足成千古過，回首已是百年身麼？作為一個朝代豈可玩功過平衡，真是天大的笑話也，誰能玩得起也？一失衡就朝代更迭，乾坤顛倒，一世英名就變成糞草也。」

朋友啞言。

5.水天需
藏解易經32

三十二、水天需　忍耐等待時機

需：有孚，光亨，貞吉。利涉大川。

簡譯（人生需要，信念。）

譯文：文王說：「成大事者要有強大的信念，要在不利的環境中看到光明和希望，並懂得在非常的環境下服從於當時的環境，這樣才有利於將來。」

彖曰：需，須也；險在前也。剛健而不陷，其義不困窮矣。需有孚，光亨，貞吉。位乎天位，以中正也。利涉大川，往有功也。

譯文：周公說：「需，需要，必須也。危險在前面注視，內心剛強積極而不失陷於險境中，堅守大道而不困頓，但只是暫時落於窮困之境無法行動也。需要有信心，有理想有希望，安靜堅持忍耐，直至等待天降大任，天時相應，順勢而就完成使命也。這樣才能開拓江山，前往有功也。」

象曰：雲上於天，需；君子以飲食宴樂。

譯文：孔子說：「天的光芒被雲遮擋，需要等待出現轉機，君子只需每天喝酒吃飯唱歌喜樂，順其自然。」

初九：需於郊。利用恒，無咎。

簡譯：(征伐商紂，需要恒心。)

譯文：文王說：「需要商郊，需要回西郊，實現理想，要利用恒心意志，這樣才沒有問題。」

象曰：需於郊，不犯難行也。利用恒，無咎；未失常也。

譯文：孔子說：「需要商郊，不犯眾難，行也。利用恒心，沒有

過錯。沒有失常理也。」

大藏：孔子意思是不犯難，是指臣子不向君王發難，也就是不要
　　　犯上作亂，反也，利用恆心是可以的。

九二：需於沙。小有言，終吉。

簡譯：(沙場征戰，寫計畫。)

譯文：文王說：「為了將來的沙場征戰，我可以寫點小計畫。我
　　　可以提點小要求，終歸是吉的。」

大藏：大目標不利於實現，可以從小事做起。

象曰：需於沙，衍在中也。雖小有言，以終吉也。

譯文：孔子說：「需於沙，推演周易。雖然寫一點小言短句，最
　　　終達到大吉也。」

九三：需於泥，致寇至。

簡譯：(需要裝傻，來人。)

譯文：文王說：「我需要裝傻，當紂王派人來查看我的時候。」

象曰：需於泥，災在外也。自我致寇，敬慎不敗也。

譯文：孔子說：「需要裝糊塗，災在外面等候，裝傻對待來的人
　　　（紂王手下)，尊敬謹慎不會敗露也。」

六四：需於血，出自穴。

簡譯：(為脫離牢籠，需要有所犧牲。)

譯文：文王說：「為了能脫離牢籠，需要流血也是必須的。」

大藏：此爻卦魂啊。文王在羑里沒有流血，那麼此句流血如何解
　　　也。可以這樣解：我為了能脫離牢籠啊，我需要犧牲自己
　　　的骨血，血肉啊。

象曰：需於血，順以聽也。

譯文：孔子說：「需要血肉，以順從紂王視聽也。」

大藏：孔子點明了，順以聽也。順，順從，聽也，誰聽啊？是紂
王聽，紂王聽什麼？紂王想聽文王是不是聖人也，聖人不
會吃自己兒子的肉的。多狠啊！

九五：需於酒食，貞吉。

簡譯：(吃飯正常需要)

譯文：文王說：「我需要血肉當做酒食，還要感謝大王，對大王
表示忠誠。這樣才吉。」

大藏：怎樣表示貞：是這樣表示，感謝大王啊，大王沒有忘了罪
臣哪，賜我肉餅。這太好吃拉。萬歲啊，大王！

象曰：酒食貞吉，以中正也。

譯文：孔子說：「正常吃飯，忠誠，以保命實現理想也。」

上六：入於穴，有不速之客三人來，敬之終吉。

簡譯：(來人敬之)

譯文：文王說：「有三個不速之客來到我的囚禁之處。我對其尊
敬，最終是吉的。」

象曰：不速之客來，敬之終吉。雖不當位，未大失也。

譯文：孔子說：「不速之客來，敬之終吉。來的是商臣，你是
囚禁之人，敬就敬吧，雖不當位，也沒有大失體統禮
儀。」

大藏：這孔子啊，啥時都不忘禮制體統。

簡論需卦：

我重新把需卦給大家演一下：

一：需於郊。利用恒，無咎。

二：需於沙。小有言，終吉。

三：入於穴，有不速之客三人來，敬之終吉。

四：需於泥，致寇至。

五：需於酒食，貞吉。

六：需於血，出自穴。

象曰：「需於血，順以聽也。」

文王說：

一，需要商郊，實現理想，要利用恒心意志，這樣才沒有問
　　題。

二，需要沙場征戰，我也可以寫點什麼。終歸是吉的。

三，有三個不速之客來到我的囚禁之處。我對其要尊敬，最
　　終是吉的。

四，我需要裝傻。

五，面對來人端來的酒食，要裝傻呀，吃的要很香，雖然我
　　知道，我吃的是什麼，但為了能夠脫離牢籠。

（接著六）

六，我必須犧牲自己的血肉，我必須裝作糊塗什麼都不知
　　道，唯有這樣我才能活着走出牢籠。我還要對來人
　　說：「太好吃了，感謝大王給我的賞賜，大王沒有
　　忘記我這個罪臣啊。」（我必須這樣說，以表示我
　　的忠誠，也表示我啥也不是，不是別人所說的聖
　　人，我乃平常人而已）。

孔子也說：必須如此呀，需於血，好叫來人回去向大王稟
告，你不是聖人，順以聽也。

多狠啊，紂王為了試探文王是不是聖人，將伯邑考的肉做成餡餅。我想如此翻譯「夬、需」二卦，或者整部《易經》。如此翻譯也許有的人會說我在胡說八道，亂翻一氣。這麼認為沒有關係，見仁見智麼。

為了讓讀者能夠詳查的明白，我就再詳解一下。有很多卦並非我不詳解，我認為，能看明白，不必浪費口沫，再加上現在文人所說：要告別廢紙文化。能省則省，能明則明也。

一，需：

人生需要，大人有大人的需要，小人有小人需要，就看你是誰。美國總統的需要和老百姓的需要不同，文王的需要和紂王的需要不同。文王需要建立國家新秩序。紂王需要妲己天天笑。

二、環境：

文王被囚禁，紂王不放心文王，擔心文王是聖人，能得諸侯和百姓之心廢商取天下。

三、郊：需於郊

指商郊。你說不是，是郊外，那你就翻譯，文王需要郊外（是打獵麼？），要用持久的恒心。我也不反對，只不過是文王有點傻，不是裝傻，而是真傻。

四，沙：需於沙

是指征戰沙場。需於沙，文王是說在征伐中，在沙場的征戰中需要好多準備工作。我可以利用小有言，什麼是小有言呢？就是伏羲64卦中的原有的訓辭，如：「元亨利貞，有咎，無咎，吉凶悔厲。」這些各卦的卦辭寫上一些計畫，書信，治國等等的小短言。因此孔子說衍在中也。

五，衍：什麼是衍？是衍生，通「演」。推演；演述。衍，這裏指大衍之數五十，而推演64卦；天地之數五十有五，即天數，一三五七九；地數，二四六八十，相加得五十有五。而易算所用為八卦，故從十個數中取八個為大衍數。

....

這裡不講如何推演，有機會再另外寫書，專寫《易經》占法。大家要明白文王在羑里寫易並非教大家如何占卜，聖人作易是梳理江山。因為占卜有《連山》，已經非常成熟，根本不需要文王再多此一舉。因此孔子說：「需於沙，衍在中也。雖小有言，以終吉也。」孔子說：「你需要沙場征伐，你不正在利用小言推演易經了麼，雖然小有言，但最終大吉啊。」你看，孔子多明白，是後人不明白而已啊。都不知孔子說啥，有的書竟然把孔子的象刪掉。真可惜，老夫子和聖人對話多精彩也。

六：泥：需於泥

泥，是糊塗，裝傻，泥土。你說文王能需要泥土麼？在羑里做陶瓷，蓋房子，也沒聽說文王在羑里做陶瓷耶。又進來三個人，明明就是紂王派來的，文王玩泥巴？顯然是文王裝傻。既然是裝傻，這裡就有文章了，文王為什麼要裝傻？文王在羑里表面上不是在給商紂寫八卦麼，能寫八卦的人裝傻，誰能信呢？因此說，文王是在某一事件上裝傻。是什麼事件呢？孔子說：「需於泥，災在外也。」孔子告訴你了，文王此時必須裝傻，因為外面還有更大的災難在等着他呢！那是什麼災？

我們看下面：

七，血：需於血

文王為什麼需要血？他怎麼了，需要血？如果現代人有病住院需要輸血可以說的通，可文王在羑里喝酒，飲食，需要喝血，這是什麼情景？這兒變成什麼了？根本不可能！而且文王說需要血是為了出於牢穴的需要。這顯然是為了出穴流血犧牲在所不惜。但是不是文王流血呢？孔子說：「需於血，順以聽也。」孔子告訴你了，文王需於血，是有人想聽聽什麼。以順應別人的聽聞。說的多明白，誰想聽文王的事，文王的災在外何來？文王為什麼裝傻？目的只有一個，麻痹紂王也。麻痹什麼？我想到此不需再解釋了，誰送來的酒食？那個食是什麼？讀者自己想想就明白了。

　　我寫到這的時候又想起朋友說紂王沒有那麼壞，他的壞話都是周朝說的，是為了消滅商紂的需要編造的謊言。不能信。關於這句話啊，我對他說：「文王自己就可以回答你，文王《易經》說：「我冒着羑里囚禁的危險，寫易經難道是為了編造商紂的壞話不成。你知不知道，3000年前的竹簡刻字有多不易。我很多話，想告訴兒子的，都不能在這每卦中寫完。一字如萬金，我豈能浪費筆墨做此等勾當。」

　　我大藏說：文王是內聖外王，豈是內小人外君子，說一套做一套，打江山時有一套說辭，做江山時又一套說辭。

　　《易經》大道義無邊，是非明辨能通真。千秋演義世間事，翻翻歷史已知今。

　　需卦可以說是聖者的智慧，歷經亘古都會不衰。

　　需中有什麼，有謀略啊，有大忍啊。中國兵聖孫子兵法36計，六韜，鬼穀子十三篇都在文王之後啊。世界歷史上需於泥的是誰呢？就是文王啊，比孫臏假癡不呆整整早600年也，後來者需於泥不知去幾何也？

　　需於血，想起兒時看越王勾踐，臥薪嚐膽就已經盪氣迴腸了。今對比需於血，出自穴，臥薪嚐膽也應該是受需影響啊。聖哉啊，文王！

　　需卦中給君子的啟示是什麼呢？君子有大事圖謀，立於危牆之下，要懂得適應環境，以「泥」應萬變也。

24.地雷復
藏解易經33

三十三、地雷復　服喪做七

復：亨。出入無疾，朋來無咎。反復其道，七日來復，利有攸
　　往。

簡譯：(凶禮，服喪。)

譯文：文王說：「服喪，要順從凶禮之道，這樣進出才沒有問
　　　題，朋友來祭奠也沒有問題。復喪日期以七七，四十九天
　　　為限，這關係重大。」

【注解】

　　亨：遵循喪禮程式。

象曰：復亨；剛反，動而以順行，是以出入無疾，朋來無咎。反
　　　復其道，七日來復，天行也。利有攸往，剛長也。復其見
　　　天地之心乎？

譯文：周公說：「服喪，要順凶禮之道。人死陽氣盡也。服喪依
　　　凶禮而行，就是做好喪禮的秩序，來往接待，進出，親戚
　　　賓客祭拜等事情安排好才沒有問題。反復其道，七日來
　　　復。以七天為一週期，七次復喪四十九天也，是遵守天道
　　　也。這關乎兄長的陽氣回頭探望，可以見到天地之間的七
　　　情人心也。」

大藏：天地之心表現在人世上就是七情人心，儒家的七情：喜，
　　　怒，哀，懼，愛，惡，欲。

　　　《禮記‧禮運》說：「喜，怒，哀，懼，愛，惡，欲，七者
弗學而能。」

象曰：雷在地中，復；先王以至日閉關，商旅不行，後不省方。

譯文：孔子說，「服喪，先王入土閉關，商朝之路一去不返，不
　　　再過問世間事也。」

初九：不遠復，無只悔，元吉。

簡譯：(頭七，不要長時間服喪哀痛。)

譯文：文王說：「先做服喪頭七，不要長期服喪，哀痛，不要後
　　　悔。」

大藏：元：此處的元是指第一個七天。也就是頭七。

象曰：不遠之復，以修身也。

譯文：孔子說：「不要浪費時間，做正事，還要治理國家也。」

六二：休，復，吉。

簡譯：(二七，服喪要注意身體。)

譯文：文王說：「頭七服完後休息，再做二七。」

象曰：休復之吉，以下仁也。

孔子說：「休複之吉，仁也。」

六三：頻復，厲無咎。

簡譯：(三七，女眷服喪。)

譯文：文王說：「三七，由女眷來服。」

象曰：頻復之厲，義無咎也。

譯文：孔子說：「頻復之厲，合乎禮義無過錯也。」

六四：中行獨復。

簡譯：(四七，武王獨服。)

譯文：文王說：「四七，發兒可以為兄長服喪也。」

象曰：中行獨復，以從道也。

譯文：孔子說：「中行獨復，以順從道義也。」

六五：敦復，無悔。

簡譯：(服喪尊崇禮教，五七最重之服。)

譯文：文王說：「發兒，要為兄長服斬衰[1]，五七重點做一次
　　　服喪，一定要按照凶禮之儀來完成服喪事宜，這樣沒有遺
　　　漏悔恨。後要停止服喪，重任在肩，接任太子職位。」

大藏：敦復是厚復，也指斬衰。第五個七。太子伯邑考本來是將
　　　來接受祭祀宗廟重任的人，因為慘死於朝歌，現由姬發來
　　　繼承太子之位，因此姬發必須為授己重任的人（邑考）服
　　　斬衰。所以文王說要武王敦復。

　　【注解】

　　斬衰(cuī)：斬衰是喪服中最重的一種。斬是取意痛失親人斬斷世間
　　人情。衰：是古代用粗麻布製成的毛邊喪服，就是用剪刀直接把粗
　　麻布斬斷做成服裝，連起來就是痛失親人之意。　斬衰服衣旁和下
　　邊不縫邊，衣縫向外，裳縫向內，裳前三幅，後四幅，每幅又作三
　　𥚃。背後負一個一尺八寸的版，胸前胸口處綴一塊長六寸，寬四寸
　　的布條，即是衰。
　　《儀禮》說：諸侯為天子服斬衰、長子給父親服斬衰、接受祭祀宗
　　廟重任的的人，必須為授己重任的人服斬衰。

象曰：敦復無悔，中以自考也。

譯文：孔子說：「五七厚復無悔，姬發接掌伯邑考之重任。」

**上六：迷復凶，有災眚。用行師，終有大敗，以其國君，凶；至
　　　於十年不克征。**

簡譯：(喪事完成，恢復正常，不要耽誤國事。)

譯文：文王說：「不要因為傷心過度，因服喪而耽誤國事，這樣
　　　有災，對西郊不利。不要起兵用師征伐商紂，這樣凶，要
　　　堅忍，十年之內不要征伐。」

象曰：迷復之凶，反君道也。

譯文：孔子說：「迷復之凶，做君王者不能沉迷於哀痛中，要以
　　　國家大事為重也。」

簡論復卦：

　　復卦進一步透露伯邑考的確是死在商朝了。關於此點也許會
有學者專家反對。請學者專家詳研。我的根據全部在此卦中，此
卦有七處透露出死者是伯邑考，我不必說出來以免影響學者專家
的理性判斷。請學者專家詳考。

　　複卦是文王對夬卦之伯邑考後世的安排。關於這個復卦涉及
中國傳統的「做七」之禮，對於「做七」的由來，有的學者說大
概始於南北朝時期，與佛教有關。有的說來源道教。大家看到這
個卦應該明白了這個「做七」的由來是從《易經》伯邑考開始。

　　那麼為什麼「做七」，而不是其他的數字呢？天道以九制、
地理以八制、人道以六制。天道以九制因天有九星，地理以八制
因地有八方（東南西北等八個地理方位），人道以六制國家政治
設立六部。這裡就缺七也，七是什麼了？七是人的生和死之門。
七在伏羲先天卦中代表艮啊，艮在此代表停止，也代表人事上的
死亡。與人事中的死亡相對，人道六治，人有六親。另有一情，
什麼情呢？就是朋友之情，人事之情。這個情是大也！這個情齊
集六親就演義成人世間的七情：喜，怒，哀，懼，愛，惡，欲。
人世間因為七而生出無窮無盡的豪情故事，哀痛，傷感，別離。
沒有這個情，天地之間就沒有道義可言了。也是大義，有意，仁
愛也。因此天為九，地為八，人死為七，人君以六也，（人死為
大，故比人君以六大也）。這個七在先天八卦中為艮。艮是鬼門
也是七殺官鬼之門，也是生門也。這裡涉及的大道深啊，明道者
已知其理。不明者看的糊塗，因為此內容涉及太多完全可以寫一
本書，我在此只簡單做一點解釋：

　　1，陰陽家謂西北(乾)為天門，東南(巽)為地門，西南(坤)為

人門，東北(艮)為鬼門。鬼門為陰惡之氣所聚，百鬼所居。

2，東北(艮)也是生門。二陽進氣之門。

3，蔔筮上的官鬼爻。以六爻干支與五行生克定六親位，以克我者為官鬼爻，是災難和不吉的爻象。後世星命術士稱為官煞。

那麼艮的的甲骨文為：

（目）＋（人），造字本義：回望怒視。金文突出「目在背後」的形象，強調回頭看。

其實這個艮的眼睛還有另外一層意識，就是說，人死後會在七天後回來再看親人一眼之意。除此以外還有為人做事後面皆有注視，只有人行中正之道才會無咎。

4，因為艮就是鬼門也是生門，因此在中國古代中就有人死有輪回之說。

在古代做七依次是：「頭七」由兒子辦理，「二七」為小七，「三七」系出嫁女兒負責，「四七」也是小七，「五七」為出嫁孫女祭祀，「六七」也是小七，「七七」又稱「滿七」或「圓七」由兒子辦理，有始有終，功德圓滿。

三十四、風雷益　集資

42.風雷益
藏解易經34

益：利有攸往，利涉大川。

簡譯：(集資)

譯文：文王說：「集資，生死攸關，關係江山社稷，開疆擴

土。」

象曰：益，損上益下，民說無疆，自上下下，其道大光。利有攸
　　　往，中正有慶。利涉大川，木道乃行。益動而巽，日進無
　　　疆。天施地生，其益無方。凡益之道，與時偕行。

譯文：周公說：「集資，公益，損富裕的扶助貧困的。百姓說
　　　國土無疆，自上下下是所有的人心齊，其道力大光明呈
　　　現。利益關乎著未來。人心齊，得力有慶。有利於開疆擴
　　　土，仁義乃行。齊集公益而回應號召。希望日進，光明
　　　照亮大地，即將開拓未來。天時地利齊備，其募集資金
　　　無任何不便，凡益之道，順應天時，與時俱進。皆能成
　　　功。」

【注解】

木道乃行：木為仁義，仁義之道可行。
益動而巽：益，募集資金公益活動。巽：命令，號召。益動而巽：
募集資金的公益活動應號召而回應。

象曰：風雷，益；君子以見善則遷，有過則改。

譯文：孔子說：「君王提議，倡議，臣子捐資，君子要以善舉而
　　　遷資。能夠免除過錯。」

大藏：遷：遷資，為什麼是遷資？因捐款，錢被遷移。從甲處遷
　　　到乙處。

初九：利用為大作，元吉，無咎。

簡譯：(集資救文王)

譯文：文王說：「大家募集資金，是為了大作為。是為了我出羑
　　　里之用，不會用在過錯的地方。」

象曰：元吉無咎，下不厚事也。

譯文：孔子說：「文王大吉，沒有任何過錯，下面不會不重視此
　　　事的。」

六二：或益之，十朋之龜弗克違，永貞吉。王用享於帝，吉。

簡譯：(集資款送費仲和紂王)

譯文：文王說：「募集十朋之龜，我要送給費仲。越多越好。還
　　　要送給大王（紂王）之用。多吉。」

象曰：或益之，自外來也。

譯文：孔子說：「文王的錢是募集來的。自己西郊也沒有那麼
　　　多。」

六三：益之用凶事，無咎。有孚中行，告公用圭。

簡譯：(集資款防禦用，用土地償還。)

譯文：文王說：「發兒，告訴臣子這些集來的款多餘的用來防
　　　禦之用，募集的款都一筆筆記下來，日後根據這些的記
　　　錄，會給大家償還土地的。沒有問題。」

【注解】

　有孚：誠心，誠信，就是捐款要一筆筆記錄。
　告公用圭：告訴大家，用公用土地償還，也就是國家的土地償還。

　　大藏：文王告訴武王對司空、司寇級別的說募集資金是為了
防禦工事用，目的是封鎖營救文王的消息。

象曰：益用凶事，固有之也。

譯文：孔子說：「捐款用防禦，也是鞏固大家的家園（事
　　　業）。」

六四：中行，告公從。利用為依遷國。

簡譯：(集資款救文王回國)

譯文：文王說：「我兒，告訴三公親信，募集資金是為了我回國
　　　之用。」

象曰：告公從，以益志也。

譯文：孔子說：「告訴三公親信，以捐資實現大志抱負也。」

九五：有孚惠心，勿問元吉。有孚惠我德。

簡譯：(同心同德)

譯文：文王說：「與我同心相應的就會誠心幫助我啊，不會問我幹什麼用，就會真心相信我的德行而捐資也。」

象曰：有孚惠心，勿問之矣。惠我德，大得志也。

譯文：孔子說「與你實心實意的就會幫助你，不會問幹什麼用，幫助我的大恩大德者，全都大志得以實現也。」

大藏：有孚惠心，勿問之矣。讓出錢就出錢，沒有廢話。

上九：莫益之，或擊之，立心勿恒，凶。

簡譯：(不同心隔離以防不測)

譯文：文王說，「不願意資助我的，不同心隔離關起來，以防告密發生不測之災，有兇險。」

象曰：莫益之，偏辭也。或擊之，自外來也。

譯文：孔子說：「莫益之，偏激之詞。或擊之，不是一夥的，有外心的人。」

簡論益卦：

此卦是文王準備救自己脫困，需要錢打點關係。文王說，六三：「益之用凶事，無咎。有孚中行，告公用圭。」文王的意思是說：「我不會讓大家白白拿錢，我會用土地補償。也就是說，你們現在幫我，我日後一定給你們大大的好處。」你看3000年前的革命投資沒有白投。捐一點錢得了那麼大的好處。

文王在上九說：「莫益之，或擊之，立心勿恒，凶。」而孔子說：「莫益之，偏辭也。」其實這是孔子的身份所言，畢竟孔子是儒聖，他不是帝聖啊。為什麼這麼說呢？因為，這句話裡有玄機啊，什麼玄機呢？讀者可以想啊，大家知道集資是為了救文王回國，如果有的人知道集資是為了文王回國之用，而且文王

又讓武王告知集資款會一一登記，事後用土地補償，明知不吃虧卻不願意幫文王，就說明表面與文王同道，但背地內心是傾向紂王的，即使是他不幫助文王，沒有犯罪，武王沒有理由打擊他，也不能放過他。為什麼？你想啊，文王在羑里忍耐那麼久，他身系西郊宗族，臣民的未來，他怎敢冒如此大險，陰溝裡翻船，因為一個細節就前功盡棄。聖君不出手，出手就成功。否則哪有西周，又哪來中華周禮文明也。如果文王也秉持孔子之見，就不是文王也。

這正是：

公益籌款文王始，驚天震撼在後邊。

益字卦後有大道，仁字乃行利大川。

＝＝＝（卦象）　**三十五、山澤損　行賄**

41.山澤損
藏解易經35

損：有孚，元吉，無咎，可貞，利有攸往，曷之用？二簋可用享。

簡譯：（損人）

譯文：文王說：「損，有事求損人，二人可以分享。對我有利，至關重要。到底有什麼用？用處大也，可以使我元吉，無咎。」

【注解】

曷（hé）：何。

簋guǐ：古代盛食物器具，圓口，雙耳。

象曰：損，損下益上，其道上行。損而有孚，元吉，無咎，可貞，利有攸往。曷之用？二簋可用享；二簋應有時。損剛益柔有時，損益盈虛，與時偕行。

譯文：周公說：「損，是對下不利對上有利，對別人不利對自己
有利。對小人不利對君人有利。有時也是對君子不利對小
人有利。損要分清情況，如果損是用到正道上，那是其道
上行，損就有價值值得去做。此損是為了父（文王）的出
禁，因此是吉利的，沒有過錯，能夠讓父安全出禁，對父
有利，關乎未來，損到底有何用？有時可以損強硬而幫助
弱小的，有時可以損多的補缺少的，能夠使其自然相互的
關係保持某種平衡。『二簋可用享；二簋應有時。』二人
相處時可以推杯換盞相互交心分享對方的益處。」

大藏：聖人說話言簡意賅。文王說：「二簋可用享。」象曰：
「二簋可用享；二簋應有時。」

　　這語言簡練，透徹。到底什麼意思？「二簋可用享；二簋
應有時。」這是損在人事上的應用。在政治，商業外交中經常使
用，張三約上李四，二個人單獨一對一談話，在沒有外人時候，
恰當的時間地點，張三給李四送錢，送美女，送寶物行賄。李四
給張三透露消息，或出賣國家。這就是二簋可用享；二簋應有時
的損之用。接受行賄之人都是損人也。損的作用大啊，在政治鬥
爭中，在商業競爭中，在生活各個角落中無處不在。

象曰：孔子說：「山下有澤，損；君子以懲忿窒欲。」

譯文：孔子說：「山下有水，損之，君子以憤怒處罰貪惡。」

　　【注解】

懲：處罰。
忿：憤怒。
窒：塞。
欲：想得到某種東西或想達到某種目的的要求：欲念。

初九：已事遄往，無咎，酌損之。

簡譯：（有事求損人，看情況處理）

譯文：文王說：「帶著寶物，美女，錢財，急速前往朝歌，不要

耽誤，沒有問題。根據情況，胃口大小斟酌送之。」

【注解】

遄（chuán），速去。

象曰：已事遄往，尚合志也。

譯文：孔子說：「帶著寶物急速前往，正符合紂王和奸臣的心哪。」

九二：利貞，征凶，弗損益之。

簡譯：（滿足損人一切要求）

譯文：文王說：「不要和奸臣討價還價，要多少給多少，只可以多，不可以少。要滿足費仲損臣的胃口。讓他在大王面前美言。」

【注解】

弗損：費仲，好利，是紂王的寵臣。

象曰：九二利貞，中以為志也。

譯文：孔子說：「九二滿足此等欲望，好啊，可以得償所願。」

六三：三人行，則損一人；一人行，則得其友。

簡譯：（單獨送禮，不要有外人在場。）

譯文：文王說：「單獨送禮給費仲，不要有外人在場，要秘密進行，不得外人知曉。」

象曰：一人行，三則疑也。

譯文：孔子說：「一人去送禮，費仲可以接受，有旁人在場，危險。不敢接受也。」

六四：損其疾，使遄有喜，無咎。

簡譯：（找其弱點，投其所好。）

譯文：文王說：「找其弱點，投其所好，喜歡什麼就給什麼，務必讓其高興。這樣沒問題。」

象曰：損其疾，亦可喜也。

譯文：孔子說：「找其弱點送，老費就更高興了。」

六五：或益之，十朋之龜弗克違，元吉。

簡譯：（除所喜，再多送。）

譯文：文王說：「除了他喜歡的都送給他，再另外加上十朋的龜貝也送給他，一定讓他接受，不能推辭。這樣對我有利。」

大藏：十朋之龜為古代貨幣單位。換算成今天到底是多少錢，吾不知也。古漢字典說：「五貝為一朋。一說兩貝為一朋，也有說十貝為一朋的，」不用理會多少，知道是送錢就行。

象曰：六五元吉，自上佑也。

譯文：孔子說：「六五元吉，老天保佑也。」

上九：弗損益之，無咎，貞吉，利有攸往，得臣無家。

簡譯：（先予後取）

譯文：文王說：「給費仲多少好處都沒有問題，等我出來，將來再懲罰他。」

象曰：弗損益之，大得志也。

譯文：孔子說：「費仲老損臣得到好處，文王大志要施展也。」

簡論損卦：

此卦過癮哪！弗損益之，得臣無家。自古奸臣的下場，讓你貪。孔子說：「山下有澤，損；君子以懲忿窒欲」。這句話通俗地說就是：山下有水，非是給你澆灌農田，而是水要淹沒農田。

天生天殺，你不貪麼，我再讓你瘋狂，你貪，我就再給你貪，一直窒息掉你的欲望。老子說：想要收斂它，必先擴張它；想要削弱它，必先加強它；想要廢去它，必先抬舉它；想要奪取它，必先給予它。俗語說：上天欲毀滅一個人，必先令其瘋狂。後散其福分。這個費損也就損到頭了。

　　損卦之道，看用在何處，用在何身上，損好顯乎大道，損不好江山就斷送了。文王聖賢損道用的及其奧秘。在前面治國用損，見風天小蓄卦中六四，有孚，血去惕出，無咎；現在文王羑里還是用損；最後的克商成功仍然是用損以分封。一損，損富，平衡不富者；二損，損惡，救己脫困；三損損己及人，分封，聯邦天下。損之大用者。聖人用損合乎道，小人用損自取遭殃。

　　單看損卦九二爻，利貞，征凶，弗損益之。文王說；「不要和奸臣討價還價，要多少給多少，只可以多，不可以少。要滿足費仲損臣的胃口。讓他在大王面前美言。」看此爻讓我想起一句成語來：「知子莫如父」。這個成語有一個典故，說春秋時，越國宰相範蠡的二兒子在楚國殺了人，被楚國判刑，秋後斬首。範蠡聞訊，遂備了千兩黃金和書信一封，囑小兒子到楚國請宰相幫忙。

　　範蠡長子見派小兒子沒有派他去很生氣，就要求父親讓他去。範蠡對他說：「你弟弟比你去合適。」長子不服，以死相協，非要去不可。範妻見此情景說：「就讓大兒子去吧。」無奈，範蠡改派了長子前去聯繫宰相幫忙。範蠡見長子走後，料定小兒必死無疑。結果也是如此。為何？因為，範蠡長子為人小氣，不知《易經》九二：「利貞，征凶，弗損益之。」求人家辦事一定不能小氣。

　　範蠡長子到楚國後，急拜宰相，送上禮物和書信。第二天，宰相上奏楚王說楚國將有天災，讓楚王大赦在押的死囚，以免除災難。楚王聽後便下旨大赦天下。範蠡長子見弟弟已經獲釋開始心疼千兩黃金，以為既然楚王大赦死囚，求宰相多餘，便又向宰相取回千兩黃金。楚國宰相受辱惱怒，於是對楚王說：「大王大

救天下，本為消災，豈料有人說我受了範蠡的賄賂，為了範蠡的兒子才提議大赦。如果放了他民憤難平。」楚王聽了，就下令斬了範蠡的兒子，等到人頭落地的時候，範蠡小兒子運的棺材正好趕到。

有人說範蠡料事如神，能夠預知小兒生死，長子救不了小兒子。範蠡自己說，知子莫如父。我說，範蠡料事如神不假也，雖然範蠡料定無論如何都會必損一子，但還是派長子前去，這是範蠡決策失當。借孔子的話說：長子前去，吝不明也。幸好文王的兒子能體會「利貞，征凶，弗損益之」的妙用，我想此功定是聰明的周公旦莫屬也。何為，彖麼，周公知文王說啥也。同樣是損，還要看誰用，和如何用也。九二爻講的是損的原則和藝術。

六三爻的損，講的是損的規矩，什麼規矩呢？是三人行，則損一人；一人行，則得其友。你要損人的時候，別拉上第二個人，那人家心裡想收十龜，表面上也不敢。你想讓人家辦事，就別想辦了。六四損，要投其所好，損其疾，使遄有喜，不要人家明明喜歡美女，你給人家損了書畫，人家收了你的還不給你辦事，你傻子似的不知咋回事。初九告訴你了，你要已事遄往，才去損。不要沒事去損。這就是說有事再燒香，無事勿拜佛。

看到沒，3000年過去了，就是到了今天，損卦二、三、四、五、上六每爻都沒有變，就是初九變了。怎麼變了，現代「損人」全知道，就是比3000年費仲進化了。你想已事遄往，才去損，告訴你，那已經晚了三秋了，黃花菜都涼了。為什麼？你說為什麼？誰讓你平時不燒香，臨急抱佛腳。現「損」來不及啊！要早早就「損」，沒事提前備用，等來事了再「損」一下，光「損」哪行，要「養」才行啊。如果，費仲穿越到今天，那可高興了，都為自己叫屈。那可是小巫也，今天比費仲厲害的角不知有多少。說句實話，也比費仲有福氣。為啥？因為得臣也不用失家，公麼。大車人馬。

關於損卦暫時說到這。下面一卦繼續損，損的更精彩。

54.雷澤歸妹
藏解易經36

三十六、雷澤歸妹　美人計

歸妹：征凶，無攸利。

簡譯：（一女頂萬軍）

譯文：文王說：「千萬不要輕舉妄動，不要採取征伐的手段，現在還不是時候，對我們沒有任何好處。我另有妙計，採用歸妹計可確保無虞。」

大藏：歸妹，卦名。古人稱女嫁人曰「歸」，少女謂「妹」，此處《歸妹》為美人計。

象曰：歸妹，天地之大義也。天地不交，而萬物不興，歸妹人之終始也。說以動，所歸妹也。征凶，位不當也。無攸利，柔乘剛也。

譯文：周公說：「歸妹女子也，乃是天地之間創造出來的大義也。天和地二氣不相交融，而萬物不會生長，歸妹是繁衍人的來源也。說以動是說和溝通後而有行動，歸妹申明大義也。現在征伐，還不是時機，沒有好處，不能以剛克剛，要以柔克剛也。以少勝多，以柔勝剛強也。」

象曰：澤上有雷，歸妹；君子以永終知敝。

譯文：孔子說：「澤上有雷，美女，君子到死了才知道美女的弊端。」

大藏：澤上有雷，什麼意思？澤，在八卦中代表少女。雷在八卦中代表長子，在國家代表天子，君王。全句的意思是：天子躺在美女的腿上，就像天上的雷降落在地上的草澤中，被水淹滅了，不響了。換句話說就是英雄難過美人關。古人「道」的智慧、語言今人望塵莫及。孔子四個字

包含了天地大道，寓意非凡。

初九：歸妹以娣，跛能履，征吉。

簡譯：（妙齡少女吉）

譯文：文王說：「用美女征伐紂王。要多送一些美女，美女要年輕的，豆蔻年華的。能夠征服紂王的心。」

【注解】

歸妹以娣：小女出嫁，其妹從嫁。「娣」（dì）指出嫁者的妹妹。古時一夫多妻，妹妹可隨姐姐同嫁一夫，侄女也可隨姑姑同嫁一夫。妹妹從姐姐出嫁稱「娣」。此處文王的意思是說，不要只送一個美女「歸妹」，要多送一些美女。

象曰：歸妹以娣，以恒也。跛能履吉，相承也。

譯文：孔子說：「美女要年輕的，送一打美女，才能讓紂王喜歡的長久。跛能履吉，原有一個，再來一個，互相承歡也。」

大藏：孔子說以恒也，多多送，一打12個也，為美女恒局，跛能履吉，相承也是說原來已經有了一個美女妲己叫紂王眇能視了，現在再來一個歸妹，可以讓紂王左擁右抱了。

九二：眇能視，利幽人之貞。

簡譯：（少女要漂亮）

譯文：文王說：「一定要漂亮的，讓紂王能看上眼。這樣這個美女就能幫上我，讓我回歸了。」

象曰：利幽人之貞，未變常也。

譯文：孔子說：「利幽人之貞，不變常理也。」

六三：歸妹以須，反歸以娣。

簡譯：（送美女要儘快）

譯文：文王說：「送美女要儘快前來，我的返歸家鄉就在此女身

上。」

象曰：歸妹以須，未當也。

譯文：孔子說：「歸妹以須，別耽誤也。」

九四：歸妹愆期，遲歸有時。

簡譯：（送美女不要耽誤了）

譯文：文王說：「如果送美女要耽誤時間了，我回國就要延
　　　時。」

【注解】

　愆qiān：耽誤。

象曰：愆期之志，有待而行也。

譯文：孔子說：「延期之志，又要等待時機而實行了。」

六五：帝乙歸妹，其君之袂不如其娣之袂良，月幾望，吉。

簡譯：（送美女在十四日那天）

譯文：文王說：「紂王能不能讓我回國，他的決定會因為美女而
　　　快速決定。送的這個美女歸妹一定要比妲己還漂亮。時間
　　　在十四日。這天最吉。」

【注解】

　其君之袂不如其娣之袂良：袂（mèi）：媚。其君之袂，紂王的媚
　寵妲己。其娣之袂良：歸妹的嫵媚。
　月幾望：每月十六日為既望，月幾望是十四日。

象曰：帝乙歸妹，不如其娣之袂良也。其位在中，以貴行也。

譯文：孔子說：「帝乙歸妹，不如其娣之袂良也。是因為紂王中
　　　意這一口。愛美人，美人貴也，投其所好才行啊。」

上六：女承筐無實，士刲羊無血，無攸利。

簡譯：（美女既漂亮又有內涵）

譯文：文王說：「不要找外表漂亮，中看不中用，而沒有內涵的
　　　女子，這樣紂王不會看在眼裡的。送這樣的女人對我沒有
　　　好處。」

大藏：女承筐無實，比喻中看不中用，徒有外表漂亮性情不溫
　　　柔，內裡不招紂王喜歡。要會獻媚，撒嬌，才中用。士刲
　　　kuī羊無血：沒有內涵，文王意思是這個歸妹要有內涵。
　　　讓紂王一看到就迷上。

象曰：上六無實，承虛筐也。

譯文：孔子說：「光漂亮無內容，虛有外表也。」

大藏：紂王愛美人，不是一般美人就能讓他傾國傾城的。口味高
　　　著呢。

　　簡論雷澤歸妹卦：

　　看歸妹卦，讀者一定要注意一個細節，是什麼細節呢？就
是六五：「月幾望，吉。」這是什麼意思？這是時間啊，此時間
能讓紂王一見到美女，就能做出放文王出羑里的日子。神嗎？這
就是聖人也。據說，文王被紂王傳旨去朝歌那天就算出自己有七
年之災。也許，秉持科學的現代人不能相信，也不能理解。會因
為是訛傳。那麼這一卦，文王告訴兒子，必須在月幾望這一天讓
美女與紂王見面。那麼月幾望是哪一天呢？是舊曆的每月十四
日。在古籍文獻中，對一個月中某些特殊的日子還有特定的名
稱。如每月第一日叫「朔」，二日為「死魄」或「旁死魄」，三
日為「哉生」或「月出」，八日為「恒」或「上弦」，十四日
「幾望」，十五日「望」，十六日「既望」或「生魄」、「哉生
魄」，十七日「既生魄」，廿二、廿三日「下弦」，最後一天為
「晦」。

　　至於是哪一年，哪一月這個卦沒有說，我也就不知道了，知之為知之，不知為不知，我不能胡說，請讀者不必細究。

　　通過此卦，可以確信文王通天識地之能，聖人當之。老子說：聖人不出門戶，就能夠推知天下的事理；不望窗外，就可以認識日月星辰運行的自然規律。他向外奔逐得越遠，他所知道的道理就越少。所以，有「道」的聖人不出行卻能夠推知事理，不窺見而能明瞭「天道」，不妄為而可以有所成就。

　　聖人知天地之道，而推演人道，以柔克剛，羑里雷澤，文王歸朝。老子說：天下再沒有什麼東西比水更柔弱了，而攻堅克強卻沒有什麼東西可以勝過水。弱勝過強，柔勝過剛，遍天下沒有人不知道，但是沒有人能實行。所以有道的聖人這樣說：「承擔全國的屈辱，才能成為國家的君主，承擔全國的禍災，才能成為天下的君王。」正面的話好像在反說一樣。

　　淺看道德經認為天下最柔的是水也，這只是大道的一面，大家都知道俗語道法自然，如何道法自然這學問可就大了。就是本卦的道法自然，不就是如此麼。自然之理，水最柔，卻能水滴石穿。小女子最柔，卻能把紂王的鋼鐵般的骨頭整酥。女子與水同為陰，同為自然中的最柔之物，沒聽說美女柔如水麼。任你多硬的骨頭都給你搞穿，這就是易經雷澤歸妹之道，柔乘剛也，這也就是大道自然，宇宙之理。中國的古老智慧。大道至簡，豈有說不明白之理。大道不明，何知真理。宇宙無邊，何來玄妙，只是人智有限，不知而已。

　　歸妹損卦，一損，一妹，金錢、美女、江山就沒。大王、英雄難逃其美。在前面，我兩次提到我朋友對紂王的評價是如何之好，總提這兒事，我自己都煩，朋友也不高興，但是不得不說啊，真理就是越辯越明。今人說紂王愛美人有什麼錯？我說愛美人能有什麼錯，往大了說只是給祖宗辛苦打下的江山弄丟了唄！自己也亡了唄！往小的說，大人們丟了官職，丟了腦袋唄！誰笑話誰？都是「英雄」。

　　今人知古有沉魚，饗屧廊下葬夫差。

董戮呂殞閉月手。落雁出塞單於栽。
玄宗斷滅是羞花，愛美英雄柔下埋。
羑里撫琴送歸妹。四美前身有靈骸。

紂王金戈利馬起，十萬雄師也難當。
柔能克剛自然裏，文王有道戰熊羆。
妲己亡商還不夠，費損費損還能挨，
再加一位眇能視，跛能履兮登魂臺。

聖人歸後諸侯湧，留待時機南征起。
八卦兵法傳武王，揮師革鼎有妙奇。
按下征伐先不表，當說雷澤此一招，
自古英豪有多少。歸妹裙下魂飄飄。

易經大道警示告，帝王之術現今朝。
道亦有道命難逃，貪欲之心人皆有。
過分就是斷魂刀，不信你就再貪貪。
如何逃出天地理，時機一到全報銷。

非是大藏詛咒你，看古思今沒人逃。
暫時躲避無啥奇，只是時機沒來到。
看雷澤卦觀自己，與此相同把妹拋。
文王此卦送給你，成佛就是放屠刀。

——大藏瞄古視今。

28.澤風大過
藏解易經37

三十七、澤風大過　劫難過去　大赦　文王受命

大過：棟橈，利有攸往，亨。

簡譯：（大難過去，誇官。）

譯文：文王說：「劫難已經過去，接受紂王旨意，繞行朝歌過街誇官，利有將來。」

象曰：大過，大者過也。棟橈，本末弱也。剛過而中，巽而說行，利有攸往，乃亨。大過之時義大矣哉！

譯文：周公說：「大過，父王劫難已經過去也。在城裡誇官繞來繞去，本末倒置不利也，紂王強制終能緩和放過父王。命令父王誇官，即有利於紂王無道後仁德之名，又有利於父王回國開闢將來的事業。因此順利。大過的現實意義非常大啊！」

象曰：澤滅木，大過；君子以獨立不懼，遯世無悶。

譯文：孔子說：「火源被熄滅了，大難已經過去，君子可以自由了什麼也不怕了，回國暫時忍遯但不會閒著。」

初六：藉用白茅，無咎。

簡譯：（文王受命）

譯文：文王說：「紂王放歸受命，以白茅受封我為王侯。沒有過錯了。」

象曰：藉用白茅，柔在下也。

譯文：孔子說：「回故里封侯，還是在紂王管制之下也。」

九二：枯楊生稊，老夫得其女妻，無不利。

簡譯：（文王就要回歸故里與臣子親人團聚）

譯文：文王說：「我今被釋放，就要回家，猶如枯樹發芽，老夫可與家人臣子團聚，沒有任何不利的因素。」

象曰：老夫女妻，過以相與也。

譯文：孔子說：「老夫老妻，文王與臣子，是文王與宰相要見面也。」

大藏：姜尚，姜子牙要出來了。

九三：棟橈，凶。

簡譯：（誇官凶）

譯文：文王說：「我不能在朝歌來回繞去繞去，棟橈，凶啊。」

大藏：可能文王感覺不好，在誇官時，萬一紂王又後悔放文王，反過來再讓他回去就壞了。

象曰：棟橈之凶，不可以有輔也。

譯文：孔子說：「棟橈之凶，不可以呀，有人提醒幫助他。有捕也。」

大藏：是呀，可能是朝歌哪個臣子提醒了文王。孔子知道的事多也。

九四：棟隆，吉；有它吝。

簡譯：（誇官是好事，出現紕漏不好。）

譯文：文王說：「誇官吉，但是有人挑撥是非就壞了。」

大藏：不怕沒好事就怕沒好人啊，文王被紂王囚禁，就是崇伯虎向紂王進的讒言。搬弄是非才得此之厄。如果又有什麼人出來挑事那可壞也。

象曰：棟隆之吉，不橈乎下也。

譯文：孔子說：「棟隆之吉，不橈了，走也。」

九五：枯楊生華，老婦得其士夫，無咎無譽。

簡譯：（枯樹開花，大志得現）

譯文：文王說：「老夫回故里了，猶如枯樹開花。終於可以征伐了，老夫弒君，無過錯，也沒有讚譽，道法自然。」

象曰：枯楊生華，何可久也。老婦士夫，亦可丑也。

譯文：孔子說：「枯樹開花了，能開多久。老婦弒夫（臣子殺君主），怎麼說也是丑也。」

上六：過涉滅頂，凶，無咎。

簡譯：（過分高興，凶）

譯文：文王說：「不能太高興過分了，過分滅頂，凶啊。沒有過錯。」

大藏：高興忘形，樂極易生悲。太得意不行啊，凶也。

象曰：過涉之凶，不可咎也。

譯文：孔子：「過涉之凶，不可犯此過錯也。」

【注解】

棟：棟樑之才，文王自稱。

橈：在城裡繞來繞去，誇官遊街，如古代中頭名狀元都會在城市街道誇官三日。

隆：起包，事情隆起，形容有事發生。

簡論大過卦：

譯大過卦高興啊，看二聖對弈，太享受了。文王出羑里，孔子長吁了一口氣，此卦中孔子表現出他的幽默詼諧一面。

從開始，孔子就說，大難已經過去，君子可以自由了什麼也不怕了，回國暫時隱遁但不會閑著。然後初六，文王說封我王侯回家。孔子就說，還在紂王手下。九二文王說，我要回去與家人臣子相見。孔子就說要與丞相姜尚相見，言外之意，他倆要一起研究紂王，紂王沒好了。九三文王說，棟橈，凶。孔子就說有人

抓捕。九四文王說，如果棟橈時要是有意外之事起包就不吉了。孔子就說，不橈了，走了，逃也。九五文王說：我枯楊生華，老夫得以殺君，無咎無譽。本來，文王是對自我的中肯評價。因為我為了所謂的大義不得不殺你紂王，但畢竟你還是君王，我是臣下，所以也就沒有功勞沒有過錯了。扯平了，此乃大易乾坤之理，因此我譯成道法自然。而孔子以君道是從說，老婦士夫，亦可丑也。另外又說，你都老啦，枯楊生華，何可久也。當然也有江山的起起伏伏哪有長久之說。

最有道的是上六：「過涉滅頂，凶，無咎。」文王說：「不能過分啊，過分滅頂，過分得意凶啊，幸好我沒有犯過錯也。」文王在這句話的意思分二層：一是，我對紂王商朝做事要有分寸，只要平了紂王就好，不能讓百姓受苦，遭遇戰亂之苦。二是，我不能在朝歌過分誇官，不知哪下沒處理好，露出得意再被紂王抓回去就有凶了。因此文王說過涉滅頂，凶，無咎。幸好，我逃回來了。

譯這個卦開心啊。

另外此卦中涉及一個重要的歷史迷案：關於「文王受命」的問題。這個問題歷史糾纏不清，它關係確定武王克商的日期，因為武王克商的日期必須先從「文王受命」開始。《史記•周本記》載：「乃赦西伯，賜之弓矢斧鉞，使西伯得征伐。……於是虞、芮之人有獄不能決，乃如周。……諸侯聞之，曰：『西伯蓋受命之君』。明年，伐犬戎。明年，伐密須。明年，敗耆國。……明年，伐邘。明年，伐崇侯虎。而作豐邑，自岐下而徙都豐。明年，西伯崩，太子發立，是為武王。……西伯蓋即位五十年。其囚羑里，蓋益易之八卦為六十四卦。詩人道西伯，蓋受命之年稱王而斷虞芮之訟。後十年而崩，謚為文王。」

我們先說「乃赦西伯，賜之弓矢斧鉞」。在損卦，雷澤歸妹卦中，我已經介紹了文王告訴武王要買通姦臣費仲。這個事情在歷史中也有記載：西伯昌之臣閎夭買通了費仲，給商紂王獻上了「有莘氏美女，驪戎之文馬，有熊九駟，他奇怪物」。商紂王

非常高興，說「此一物(按：指有莘氏美女)足以釋西伯，況其多乎！」於是釋放了西伯，並「賜以弓矢斧鉞，使西伯得征伐」。這就是紂王賜以弓矢斧鉞「受命文王征伐」，也就是詩人稱道西伯的出處，那麼詩人就是指《詩經》中《文王有聲》篇曰的：「文王受命，有此武功。既伐於崇，作邑於豐。文王烝哉！」

　　那麼在「文王受命」上歷史學家與學者都有不同的見解。有的說：周文王西伯昌在位總計五十年。西伯昌即位五十年自然是指繼其父王季之位，成為殷商王朝的諸侯西伯長達五十年。所受之命當然不能理解為商紂王「賜之弓矢斧鉞，使西伯得征伐」之命，因為此命是不可以稱王的。那麼西伯昌受的是什麼命呢？除了商紂王，只能是上天授予了。上天給西伯昌受了怎樣的天命呢？這一定是一種特別的天象。也就是說文王的受命是天象受命。

　　以上這些解釋「文王受命」根本不符合事實。如果歷史學家與學者能夠瞭解《易經》講些什麼，瞭解文王是怎樣一個人，就知道「文王受命」絕不是現代學者解釋的那樣，以為文王或上古大賢聖人是迷信天命那一套表面的東西。其實文王在這部《易經》中早就告訴世人，什麼是君王的天命？什麼是江山的恒常？什麼是臣子的天命？什麼是百姓的天命？臣的命和百姓的命先不講，就說文王的天命。文王認為：只有中孚才是最好的君命。除此之外都會乾坤輪轉，否泰休咎，既濟和未濟，等讀者繼續往下看後篇各卦自然能明白上古中古得道的聖賢是如何看待天命的。

　　那麼「文王受命」到底從何說起呢？就從這個卦說起，文王的受命有二層意思表達：

一，命不該絕，本卦大過就是大赦，回故受封。

　　文王在初六就說：藉用白茅，要我回老家原籍還封我為王。因此「文王受命」是指商紂王封以文王王侯之命。文王羑里劫難一滿，紂王不但放其回屬地岐山而且還受封以白茅。這白茅什麼意思呢？這白茅就是指茅土之封，封王、封侯、封爵。古天子分封王、侯時，用代表方位的五色土築壇，按封地所在方向取一色

土，包以白茅而授之，作為受封者得以有國建社的表徵。紂王為什麼受給文王白茅呢？因為紂王見囚也囚了，兒子也殺了，美女也收了，人家姬昌還沒有反也，得了，放你吧，這樣放你顯得太說不過去了，既然姬昌沒有問題，給人家囚了那麼久，作為君王不給點補償臉上也不好看，因此就封你王吧。讓你做三公。我不但封你王，還要賜給你兵器等物，讓你去給我攻伐犬戎和其他小國。

二，受命剪敵，為克商提供了有力的根基基礎。

文王命不該絕，羑里之厄服滿得到紂王的封王。又讓其攻打犬戎等其他名族部落，這不是天賜良機還是什麼？文王在紂王的授命下攻伐這些諸侯部落。在這個授權下的征伐中，文王充分地為後來的武王克商革命中做足了鋪墊。你說這是什麼，這就是羑里之囚換來天賜良機。

紂王既給文王封王又受命，受什麼命？就是說我封你王，這個王不能白封，我還要命令你攻打犬戎。你是帶着我紂王的使命回藉的。看到沒有？這就是受命的由來。這叫什麼，這叫紂王之算，不如文王之算。文王之算不如天算。文王能算到羑里之厄何時來、何時滿，卻也不會想到，被釋放還能領命攻打犬戎，這就為自己的未來大志迎來了巨大機會。文王可以充分地利用攻打這些諸侯小國的戰爭中為自己撈足資本。

這就是受命的意義。從此卦中就以文王出羑里受命為第一紀年。以此計算武王克商之年。後面再講。

喜兮，

文王受命，白茅回故。

棟橈大凶，不橈回家。

枯楊生稊，枯稊生華。

待到結果，大志開花。

53.風山漸
藏解易經38

三十八、風山漸　親人團聚，鴻皓大志

漸：女歸吉，利貞。

簡譯：（鴻雁回歸，文王歸故。）

譯文：文王說：「我回來了，順利安全到達家鄉。與親人臣子相
　　　見也。利於江山穩固。」

**象曰：漸之進也，女歸吉也。進得位，往有功也。進以正，可以
正邦也。其位剛，得中也。止而巽，動而不窮也。**

譯文：周公說：「鴻皓之志，逐漸實現，父親已經安全回來了。
　　　進殿居之正位，父親前往羑里雖然遭禁但有功也。沒有羑
　　　里之禁，也沒征伐決心，因進而正，可以實現真正的道義
　　　之邦。雖然奪取江山可謂剛強，但是卻大得民心可謂得中
　　　也。聽從計畫，命令的調動，現在採取一些行動可謂道路
　　　順暢也。」

象曰：山上有木，漸；君子以居賢德，善俗。

譯文：孔子說：「山上有木，繁茂林立，欣欣向榮，鴻皓有枝，
　　　棲身有家。君子安居賢德普濟，善理朝政。」

大藏：鴻鳥飛翔由低處逐漸進於高位。比喻文王居位開始逐漸施
　　　展自己的大志。也比喻文王漸入佳境。

初六：鴻漸於干，小子厲，有言，無咎。

簡譯：（鴻雁停落樹幹，大志訂立。）

譯文：文王說：「大志已立。兒子的準備已經鋒利了，西郊已經
　　　穩固，並有了一定基礎，可以與大家說說我的計畫了，沒
　　　有問題。」

象曰：小子之厲，義無咎也。

譯文：孔子說：「兒子都準備鋒利了，起義沒有問題了。」

六二：鴻漸於磐，飲食衎衎，吉。

簡譯：（鴻雁站穩樹幹，大志已穩。）

譯文：文王說：「大志已經掌握在手中猶如磐石般的穩固，現在吃飯也很快樂，吉。」

　　【注解】

　　衎衎（kàn），和樂、高興。

象曰：飲食衎衎，不素飽也。

譯文：孔子說：「飲食快樂，不吃都飽也。」

九三：鴻漸於陸，夫征不復，婦孕不育，凶；利禦寇。

簡譯：（大志塵埃落定，尚缺時機。）

譯文：文王說：「大志塵埃落定，眾志成城，各路諸侯都想征伐紂王，我也承諾了各路諸侯，總是醞釀不採取行動，凶啊！醞釀太久，不採取行動，就失信於臣子、百姓及其各路諸侯，凶啊！不能錯失機遇啊，但尚缺時機。

象曰：夫征不復，離群醜也。婦孕不育，失其道也。利用禦寇，順相保也。

譯文：孔子說：「諸侯想征伐，你不回復諸侯，諸侯質疑，離開了群眾基礎，失信於人也。老懷孕不生孩，總計劃不實施，有失其道啊。有利的時間裡，要做有利的事，征伐順利，互相有保障也。」

六四：鴻漸於木，或得其桷，無咎。

簡譯：（大志飛翔，吹響號角）

譯文：文王說：「大志就要飛翔，磨拳誓誓，吹響號角，沒有問題。」

【注解】

桷（júe）：椽。

象曰：或得其桷，順以巽也。

譯文：孔子說：「吹響號角，順從號令也。」

九五：鴻漸於陵，婦三歲不孕，終莫之勝，吉。

簡譯：（大志準備三年）

譯文：文王說：「大志已經飛到了高陵之上。我回來後，又準備了三年而沒有採取征伐紂王的行動計畫，吉。」

象曰：終莫之勝，吉；得所願也。

譯文：孔子說：「終莫之勝，一直忍耐，一直韜光養晦，吉。終於得嘗所願也。」

大藏：終莫之勝：克制征伐欲望，堅守自己十年後征伐的諾言。

上九：鴻漸於逵，其羽可用為儀，吉。

簡譯：（大志即將實施）

譯文：文王說：「我的大志就要實施了，要讓我的文明、思想，我的計畫、我的綱領（我的易經），我的制度即將成為治國標準。吉。」

象曰：其羽可用為儀，吉，不可亂也。

譯文：孔子說：「你的羽毛可成為建立國家，治理國家的規則，吉。一定不可亂也。」

簡論漸卦：

這個漸卦也是《易經》中重要的一大卦，這個卦可以說代表着周朝制度的建立，文明的崛起。它關乎我們中華文明之源。《易經》的智慧，大道歷經伏羲，文王的祖上高宗，文王之手完成。可以說歷經上中二古千年演義。至於後人說歷經三古，那是

後人根據孔子作十翼著說象所言。其實孔子只是把《易經》的大道在儒家文化上遷移應用而已。《易經》大家要是明白了，各行各業都能遷移應用，這就是道。我所說歷經上中二古就已經完成，是因為《易經》的本身內容而言。文王前，有關於《易經》占卜就已經相當的成熟，它不叫《易經》，而叫《連山》。文王所做的《易經》模型體用雖然全是《連山》原型，只要用《連山》的占卜規則就能使用，即使不用《連山》的方式，單獨採用《易經》特殊方式占卜都可以使用。

關於易經自己獨特占卜方式如有機緣我也可以單獨成書，另寫一冊專論易經占術。這裡關於占術方面的我先避免不談，以免使讀者混淆，雲裡霧裡。我寫書的原則是，要寫就明，一看就會，一會就用，大道至簡。自己都不知道說的是什麼的書，堅決不寫。廢話不說，請讀者繼續看。

為使讀者明白本卦說的是什麼，我先給大家梳理一下：

一，我為什麼說漸卦可以說代表着周朝制度的建立，周禮的建立，文明的崛起。它關乎我們中華文明之源呢？

文王在上九說：「鴻漸於逵，其羽可用為儀，吉。」孔子象曰：「其羽可用為儀，吉；不可亂也。」二聖說這句話是什麼意思？九三爻中「鴻漸於陸，夫征不復，婦孕不育，凶；利禦寇。」和九五爻「鴻漸於陵婦三歲不孕，終莫之勝，吉。」這兩個爻分別說明什麼問題？

現在，我回答上述的疑問：

之所以說漸卦代表着周朝制度的建立，文明的崛起。它關乎我們中華文明之源。是因為文王在羑里演義，可不是為了教大家占卜，給世人留下一本占卜的書。那是沒有辦法，為什麼呢？文王被囚禁，自己算出有羑里之災，也算出什麼時候能夠解除災難。可是作為一個聖人在羑里乾等着囚禁，空等時光消耗，這豈是聖人所為。文王內聖外王，又豈能放著西郊大事，百姓生活不管。因此，文王在羑里必須要做點什麼。這就是文王在羑里演易的真正目的，就是建立一個新王朝，建立一個新秩序。

對於聖人而言，占卜只是小術，治國治民才是大術。因此，文王把所用建立國家的大術，方針，政策基本大綱以及如何克商的種種計畫都寫在了64卦裡。另外，聖人早知商朝終究會被各路諸侯取代，各路諸侯也會推舉西郊成為諸侯聯盟統治的政治中心。因此文王早早制定了新朝的制度典章，這就是《周官》也是後來的《周禮》，這就是文王自己所說的羽。所謂鴻就是大志，文王想建立一個新王朝，建立一新秩序宏圖大略也。鴻，就是大雁（見圖）。

　　大雁是雁屬鳥類的通稱，共同特點是體形較大，嘴的基部較高，長度和頭部的長度幾乎相等，上嘴的邊緣有強大的齒突，頸部較粗短，翅膀長而尖，尾羽一般為16～18枚。體羽大多為褐色、灰色或白色。全世界共有9種，中國有7種。除了白額雁外，常見的還有鴻雁、豆雁、斑頭雁和灰雁等，在民間通稱為「大雁」。大雁是人們熟知的鳥類類群之一，在遷徙時總是幾十隻、數百隻，甚至上千隻匯集在一起，互相緊接著列隊而飛，古人稱之為「雁陣」。「雁陣」由有經驗的「頭雁」帶領。

鴻：大雁也
羽：飛翔器，（周官）制度也
儀：禮儀也
其羽可用為儀，吉。

　　讀者看到這個圖也就明白了孔子為什麼說「夫征不復，離群醜也」的含義了。孔子意思是說，想要克商者幾百個諸侯，一群人，大家信任你，與你做首，你要是再不採取行動，婦孕不育，人家就行動了，到那時天下大亂，又不知道亂多久，就失其道

也。是呀，大家想想幾百個諸侯反叛，文王再不出來那會亂出一個什麼熊樣子來？其實你看三國，看中華軍閥割據的時代就知道了，各路諸侯全都揭竿而起，老百姓要多麼倒楣，那要亂個猴年馬月。其實從這個卦中，大家也可以知道，商末後期到了商紂江山，天下戰亂已經不停了。文王被囚禁羑里時，天下800諸侯就反了400諸侯。而文王在羑里之前還沒有準備與商紂決裂，並沒有參加反叛諸侯行列中。後進了羑里，經過認真思考，在羑里的三年後開始計畫徹底決商。見前面屯卦六二：「屯如邅如，乘馬班如。匪寇婚媾，女子貞不字，十年乃字。」文王這時才決定匪寇婚媾，廢掉與紂王締結的君臣關係。然後文王說，我先十年對你守貞潔，不反你，十年後再反你。對於這一點，讀者可能犯糊塗，為什麼說要十年後呢？在屯卦中我本想解釋這個問題。但一想，漸卦還得重提，因此就留在這寫了。為什麼呢？這是因為，文王畢竟是聖人也，原因有三：一，文王知道自己的壽命，什麼時候死。文王不想自己在世時廢除與商紂的君臣關係，信守承諾，一直是文王所遵循的。另外文王也不想給後人做不忠不德的榜樣。

二，西郊是商朝的諸侯國，向紂王納貢，稱臣下國，只是盟約關係。根據那時的關係，文王死後，武王可以換國號，願不願意繼續履行臣下國關係那要看武王與紂王的關係。也就是說，當時的社會的政治統治群龍眾多。已經是諸侯聯邦的基礎格局，只不過那時的格局到了商紂後期已經鬆散了，為何呢？簡單來說聯邦的體制不夠健全，紂王只知道征伐打仗不會治理國家，靠祖宗打下的江山混老本。再加上他的種種惡行，天下的諸侯紛紛反叛都想自立國家。其實，就在這樣的情況下，文王遭難，正像司馬遷遭宮刑而寫史記，文王遭囚才思考天下格局到底應該如何？天下諸侯、天下百姓應該何去何從？因此，文王最終決定加入反商大軍，這就是先有400反商，中有文王遇囚，後又諸侯聯盟的由來。並非是文王天生反骨，人家老頭子一大把，等要歸西才要反商，你說是出於道，還是盜？連孔子那麼一個遵守坤道之人都著

急了說：「夫征不復，離群醜也。婦孕不育，失其道也。利用禦寇，順相保也。」第三，時機問題。聖人懂道，知道花開瓜熟蒂落皆是出於自然。春天不知不覺中來臨。大道要隱與形。人類的生長要順乎自然，國家變更也要順乎自然。如果不順乎自然，時機不到，征伐起來沒完沒了，那對百姓國家到底有什麼好處。聖人取國並非愛權，聖人是因為亂世要和平，不能戰亂連連。因此文王必須要等待最有利的戰機出現一戰而成，才可以採取行動。縱觀歷史武王克商時間短暫，可堪古代戰爭中的經典，就是對現代而言都是值得研究學習的。

　　《易經》在告誡人類，戰爭非同兒戲。筆者也在此提醒史學家、學者、專家對文王《易經》要嚴肅，認真，實事求是地考證。任何一個朝代的帝王也沒有像文王這樣留下這樣一部智慧的經典，這樣的歷史和文化讓你考證。這是挖掘中華文明的來源，中華信仰的來源，中華智慧的來源，可以說做好了有功於社會，有功於人類。因此一定要特別地重視。

　　現在，我再給讀者深入一下漸卦的背後大道和文化所在。在這裡要與大家提到一個飛禽，就是鳳凰。文王用大雁來暗說自己。也許有的人會反對我說，大雁是大雁，鳳凰是鳳凰，沒有關係，你就當我張冠李代。但是，你深入道中就明白，如果你懂得火雞變鳳凰，烏鴉變麻雀，你就能明白大雁變鳳凰的道理所在。還是先看一下《山海經•南山經》：又東五百里曰丹穴之山。其上多金玉。丹水出焉，而南流注於渤海。有鳥焉，其狀如雞，五采而文，名曰鳳皇。首文曰德，翼文曰義，背文曰禮，膺文曰仁，腹文曰信。是鳥也，飲食自然，自歌自舞，見則天下安寧。這句話是什麼意思？譯成現代語言就是，再往東五百里，是座丹穴山，山上盛產金屬礦物和玉石。丹水從這座山發源，然後向南流入渤海。山中有一種鳥，形狀像普通的雞，全身上下是五彩羽毛，名稱是鳳凰。頭上的花紋是「德」字的形狀，翅膀上的花紋是「義」字的形狀，背部的花紋是「禮」字的形狀，胸部的花紋是「仁」字的形狀，腹部的花紋是「信」字的形狀。這種叫

做鳳凰的鳥，吃喝很自然從容，常常是自個兒邊唱邊舞，一出現天下文明，萬國咸寧。看到沒有，這就是文王自己沒有直接說是鳳凰。為什麼？因為這個鳳凰是文王先祖的象徵。這裡不提文王先祖，一提太散，其實易經每一個卦都能寫部書。文王說：其羽可用為儀，指的就是仁、義、禮、德（上古稱德非是智）、信。孔子說其羽可用為儀（禮制，制度)，吉。不可亂也。可以說此卦，又一次證明《周禮》之源也。這是文化、文明之源，也是姬昌西伯侯後被尊稱文王的來源也（文王：創建文化、文明的王也）。

> 鴻雁回巢換彩毛，
>
> 終有一朝變鳳凰。
>
> 身披仁義禮智信，
>
> 傳授文明始文王。

三十九、雷火豐　豐邑　軍營招兵

45.雷火豐
藏解易經39

豐：亨，王假之，勿憂，宜日中。

簡譯：（豐邑，建立軍營。）

譯文：文王說：「兒臣(武王)要親自到豐邑去，勘測地址，在豐建立新國都、建軍營，不用擔心。先以土圭之法，測量出整個土地的面積，然後將圖圭放在土地的中心部位，再求出地中，確定中心點。中心點一確定，就可以了。軍營為長方行的日字格局。」

大藏：宜日中，是一個土圭測日影法。是上古時代用以測日影、

正四時和測度土地的器具。文王此句的意思是，在一大塊土地上，先測量整體土地的面積。然後再前後左右（東西南北）計算出尺寸大小，再確定出中心點。然後把土圭放在地上，就能求出中午午時的時間。以確定南（中午12點方向），確定南、確定東、確定西，東西南北一定，方向就定了。方向定、面積定，就可設計軍營圖紙了，軍營圖紙畫好就可以建軍營。

象曰：豐，大也。明以動，故豐。王假之，尚大也。勿憂宜日中，宜照天下也。日中則昃，月盈則食，天地盈虛，與時消息，而況人於人乎？況於鬼神乎？

譯文：周公說：「豐，茂盛，壯大，羽翼豐滿也。光明在前，擴大隊伍，因此豐也。王的新都，王用之。尊崇光大也。不用擔心，規劃成日字軍營結構，取日中為中午的太陽旭日當空之象，宜照天下也。太陽中午過後就是日中則昃為太陽偏西，月盈則食是月亮盈滿就要虧缺。事物發展到一定程度，就會向相反的方向轉化。天地的盈虛，與歲月時光，四季的陰陽消長一樣，來回的變化轉動。天地間都是如此反復，沒有長久地光照，也沒有長久地黑暗，更何況是人與人之間的人事盛衰豈能逃出天道的轉換。時光逃不去，人逃不去，鬼神就更逃不去了。」

大藏：周公說明以動，故豐。說得好，紂王給文王受命，白茅歸故，光明正大地招兵買馬。

宇宙天地之道，滿則虧，虧則不盈。聖人認為什麼事都不要過分和不極，最好就是正好。正好就是中。新的國都、軍營的建築結構要建成日字形狀，就是長方形，中間的一橫就是主帥的中軍帳。這是人取法自然之道。另外根據本卦的特點應該是建軍營而不是國都。

象曰：雷電皆至，豐；君子以折獄致刑。

譯文：孔子說：「建立軍營招兵買馬，羽翼豐滿。君子受盡折磨

後而起身雪恥。」

大藏：雷指武王，電指軍事戰火，打擊，這裡指主帥。軍隊的首
　　　長。這真是紂王因文王虧大了，要受到軍事懲罰(征伐)，
　　　這就是君子以折獄刑紂。

初九：遇其配主，雖旬無咎，往有尚。

簡譯：（讓姜尚隨武王前往）

譯文：文王說：「讓丞相姜尚與你前往，雖年齡上旬已是老者，
　　　但沒有問題的。」

【注解】

遇其配主：輔佐武王之人。

象曰：雖旬無咎，過旬災也。

譯文：孔子說：「姜尚雖旬無咎，死了就完了。」

【注解】

旬：七旬老人。

六二：豐其蔀，日中見鬥，往得疑疾，有孚發若，吉。

簡譯：（建立指揮大營）

譯文：文王說：「在豐邑建立軍部，建成長方形的日字結構，中
　　　央部位建立中軍指揮大營，以便於主帥行駛權利發號司
　　　令。軍營設立烽火臺，遇到危險和特殊行動時可以點火發
　　　送信號。」

【注解】

豐其蔀；蔀屋，草席蓋頂之屋，這裡指建立軍營。
日中見鬥：一是中央主帥大營，中軍帳。二是烽火臺。鬥：是信
號。也是代表方向。
往得疑疾：發現危險。
有孚發若：發令，發送信號。

象曰：有孚發若，信以發志也。

譯文：孔子說：「有孚發若，一聲令下眾志成城。」

九三：豐其沛，日中見昧，折其右肱，無咎。

簡譯：（軍營規劃）

譯文：文王說：「軍營要東西南北四面環水，沒有問題。軍營主
帳在中間要與東西相連。」

大藏：這句話有二層意思，第一個意思是說：1、軍營主營在軍
營中間，主帳東面與東廂軍營相連。此處開設東門。昧
mèi，是昧旦，清晨還未明亮時。卯時，太陽出來，太陽
在東方升起，因此是東門。2、折其右肱gōng，是軍營主
帳右邊與東相對稱的西營相連，此處開設西門。另有南北
方向之門，四周要豐其沛，意思就是開溝渠建立壕溝，壕
溝引進充沛的水資源，既可以做屏障，也可以做生活用
水，又可以防火。根據此爻表示在豐邑這個地方四周有
充分的水流河床之源。第二個意思是說：主軍帳右面日
中見昧，側面對西面（折其右肱），也就是軍營的大門
朝向是坐北向南。朝向應該是這個方位。這就是左青龍
右白虎，前朱雀後玄武。見圖：（圖畫的不好，明白就
可。）

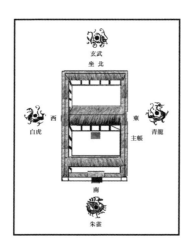

象曰：豐其沛，不可大事也。折其右肱，終不可用也。

譯文：孔子說：「豐其沛，不可成就大事也，折其右肱，最終也不可用也。」

大藏：我正想著這個軍營的圖紙的左右環境如何呢？真是好極了，孔子在象中洩密。孔子說：「豐其沛，不可成就大事也。」意思說這是一個大江或大河流，與朝歌的地理位置相背，武王軍事打擊的目標不是這一邊。折其右肱，最終也不可用也，西面不是軍事目標。根據這兩句話提示可以大膽判斷，這個軍營的地理環境應該是，北面有水，或者有山做天然的屏障。西面應面對河水，它的背面應該是天水甘肅方向，不是武王軍事征伐的目標。南面是鬥地，武王原來的理政地方。東面大門，這東面大門方向應該是與朝歌有關是屬於南征的目標。根據前面文王的卦中所提示的應該是東北方向面相朝歌。也就是大營東北方向是攻打征伐的目標。

九四：豐其蔀，日中見鬥，遇其夷主，吉。

簡譯：（主營在中）

譯文：文王說：「在軍營中間建立一個中軍帳，給姜尚執掌中軍帳，吉。」

象曰：豐其蔀，位不當也。日中見鬥，幽不明也。遇其夷主吉，行也。

譯文：孔子說：「豐營，武王不當主帥也，那這個中軍帳誰來坐呢？文王此時幹什麼去了呢？恩，這是叫姜尚執掌中軍，吉啊，行也。」

大藏：孔子看到九四說位不當是指大位：武王已經執政。日中見鬥，中軍帳給夷主坐，所以才說，武王不當這個中軍帳的主帥。然後又說「幽不明也」，文王不明，是指文王的情況狀況不明。孔子心想，此時文王在幹啥呢？幽是指幽人

也，是文王對自己的囚禁的稱呼。在屯卦中初六爻，文王
說臀困於株木，入於幽谷，三歲不覿。孔子說幽人不明
也。有延續文王自稱另外加上一層幽隱，隱居與「事」外
的一種稱呼。「遇其夷主吉。」夷是指外來的人，不是本
宗的人。這裡的夷是指外來的賢臣。

六五：來章，有慶譽，吉。

簡譯：（主營在中，治理軍務。）

譯文：文王說：「姜尚就在中軍帳中閱來往的軍事情報奏章。有
　　　前來投軍的，吉。」

象曰：六五之吉，有慶也。

譯文：孔子說：「六五之吉，有人來也。」

上六：豐其屋，蔀其家，窺其戶，闃其無人，三歲不覿，凶。

簡譯：（軍營建好要做好徵兵納賢工作）

譯文：文王說：「軍營蓋好了，各個營部都安排妥當。如果一直
　　　沒有人前來投軍，軍營空空，三年不能征伐就凶啊。因此
　　　一定要做好招兵納賢的工作。」

大藏：窺、闃kuī：窺是外表看這個軍營，其外也。闃，是裡
　　　面，看屋裡，看這個軍營，其內也。裡外都無人，表示冷
　　　清沒有人前來投軍。此處所指大將賢人來投非指一般士
　　　兵。

象曰：豐其屋，天際翔也。窺其戶，闃其無人，自藏也。

譯文：孔子說：「屋有了，大鵬展翅空中翱翔，看其戶，其空無
　　　人，自己用唄。」

簡論豐卦：

　　豐卦是建立軍營，招兵用的。是文王克商前的具體準備工
作。此卦涉及以下幾個內容：

一，文王要在哪建立軍營？

二，土圭測影之法。

三，軍營環境佈局。

四，歷史迷案。

現在，先說第一個問題。

文王準備在豐這個地方建立新都，建立軍營。我想這個首先是建立軍營，應該離「鬥城」（現在西安斗門鎮）不遠，也許在一個中軸線上。軍營的建築格局應該是日字格局。

另外軍營的主帥要居中而建，四周要有充沛的水源，便於防禦及生活用水。軍部坐向要背北向南。

我把二、三、四爻連在一起解讀：

「豐其蔀，日中見鬥，往得疑疾，有孚發若。豐其沛，日中見昧，折其右肱，無咎。豐其蔀，日中見鬥，遇其夷主吉。」短短40個字包含資訊強大。

連起譯文：在豐建立軍營，與鬥地互相照應，中間設立一個中軍帳，留給主帥發號司令的。軍營要設立烽火臺，遇到危險和特殊行動時可以點火發送信號。軍營要長方形日字結構，南北走向，坐北向南。四周要有充沛的水利資源。雖然字少但涉及知識多。如何求中？如何測量土地？這些問題涉及古老的建築科學及古老的建築風水學。

根據以下內容提示，畫圖示意（畫的不好，明白就可）：

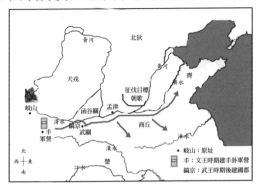

二，土圭測影之法。

土圭是古代用以測日影、正四時和測度土地的器具。《周禮•地官•大司徒》中說：「以土圭之法，測土深，正日景，以求地中。」

這句話的意思是：土圭是一種測日影長短的工具。所謂「測土深」，是通過測量土圭顯示的日影長短，求得不東、不西、不南、不北之地，也就是「地中」。夏至之日，此地土圭的影長為一尺五寸。之所以作如此選擇，是因為「地中」是天地、四時、風雨、陰陽的交會之處，也就是宇宙間陰陽沖和的中心。

土圭不僅可以測量土地，也可以用來做時間的計時器，也可以測量時間。用於測量時間就可以叫圭表，圭表是利用太陽射影的長短來判斷時間的。它由兩部分組成，一是直立於平地上的測日影的標杆或石柱，叫做表；一為正南正北方向平放的測定表影長度的刻板，叫做圭。既然日影可以用長度單位計量，那麼光陰之「陰」，及時間的長短，用「分」、「寸」表達就順理成章了。

那麼測量土地如何使用？把一大塊土地量出總長度，總寬度計算出總面積。然後，上下左右十字對折，取中，就知道土地的中間部位是哪。在中間部位立土圭再求出東西南北方向，就這是

日中見鬥。日中見昧，折其右肱：日中見鬥就是指二鬥，南鬥正南，北斗正北，就是現代的中午12點南與晚上6點北的方向。東西對折就是日中見昧，折其右肱。

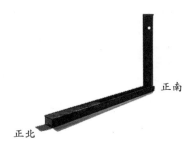

通過以上的方法就能測量出土地可以建成多少平方的軍營大帳了。建築房屋也是一樣。那麼在這個卦中給我們透露出什麼資訊呢？透露出軍營四面環水，就是豐其沛。這就是我要談的第三個問題，軍營環境佈局。

三，軍營環境佈局。

說軍營環境佈局還要提一下建築風水，風水古稱堪輿學。最早追溯可源自黃石公，黃石公約前292年-前195年，秦漢時人，後得道成仙，被道教納入神譜。據傳黃石公是秦末漢初的五大隱士之一，排名第五。後世傳有黃石公《素書》和《黃石公三略》。但依此卦看來，文王應是風水的鼻祖。八卦風水也。

因為在這個豐卦中，涉及軍營環境佈局的方位和風水。文王把軍營建立在依山（林）傍水的地方。有的讀者疑惑了，沛是水，但是山林在哪？我沒有看到。山林在此卦中是隱藏之象，水者充沛，必有山林，位置是東北方向。水北者，坎也，山林為艮者，東北方向，此易經是文王所寫，既然選擇地形在水量充沛之地，東北方向必多林木，就是自然之理。

這個卦是文王兵法中軍營擇地安營之法。在「師」卦中「六四爻」文王說：「師左次，無咎。」我在此爻曾解釋：1，左為仁：帶兵要仁。2，左為山林，駐紮軍隊時要利用山林地理

優勢。文王的選址方法，就是利用了天兵天降法。什麼是天兵天降法呢？就是利用自然資源法，利用老天創造的東西。你想這四面環水，一面傍山，敵人如果攻城，在古代冷兵器時代，水就成了最好的天兵守衛也。而且水既可做生活用水，又可防火。

有關古代軍營擇地方面，《衛公兵法》記載的比較詳細。《衛公兵法》是唐代著名軍事家李靖所撰。李靖，生於西元571年，死於西元649年，字藥師，唐京兆三原（今屬陝西）人。他曾任隋朝下級官吏，後隨唐高祖、唐太宗南征北戰，立下了赫赫戰功。唐太宗時，以功官至兵部尚書、尚書右僕射等職。他在《兵法》中重點提到地形、天氣等客觀因素對戰爭的影響。李靖認為：地形與天氣佔有不可忽視的地位。在他所認為的必勝之道中，就有「斷地之形勢，觀時之宜利」。他認為「兵有三勢：一曰氣勢，二曰地勢，三曰因勢」。三勢之中，地勢占其一。什麼是地勢呢？「若關山狹路，大阜深澗，龍蛇盤陰，羊腸狗門，一夫守險，千人不過，此所謂地勢也。」地理要考慮，地勢更不能失。為什麼？因為「失地之利，士卒遺惑，三軍困敗。饑飽勞逸，地利為寶」。失去了地利，軍隊就陷入了迷亂疑惑，打敗仗就不足為奇了。軍隊的饑飽勞逸與地利因素比起來都是次要的，地利才是真正應該考慮的。軍營的建立要利用不同的地形來設計以達到守衛破敵的用處。

現在談第四個問題：歷史迷案。

四，歷史迷案

關於西安豐鎬遺址車馬坑，首先看篇文章，文章來自《中國華夏文化遺產網》：

豐京亦稱豐邑，文王伐崇侯虎後自岐遷此。《詩·大雅·文王有聲》：「既伐於崇，作邑於豐」。位於灃河中游西岸，東界灃河，西界靈沼河，北至郿鄠嶺崗地北緣，即今客省莊村北至海家坡一線，南到石榴村至魯坡頭，面積約8～10平方公里，是一處南北狹長，四面環水，相對密閉的地區。在這個區域內，西周遺址和墓葬比較密集。位於豐京東北部的客省莊、馬王村是一片瀕

臨灃河的高地，目前已發現西周大型夯土基址14處。夯土基址建築群的西部還發現幾處西周貴族的居址。雖然現在尚無文字資料可以確認這裡是西周王室的宮殿、宗廟區，但可以肯定，是豐京內重要的建築地點。豐京南部的新旺村、馮村也是一片較為平坦的高地，先後4次出土西周窖藏青銅器，可能也是豐京內西周重要貴族的居址。位於豐京西北部的張家坡崗地，東西約600米，南北約400米，西周初期作居址使用，西周早期以後，成為豐京區域內最大的一處公共墓地，現已發現西周墓葬3000餘座。另外還發現西周大型夯土基址14處。夯土基址建築群的西部還發現幾處西周貴族的居址。雖然現在尚無文字資料可以確認這裡是西周王室的宮殿、宗廟區，但可以肯定，是豐京內重要的建築地點。

鎬京

鎬京位於灃河東岸，商周時期的西北界臨灃水，東界古潏水，南近洨河，是一處四面環水，相對密閉的地區。因遭漢代上林苑、昆明池的破壞，近年來雖有一些重要遺跡被發現，但範圍和總體佈局仍不明晰。根據考古調查，漢昆明池以北的斗門鎮、花園村、上泉村、下泉村、普渡村、洛水村、白家莊等地西周遺跡很豐富，總面積約5平方公里，可能是鎬京的中心區域。花樓子村與洛水村之間，在北臨灃河的高陽原較低的階地上曾發現10處西周夯土建築。在洛水村西和普渡村北還發現有製陶作坊遺址和大型夯土基址，斗門鎮則發現西周窖穴、灰坑和大批窖藏青銅器。另在花園村北至普渡村東高地上，在約5萬平方米的範圍內探出數百座西周墓葬和車馬坑，長由盉、禽鼎、方鼎、簋、伯姜鼎均出土於此。

上文中說：位於灃河中游西岸，東界灃河，西界靈沼河，北至郿鄂嶺崗地北緣，即今客省莊村北至海家坡一線，南到石榴村至魯坡頭，面積約8～10平方公里，是一處南北狹長，四面環水，相對密閉的地區。我想讀者看完此卦應該想到這個文章中的豐京就是此卦的軍營。關於此點也請歷史學家及考古學家好好深研。

另外關於車馬坑我會在後面的卦中給讀者解讀。

千年秘密易經中，卦卦爻爻隱玄機

大易得現顯大道，人類文明有根基。

21.火雷噬
藏解易經40

四十、火雷噬嗑　刑訊逼供

噬嗑：亨。利用獄。

簡譯：（口供）

譯文：文王說：「要口供，利用監獄的犯人。」

【注解】

噬嗑（shíhé）：要口供

象曰：頤中有物，曰噬嗑，噬嗑而亨。剛柔分，動而明，雷電合而章。柔得中而上行，雖不當位，利用獄也。

譯文：周公說「嘴裡有排骨，牙齒咯吱咯吱地吃，為噬嗑，噬嗑能使食物順利吞咽，骨頭和肉就能分離出來嘴一動一吐骨頭就出來了。雷電交加一起使用，再強硬的人利用刑具也能使其服軟，雖然不盡人性，但也要利用被抓來的人令其吐出秘密。」

象曰：雷電噬嗑；先王以明罰敕法。

譯文：孔子說：「嚴刑拷打。上刑逼供，先王以明確的刑罰手段整頓犯法者。」

【注解】

敕：整頓。

初九：履校滅趾，無咎。

簡譯：（動刑割掉腳趾）

譯文：文王說：「為了問出秘密，割掉腳趾，沒有問題。」

　　【注解】

　　履校滅趾：刑具加於足上而遮沒了腳趾。履，即履。此指加在足上。校，古代木制刑具的通稱，加於頸稱「枷」，加於手稱「梏」，加於足稱「桎」。滅，遮沒。

象曰：履校滅趾，不行也。

譯文：孔子說：「履校滅趾，不行也。太殘忍了。」

六二：噬膚滅鼻，無咎。

簡譯：（動刑割鼻）

譯文：文王說：「為了問出口供，鞭打身體，割掉鼻子，也沒有問題。」

象曰：噬膚滅鼻，乘剛也。

譯文：孔子說：「噬膚滅鼻，用刑太猛了。」

六三：噬臘肉，遇毒；小吝，無咎。

簡譯：（動刑烙烤胸部）

譯文：文王說：「遇到狠辣的角色用火刑，雖然有些不當，但也沒有問題。」

象曰：遇毒，位不當也。

譯文：孔子說：「雖然遇到狠毒的人，但是火刑危險，不應該啊。」

九四：噬乾胏，得金矢，利艱貞，吉。

簡譯：（要口供，問同夥。）

譯文：文王說：「一定問出首領，誰是頭，還有哪些同夥，目地，地點來。要挖出有價值的東西，這樣有利於國家的安全保障，吉。」

象曰：利艱貞吉，未光也。

譯文：孔子說：「利艱貞吉，看來，這是奸細也。」

大藏：孔子看到四爻才知道，未光也，見不得光者，暗者，是奸細也。此卦是文王告誡武王如何對待奸細。軍隊中混進奸細不得了，要出大事的。文王說對待奸細要實施手段逼問出資訊來。

六五：噬乾肉，得黃金，貞厲，無咎。

簡譯：（口供要問出有價值的資訊）

譯文：文王說：「一定要問出大頭來，問出具體的事宜，時間，地點等等，得到非常有價值的口供。為了國家的安全，手段雖然鋒利，但是沒有問題。」

大藏：這就是大是大非的問題呀。革命的需要。

象曰：貞厲無咎，得當也。

譯文：孔子說：「為了國家穩定，手段嚴厲沒有問題，應該的，必須的。」

大藏：大是大非面前孔子不糊塗啊。

上九：何校滅耳，凶。

簡譯：（死供，凶。）

譯文：文王說：「千萬不要打死人，沒有得到口供，審訊官耳朵就聾了，什麼資訊也得不到也。凶啊！不利啊。」

注解：何校：審訊官。

象曰：**何校滅耳，聰不明也。**

譯文：孔子說：「何校滅耳，不明智也。只知道問訊，沒有方法讓奸細吐出情報也。」

　　簡論噬嗑卦：

譯文一出，讀者即明。明不論也，刑訊逼供意義亙古不變。

38.火澤睽
藏解易經41

四十一、火澤睽　離間計

　　睽：小事吉。

簡譯：（離間計）

譯文：文王說：離間計吉。

　　【注解】

　　睽（kuí）：卦名。原義為目不相視，引申為違背、隔膜。此處為離間二人關係使雙方或不信任。

象曰：**睽，火動而上，澤動而下；二女同居，其志不同行；說而麗乎明，柔進而上行，得中而應乎剛；是以小事吉。天地睽，而其事同也；男女睽，而其志通也；萬物睽，而其事類也；睽之時用大矣哉！**

譯文：周公說：「睽，是二目相對，相互注視。是火在上，水澤在下。火是青春漂亮的女子，水澤是幼女。二女在一室相居，但因為年齡有差距，行為做事目標都是不同，各有各的追求和價值取向，因此她們兩個的人生志向不會在一條軌道上運行。青春漂亮的火女言談舉止都是明白賢禮，而幼女水澤正在向上成長還難以理解火女的所言所行。有時

能聽懂，但有時只能順由和附和火女。很多時候不會理解火女的志向，因此二女同性相互排斥。所以說小事吉，大事則不妙。天地有睽的道理，萬事皆有此理。男女相互睽視，互相吸引，其志相通也。把這個道理用在現實的事物上，結果是相同也，因此說睽的意義大也。」

大藏：同類相吸，異類相斥，志不同者不相為謀。各懷心事，因嫉妒生恨，因不理解產生隔閡，皆是睽所演繹。把睽的道理用在政治軍事上則能起到巨大的作用也。

象曰：上火下澤，睽；君子以同而異。

譯文：孔子說：「上火下澤，睽，君子要相互尋求彼此的相同之處；保留彼此的分歧不同處。」

大藏：孔子的「君子以同而異」就是成語求同存異的本意來源。

初九：悔亡喪馬，勿逐自複；見惡人無咎。

簡譯：（見惡人不理會）

譯文：文王說：「與其他敵國進行外交時，一定要小心惡人的詭計。稍不注意就會導致亡國的危險，因此要對每件事情心中要有警覺啊。對於敵國前來的使臣，小心喪馬來報，來者不善，預示著他國對我國有所圖謀。對此種人不要正面回答問題，對其來辦的事情也不要給予答覆，並將其驅逐，趕走。他回國後自會向他的君王回覆。」

象曰：見惡人，以辟咎也。

譯文：孔子說：「這樣惡人回去見王就會說壞話也。」

九二：遇主於巷，無咎。

簡譯：（再來拖延）

譯文：文王說：「惡人回去回覆後，隨後會派另外的使臣前來。此時採用拖延，而對所交涉的問題不予答覆，沒有問題。」

象曰：遇主於巷，未失道也。

譯文：孔子說：「遇主於巷，沒有失去道義也。」

六三：見輿曳，其牛掣，其人天且劓，無初有終。

簡譯：（讓敵國不明情況）

譯文：文王說：「讓其敵國陷入進不得，退不得的兩難境地，對想知道的資訊全部封閉，讓其不知究竟還會再來探求。」

【注解】

見輿曳（yè），其牛掣（chè），形容車進不得，退不得。
天且劓：劓(yì)，割掉罪人的鼻子，稱「劓刑。」此處是形容沒有鼻子聞不到資訊。

象曰：見輿曳，位不當也。無初有終，遇剛也。

譯文：孔子說：「見輿曳，車停在不當不正之地。無初有終，遇到對手也。」

九四：睽孤，遇元夫，交孚，屬無咎。

簡譯：（敵國懷疑，換人在探尋。）

譯文：文王說：「這樣敵國開始猜忌，懷疑，繼續派人，這次會派重要的人前來。對此次前來之人要熱情對之，送其禮物，然後再誠心解決所交涉的問題，向他表示親近以取得他的信任，這樣沒有問題。」

【注解】

遇元夫，君王身邊重要的人。
交孚：交好饋贈禮物。

象曰：交孚無咎，志行也。

譯文：孔子說：「交孚無咎，大志得行也。」

六五：悔亡，厥宗噬膚，往何咎。

簡譯：（前後使臣結果不一，氣得咬牙切齒。）

譯文：文王說：「這樣，之前來使，失敗的奸臣小人就對成功的臣子氣得咬牙切齒恨不得吃肉剝皮挖祖墳，你說這時他會怎麼做？小人會挑撥臣子與君王的關係也，那麼臣子會怎麼做？」

象曰：厥宗噬膚，往有慶也。

譯文：孔子說：「厥宗噬膚，這次值得慶祝。」

大藏：有戲看了。臣子被逼無奈去西郊投文王也。

上九：睽孤，見豕負塗，載鬼一車，先張之弧，後說之弧，匪寇婚媾，往遇雨則吉。

簡譯：（君臣猜疑）

譯文：文王說：「讓君臣、群臣互相猜疑。見豬給牠塗抹一身泥，再裝上一車的疑問、嫌疑、輿論（禮物也，與他國交往的證據），使紂王分不清誰可以信得過。一會拿起弓箭拉弧，一會又合上弓箭，使臣子之間也相互戒備。臣臣防備不知相信誰，君對臣子產生懷疑，破裂君臣關係。讓其國的前途充滿著泥濘、災難、困難重重。」

象曰：遇雨之吉，群疑亡也。

譯文：孔子說：「遇雨之吉，群臣猜疑，國亡也。」

簡論睽卦：

　　漫天下起了大雨，陰雨彌漫在商郊朝堂之上，文王製造的鬼影迷霧，飄蕩在君臣周圍，紂王拿起弓箭，不知射誰？群臣恐懼，廟堂無聲。能者下殿整裝，西郊來投。只剩下睽孤的江山，紂王與妲己男女二睽相對，互相瞄兮。能瞄何久也。這就是文王的睽卦之意也。

看睽卦，這是兵法中最常用的，此乃「離間計」也，與《三十六計》孫子兵法《反間計》猶如孿生也。

反間計，是先布一個疑陣，在疑陣中再布疑陣，使敵人內部自生矛盾，我方就可萬無一失。這個計的妙用之處就是使敵人的間諜上我的當，然後為我所用。戰爭中，間諜是特殊的部隊，是信息戰的一種。《孫子兵法•用間篇》指出有五種間諜：利用敵方鄉裡的普通人作間諜，叫因間；收買敵方官吏作間諜，叫內間；收買或利用敵方派來的間諜為我所用，叫反間；故意製造和洩露假情況給敵方間諜，叫死間；派人去敵方偵察，再回來報告情況，叫生間。

這是反間計，那麼離間計是什麼呢？姜尚在六韜說：故意尊敬敵國的忠臣，送給他微薄的禮物，與他出任使者前來交涉時，故意加以拖延，而對所交涉的問題不予答覆，極力促使敵君改派使者，然後再誠心解決所交涉的問題，向他表示親近以取得他的信任，從而使敵國君彌合與我國的關係。這樣用不同的態度對待敵國的忠臣和奸佞，就能夠離間敵國君臣之間的關係，從而可以謀取敵國了。

諸葛亮使用離間計使姜維投蜀。周瑜用反間、死間計讓曹操殺了蔡瑁、張允。歷史上很多的兵家都用過此二計，眾人尊孫子兵聖，讀者看睽方知聖外有聖啊。讚歎否？驚歎否？是否？

第四章　或躍在淵

34.雷天大壯
藏解易經42

四十二、雷天大壯　兵強馬壯

大壯：利貞。

簡譯：（實力壯大）

譯文：文王說：「現在兵力強大，國家實力得到進一步發展，有
　　　利於保護國家了。」

**彖曰：大壯，大者壯也。剛以動，故壯。大壯利貞；大者正也。
正大而天地之情可見矣！**

譯文：周公說「大壯，王者壯也。兵將訓練有術，可以適應各種
　　　軍事行動，故此為壯。軍事強大利於保護我西郊臣民。如
　　　果軍事強大又能做正義之師，因正大而又能符合天地之
　　　道，天地之情就可看到也。」

大藏：有強大軍隊並非好武，而是保國保民，能行使仁義正義
之師，以彰顯天道懲惡揚善。陰陽相互地轉動，陽極為
陰，陰極為陽。陽為商紂大國，陰為文王西郊諸侯國。
今天的諸侯國西郊猶如陰極而轉動，變成剛剛升起的太
陽，就是壯也，剛而動。因此陰陽的互動，互相轉換就是
天地之情也。

象曰：雷在天上，大壯；君子以非禮弗履。

譯文：孔子說：「雷在天上，天上有雷，軍兵大壯，君子以雷霆
手段不容許暴君存在。」

大藏：俗語說，做壞事，小心雷劈了你。壞事做盡，惡有惡報。
雷在天上，非禮弗履。

非禮，採用武力。弗履，廢掉商履，不允許商履紂
王江山繼續存在。

初九：壯於趾，征凶，有孚。

簡譯：（剛剛強壯）

譯文：文王說：「軍事力量剛剛強壯，還不能征伐，征伐就凶
啊，不能浮躁啊，要有信心有耐心等候有利的時機到
來。」

象曰：壯於趾，其孚窮也。

譯文：孔子說：「剛有點實力，如果浮躁，沒有後勁啊。」

九二：貞吉。

簡譯：（還要穩定）

譯文：文王說：「要堅守防務，繼續訓練隊伍，這樣吉。」

象曰：九二貞吉，以中也。

譯文：孔子說：「穩定，正確也。」

九三：小人用壯，君子用罔，貞厲。羝羊觸藩，羸其角。

簡譯：（小人用勇，君子用謀）

譯文：文王說：「小人用勇，逞一時之勇。君子用謀，做事要有把握，不能做沒有不牢靠的事情。小人用壯是莽撞，就好像山羊用羊角與籬笆相鬥，最終是羊角折斷一樣。這就是小人用勇，不自量力，沒有想到羝羊觸藩的最終結果是藩贏其角，始料不及。」

大藏：這句話太棒了，「羝羊觸藩，贏其角」是不自量力，在戰爭中要對各個環節做到心中有數，會打仗的將領不能只有蠻力，做事不要有勇無謀。對敵我雙方的力量，戰略戰術要知己知彼。當敵我雙方的力量還比較懸殊的時候不要出手，因為這樣會死傷將士的。多多使用謀略。

【注解】

羝羊觸藩，贏其角：羊去觸藩籬，（結果）被繩索纏住了角。羝（dī）羊，牡羊。藩，籬。贏（léi），大繩索，又解為困。

象曰：小人用壯，君子罔也。

譯文：孔子說：「是也。」

九四：貞吉悔亡，藩決不贏，壯於大輿之輹。

簡譯：（必勝把握）

譯文：文王說：「還要繼續韜光養晦，守貞不要採取行動，思量各種不利的因數。當山羊壯大像大車一樣，向前一動，就把籬笆撞翻，有必勝把握時再採取行動。」

大藏：戰爭必然要流血犧牲，沒有戰爭不死人的。但是對於有的人來說，認為勝利是打出來的。因此在戰爭中時間戰線拉的很長，時間越長，將士越是傷亡，這樣的戰局是對國家和老百姓來說都是災難。另外戰爭對人力、財力消耗巨大，時間拖久會出種種不利的結果。這就是在聖人眼中的

戰爭方式應該是打把握之戰，最短時間決定勝負，甚至是
一戰而贏，越少的犧牲越好。這就是兵法所雲：上兵伐謀
也，也就是文王所說的君子用罔也。

【注解】

藩決不贏，壯於大輿之輹：輿，車。輹（fù），輻。藩籬（被公羊
觸）裂，不再受繩索束縛。比喻力量強大有必勝的把握。

象曰：藩決不贏，尚往也。

譯文：孔子說：「有必勝把握時，再去征伐。」

六五：喪羊於易，無悔。

簡譯：（為了革命，有犧牲在所不惜。）

譯文：文王說：「戰爭中一定會有傷害，流血犧牲。既使有犧
牲，為了改變西郊局面（反商）也是在所不惜，無怨無悔
也。」

大藏：「喪羊於易」是羊是兵士，死於革命。文王內聖外王，
在這裡才體現了一個王者的霸氣。為了扭轉乾坤，什麼
是易？日乃日月，轉動也。天地之情也。地球圍著太陽
轉，出現陰陽交錯互相變化的結果就是易。

象曰：喪羊於易，位不當也。

譯文：孔子說：「士兵死於反商，不恰當也。」

上六：羝羊觸藩，不能退，不能遂，無攸利，艱則吉。

簡譯：（不能進，不能退，堅守。）

譯文：文王說：「現在的情況就是羝羊與籬笆僵持，既不能前
進，也不能後退。前進，後退都沒有好處，只能堅守繼續
準備則吉。」

象曰：不能退，不能遂，不祥也。艱則吉，咎不長也。

譯文：孔子說：「不能前進，也不能後退，軍事局勢還沒有勝算

也，繼續艱苦，苦心磨志，等待有勝利的把握不會犯大錯。」

大藏：繼續艱苦等待力量更大，贏有把握，士兵傷亡就不大也。同六五話說「喪羊於易，位不當也」的相互比較來言。

簡論大壯卦：

此卦有兩處我先提一下：

1，易與天地之情：

孔子研易中有一句話說《易》與天地准，故能彌綸天地之道，就可以理解易與天地之情也。《易經•系辭下》說：「乾坤其易之門邪？」即乾坤二卦是出入《易經》的門戶，是《易經》六十四卦的根本。此卦核心文王已經給大家點明，文王在羑里拘演八卦，為什麼叫《易經》？易乃變也。關於這個易，我簡單說一下，什麼是易？易是道也，明白了易就明白了道，老子道德經所講都是與易相關的。變也。易也。

2，君子用罔：

這個卦的核心就是君子用罔的罔字。這裡有兵法謀略啊，而且是具體的謀略。

孫子曰：「凡用兵之法，全國為上，破國次之，全軍為上，破軍次之，全旅為上，破旅次之，全卒為上，破卒次之，全伍為上，破伍次之。是故百戰百勝，非善之善者，不戰而屈人之兵，善之善者也。故，上兵伐謀，其次伐交，最次伐兵，最下攻城。」

用兵的最上等策略，就是上兵伐謀，用計謀使敵國屈服。其次是伐交，在外交上離間你的同盟或鄰邦，使你孤立。我再打你。再其次是直接與敵交戰。最下策就是攻城，攻城是到了不得已的時侯才採取的手段。兵非善者，戰爭是極端的手段，應當儘量避免使用。如果衝突無法避免，也要考慮退而求其次的手段。不戰而屈人之兵指通過非戰爭方式達到解決問題，能使敵人屈服

是最好的方法了。上兵伐謀，是指兵者的智。伐交是兵者的略，伐兵是兵者的勇。兵者的勇就是文王說的小人用壯，君子用罔，這就是指兵者的智和兵者的略。文王兵法中的罔是如何體現的呢？罔也是亡也。

我們還是瞭解一下這個罔：

1，代表，漁網，獵網，用打漁，捕獵用的。

2，代表，網羅人才（文王招兵買馬，招賢納士）。

3，代表結盟形成一個強大的軍事網（諸侯聯盟）。

4，給你圈養起來，形成甕中之鱉，讓你跑都跑不掉。送你歸妹，讓美人纏住你，天天喜樂，傷你元氣，都是罔的作用。……

你看這個罔的用處大啊，看這個罔，你會想到什麼？

小人用壯君子罔，世間處處有此道。

商業政治生活裏，到處都有壯之道。

壯於趾是剛剛起，此時最怕亂動盪。（剛剛富裕，怕動。）

壯於大腿是中壯，稍不注意折騰窮。（中富，怕折騰。）

壯於身體是強壯，強壯之時行正道。（大富，行大善。）

行善助道是天道，這才符合天地准。

壯於頭部要小心，物極必反轉易道。（富極，小心，過涉變易。）

萬事盛衰都有時，大壯過後是弱道。

世人明白這個理，強時不會太得意。

宇宙大道有輪回，君子用罔不用壯。(大道輪回：窮則思變，富極衰落。)

四十三、天山遯　屯養大將

33.天山遯
藏解易經43

遯：亨，小利貞。

簡譯（囤積大的力量）

譯文：文王說：「要囤積大的力量，這樣做起事來才能順利可以
　　　更進一步鞏固我西郊的力量。」

**象曰：遯亨，遯而亨也。剛當位而應，與時行也。小利貞，浸而
　　　長也。遯之時義大矣哉！**

譯文：周公說：「屯，順利也。強王執掌王位而應民心治理國
　　　家，此乃順應天時，與時俱進，囤積力量，英雄歸心，來
　　　我西郊的投軍的人士眾多，是先小遯，後而大遯。遯的意
　　　義大也。

大藏：遯，是指投奔西郊想要實現個人抱負的人，浸而長是來投
　　　軍的人越來越多。

象曰：天下有山，遯；君子以遠小人，不惡而嚴。

譯文：孔子說：「天子腳下有一座大山，山裡藏著很多人為遯，
　　　什麼人都有。君子要遠小人，對待人不是殘暴但是要一定
　　　嚴格，約束這群人的紀律。」

大藏：孔子的意思是山上聚集了一批人正在接受軍事訓練。

初六：遯尾，厲，勿用有攸往。

簡譯（類似遯尾的人，華而不實不用。）

譯文：文王說：「大事準備已經接近尾聲，雖然看上去囤積充
　　　分，但也不要前往征伐。千萬不要啊，這關係者成敗
　　　啊。另外有的人啊像魚尾一樣，華而不實，左右搖擺，溜

奸耍滑，這樣的人也不能重用，這關係重大啊。」

象曰：遯尾之厲，不往何災也。

譯文：孔子說：「遯尾之厲，不去前往又有何災也？不用此人何來有災？」

六二：執之用黃牛之革，莫之勝說。

簡譯（革命用忠誠之人）

譯文：文王說：「革命要用赤膽忠心，願意拋頭顱堅定不移的人做將領執掌權利啊。」不是如此，就沒有勝利可言啊。

象曰：執用黃牛，固志也。

譯文：孔子說：「用赤膽忠心之人，穩定軍心，壯軍志士氣。」

九三：系遯，有疾厲，畜臣妾吉。

簡譯（釜底抽薪。招納與紂王有宿怨的大將。）

譯文：文王說：「要聯繫那些以往對紂王有著宿怨仇恨的臣將，為他們解決後顧之憂，將他們的家人妻子接來西郊安置好，吉。」

象曰：系遯之厲，有疾憊也。畜臣妾吉，不可大事也。

譯文：孔子說：「聯繫商朝之臣有危險，要做好防範措施。接其眷屬，不可讓人發現，這可是大事也。」

大藏：文王的意思是，有些早已想投奔西郊的人之所以沒有前來，和有反叛紂王之心的臣將之所以不敢反，都是擔心家人在朝歌，怕被殺害。古代的家人多啊，一大宗族呢！因此文王說把他們的家眷都秘密接來，讓其反商的臣子大膽前來。看到這時，孔子就說，那些人啊，這一路前來，有病疲倦的路上行走不便啊。這要是叫紂王知道，那還了得，還不得都殺光。所以，孔子說，不可。。。。。大事也。

孔子這次看周易替古人擔憂。

九四：好遯君子吉，小人否。

簡譯（做好轉移工作）

譯文：文王說：「路上要好好照顧，做好安全防備工作，要信得過的人前去接應，千萬不能交給小人辦理啊。」

象曰：君子好遯，小人否也。

譯文：孔子說：「君子能把這些人屯好隱遁好，小人辦這事不成也。」

九五：嘉遯，貞吉。

簡譯（封官）

譯文：文王說：「接到西郊後要封官，嘉獎。安頓好，吉。」

象曰：嘉遯貞吉，以正志也。

譯文：孔子說：「嘉遯貞吉，以合道義，實現大志也。」

上九：肥遯，無不利。

簡譯（有能力之人）

譯文：文王說：「大將，能臣，幹將，來的越多越好，沒有不利的。」

象曰：肥遯，無不利；無所疑也。

譯文：孔子說：「肥遯，無不利；毫無疑問也，這是自然的。」

簡論遯卦：

遯卦也是屯。《易經》第三卦水雷屯也是屯，這兩卦有什麼不同呢？水雷屯是在艱難逆境中，不利的環境中一點點蓄積力量，是剛柔始交而難生。而天山遯卦是在逐漸壯大中聚集力量。並且還能篩選取捨對人才的使用。剛當位而應，與時行也。一個

是力量在積累，一個是開始有力量並能對環境、人事施加影響。這就是遯卦小利貞，浸而長也。遯之時義大矣哉！二個屯遯是事物從小變大的演進過程。因此，孔子也說：「肥遯，無不利；無所疑也。」

　　遯卦之道背後真正的含義是英雄歸心。心指中心，核心。一個國家如果處在一個正常有序的發展中，就能吸引英雄歸心。如果英雄精英人才紛紛相悖外流，這就說明國家的發展處在變化之中。這就是人往高處走水往低處流的遯卦之含義。得民心得天下，得英雄心強國稱雄。

四十四、山天大畜　大的積累

26.山天大畜
藏解易經44

大畜：利貞，不家食吉，利涉大川。

簡譯（國家實力加大）

譯文：文王說：「當有了大的財富積累，國家實力得到進一步增強。財富不要用於自家享用，要用於開疆擴土。」

彖曰：大畜，剛健篤實輝光，日新其德，剛上而尚賢。能止健，大正也。不家食吉，養賢也。利涉大川，應乎天也。

譯文：周公說：「大畜，是經濟，財富，實力得到大的發展大的積累。日新月異天天有好的變化。因發展而尊敬賢德之人，並有能力抵禦外來的強敵。大也正也。積累的財富不用於王家享用，而是用來吸引人才國家養賢之用，這樣有利於開疆擴土了，而順應天道天時也。」

象曰：天在山中，大畜；君子以多識前言往行，以畜其德。

譯文：孔子說：「有君王、高人在山中，蓄養人才。聖者以博聞

多識，說古論今，取精華去時弊，以教育棟樑為國為民造福。」

初九：有厲利已。

簡譯（有軍隊）

譯文：文王說：「人才雄厚，有軍隊，利國實現宏圖大志。」

象曰：有厲利已，不犯災也。

譯文：孔子說：「有軍隊利已，可防範災難。」

九二：輿說輻。

簡譯（準備好了）

譯文：文王說：「車與車輪已經安好了。」

大藏：一切已經準備就緒，歷史車輪可以開動了。

象曰：輿說輻，中無尤也。

譯文：孔子說：「車與車輪安好了，沒什麼好猶豫的，已經準備好了順理成章的事。」

九三：良馬逐，利艱貞。曰閑輿衛，利有攸往。

簡譯（好車配好馬）

譯文：文王說：「良馬逐，好車也要有好馬，賢臣良將圍繞國家的周圍，既利於堅守國家，又利於開拓未來。」

大藏：九三的爻要與九二爻連起來譯，讀者就明白了：「輿說輻，良馬逐，曰閑輿衛，利艱貞。利有攸往。」好車要配好馬，就叫輿說輻，良馬逐。馬廄裡養着一大批好馬，平時不用，用時再牽出來，就叫曰閑輿衛。閑，也是指馬匹富富有餘。用在國家就是國家要有好的王，領導人民前進，就是輿說輻，良馬逐。好的王，身邊要有一大群的賢臣良將緊緊圍在王的周圍，平時養著，用時再用。養賢千日，用賢一時，不用的時候就閑著，用的時候就出來輿

衛，就是拉車，這就叫曰閑輿衛。國家有這樣的人才可以供驅使，你說能不利艱貞？能不利有攸往麼？國家不要養一群廢臣。養廢臣就是輿說輻，劣馬逐，用時無人就叫曰閑無衛。

象曰：利有攸往，上合志也。

譯文：孔子說：「有利於未來。大王的理想合乎眾人的志向也。」

六四：童牛之牿，元吉。

簡譯（童子軍長大了）

譯文：文王說：「童子軍長大了，也秘密訓練好了。開頭大吉。」

大藏：童牛之牿：牿（gú），小牛長成了牛角，牛犢子變成了壯牛了。這裡指蒙卦中的兒童已經長大，並訓練很強壯。我想這些應該是武王伐紂時的三千名勇士。

象曰：六四元吉，有喜也。

譯文：孔子說：「大吉啊，有喜啊。」

六五：豶豕之牙，吉。

簡譯（紂王已不足為懼）

譯文：文王說：「紂王已經沒有後勁，也一天不如一天了，不足為懼，吉。」

大藏：豶（fén），小豬仔。「豶」為閹割的豬，文王意思是被閹割的野豬去掉了凶性，沒有了繁育的能力，牙齒的作用只剩下吃飯而已啊。

象曰：六五之吉，有慶也。

譯文：孔子說，「六五之吉，值得慶祝也。」

上九：何天之衢，亨。

簡譯（道路順暢）

譯文：文王說：「道路順暢，四通八達。前途廣大。」

象曰：何天之衢，道大行也。

譯文：孔子說：「何天之衢，大道順暢，大行其道也。」

　簡論大畜卦：

這個卦上述譯完讀者就能明白。不必再論。

大藏譯卦送國民36字曰：《大畜：文王真言》

國大畜，不家食。

輿說輻，良馬逐。

利艱貞，利大川。

閑養賢，時輿衛。

童豕牿，早儲備。

有人才，衢行天。

國家養才是大吉。

36.地火明夷
藏解易經45

四十五、地火明夷　文王求賢

明夷：利艱貞。

簡譯（外求賢明之人）

譯文：文王說：「求大賢，有利於國家事業開創，江山穩定。」

【注解】

明夷：明，《逸周書-諡法解》解釋，瞭解四方安危的諡號「明」。指賢明之人。夷，外來（或外邦）之人，非本族（或本國）之人。

象曰：明入地中，明夷。內文明而外柔順，以蒙大難，文王以之。利艱貞，晦其明也，內難而能正其志，箕子以之。

譯文：周公說：「像太陽的光芒隱入大地中，曰之明夷。內心充滿文才，睿智而外表卻非常地謙遜，賢德而忠順。這樣的人雖然蒙受大難，卻能利用艱忍的意志而堅守內心的信念。這就是文王以當之。外表昏暗掩住內心的光明，內心蒙受大難還能堅守自己的高尚節操，這就是箕子以當之。」

象曰：明入地中，明夷；君子以蒞眾，用晦而明。

譯文：孔子說：「太陽的光芒隱入大地中，謂之明夷。君子以管理眾人。用隱晦的光芒而指引眾人。」

大藏：孔子這句話是指文王說的，明入地中，指文王被囚，作「易」，用《易經》隱晦讓別人難懂的語言將治國大略藏在其中來指引武王，使其看見光明。

初九：明夷於飛，垂其翼。君子於行，三日不食，有攸往，主人有言。

簡譯（箕子要走）

譯文：文王說：「箕子來信了，箕子要走，要勸其留下啊。我兒快去前往截住箕子，路上寧可不吃飯也不要耽誤時間。這關係重大啊！」

大藏：明夷於飛，垂其翼，這就是文王的鳳凰銜書於鄰，為箕子做操。文王操的來源。

主人有言。是指箕子操。關於這個部分內容，下篇中孚卦

中再講。

象曰：君子於行，義不食也。

譯文：孔子說：「君子的行為。為了道義寧可不吃飯也。」

六二：明夷，夷於左股，用拯馬壯，吉。

簡譯（讓箕子做左丞相）

譯文：文王說：「讓箕子做左丞相之職，吉。」

象曰：六二之吉，順以則也。

譯文：孔子說：「六二之吉，歸順有封地，有治國韜略法則。」

　　【注解】

　　則也：孔子指《洪範九疇》

九三：明夷於南狩，得其大首，不可疾貞。

簡譯（讓箕子治理朝歌）

譯文：文王說：「等取得紂王首級之後，讓箕子治理南方（朝歌）的民政。」

象曰：南狩之志，乃大得也。

譯文：孔子說：「箕子在南方（朝歌）治理民眾，乃大得人心也。」

六四：入於左腹，獲明夷之心，出於門庭。

簡譯（獲取箕子之心）

譯文：文王說：「一定要獲取箕子之心，在王庭拜左丞相。」

大藏：獲取箕子之心也可以說要滿足箕子的一切要求。

象曰：入於左腹，獲心意也。

譯文：孔子說：「拜左丞相，獲心意也。」

六五：箕子之明夷，利貞。

簡譯：（箕子的大賢利於國家穩定）

譯文：文王說：「箕子之明夷，有利國家安定啊。」

象曰：箕子之貞，明不可息也。

譯文：孔子說：「箕子的忠心，氣節，明智之舉是不可以熄滅的。」

大藏：孔子既贊成文王求賢，又贊成箕子不願棄商而投周的忠心氣節。

上六：不明晦，初登於天，後入於地。

簡譯（找不到，沒有希望了。）

譯文：文王說：「不明則晦，要是找不到，就藏起來了，沒有希望了。登天入地都要找到啊。」

象曰：初登於天，照四國也。後入於地，失則也。

譯文：孔子說：「初登於天，光明照四國也，後入於地，失去箕子的蹤影找不到也。」

大藏：孔子的意思是得不到《洪範九疇》也。

細論明夷卦：

此卦要從六個方面瞭解才能對明夷有全面的認識：

一，卦名：地火明夷。

二，爻辭。

三，象辭。

四，彖辭。

五，關於明夷。

六，聖人相惜。

七，關於箕子送給文王的到底是什麼？是否洪範九疇？

首先介紹一下本卦中的一個重要人物：箕子。

關於箕子：

箕子是殷末周初著名的巫學家及其「占卜」宗師，其專職是占卜陰陽、觀測天象、授時制曆，並以此指導國家的農事、漁牧或者出征討伐活動。箕子觀測天象的地方據說在他的封地「箕」地（今山西陵川箕子山）。箕子諳熟占卜和陰陽曆法，商紂王曾向他詢問時辰，先秦文獻《韓非子》載：商紂王在朝歌宮中整日整夜地尋歡作樂，弄得連時辰也搞不清了，就問身邊的人，誰也說不明白，只好派人去問懂陰陽四時之事的箕子。周武王也曾向箕子詢問天道，箕子向他系統地講了「五行，五事，八政，五紀，皇極，三德，稽疑，庶征，五福」等共九項，都是人道。《尚書•洪範篇》也記載了周武王向箕子請教時箕子大講天道五行之事。南北朝時範曄在寫《後漢書》時，還將天象觀測和陰陽蔔筮稱作「箕子之術」。

紂王當政後，箕子曾官居太師，輔佐朝政。紂王即位不久，箕子見他開始使用象牙筷子，就歎息道：「用了象牙筷，就要用玉杯來配，然後就會追求其他的珍奇物品，這就是奢華享樂的開端呀！國君一講究享樂，國家怎麼能搞得好呢？」後來紂王越來越荒淫殘暴，比幹、箕子、微子、辛甲等大臣紛紛向紂王進諫，紂王執意不聽。比幹因諫而死，箕子曰「知不用而言愚也；殺身以彰君之惡，不忠也，二者不可，然且為之，不祥莫大焉。」無奈之下，箕子為保全性命就佯狂披髮為奴，隱而鼓琴自悲為樂。一說「箕子漆身為厲（癩瘋病）以避殺身之禍」，後來紂王下令將他囚禁起來。

周武王滅商之後，命召公將他釋放出來，並向他請教治理天下之道，如何才能得到商民的擁護。箕子認為應當施行仁政，用安撫的手段來爭取民心。武王好言安慰，請他歸順大周，但是箕子寧死不降，要遠走遼東。周武王無奈，並且敬佩箕子的操行，就答應了他的請求，封他為朝鮮侯，並免行君臣之禮。箕子也很

感念武王的恩德，臨行前寫了一篇《洪範》給武王。文章中詳細總結了殷商王朝滅亡的經驗教訓，奉勸武王一定要實行仁政。《洪範》篇實際上是周武王克殷之後，造訪箕子時向他詢問治國方略的記錄，也是箕子寫下的治國綱領。在這篇文章中箕子已經提出了「民主」意識、反對專制獨裁的思想。

後來箕子自封地朝鮮返回國內去朝拜西周王朝時經過故地朝歌，看到曾經高大威嚴的王宮成了一片廢墟，荒涼敗落、長滿禾黍，傷感悲痛之餘就寫了一首《麥秀歌》，以寄託自己的哀思。詩曰：「麥秀漸漸兮，禾黍油油，彼狡童兮，不與我好兮。麥秀漸漸兮，禾黍油油，彼狡童兮，不我好仇。」詩意大致是：「（朝歌田野）麥穗已秀齊，早秋的禾苗也染綠大地，你這個頑劣的小孩呀，不和我友好自顧瞎淘氣。（朝歌大地）麥穗已秀齊，早秋的禾苗已染綠大地，你這個可惡的小孩呀，不聽我的話落下啥結局！」十分真實、形象地描繪了自己當時的情感，殷朝的舊民聽到了紛紛為之泣下。他這首詩為後世屈原、杜甫、李煜、陸遊、辛棄疾等眾多文人所推崇、效仿。唐代大文學家柳宗元後來專門撰文稱頌箕子，尤其對他教化朝鮮、推行道德，做了充分的肯定，表達了自己深深的敬意。

以上的文章引用《互動百科baike.com》

在這篇文章中有兩處地方要重新認識一下：

1，關於後世人稱箕子感念武王的恩德，臨行前寫了一篇《洪範》。感念是有的，我認為《洪範》是箕子臨行前寫給武王的一種附贈贈言屬於治國心得。真正給武王的東西並非《洪範》。二人會晤既是武王看望箕子又是為其送行、更是二人履行各自的諾言。

2，關於《麥秀歌》中彼狡童兮，不與我好兮，彼狡童兮，不我好仇。

《麥秀歌》中涉及一個歷史事件，後面再講。因為《麥秀歌》也與《易經》有關，因此不得不提。

一、下面，先從卦名開頭

地火明夷：見圖：

地火明夷：

卦象是太陽被淹沒大地之下，大地黑暗，即將失去光明。

此卦的卦意是鳳凰收起了美麗的翅膀，失望、棄戰之象。

地：指坤土大地，火：指離火太陽，明：是太陽的光芒，

夷：是淹沒、離去，遠走他鄉。連起來就是太陽要離去。

　　文王拘演八卦，借宇宙自然規律演義世間人情。明夷卦說：有個人他的內心才華像太陽的光芒一樣就要退去，他的退去能使大地失去了光明，這個人就是箕子。箕子為人性格耿直，非常有才能，在紂朝內任太師輔朝政。用現代的話說箕子是一個哲學家、政治家、是殷商思想文化的代表。是殷末周初著名的巫學家及其「占卜」宗師，其專職是占卜陰陽、觀測天象、授時制曆，並以此指導國家的農事、漁牧或者出征討伐活動。這樣如此的一個人裝瘋，你想他的君王應該是什麼樣的人？國家要亡，君主是亡君，逼得這樣的人裝瘋為奴，這是人間災難，這就是文王說的太陽被大地淹沒了光明。誰識明夷者，誰識箕子者，文王也。英雄惜英雄，聖人識聖人啊。在當時的社會，一個在西岐山，後被囚裝癲，一個是紂的親戚臣子在朝輔政，二人早就是內心互相相吸。世人都知道箕子的才華，用現代話說，都知道是中國的哲學家。可只有箕子知道文王是聖人也，是王也！箕子懂天象，陰陽占卜，豈能不知文王之才在他之上？因此二人表面上是各自為主，但內心早已交好，為什麼如此之說呢？這就是我要講的第二個問題：

二、關於爻辭：

　　我們先看1，初九：「明夷於飛，垂其翼。君子於行，三日不食，有攸往，主人有言。」

此爻文王明明白白地說：

1，明夷於飛，鳳凰要飛了，鳳凰在走之時留下話來，說有話對文王說。（初九：明夷於飛，主人有言。）

2，文王讓兒子武王趕快去追，路上就是不吃飯，也不能耽誤時間啊，也要追上鳳凰，追上後把鳳凰的翅膀垂下來，不讓牠飛，一定要留下來關係重大啊。（初九：三日不食，君子於行，垂其翼。有攸往。）

我把這句話重新梳理一下：

初九：「主人有言，明夷於飛。君子三日不食，於行，垂其翼。有攸往。」

箕子派隨人來傳信給文王說，主人要走，有話要交代。文王說：「兒臣姬發快去追，路上不要耽誤時間，晚了來不及了，要勸其留下，關係重大。」

「箕子派隨人來傳信給文王」這就是鳳凰銜書啊。

那麼，文王又交代：留下箕子要拜為左丞相，等克商後讓他來治理南方朝歌啊。

我們看六二與九三：

六二：「明夷，夷於左股，用拯馬壯，吉。」

九三：「明夷於南狩，得其大首，不可疾貞。」

現注解一下：

1，拯：作承，又作承，此為丞。

2，馬壯，馬壯還是馬弱，只有相馬的人才知道，這裡是落在相字，用拯馬壯就是丞相。

3，股的意思是大腿，自胯至膝蓋的部分。股骨，股肱，比喻君王左右輔助得力的人。此為左股拯馬壯，就是治理

國家政治之人，屬於左丞相為文丞相，右丞相為武丞相。

4，南狩：南方守衛。

得其大首：得到大王的首級。

再重新梳理六二和九三：

原：明夷，夷於左股，用拯馬壯，吉。明夷於南狩，得其大首，不可疾貞。

梳理：得其大首，夷於左股，用拯馬壯於南狩，不可疾貞。

南方革命，成功取得朝歌後，箕子擔任左丞相一職治理朝歌，老百姓會安居，不會有疾患啊。

好，我們把三個爻連起來的意思就是：

箕子隨人來傳信給文王說，主人要走，有話要交代。

文王說：兒臣姬發快去追，路上不要耽誤時間，晚了來不及了，要勸其留下，讓箕子出任左丞相一職，等南方革命成功後，由箕子治理朝歌，這關係國家的安定，有箕子治理朝歌，朝歌的百姓不會有閃失啊。文王為什麼叫箕子治理朝歌，後面的「中孚卦」中再講。

三，象辭：

1，象曰：君子於行，義不食也。

2，象曰：箕子之貞，明不可息也。

連起來就是：君子於行，義不食也。箕子之貞，明不可息也。

第一個孔子象說，文武之王為了國家道義寧可不吃飯也要追上箕子，這就是王者之道，君主之道。在於義，大義為了天下蒼生。

第二個孔子象說，箕子守節，一臣不能侍奉二主，不能背叛商朝而服務於周朝啊！這是臣子之德，因此孔子說，臣子的貞德

之明不可停息也。一停息就失去天下臣子忠貞的表率啊。王道，臣道都要存在，就是乾坤大道同存啊。

那麼，明夷箕子是如何看待此道的呢？箕子做為商朝臣子不能失節。因此，寧可與飛，也不能服務於周朝，但是箕子是大明之人，箕子的明夷就在於他瞭解四方的安危，國家的安危。他可以不服務於周，但卻要把一個重要的東西獻給文王。（非是「九疇」）（當然這個「獻」還有一個更大目的，是什麼目的呢？下一個卦「中孚卦」再說。）所以說，我要走，但是我有話要對你說。這就是箕子想把自己的心、自己的文明呈現給文王和天下百姓啊。這樣既行了道義又遵守了臣德啊。

現在我們再來看看第四個問題：象辭，周公怎麼評價明夷的：

四，象辭：

象曰：明入地中，明夷。內文明而外柔順，以蒙大難，文王以之。利艱貞，晦其明也，內難而能正其志，箕子以之。

這個象辭中涉及兩個人物，第一個是文王，第二個是箕子。

現在我們把這個象再重新梳理一下：

明入地中，明夷。利艱貞，內文明而外柔順，以蒙大難，文王以之。

晦其明也，內難而能正其志，箕子以之。

周公說：「什麼是明夷呢？像太陽的光芒隱入大地中，曰之明夷。」那麼誰可以稱為明夷呢？

一個是利艱貞者，一個是晦其明者。

內心充滿文才，睿智而外表卻非常的謙遜，賢德而忠順。這樣的人雖然蒙受大難，卻能利用艱忍的意志而堅守內心的信念。這就是文王以當之。這就是利艱貞者。

外表昏暗掩住內心的光明，內心蒙受大難還能堅守自己的高

尚節操，這就是箕子以當之。這就是晦其明者。

此正是同時代的明夷，二者交好，聖賢相知啊。解讀此處真是迴腸盪氣也。

五、關於明夷：

我也提提本人看法：自古大家都知道文王求賢思賢若渴。通過這個卦，我們確實看到文王的求賢不食的遠古聖賢之風。文王知道一個人才對國家對黎民的重要性，這一點在今天看來都是意義非凡。

明夷卦中透露出一個歷史事件與問題：

1，箕子在裝瘋遠遁之前派隨人給文王傳信說有話要說，到底說什麼？文王叫武王去尋找，結果沒找到，去晚了一步，顯然是應了文王上六所說：不明晦，初登於天，後入於地。

為什這樣說，因為箕子被紂王下令將他囚禁起來。還好，紂王沒有殺他，後武王克商放出箕子。待武王安排好克商戰後的諸多事宜時拜訪箕子，箕子履行前言將「東西」交給武王。二人詳談，箕子將自己治理國家的九種方法一併獻給武王。這就是歷史有名的《洪範》來源。另外箕子為什麼要履行前言，履行什麼言，我會在中孚卦給讀者解答。

2，從《尚書》記載中認為西元前1066年（這個時間在《易經》記載中要值得商權），武王克商，封紂王的兒子祿父於殷，又命召公釋放箕子。後二年，武王訪問箕子，問殷為什麼滅亡，箕子不忍說殷的惡政。於是武王改問上天安定下民的常道，箕子便告以洪範九疇，也就是大法九類。史官記錄箕子的這篇話，寫成《洪範》。

但是從這部《易經》中卻隱藏著文王渴望箕子歸心能夠與他一起治理國家的願望，而箕子卻告訴文王，我要走，我有心願未了，我要把重要的東西送給你。學者看到此處一定認為大藏胡說八道，我可以負責說，《易經》裡面全是「象」和「道」。它

的「象」是「多維之象」，思維維度決定你看到的東西是什麼？非是我胡說。為什麼這樣講呢？我為什麼說文王與箕子是知音。是因為事實如此也。什麼事實？讀者可以這樣想一下：文王在姜里大鳴大放地寫《易經》，紂王要不要看？紂王看得懂麼？要是看懂了還能放文王姬昌麼？紂王看不懂會叫誰來看，當然叫箕子了，對否？關於上文讀者已經知道箕子會觀天象，陰陽占卜，是個大巫。這就說明箕子占卜之術瞭若指掌，運用嫺熟。否則何為陰陽占卜？那麼他一看文王《易經》心知杜明。老子、孔子都知道文王《易經》寫的是什麼，就連我一個小小鄉野草民都知道，箕子又如何不知？可是箕子為什麼沒有告訴他這個親戚大王？大家想想這其中有何道理自然明白。」

《史記》記載，紂王當政後，箕子曾官居太師，輔佐朝政。紂王即位不久，箕子見他開始使用象牙筷子，就歎息道：「用了象牙筷，就要用玉杯來配，然後就會追求其他的珍奇物品，這就是奢華享樂的開端呀！國君一講究享樂，國家怎麼能搞得好呢？」看到沒有，箕子的明夷何來？一個國家，國家的百姓豈能交給此等敗類？那不是助紂為孽麼。看到成語助紂為孽的來源，上古兩紂，紂王其一也。因此箕子沒有點明文王《易經》的秘密，你說作為文王能不知道麼？文王豈不知《易經》瞞誰也瞞不了箕子，如此的知遇之情，當如何而之？

3，我為什麼說明夷是發生在克商之前，因為九三和上六的爻有顯示。九三說，「得其大首叫箕子南守。」上六說：「不明晦，初登於天，後入於地。」後入於地，是文王擔心要是找不到箕子，箕子或隱或危險。還有根據《易經》的時間推導出這事發生在文王逝前。為什麼如此之說，因為《易經》是文王寫的，聖人演易絕不會讓多位後人寫易。《易經》64卦卦辭爻只出自文王一人之手。關於此點，讀者看完本部《道解易經》自然全明。此卦是文王生前而寫，這樣就可以推導出這個箕子於飛的時間就是裝瘋時發生的事情也。關於此處請史學家去考察。這只是我個人看法也。

六，聖人相惜

文土與箕子二明夷，聖人相惜，文王與箕子為什麼是好朋友？是知己？這就是易經大道中的同頻共振，一個是聖人神人，一個是哲人是明人。箕子稱文王為神人，而文王稱箕子為明人也。現在我們先看箕子的《九疇》然後再看文王《文酌》。

《箕子九疇》：

周文王十三年，武王詢問箕子：「啊，箕子，上帝庇蔭安定下民，使他們和睦相處，我不知道那治國常理的規定方法。」箕子回答說：「我聽說從前，鯀堵塞洪水胡亂處理了水、火、木、金、土五種用物，上帝震怒，不賜給鯀九種大法，治國的常理因此敗壞了。後來，鯀被流放死了，禹於是繼承興起。上帝就把九種大法賜給了禹，治國的常理因此定了下來。」

第一是五行。第二是認真做好五事。第三是努力施行八種政務。第四是合用五種記時方法。第五是建事使用皇極。第六是治理使用三種品德的人。第七是尊用以蔔考疑的方法。第八是經常注意使用各種徵兆。第九是憑五福鼓勵臣民，憑六極警戒臣民。

一、五行：一是水，二是火，三是木，四是金，五是土。水向下潤濕，火向上燃燒，木可以彎曲、伸直，金屬可以順從人意改變形狀，土壤可以種植百穀。向下潤濕的水產生鹹味，向上燃燒的火產生苦味，可曲可直的木產生酸味，順從人意而改變形狀的金屬產生辣味，種植的百穀產生甜味。

二、五事：一是容貌，二是言論，三是觀察，四是聽聞，五是思考。容貌要恭敬，言論要正當，觀察要明白，聽聞要廣遠，思考要通達。容貌恭敬就能嚴肅，言論正當就能治理，觀察明白就能昭晰，聽聞廣遠就能善謀，思考通達就能聖明。

三、八種政務：一是管理民食，二是管理財貨，三是管理祭祀，四是管理居民，五是管理教育，六是治理盜賊，七是管理

朝覲，八是管理軍事。

四、五種記時方法：一是年，二是月，三是日，四是星辰的出現情況，五是日月運行所經歷的周天度數。

五、君王的法則，君王建立政事要有法則：掌握五福，用來普遍地賞賜給臣民，這樣，臣民就會尊重您的法則。貢獻您保持法則的方法：凡是臣下不要有邪黨，百官不要有私相比附的行為，只有把君王作榜樣。凡是臣下有計謀有作為有操守的，您就惦念他們；行為不合法則，但沒有陷入罪惡的人，你就成就他們；假若他們和悅溫順地說：「我遵行美德。」您就賜給他們好處。於是，臣民就會思念君王的法則。不虐待無依無靠的人，而又不畏顯貴，臣下這樣有才能有作為，就要讓他獻出他的才能，國家就會繁榮昌盛。凡那些百官之長，既然富有經常的俸祿，您不能使他們對國家有好處，於是臣民就要責怪您了。對於那些沒有好德行的人，您即使賜給他們好處，將會使您受到危害。不要不平，不要不正，要遵守王令；不要作私好，要遵守王道；不要作威惡，要遵行正路。不要行偏，不要結黨，王道坦蕩；不要結黨，不要行偏，王道平平；不要違反，不要傾側，王道正直。團結那些守法之臣，歸附那些執法之君。君王，對於皇極的廣泛陳述，要宣揚教導，天帝就順心了。凡是百官，對於皇極的敷言，要遵守實行，用來接近天子的光輝。天子作臣民的父母，因此才做天下的君王。

六、三種品德：一是正直，二是過於剛強，三是過於柔弱。中正和平，就是正直；強不可親就是剛克；和順可親就是柔克。應當抑制剛強不可親近的人，推崇和順可親的人。只有君王才能作福，只有君王才能作威，只有君王才能享用美物。臣子不許有作福、作威、美食的情況。假若臣子有作福、作威、美食的情況，就會害及您的家，亂及您的國。百官將因此傾側不正，百姓也將因此發生差錯和疑惑。

七、用蔔決疑：選擇建立掌管蔔筮的官員，教導他們蔔筮的方
法。龜兆有的叫做雨，有的叫做霽，有的叫做蒙，有的叫
做驛，有的叫做克；卦象有的叫做貞，有的叫做悔，共
計有七種。龜兆用前五種，占筮用後兩種，根據這些推
演變化，決定吉凶。設立這種官員進行蔔筮。三個人占
卜，就聽從兩個人的說法。你若有重大的疑難，你自己要
考慮，再與卿士商量，再與庶民商量，再與蔔筮官員商
量。你贊同，龜卜贊同，蓍筮贊同，卿士贊同，庶民贊
同，這叫大同。這樣，自身會康強，子孫會昌盛，很吉
利。你贊同，龜卜贊同，蓍筮贊同，而卿士反對，庶民
反對，也吉利。卿士贊同，龜卜贊同，蓍筮贊同，你反
對，庶民反對，也吉利。庶民贊同，龜卜贊同，蓍筮贊
同，你反對，卿士反對，也吉利。你贊同，龜卜贊同，蓍
筮反對，卿士反對，庶民反對，在國內行事就吉利，在國
外行事就不吉利。龜卜、蓍筮都與人意相違，不做事就吉
利，做事就兇險。

八、一些徵兆：一叫雨，一叫晴，一叫暖，一叫寒，一叫風。一
年中這五種天氣齊備，各根據時序發生，百草就茂盛。一
種天氣過多就不好，一種天氣過少，也不好。君王行為
美好的徵兆：一叫肅敬，就像及時降雨的喜人；一叫修
治，就像及時晴朗的喜人；一叫明智，就像及時溫暖的喜
人；一叫善謀，就像及時寒冷的喜人；一叫通聖，就像及
時颳風的喜人。君王行為壞的徵兆：一叫狂妄，就像久雨
的愁人；一叫不信，就像久晴的愁人；一，叫逸豫，就像
久暖的愁人；一叫嚴急，就像久寒的愁人；一叫昏昧，就
像久風的愁人。君王之所視察，就像一年包括四時；卿士
就像月，統屬於歲；眾尹就像日，統屬於月。假若歲、
月、日、時的關係沒有改變，百穀就因此成熟，政治就因
此清明，傑出的人才因此顯揚，國家因此太平安寧。假
若日、月、歲、時的關係全都改變，百穀就因此不能成
熟，政治就因此昏暗不明，傑出的人才因此不能重用，國

家因此不得安寧。百姓好比星星，有的星喜歡風，有的星喜歡雨。太陽和月亮的運行，就有冬天和夏天。月亮順從星星，就要用風和雨潤澤他們。

九、五種幸福：一是長壽，二是富，三是健康安寧，四是遵行美德，五是高壽善終。

六種不幸的事：（也稱六極）一是早死，二是疾病，三是憂愁，四是貧窮，五是邪惡，六是不壯毅。（以上《箕子九疇》引用：周秉鈞譯《尚書—洪範》）

《文王文酌》：

人生來就有欲望、有厭惡、有快樂、有悲哀、有辦事能力、有處事法則。法則有九聚，能力有五寶，悲哀有四忍，快樂有三豐，厭惡有三咎，欲望有七極。七極有七事。三咎有三尼，三豐有三頻，四忍有四教，五寶有五大，九聚有九酌。

九酌是：

一，積聚誠信以感人；二，尊重英傑以親人；三，發放倉廩安定民眾；四，借貸官府連屬百姓；五，對人一定要講禮；六，交往一定要密切；七，使商賈交易貨物；八，讓農民多得利益；九，同情與嘉獎要適當施行。

五大是：

1，大智指行用謀略；2，大武乃收斂勇力；3，大工是操勞工事；4，大商為流通貨物；

5，大農即借貸糧食。

四教是：

1，教人謹守誠信；2，教人親近年長者；3，教人去憂戚免桎梏；4，教人喜愛生活使身心返歸無哀之時。

三頻是：

1，揮霍財物，物質就耗費；2，向鬼神求福，靈性就殆盡；

3，縱情聲色，就失掉本性。

三止是：

1，治兵以攻其同類；2，約束親近使成疏遠；3，假人以大權而作威。

七事是：

1，不顧過錯而逞志；2，緩急不分而濫謀；3，多疑寡斷而事不成；4，欺凌臣屬而作威於人；5，屈身以求居處寬大；6，關閉邊境作為勝敵之備；7，為免除武事而解散軍隊。

只有從事昌盛之道，才能建養民之功。建養民之功的具體辦法：有三穆、七審、一幹、二禦、三安、十二來。

三穆是：1，不敬神靈則破敗精誠；2，占筮不吉也要善其所為；3，龜卜雖吉也要想到危。

七審是：

1，仁者的謹慎施捨；2，智者的處處工巧；3，勇者的鋒銳富盛；4，族眾的缺少財物；5，商人的短缺資本；6，農民的短少存糧；7，權貴的爭奪榮耀。

一幹是：有好的開端。

二禦是：1，樹立恩惠而不病民；2，竭盡自己憂民之心。

三安是：1，定百姓居室以安其妻兒；2，看重貢賦而可以錢幣代繳。

3，處罰罪人可以財物贖罪。

十二來是：

一弓人、二矢人，都歸聚到射箭人一處；三輪人、四輿人都歸聚到駕車人一處；五韗人、六函人都歸聚到皮革積存的地方；七瓦工、八冶工，都歸聚到窯爐旁邊；九柯工、十木匠，都歸聚到木材堆放的地方；十一竹工、十二席匠，都歸聚到竹葦存放的地方。

三穆、七信、一幹、二禦、三安、十二來已經完成，成功的方法就都具備了。

事物有不過時的。過時之物要再去找尋，就只有終止。抓緊啊，落後了就失掉時機。

（《文王文酌》見逸周書，文酌解第四）

這就是共同語言，共同語言啊！在文王「文酌」中特別要提到三穆，三穆是：一，不敬神靈則破敗精誠；二，占筮不吉也要善其所為；三，龜卜雖吉也要想到危。看到這個三穆讀者應該明白聖人到底是如何看待占卜的。

七，關於箕子送給文王的到底是什麼？是否洪範九疇？

箕子到底送給文王（武王）的是什麼？關於洪範九疇治國思想與文王《易經》的治國思想相比如何，箕子明白文王之道在自己之上，一個洪範九疇那也只是相互切磋一下治國方法而已，絕不是箕子真正所要交給文王的東西。因此我可以明確地說，箕子洪範九疇只是一個送給武王寶物中的其中一個附贈。到底是什麼往下看便知。

最後一個重要問題就是我在前面說《互動百科》中介紹箕子一文中要有兩個地方重新認識一下：

1，關於箕子《洪範》：也很感念武王的恩德，臨行前寫了一篇《洪範》給武王。感念是有的，但是寫《洪範》是必須的。二人真正相見的目的是千古絕密，不了解文王《易經》是難以打開這個秘密的。關於此秘密讀者下卦便知。

2，關於《麥秀歌》中彼狡童兮，不與我好兮，彼狡童兮，不我好仇。

箕子心中的真正憂傷也恐怕只有少數古人知道，今人就難知也。文王，武王，周公，太公，老子，孔子……知道也。今天借易經明夷卦，我大藏揭秘讓箕子再現三千年前的心情。重寫一首箕子《麥秀歌》。

「麥秀漸漸兮，禾黍油油，不守疆土兮，糊塗交友。

麥秀漸漸兮，禾黍油油，不顧百姓兮。不自量好仇。

枉費我心兮，商道失守，管叔狡童兮，你不想好卻拉湯孫與你同走，大地還在兮，商人不見兮。不見兮。」

這就是朝歌還在，已經易手，大地還在，故人已走。只留下《麥秀歌》箕子一片遺憾和傷感之情。這個情就是「鳳凰銜書」的片刻之情，也是400年後孔子在中孚卦中所說的：君子以議獄緩死也。其中《麥秀歌》中提到了兩個童子，一個是狡童，一個是好仇童子，這個狡童就是指管叔，好仇童子就是武庚。這兩個狡童都涉及一個歷史事件，就是西周的《三監判亂》。

武庚是商紂王之子，商亡周立。武王讓武庚管理殷餘民，殷民大悅。武王為防武庚叛亂，又在朝歌周圍設邶、鄘、衛三國。朝歌以東設衛國，使管叔由管徙封衛，朝歌西與南為，使蔡叔由蔡徙徙；朝歌以北為邶，使霍叔自霍徙封邶。共同監視武庚。此時，武庚留居在紂宮（今淇縣城內的西壇、三海一帶）續殷嗣。殷亡第四年，（西元前1043年）周武王姬發駕崩，兒子周成王姬誦年幼（13歲），武王之弟周公旦代成王掌管國事。對此，管叔、蔡叔皆不滿，散佈周公想篡位之謠言，並串聯武庚起兵反叛。明召公為保周江山，「內弭父兄，外撫諸侯」，周公以成王命率軍東征，伐朝歌叛軍，武庚兵敗被誅。周公又殺管叔、放蔡叔、貶霍叔，將朝歌「殷頑」遷於洛陽管教之。

那麼武王滅商為何不將武庚貶為庶民，還讓他管理殷民。枉費明夷一片情。這就是中孚卦中我所要講的。

61.風澤中孚
藏解易經46

四十六、風澤中孚　中信（中國）

中孚：豚魚吉，利涉大川，利貞。

簡譯：(誠信、平衡、平等、和平、共和聯邦諸侯制度。)

譯文：文王說：「只有建立一個中孚，平衡平等，誠信共和的聯邦諸侯制，才有利於各邦國國家的穩定。才能讓諸侯國與百姓過上安穩的日子。這樣才能利於各族的將來。」

【注解】

豚魚：豚，指諸侯。魚：指百姓。

象曰：中孚，柔在內而剛得中。說而巽，孚，乃化邦也。豚魚吉，信及豚魚也。利涉大川，乘木舟虛也。中孚以利貞，乃應乎天也。

譯文：「中孚，中，是取柔和剛的中間，不柔不剛，正好中間，就是平衡平等。有了想法說而巽，巽就是形成條約，有了條約就要孚，就是誠信而遵守，這樣才能改變邦國的現狀也。只有豚魚吉，就是諸侯與各諸侯國百姓都安居樂業了，各個諸侯和百姓都互相堅守自己的誠信，那麼也就做到了利涉大川，乘木舟沒用也。這就是達到各個諸侯國家都能有好的將來，木舟沒用，百姓不會在受戰亂之苦而自在逍遙也。因此說建立一個平等誠信的大邦國家才能利於長久的安定。這才能合乎天的法則也。」

大藏：乘木舟虛也就是馬匹亡。刀槍入庫馬放南山。清平世界。到了「世間波羅蜜多」就不需要木舟也。

象曰：澤上有風，中孚；君子以議獄緩死。

譯文：孔子說：「資訊商討，立此誠信，君子在議論如何刑罰紂王而使後人延緩死亡。」

大藏：孔子意思是：在議論紂王的兒子武庚緩死。什麼意思？見簡論。

初九：虞吉，有他不燕。

簡譯：(有老虎，不能有燕子)

譯文：文王說：「只要老虎還是活著，只要有他存在啊，我們就像候鳥燕子一樣，在老虎屋簷下泥巢居住，雖暫居安卻不知遠慮，禍難臨頭不能自知。總是不安全啊。」

大藏：文王這句話與「即鹿無虞，惟入於林中，」是一個道理。「即鹿無虞，惟入於林中」是一群鹿身邊藏著老虎。虞吉，有他不燕。是燕子身邊有老虎，都是比喻兇險圍繞周圍，生命沒有保障。《三國演義》中周瑜曾說：「既生瑜何生亮」，意思是說天生了我周瑜又何必生出諸葛亮呢？換現代話說就是有我無他，有他無我的意思。只不過周瑜的話與現代人的話有些狹隘，而文王這句話是邪惡與良善對立，要消除邪惡良善才能有生命保障。否則良善終究被邪惡吞噬。

象曰：初九虞吉，志未變也。

譯文：孔子說：「初九虞吉，大志沒有改變。」

九二：鳴鶴在陰，其子和之，我有好爵，吾與爾靡之。

簡譯：(箕子在殷鳴鶴，我與你回彈一曲。)

譯文：文王說：「箕子在暗地裡鳴鶴為殷商的後人和百姓的安危擔心，我的好箕子啊！我的好友在那邊彈琴，他支持我的志向，我在此回應你，回彈一曲。我會如你所希望那樣，保存殷商的血脈，讓武庚繼續保守朝歌。」

【注解】

爵：這裡指箕子。

象曰：其子和之，中心願也。

譯文：孔子說：「其子和之，中啊，只是心願而已。」

大藏：這個武庚不懂道啊，可惜箕子一片忠心。

六三：得敵，或鼓或罷，或泣或歌。

簡譯：(征伐結束，對商臣民的處理。)

譯文：文王說：「我得到了俘虜，或招降，或罷職，或者讓其回
　　　家或處罰。」

象曰：或鼓或罷，位不當也。

譯文：孔子說：「或鼓或罷，商朝臣子失去職位也。」

六四：月幾望，馬匹亡，無咎。

簡譯：(征商後，諸侯成功，坑埋戰馬不再打仗。)

譯文：文王說：「只要諸侯，百姓得到希望，我就會將戰馬師車
　　　一起坑埋，不再打仗沒有問題的。」

【注解】

月幾望，此處指諸侯。

象曰：馬匹亡，絕類上也。

譯文：孔子說：「馬匹亡，斷絕戰爭，上策也。」

大藏：文王所說馬匹，是戰馬，周公所講的乘木舟是師車。亡，
　　　虛也，是對戰馬殺之，虛是廢掉。一起就是坑埋。這是文
　　　王對國家安貞，百姓安居，諸侯攣如的保證，也是對箕
　　　子放心的一種承諾。那麼什麼時候坑埋呢？得到紂王敵
　　　首，即刻停止戰爭解散軍隊進行坑埋。這就是西安豐鎬車

馬坑的來歷。

九五：有孚攣如，無咎。

簡譯：(信守承諾，共同發展。)

譯文：文王說：「我西郊會與各諸侯國相互信守承諾，對待武庚
　　　與其他諸侯國沒有區別，與此共同發展猶如兄弟一樣沒有
　　　問題。」

象曰：有孚攣如，位正當也。

譯文：孔子說：「有孚攣如，應該啊正確啊。」

上九：翰音登於天，貞凶。

簡譯：(錦雞叫聲登天，聲不久也)

譯文：文王說：「錦雞在地上，叫聲入天，聲不久也，凶也。因
　　　此會永守中孚，守中誠信之道。」

象曰：翰音登於天，何可長也。

譯文：孔子說：「錦雞叫聲登天，如何能堅持長久？」

簡論中孚卦

　　「中孚卦」既是文王對箕子的回覆，也是以此卦作為誠信
利國之本。這個卦中透露出很多資訊：有關於「中國」名字的來
歷；《清華簡•尚書•保訓》之謎；「諸侯分封」；「西安豐鎬車
馬坑」等歷史諸多迷案。這幾個問題本書都能給讀者一一提供答
案。本卦中我重點說一下「中孚卦」核心問題。在明夷卦中，箕
子給文王來信說他要走了，要把「重要的東西」交給文王。在明
夷卦中，我說他們二人是知音，也許讀者看完明夷卦未必同意此
種說法。此卦中我要給讀者拿一些資料來佐證我所說的話。這個
卦中先重點看九二爻：「鳴鶴在陰，其子和之，我有好爵，吾與
爾靡之。」這句話是文王對箕子說的，在殷商，我的好友箕子在
那邊彈琴，他和應我的志向，我在這裡也與你回應，我與你回彈

一曲，我會如你所希望那樣，保存殷商的血脈，讓武庚繼續保守朝歌。

鳴鶴：鳴是叫，鶴是箕子。陰：殷商。其子：紂王的兒子武庚。爵：也是指箕子。靡：與你商談，與你彈琴。

此爻，文王說鳴鶴在陰，這個鶴在殷商鳴什麼呢？這個鶴就是箕子佯裝為奴之前做的一個六句「箕子操」，這首「箕子操」可藏著三千多年的秘密啊！這是箕子與文王通信的內容啊！文王在羑里寫《易經》每句六爻，箕子作「箕子操」六句來與文王互傳心聲：小序（臨別小言）

天道渾渾兮不享，（紂王失去天道渾渾兮有福不享）
緊神器從神兮適彼西鄰。（惟有將政權從聖人兮給比鄰西郊才適宜）（緊yī：惟有）
泯社稷之阽危兮君無與守，（喪失百姓、土地之臨近危兮我君王無人守護）
將正而斃兮誰善其後。（王命正首將斃兮百年誰善其後）
負罪囚奴兮九疇我保，（有負殷商重托的罪奴兮用九疇來擔保）
庶湯孫之復兮載興商道。（百姓湯孫能載興商道願西鄰我友復兮復兮）

讀者現在所看的箕子操就是文王明夷卦中說的明夷於飛，主人有言，箕子在這首小序臨別小言中說：「我先祖打下的成湯江山傳到紂王的手中已經失去了民心，失去了大道。這個紂整天渾渾噩噩，上天將奪去他的福分，天子之權利將順從神的意志把江山交給西郊的聖人手上。而我商朝社稷已經臨近了危險邊緣，危在旦夕。此刻君王身邊已經是眾叛親離，已經沒有人守衛，他將遭到上天的正義懲罰而得到死亡。可是誰來給他守墓呢？我有罪啊！有負先王的囑託，沒有盡到臣子的職責。我既不想逆天道而行繼續服務他，也不能眼睜睜看它斃命，只能自我囚奴遠走他鄉。現在我手上有『國家大寶九疇』，我想用它做保，來換取朝歌的百姓不要遭受戰後之苦，及湯孫的性命來為紂王守墓啊！可否願意請彼復我？」

文王如何回應箕子操的？

文王在中孚卦中回復箕子有以下內容：

有紂王在啊，只要他吉利一天，我們天下的諸侯，百姓就像燕子一樣不能安居。如此天下就大亂也，為了諸侯和百姓有一個安穩幸福的生活必須誅殺紂王。

我的好朋友啊，你默默地為百姓和湯孫擔心，你的心情我怎能不知道呢？你的內心文明就像太陽一樣，我是那麼地理解你呀！現在我也跟你說說我的心情。

我想建立一個有公平、誠信、自由，人民安居樂業的社會。一起享受美好的河山。

人民和睦相處守禮，百姓能吃好飯，官者施行仁義，諸侯做王者治國有道。各個邦國能夠守信，相互有禮，不要相互攻伐，不要侵鄰富己，能夠相互有孚攣如，富以其鄰。大家共同遵守天道，同享大道。同樂自然。

待取得紂王的性命後，好臣則留或不好則罷免，有的讓其回家，有的奸臣則割殺。天亮了，圓滿了，戰馬則殺，不用師，解散兵將修家。對於湯孫武庚兒，我會對其有孚攣如，不會貶民朝歌回復於隍，守其祖業。我雖然取了江山，但江山邦國卻是諸侯共有，有孚攣如，我只守中。中孚中邦，以信，以仁，以禮以義服邦。

翰音登於天，亢龍有悔。

群龍無首，中孚分封。

箕子，我友，我以中孚回復你。永貞。

以上就是中孚卦背後的大道之魂。這個中就是文王在《清華簡•尚書•保訓》裏不斷重複的中，誠信也。

通過中孚卦，我們能夠感受二個聖人偉大的心靈。可惜武庚糊塗小兒沒有福分享受這二聖之福，盡然與管叔搞克周復商。傻小子也不想想即使搞成功了，那個管叔姬家壞小子能讓你武庚做江山麼？管叔連自己的兄弟都容不下還能容下武庚麼？因此箕

子在《麥秀歌》中說：「彼狡童兮，不與我好兮，彼狡童兮，不我好仇。」意思這一個狡童管叔，一個不知自己半斤八兩的傻小子武庚，這兩個都不是好東西把大好的祖宗一點家業給毀了，白白耗費了二聖心情。因此孔子在前面象曰：「澤上有風，中孚；君子以議獄緩死。」澤是兌，是二人對說。怎麼說呢？是風說，就是兩個人一西，一東南，離著遠的說。沒有見面，用鴻雁傳書（後人說的鳳凰銜書），及千里送琴音說。說什麼？議論傻小子武庚不死。以議獄緩死。孔子說為什麼緩死呢？傻小子自己不思福報，自己把福報給報銷了，最終還是死矣。但是這個死反應一個道，什麼道呢？天滅皇脈，誰能保住？二聖都沒有保住啊。想想吧。

這個卦裡透出中國名字的來歷，中華民族的真正完整的文化從周朝興起啊。周朝建立諸侯聯邦共治，諸侯推舉中央之國（中國）。豐鎬為周天子之國。周朝滅後，仁義禮智信大道後世遭毀，幸《易經》留存，中華文明源頭彰顯，實屬我輩之幸。

關於箕子送給文王的到底是什麼？是否洪範九疇？

我在明夷卦中提到箕子到底送給文王的是什麼，在中孚卦中讀者看到箕子操中第二句就是：「繫神器從神兮適彼西鄰。」這個繫神器，從神就是箕子要把神器送給西鄰的神人，這裡的西鄰就是指西郊，神人就是文王。讀者看到這應該知道，洪範九疇是否可以稱作神器，洪範九疇只能稱作是治國方法，還不能算神器。文王治國51年左右時間，從一個小小的岐山諸侯國發展成周朝天下三分有二，各邦諸侯信服，讀者想想文王治國韜略比箕子如何？讀者再想想文王可以羑里演易，《易經》不到5000個字，涉及了多少內容！讀者看到這應該心裡有數，一個洪範九疇與《易經》治國相比如何？看到這裡相信讀者應該能夠肯定箕子送給文王的絕不是這個大家看到的洪範九疇。那麼到底是什麼？我現在可以告訴讀者這個問題了，箕子送給文王的的確也是九疇，只不過不叫洪範九疇，而是江山九疇。這個江山九疇到底是什麼？這個問題同樣涉及到歷史的迷案問題，是與《清華簡•尚書•

保訓》有關的，與下面泰卦也有關的，請讀者看泰卦就可知道了。

好了，中孚卦基本講完，現在給讀者一個賞析，關於《文王操》。

一曲《文王操》曾經讓孔子思慕不止，聽琴音便識出彈琴者乃文王也。孔子曰之：「有所穆然深思焉，有所怡然高望而遠志焉。」，「丘得其為人，黯然而黑，幾然而長，眼如望羊，如王四國，非文王其誰能為此也！」自古名人皆為《文王操》所驚歎。大音希聲。

我想文王操的誕生應該與「明夷」、「中孚」二卦有關。我譯《易經》，聽成公亮成師彈《文王操》久矣，聽到動容之處不由得附此曲一詞。曾有衝動想把詞送給成師，但終究沒有行動。因感歎社會已經失去遠古的淳風，怕成師誤會我別有用心。我記得曾看到成公亮一篇文章《文王操》打譜後記，成師飄出琴譜之外進人大道之中，這一點很讓我感佩。現摘錄一下成師《文王操》打譜後記中的部分精華：

……

全曲八段的宮音位置、音階、調式情況如下：

（一）四弦為宮的五聲音階、宮調式——一段中部。二、三、四、
　　　六段。

（二）一弦為宮的五聲音階、徵調式——一段頭尾。七段。

（三）一弦為宮的清商音階、徵調式—五段、八段。

……

《梧岡琴譜》中的《文王操》共八段，由兩個互為對比的主要音調及一些引子、尾聲、過渡性質的樂句組成。兩種性格的音調交替出現，對比明顯，構成寬博深邃的音樂內涵。第一種音調是五聲性的歌唱性音調，以五度、八度大跳為特徵，曲情優美輕盈，像是對一種美好的理想境界的謳歌，節奏為有拍的中等速

度，無固定強弱拍規律；第二種音調是節奏跌宕的語言式音調，語氣鬆緊頻繁，起伏多變，音樂富於理性的思索。

現以第一種音樂材料為a，第二種音樂材料為b，全曲的佈局是：

一段：b—a—b，第一個b有引子作用，莊嚴，肅穆，一字一音。接著的a—b略帶歌唱性，兩部分音調均未將基本面貌完整呈現，只是素材的初露。

二段：a材料較完整的呈現，音樂富有歌唱性。

三段：a材料的變化發展，段落中部有個情緒上的小高潮，像是為某種美好的理想境界所激動。

四段：a，短小，帶有過渡性質。音樂性格醇和、溫厚。

五段：b，音樂抑鬱凝重，富沉思性。段尾又引至豁然清曠之境。

六段：a，短小，有過渡性質。凝重的音樂氣氛至此複而舒暢、柔美。

七段：a，從前六段按散結合的音色變為泛音段，與前後音色對比鮮明，予人以超脫、清新的美感。

八段：b，音樂深奧曲折，其語氣如苦思，如追問，曲尾的泛音終結句使整個樂曲複歸於靜穆、安祥。

樂曲的結構及樂思發展並未採用常見的「漸層發展」的方式，而是以兩種迥異的音樂形象互相映照對比，在琴曲中，是較為罕見的。它的曲情與《史記‧孔子世家》的有關記述不無契合之處，如其中所說的「有所穆然深思」，「有所怡然高望而遠志」，和孔子根據樂曲內容對文王所作出的形象描述。同時，它與《琴操》中所述文王思士興周的內容也可作某種相通的解釋。如果說這首琴曲的創作者寄託了後世對文王的仰慕之情，是沒有太大疑問的。

我雖受到典籍的啟示，但演奏時卻常常暫離理性的認識，更不去有意對應典籍中某一故事情節，而是在樂譜的引導下進行某

種境界後的感性表述。當我凝神靜慮端坐琴前，撥動那渾厚的隆隆如鐘的空弦時，我們這個古老民族莊嚴、恢弘的黃鐘大呂即使人進，一種蕭穆而神聖的氛圍。隨著樂曲進行，我像是陷入對宇宙人生的沉思冥想，又常常感到那充滿仁愛的人情之美。樂曲既有幽深的理性表述，又有極富感性的感情抒發，真是寬博深邃，無邊無境。正如《杏莊太音補遺》的解題中讚美此曲所表現的那種高崇、聖潔的思想即「天道」是無限的，千秋永在的，「天道不已」、「純一不已」。這樣的音樂可以純潔、淨化人的心靈：「鼓此曲令人蕩滌邪穢，消融渣滓。」這裡已把對宇宙、人生的認識──「天道」與文王統一起來。文王的精神，文王的偉大也像「天道」一樣是永恆的，「文王純於天道，亦不已也。」文王是孔子最崇敬的聖賢，也是他最高理想人格的象徵。《文王操》的音樂，正是孔子這樣偉大的思想家曾夢寐以求的理想社會和理想人格的頌歌。

以上是成公亮老師對文王操的介紹，此篇文章能讓讀者對《文王操》有一個認識。為了感謝成師讓我輩能聽到這如此涓流浩瀚天道純音。我在此解開全曲八段的宮音原因：宮就是中，五行屬於土，主信，就是中孚卦。文王一貫主張的治國大道。中，誠信也，治國誠信，諸侯聯邦相互誠信、對百姓誠信。《文王操》的聖人之音正是《易經》大道之音。

大藏聽文王操穿越三千年，依遠古琴音，再現文王當年情，附詞一曲：《中孚，比翼》，以此送給成公亮老師，及其有緣人。

《中孚，比翼》

天大地方，保民無疆。宇宙洪光，耀我八荒。

三皇五帝，仁愛民兮。有孚兮攣如，翩翩其富。

百姓安定，謙謙悅兮。我有友兮，翼翼翔翔。

江山美兮，各邦有疆。有孚兮攣如，相互往來。

國孚於民，民奉五常。大道同享兮，祥樂飛揚。

廢道休兮，陰極轉陽。翰音登天，陽極坎莒。

乾坤互轉，福禍相依。中孚泰兮，中居吉吉。

中孚否兮，居中吉吉。群龍無首，有福攣如。

翩翩比翼。有福攣如，翩翩比翼。比翼中孚。

（文王操〈中孚，比翼〉）

四十七、地天泰　聖人去泰，文王遺囑

11.地天泰
藏解易經47

泰：小往大來，吉亨。

簡譯（由小往大）

譯文：文王說：「好的事物由小往大的發展，越來越順利，大吉
　　　大順。」

**象曰：泰，小往大來，吉亨。則是天地交，而萬物通也；上下
　　　交，而其志同也。內陽而外陰，內健而外順，內君子而外
　　　小人，君子道長，小人道消也。**

譯文：周公說：「泰是好的事物由小往大的發展，越來越順
　　　利，因此大吉大順。泰是天地陰陽二氣的相交，萬物通
　　　順也。上為乾，象徵著天，君王。下為坤象徵著地，臣
　　　子。天和地的相配是天圓地方。天乾健，天行健，運
　　　動。地勢坤厚德載物。天行天道，地行德道，君臣一體道
　　　德同配。君禮其臣，推誠以任，臣忠其君，盡誠以事。聖

　　主得賢臣，弘揚功業；賢士得明主，盡展才華。萬民感其
　　德化，安居樂業。因此天地交泰大道德同，君子之道開始
　　成長，小人之道消失也。」

**象曰：天地交泰，後以財（裁）成天地之道，輔相天地之宜，以
　　　　左右民。**

譯文：孔子說：「天地交泰，萬物長成，君主得賢相輔助，以幫
　　　　助百姓安居樂業。」

大藏：左右民就是仁義百姓。

初九：拔茅茹，以其匯，征吉。

簡譯（志同道合）

譯文：文王說：「國家要匯集一些志同道合的賢臣良將，治國有
　　　　利，南征吉祥。」

象曰：拔茅征吉，志在外也。

譯文：孔子說：「拔茅征吉，理想在外。」

大藏：大志理想不在內，目標不是治理西郊岐山一小領地，而是
　　　　在外治理全國。

九二：包荒用馮河，不遐遺，朋亡，得尚於中行。

簡譯（開創國家不能憑力氣，沒有工具，沒有人才。）

譯文：文王說：「開創和治理國家不能只憑力氣，沒有工具，沒
　　　　有人才啊！治理國家要依靠治國寶典。我給你留下的大
　　　　寶『《周官》、《河圖》、《洛書》、《歸藏》、《連
　　　　山》、《易經》』，千萬不要遺落古代的大寶。我不久
　　　　於人世，現有遺言要囑咐你：『我崩亡，讓姜尚輔佐
　　　　你』。」

象曰：包荒，得尚於中行，以光大也。

譯文：孔子說：「開疆擴土用姜尚以實現大志也。」

九三：無平不陂，無往不復，艱貞無咎。勿恤其孚，於食有福。

簡譯（要公平正直）

譯文：文王說：「不平衡就會失衡。不要不平，不要不正，不要傾側，王道要正直。沒有來就沒有去，一切都是因果關係。只有堅定信念，堅守大德才能不犯過錯啊。我走後不要悲傷憂慮，要有信心，做事要誠信，這樣對做大事才有幫助。」

象曰：無往不復，天地際也。

譯文：孔子說：「無往不復，去也，哪來哪去也。」

六四：翩翩不富，以其鄰，不戒以孚。

簡譯（要和平不要征伐他國）

譯文：文王說：「要與諸侯們、鄰國（朝歌）共同富裕。要和平不要發生征伐戰爭，要對待以誠啊！」

象曰：翩翩不富，皆失實也。不戒以孚，中心願也。

譯文：孔子說：「翩翩不富，事實做不到也。不戒以孚，心中的願望也。」

大藏：文王告示武王對待朝歌要以誠信幫助他共同富裕，但是事實卻是傻小子武庚被管叔給利用了。結果全違背了文王的遺言也。另外到了孔子的時代「翩翩不富」已成了夢想。後世君王更是沒有遵循道治理天下，君王個性治理天下是一個人一個樣。文王給後世留下的治國樣板工程到了後代君王手中已經走樣了。這就是國家所有權利換來換去的結果。公變成私的結果。人人所有天下變成集權家天下。「翩翩不富」，也就失實。「不戒以孚」，也就心中願也。這也是孔子的心中願也。

六五：帝乙歸妹，以祉元吉。

簡譯（商朝終結）

譯文：文王說：「紂王商朝江山歸位，就要停止一切征伐，國家
　　　要吉祥啊。」

象曰：以祉元吉，中以行願也。

譯文：孔子說：「停止征伐，元吉，好啊，德行所願也。」

上六：城複於隍。勿用師。自邑告命，貞吝。

簡譯（朝歌城歸複於武庚，不用軍隊，結束戰爭。）

譯文：文王說：「要把朝歌城歸複於武庚。不要用軍隊，裁軍結
　　　束戰爭。向全國誥命，要安定，否則就不穩定啊。」

象曰：城複於隍，其命亂也。

譯文：孔子說，「把朝歌城還給隍（武庚），他自己亂來，命死
　　　也。」

大藏：這是什麼，沒有福享。文王給武庚留命留道，老天不同
　　　意。讓武庚不識時務作亂亡死。天絕於殷商奈何？

簡論泰卦：

　　「泰」是由小往大的發展，但同樣也是由年輕往年老的發
展，事物由小往大地發展下去就是壯，大到衰發展就是老，老終
究是死亡。文王從老發展經過泰則是死，因此泰也是老人之太
極。由太極中來回太極中去。遠古聖人「封泰」寓意非凡。又豈
像後代帝王東施效顰封泰，以為天授之大任接掌與泰山之前？泰
山，五嶽之東嶽也。《博物志》云：泰山一曰天孫，言為天帝孫
也。主召魂。東方萬物始成，故知人生命之長短。《五經通義》
云：一曰岱宗，言王者受命易姓，報功告成，必於岱宗也。東方
萬物始交代之處。(宗，長也，言為群嶽之長。)《白虎通》云：
王者受命，必封禪。封者，增高也；禪者，廣厚也。(禪，除地

為壇，字本為墠，以其祭神，故從示。)皆刻石紀號，著己之功績以自效也。天以高為尊，地以厚為德，故增泰山之高，以示報天；禪梁甫之址，以報地。《史記》曰：齊桓公欲封禪，管仲曰：「古封泰山，禪梁甫，七十二家。」夷吾所記，十有二焉。無懷氏封泰山禪云云，伏犧氏封泰山禪云云，神農氏封泰山禪云云，炎帝封泰山禪云云，黃帝封泰山禪云云，顓頊封泰山禪云云，帝嚳封泰山禪云云，堯封泰山禪云云，禹封泰山、禪會稽、湯封泰山禪云云，周成王封泰山禪初首，皆受命然後得封禪。

　　且不說後世帝王為何要受命封禪於泰山，我只談泰卦之道，司馬遷說：「人固有一死，或重於泰山，或輕於鴻毛。」司馬遷把人死的毫無價值喻之為鴻毛，反之為泰山。但在聖人眼中看來卻是「人死不改泰山於前，能否死之泰然？」。泰山是王者帝者之「艮」，來之何處，去之何處！帝王大任於泰山，崩亡與泰山是對自身大命與使命的歸根複命的一種方式：「天地交給我的大任，我對得起天麼？我對得起地麼？我對得起江山社稷黎民蒼生麼？⋯⋯我從天來能回天去麼？」聖人去泰，蘊含的大道之深萬言難以形容。《易經》博大精深非筆墨所能形容。「坎」卦人生逆境世人不想碰到，聖人遇「坎卻以全聖功。世人皆謂泰之福來，聖人去泰駕鶴西去為自己交出一生的考卷，上對起天（道義），下對起地（德），中對起黎民百姓（仁），比鄰友親對起諸侯，百姓（信），治理國家自知者明起用賢者（智），遵守天道地德，五常運行與國，文王生之鳳凰死之泰山！⋯⋯

　　關於「泰道」留給讀者去思考。我現在重點談談本卦。

　　這個泰卦是文王有病彌留之際交代武王的一些話，也就是遺囑臨死之言，特別強調武王要遵守的。在此卦中有一個重點的地方需要講講，九二：「包荒用馮河，不遐遺，朋亡，得尚於中行。」這句話是什麼意思呢？馮河：本意是無船而徒步過河。此爻是反着看。開創治理國家不能沒有船，沒有工具，也不能光腳過河。此處的工具就是指治國寶典，這個治國寶典就是「遐遺」，是歷代先賢留下的寶貴遺產《河圖》、《洛書》、《歸

藏》、《連山》。另外還有文王著書的《易經》和《周官》。這個《周官》就是後來的《周禮》。「朋亡」是崩亡。「得尚於中行」，尚是姜尚，中行是指武王。讓姜尚輔佐武王來開創國家。就是「包荒」，包荒就是開疆擴土，開疆擴土需要治國寶典、需要方法，把荒疆變成富國強土必須有好的治國方針和人才。這就是包荒不馮河，用遐遺，得人才於中行的真正意思。

另外，「馮河」，也暗指河圖洛書。馮是龍馬負圖，河是河圖洛書。不遐遺，是不要，遐遺是指祖宗留下的經典文章大寶，是什麼呢？就是《連山》、《歸藏》還有文王寫的《易經》、《周官》也。

第2句「朋亡」是指文王駕崩，死亡。

第3句「得尚於中行」是要姜尚輔佐武王。

那麼把3句話連起來譯，文王告訴武王：發(武王)，旦(周公)，我就要去了，記住我的話，開疆擴土用姜尚，治理國家一定用《河圖，洛書》、《連山》、《歸藏》、《易經》、《周官》。

文王臨死時特別提到治國寶典，《河圖》、《洛書》、《連山》、《歸藏》、《易經》。

在這些寶典中，其中《易經》正是本書。《連山》、《歸藏》與《易經》模型一樣，但是在使用、運用方式上各有不同。這些寶典中文王有五種，只有一個沒有，什麼呢？就是《洛書》沒有，現在全部已經有了。那麼《洛書》哪來的呢？《洛書》就是箕子送給文王的。《洛書》是商朝的大寶，就是箕子在箕子操中說的：「繫神器從神兮適彼西鄰」。這個地方讀者一定要明察啊，這個《洛書》才是神器，有《洛書》才有《江山九疇》。箕子要把這個送給文王，這就是明啊，箕子的明在這也。因為只有《洛書》給文王，才能符合道也。也正是這個《洛書》，箕子也想用它來保武庚的命也。文王、武王都實現了諾言，可是武庚沒有福也。沒有命也。

現在我在來揭秘這個卦，其中這個爻與《清華簡‧尚書‧保訓》有關係：

我們看看下面一段文章內容，以下全部文章摘錄《百度百科》：

保訓：

惟王五十年，不豫，王念日之多曆，恐墜寶訓，戊子，自靧水，己丑，昧[爽]……[王]若曰：「發，朕疾壹甚，恐不汝及訓。昔前人傳寶，必受之以詷，今朕疾允病，恐弗念終，汝以書受之。欽哉，勿淫！昔舜舊作小人，親耕於曆丘，恐求中，自稽厥志，不違於庶萬姓之多欲。厥有施於上下遠邇，乃易位邇稽，測陰陽之物，咸順不逆。舜既得中，言不易實變名，身茲備惟允，翼翼不懈，用作三降之德。帝堯嘉之，用受厥緒。嗚呼！發，祗之哉！昔微假中於河，以複有易，有易服厥罪，微無害，乃歸中於河。微志弗忘，傳貽子孫，至於成湯，祗備不懈，用受大命。嗚呼！發，敬哉！朕聞茲不舊，命未有所延。今汝祗備毋懈，其有所由矣。不及爾身受大命，敬哉，勿淫！日不足，惟宿不詳。

（據《中國史研究2009年第3期》，李學勤《清華簡〈保訓〉釋讀補正》）

保訓釋文

這篇簡文共有11支簡，每支22至24個字，其中第2支簡上半殘失，還沒有找到，不過篇文大體已經齊全。這些簡的長度只有28.5釐米，是「清華簡」中最早編排起來的一篇簡書，並被命名為《保訓》，現已收錄於上海文藝出版集團中西書局出版的《清華大學藏戰國書簡（壹）》一書中。

經過專家們反覆討論，《保訓》簡的釋文大致內容是：周文王在位五十年的時候得了重病，他預感到自己將要離開人世，擔心沒有時間向其繼承人傳授寶訓。戊子這一天，他自己洗了臉。第二天他把太子發（即後來的周武王）找來，對太子發說：

「我的病已經很嚴重了，擔心沒有時間對你加以訓告。過去人們傳承『寶訓』，一定要把它背誦下來。現在我病得這麼重，你一定要把我說的話記下來。要恭敬做事，不要放縱自己。」

「以前舜出身於民間，親自參加勞動，舜就去求取『中』，能夠自我省察，將事情做好。舜獲得了『中』後，更加努力，毫不懈怠。舜的行為得到了堯的讚賞，堯就把自己的君位傳給了舜。」

評論

李學勤認為，《保訓》裡所含的「中」的觀念，或稱中道，是《保訓》全篇的中心，它與儒家後來所說的「中庸之道」有著內在的聯繫。

中國文字學會會長、安徽大學中文系黃德寬教授認為，《保訓》蘊含的思想關涉到中國傳統文化的「中道」和「陰陽和諧」觀念，這些觀念都是長期影響中國主流文化的核心元素。

這個《保訓》就與這個泰卦有巨大的關係。我可以肯定地告訴讀者們關於《保訓》的翻譯不知是出於何種原因，此種翻譯是背離文王本意的。為使讀者明晰，我重新翻譯還回文王本意：

「惟王五十年，不豫[1]：王念日之多曆，恐墜寶訓[2]。戊子，自靧水[3]。己丑，昧，（爽）[4]。……（王）若曰：

「發，朕疾壹甚，恐不汝及訓[5]。昔前人傳寶，必受之以詞[6]。今朕疾允病，恐弗念終，汝以書受之。欽哉，勿淫[7]！

昔舜舊作小人，親耕於曆丘[8]。恐求中，自稽厥志[9]。不違於庶萬姓之多欲。厥有施於上下遠邇，乃易位邇稽[10]。測陰陽之物，咸順不逆[11]。舜既得中，言不易實變名，身茲備惟允，翼翼不懈，用作三降之德[12]。帝堯嘉之，用受厥緒[13]。嗚呼！發，祗之哉[14]！

昔微假中於河，以複有易，有易服厥罪，微無害，乃歸中於河[15]。微志弗忘，傳貽子孫，至於成湯，祗備不懈，用

受大命。嗚呼！發，敬哉[16]！

朕聞茲不舊，命未有所延[17]。今汝祗備毋懈，其有所由矣。不及爾身受大命，敬哉，勿淫[18]！日不足，惟宿不詳[19]。」

【注解】

[1]「惟王五十年，不豫：文王在政五十年的時候，身體有病很久不見好轉，自己感到時日不多，叫來武王有話要囑咐：

[2]王念日之多曆，恐墜寶訓：文王說：近日來我時常擔心，恐怕祖上傳的寶訓，我寫的《易經》被人破譯出來而丟失。

[3]戊子，自靧水：戊子年冬天就要整裝準備（征伐商紂）。

[4]己丑，昧爽：己丑年（甲子)清晨（就要結束征伐）。

[5]王若曰：「發，朕疾壹甚，恐不汝及訓：文王又說：發兒，我的病開始快速惡化，我來不及再教你了。

[6]昔前人傳寶，必受之以詞：以前人（先祖或聖人）傳授寶典必須是面對面相傳，必須要背下來，不能與原意有任何不同。

[7]今朕疾允病，恐弗念終，汝以書受之。欽哉，勿淫：現如今我的病開始嚴重，恐怕不能跟你當面講完啊，我已經整理成書教你，你自己看吧，一定要以恭敬的心情看待，千萬不要褻瀆啊。

[8]昔舜舊作小人，親耕於曆丘：從前舜還只是普通百姓的時候，在曆丘耕田勞作。

[9]恐求中，自稽厥志：（求中：舜因為父親不明，繼母不仁，兄弟不義，而舜仍能不記恨以平常心對待自己的父母兄弟，自守禮制。）(堯)知道了他的美名，而讓他繼任實現它的大志。

[10]不違於庶萬姓之多欲。厥有施於上下遠邇，乃易位邇稽：舜在治理國家期間不違背百姓的意願，而滿足百姓的希望，他的美名功績聞名邇遍，對（上）堯和（下）百姓都知道。因而堯讓位給舜。

[11]測陰陽之物，咸順不逆：（這個寶典）可以預測陰陽，從來都沒有失策過。

[12]舜既得中，言不易實變名，身茲備惟允，翼翼不懈，用作三降之德：舜得到這個寶典，知道這其中道因此沒有接受堯的讓位，說：這帝不能變名，只能自己可以代為攝政，小心不懈，舜三次沒有接受帝堯的讓位。

[13]帝堯嘉之，用受厥緒：帝堯讚賞嘉獎，後來帝堯就不再勉強舜生前接任自己的位子，留待自己死後在讓舜完成功業。

[14]嗚呼！發，祗之哉：啊，發兒啊，這前人值得敬仰啊！

[15]昔微假中於河，以複有易，有易服厥罪，微無害，乃歸中於河：後

來到了成湯之前，成湯的祖上先人微得到了另一個寶典，自己犯了罪，因為這個寶典使他沒有遭遇刑法，這個寶典救了他。

[16]微志弗忘，傳貽子孫，至於成湯，祗備不懈，用受大命。嗚呼！發，敬哉！
微的大志不忘，傳給了子孫，才創立了成湯，後人對此尊敬，不敢鬆懈，才取得的大命。啊，發兒，這真讓人敬佩啊。

[17]朕聞茲不舊，命未有所延：我聽聞前人的歷史就像昨天發生的事一樣，我的命不會再延長了。

[18]今汝祗備毋懈，其有所由矣。不及爾身受大命，敬哉，勿淫：今天，這個送給你，你一定要尊敬，長備不懈，才能有所用啊。我的壽命看不到你身受大命的那一天。你一定要恭敬，千萬不要褻瀆啊。

[19]日不足，惟宿不詳：我的大限一日時間不到了，就今天晚上了，你們做好準備吧。

　　現在把譯好的《保訓》連起來，便讀者知詳：

　　文王在政五十年的時候，身體有病很久不見好轉，自己感到時日不多，叫來武王有話要囑咐：

　　己丑年（甲子)清晨（就要結束征伐）。文王說：近日來我時常擔心，恐怕祖上傳的寶訓，我寫的易經被人破譯出而丟失。戊子年冬天就要整裝準備（征伐商紂）。文王又說：發兒，我的病開始快速惡化，我來不及再教你了。以前人（先祖或聖人）傳授寶典必須是同桌面對面相傳。現如今我的病開始嚴重，恐怕不能跟你當面講完啊，我已經整理成書教你，你自己看吧。一定要以恭敬的心情看待，千萬不要褻瀆啊！

　　從前舜還只是普通百姓的時候，在曆丘耕田勞作。因為父親不明，繼母不仁，兄弟不義，而舜仍能不記恨以平常心對待自己的父母兄弟，自守禮制。(堯)知道了他的美名，而讓他繼任實現他的大志。舜在治理國家期間不違背百姓的意願，而滿足百姓的希望，他的美名功績聞名遐邇，堯和百姓都知道。因而堯讓位給舜。（這個寶典），可以預測陰陽，從來都沒有錯過。舜既得到這個寶典，知道這其中道理因此沒有接受堯的讓位。說：這帝不

能變名，只能自己可以代為攝政，小心不懈。舜三次沒有接受帝堯的讓位。

帝堯讚賞嘉獎，後來帝堯就不再勉強舜生前接任自己的位子，留待自己死後在讓舜完成功業。啊，發兒啊，這前人值得敬仰啊！後來到了成湯之前，成湯的祖上先人微得到了另一個寶典，自己犯了罪，因為這個寶典使他沒有遭遇刑法，這個寶典救了他。微的大志不忘，傳給了子孫，才創立了成湯，後人對此尊敬，不敢鬆懈，才取得的大命。啊，發兒，這真讓人敬佩啊。

我聽聞前人的歷史就像昨天發生的事一樣，我的命不會再延長了。今天，這個送給你，你一定要尊敬，長備不懈，才能有所用啊。我的壽命看不到你身受大命的那一天。你一定要恭敬，千萬不要褻瀆啊！我的大限一日時間不到了，就今天晚上了，你們做好準備吧。

這個《保訓》記載了文王臨終之前對武王重要的遺囑。整篇的內容有三個意思要武王記住：

一，克商時間不能有任何遲疑，一定遵守。

文王讓武王一定在戊子年冬天要採取克商行動，而且必須在己丑年的某一天早晨完成此項任務。文王在這個保訓有兩怕，一怕自己在羑里寫的易經被別人識破發現其中的秘密，又擔心武王不相信自己對克商日期的推斷。因此對易經書的重要及易經陰陽預測的準確性用了二個歷史事件加以說明：一個是舜，一個是成湯的先人微。這個微在歷史中很難知道他的經歷，也只能根據這個《保訓》中得知，成湯的江山得來是因為微傳下來的寶典，文王也是上古寶典的繼承人。因此對各寶典的來歷清楚及上古歷史清楚，因此就以文王為准，臨終之言應該無錯的。文王說，另一個寶典讓商朝得以建成。那麼這麼大的寶典是測陰陽非常準確，因此要武王一定要相信文王在文王所測的日期採取行動，千萬不要褻瀆神靈自作主張。

二，寶典的歷史及歷代江山擁有者都是寶典的受益者以及文王也是寶典的繼承人併發揚了寶典：

1，舜得了寶典因此能遵守中道，實現大志。舜得寶典，讓大禹治水完成聖功，就是舜的大寶傳給禹也。此處讀者會問：「大藏是否胡說八道，你怎麼知道，你有何依據？」關於此點，還請專家學者考察爭議，不僅此處如此，就是整部書都需要各家考察爭議。

2，成湯的祖上微得了寶典因此取得成湯江山。成湯的祖上的寶典由箕子送給文王。這個寶典就是《箕子操》中的神器，並非《洪範九疇》那九段治國文字。箕子給文王的寶典就是《洛書》也。這個《洛書》到底是什麼？我只透露一點，這個《洛書》與大禹治水有關，是九州寶藏地圖。這是商朝的神器。並非那幾句《洪範》。

3，通過文王說「昔前人傳寶，必受之以詞」得知文王是伏羲八卦寶典的繼承人，文王既是繼承者又是發揚者。在從前只是《河圖》、《洛書》、《連山》、《歸藏》，而沒有《易經》，有了易經以後才有了周朝各種完善的政治制度及管理體制。

在文王《易經》第五十七巽卦中，文王就說：我的制度已經創立了。（九二：「巽在床下，用史巫紛若，吉無咎。」）在第五十三漸卦中，文王又說：我的大志就要落地了，我的「羽」可以作為禮儀，制度。（上九：「鴻漸於逵，其羽可用為儀，吉。」）這個羽是指鳳凰的羽毛，在《山海經》中說鳳凰全身上下都是五彩羽毛，頭上的花紋是「德」字的形狀，翅膀上的花紋是「義」字的形狀，背部的花紋是「禮」字的形狀，胸部的花紋是「仁」字的形狀，腹部的花紋是「信」字的形狀。這種叫做鳳凰的鳥，吃喝很自然從容，常常是自個兒邊唱邊舞，一出現天下文明，萬國咸寧。另外岐山是鳳凰山。鳳凰是文明之鳥，是文明之王。西伯侯姬昌為什麼被後人封文王？古人的名諱都是有來歷的，文王是姬昌的諡號，什麼是諡號？《逸周書，諡法解》說：諡，是行為的記錄；號，是功勞的標誌；車馬服飾，是地位的表

現。所以，道德高尚就得到大名號；道德低下就得到小名號。道德行為出於自身，而名號生於別人。

什麼是王呢？集仁、義在身的稱「王」。什麼是文呢？順應天地自然規律的諡號「文」，道德廣博深厚的諡號「文」，勤學好問的諡號「文」，慈惠愛民的諡號「文」，憐憫百姓又施恩惠有禮貌的諡號「文」，賜給百姓爵位的諡號「文」。

那麼什麼是武呢？剛強而理端的諡號「武」，威猛而英明有德的諡號「武」，戰勝禍災又平定動亂的諡號「武」，以法治民能使民服的諡號「武」，貪大功而屢用兵的諡號「武」。

古人的諡號不是隨便叫的，從文王的《易經》及名號中就應該知道周朝的制度，禮儀應該是文王早期開始創立。因此文王用隱晦的語言說：巽在床下，用史巫紛若，什麼是巽？巽在自然代表風，在國家代表制度法律命令。關於這個巽在床下，用史巫紛若的具體含義，見我的愚解巽卦便知。

現在，讀者已經明白文王得到寶典並傳承演易，制定周朝制度，禮儀。也許此處學者歷史學家對此仍有不同的見解，關於此點仁者見仁智者見智。

三，文王讓武王恪守中道。

什麼是中道，宇宙大道，也是易經大道，就是平衡之道，就是文王總告誡武王的翩翩不富其鄰，有孚變如。為什麼說平衡中道是宇宙大道，我也不用講大道理了，用白話說：鳥類天空展翅二個翅膀，身體在中，一個翅膀能飛麼？只有平衡才是最好。明白即可不必深講。

最後我再提一下學者在《保訓》中的認識：

「戊子，自靧水。己丑，昧爽」此處是文王告訴武王戊子年冬天準備整裝行動，並不是「戊子這一天，他自己洗了臉。」《保訓》中「惟王五十年，不豫。」這句話中已經交代了時間，事件，人物。在「王念日之多曆，恐墜寶訓。戊子，自靧水。己

丑，昧。[爽]」這幾句話都是文王還是在講述一個事件。按照學者的理解戊子這一天，他自己洗了臉，那麼「己丑，昧[爽]」文王要幹嘛？另外不要根據自釁水錶面洗臉的意思就認為文王自己在洗臉，自釁水還有洗澡的意思呢。這裡的釁是整理的意思，水是時間概念，一天中釁水是早晨洗臉，晚上洗澡。也許有的人說了現代人下午就洗桑拿，現在可以，3000年前的古人不會，尤其文王更不會臨死之前下午洗桑拿。那麼水另外的時間就是一年中的11月份開始，就是大的時間範圍就是冬季。

　　另外在文王重要的生命時刻中要談的是一件大事。後面提的都是要武王不要改變日期，要相信文王所訂立的時間。對於文王想要告訴武王守中的道理，就是對待諸侯、武庚等等要誠信要公平，江山才是長久之道。但這些在這裡也絕不是重要的，因為文王做事一輩子守中。在文王時代王位的繼承人最重要的就是教育，從小就開始了，文王不但用自己的日常做事的行為思想早對武王進行守中教育，在臨終時只有兩個擔心，一個文王寫的易經被別人破譯出來，二擔心武王在革命出征那天改變時間。各位學者看後面的卦便知。

　　另外在《保訓》中透露的一條資訊就是關於河圖，「乃歸中於河」，這個河就是《河圖》也。關於這個《河圖》還有一個《洛書》、《河圖》和《洛書》、《易經》可以合而使用，也可以各單獨使用。那麼到底什麼是《河圖》，《洛書》呢？各位讀者現在看到的《易經》是文王《易經》，除此之外還有《連山》、《歸藏》。這幾本書都蘊藏天地宇宙的秘密，幾百年前美國已經掌握《河圖》、《洛書》、《易經》之道；澳大利亞掌握《洛書》《易經》之道；韓國日本掌握《易經》之道。一個國家的發展進步取決於對《河圖》、《洛書》的認識。先有《河圖》、《洛書》後有《易經》，《周易，係詞上》說：「河出圖，洛出書，聖人則之。」這個則就是指《易經》也。這句話說，有了河圖，洛書，聖人才能創造出《易經》，從而創建出治理國家的法則來。………

河洛易經宇宙手，元亨利貞中孚鼎。

有了三寶朝運興，世代子孫民昌隆。

混沌治世是太極，三足兩耳平衡生。

人間世道中孚走，江山永固河洛中。

☲☷ 四十八、火地晉　晉升　禁止

35.火地晉
藏解易經48

晉：康侯用錫馬蕃庶，晝日三接。

簡譯：（賜：姬封為康侯。）

譯文：文王：說「要賜封姬封為康侯，並賜給軍隊人馬在朝歌週
　　　邊駐軍守衛，內圍設立三個都城防衛，防其武庚復仇叛
　　　亂。」

大藏：文王高啊！文王答應箕子讓武庚管理商朝的舊都殷（河南
　　　安陽），文王為防武庚復仇叛亂，讓武王在朝歌城外設立
　　　三個監護防衛點。但是為了慎重起見，文王叫武王在外
　　　圍再加設防衛，賜封姬封為康侯在外駐軍守衛。文王的
　　　「小心翼翼」在這裡又一次體現。

【注解】

康侯；姬發之弟姬封。
姬封：周文王少子，名封，是周武王的同母弟。獲武王封畿內之
康國(今河南禹縣西北)。史稱康叔封。《尚書》中《康誥》、《酒
誥》、《梓材》中的康侯是也。
畿：古代王都所領轄的方千里地面。後指京城所管轄的地區。
錫馬：賜給軍隊守衛。
蕃：籬落、屏障。

庶：庶姓（古代稱與帝王沒有親屬關係的異姓諸侯）。

晝日三接：見簡論。

象曰：晉，進也。明出地上，順而麗乎大明，柔進而上行。是以康侯用錫馬蕃庶，晝日三接也。

譯文：周公說：「晉，進也。陽光剛從地上升起，順從發展成大的光明，由小往上發展。因此賜封姬封康侯在外圍駐軍也。」

象曰：明出地上，晉；君子以自昭明德。

譯文：孔子說：「光明從地上出來，晉，文王光明正大地明明白白地明示臣子要守德。」

初六：晉如，摧如，貞吉。罔孚裕無咎。

簡譯：（進則，摧之。）

譯文：文王說：「國家穩定是大事，如果武庚要是進攻反叛，就摧毀之，他在天網包圍之中，沒有問題。」

大藏：晉如是進，意思是武庚如果不守安分，起兵叛亂，就摧如，搗毀他的叛亂。貞吉是國家穩定重要。罔孚裕無咎是「裕」在網中。裕是指武庚的欲望、目的。無咎是指這個包圍的軍事網只要沒有問題，武庚就跑不出去這個網中。想反叛都沒門。

象曰：晉如，摧如；獨行正也。裕無，咎未受命也。

譯文：孔子說：「進就摧毀；做的對也。武庚反叛不成，過錯是沒有得到道的受命。」

大藏：孔子的意思是，你反叛要有理由，百姓不支持你，民心相悖，如何能成功也？

六二：晉如，愁如，貞吉。受茲介福，於其王母。

簡譯：（進如，仇如愁如，忠誠吉。）

譯文：文王說：「武庚之福受益於自己的母親和箕子方面的庇護，才能讓其管理舊殷。但是人心難測呀，會因為仇恨，取代了安分，因為不認命會有反叛之心，進而會進攻起兵啊！」

象曰：受之介福，以中正也。

譯文：孔子說：「福來自間接的關係，應該安分守正道也。」

大藏：文王和孔子的意思都是說，你武庚啊是躺在祖上的功勞薄上才獲此殊榮，沒給你貶民就不錯了，應該知足守忠誠，不要因為不平而報仇。你爹紂王人人恨而殺之，周取商朝乃是天命（諸侯百姓）所受，你這個仇如何可報也？只有安心做個過氣諸侯還能保住殷商一脈也。

六三：眾允，悔亡。

簡譯：（眾人縱容，國家不穩。）

譯文：文王說：「如果武庚受到眾人蠱動必然反叛，要小心因此而帶來的新朝動亂啊。」

象曰：眾允之，志上行也。

譯文：孔子說：「眾允之，就膽大敢反也。」

大藏：文王擔心武王征伐商紂成功周朝建立時間不長，武庚如果反叛，國家必然不穩，因此一定要防備因此問題出現亡國的危險。

九四：晉如碩鼠，貞厲。

簡譯：（防止偷襲進攻，民心動搖。）

譯文：文王說：「要防止武庚偷襲進攻，要維護國家穩定防止民心動搖。」

象曰：碩鼠貞厲，位不當也。

譯文：孔子說：「碩鼠行為帶來不穩，不能讓此事發生。」

六五：悔亡，失得勿恤，往吉無不利。

簡譯：（出現問題，要改正不要手軟。）

譯文：文王說：「一旦發生問題，有損失也不怕要改正之不能手軟。前往征伐無不利。」

象曰：失得勿恤，往有慶也。

譯文：孔子說：「有小失成大得，值得慶祝。」

大藏：孔子的「失得勿恤，往有慶也。」是指因為武庚的反叛而天下完全歸周使武王克商畫上完美的句號，當然是值得慶祝也。

上九：晉其角，維用伐邑，厲吉無咎，貞吝。

簡譯：（管理他，讓其安分，不安分征討。）

譯文：文王說：「武庚膽敢反叛就征伐之，手段嚴厲沒有過錯，否則對國家穩定不利。」

象曰：維用伐邑，道未，光也。

譯文：孔子說：「最後伐邑，真正伐道結束。光明出現也。」

大藏：武王克商，雖然取得成功，但是武庚留下遺憾，直至「三監判亂」後才完成了克商大業。

簡論晉卦：

　　晉卦驚歎啊。文王「算無遺策！」什麼是晉，這個晉就是「禁」也。本卦名「火地晉」為「火地禁」也，火是指戰爭，叛亂。火在地上著火能讓它蔓延嗎？當然不能，要把火圍起來，禁住火勢撲滅它。這個「火」是火苗「武庚」也，文王擔心這個武庚會復仇反叛，因此在此卦中說「晝日三接。」晝日三接的「晝日」是表示時間，太陽出來的時間，太陽落山的時間。另外晝日為一天白天12小時，晚上12小時，連起來就是一圈，在這裡文王明用時間實際暗指方位。既然「晝日」兩字一起出現，就說明這

個「晝」是太陽落山的時間，代表「西邊」的方位，「日」是太陽出來的時間代表日出東方，因此方位代表東面。文王說：「晝日三接」就是從西邊一個點，這是一個接，第二個接是北邊，第三接是東邊。也就是從西到東這個圈給你包圍起來，設立三個監視網。為什麼不是從西到南呢，南是武庚方向。這就是文王把武庚秘密地圍在了三角包圍之中。

晝日三接的具體包圍圈：一是三監監管，二是加設防衛。

三監監管首先是1、朝歌以東設衛國，使管叔由管徙封衛。（在今河南省湯陰縣東南）。2、朝歌西與南為鄘（鄘yōng），使蔡叔由蔡徙封鄘，在今河南省新鄉西北。3、朝歌以北為邶（邶bèi），使霍叔自霍徙封邶。共同監視武庚。

但是，文王讓武王佈置晝日三接還是不放心，畢竟武庚是紂王的兒子，不是一般人，商朝幾百年的時間舊臣舊民哪能都忠心服周呢？文王還是擔心設立一圈防衛不一定穩固，因此文王說要加設一層防衛，就是要封姬封為康侯，並賜給軍隊人馬在朝歌週邊駐軍守衛嚴防看守啊。這個康侯就是文王加設的「奇兵部隊」。高啊，實在是高！這就是晉卦之秘：「康侯用錫馬蕃庶，晝日三接。」

關於「三監判亂」（周秉鈞《白話尚書》）大誥篇記載：

周武王逝世，成王年幼，周公攝政。元年（西元前1063年），管叔、蔡叔、武庚聯合淮夷反叛周王朝。周公忠誠為國，決計出兵平定叛亂。討伐叛亂的軍隊還沒有出發，諸侯國的國君和眾位大臣認為困難很大，勸周公違背龜卜的指示，停止出征。周公於是大誥各諸侯國的國君和眾位大臣，駁斥他們關於困難很大和違背龜卜的說法，勸導他們同心協力去平定叛亂。史官記錄周公這篇誥辭，名叫《大誥》。周公這次東征，平定了叛亂，鞏固了周王朝的統治，天下複歸統一。周公東征是周代初年的重大事件，因此，這篇誥辭具有很高的史料價值。本篇分三大段。第

一段宣佈得了吉葍，勸導眾國服從天命參加東征。第二段說明文王的大業必須完成，駁斥眾國東征「艱難」的說法。第三段說明天命不可懈怠，駁斥眾國「違葍」的要求。

王這樣說：「喲！遍告你們眾國君主和你們的辦事大臣。不幸啊！上帝給我們國家降下災禍，不稍間斷。我這個幼稚的人繼承了遠大悠久的王業。沒有遇到明哲的人，指導老百姓安定下來，何況說會有能度知天命的人呢？唉！我小子像渡過深淵，我應當前往尋求我渡過去的辦法。大寶龜幫助前人接受天命，至今不能忘記它的大功。在上天降下災難的時刻我不敢把它閉藏著，用文王留給我們的大寶龜，葍問天命。我向大龜禱告說：『在西方有大災難，西方人也不安靜，現在也蠢動了。殷商的小主竟敢組織他的殘餘力量。天帝降下災禍，他們知道我們國家有困難，民不安靜。他們說：我們要復國！反而圖謀我們周國，現在他們動起來飛起來了。這些天有十位賢者來幫助我，我要和他們前往完成文王、武王所謀求的功業。我們將有戰事，會吉利嗎？』我的葍兆全都吉利。所以我告訴我的友邦國君和各位大臣說：『我現在得到了吉葍，打算和你們眾國去討伐殷商那些叛亂的罪人。』你們各位國君和各位大臣沒有不反對說：『困難很大，老百姓不安寧，也有在王室和邦君室的人。我們這些小子考慮，或許不可征討吧，大王為什麼不違背龜卜呢？』現在我深深地考慮著艱難，我說：『唉！確實驚擾了苦難的人民，真痛心啊！我受天命的役使，天帝把艱難的事重託給我，我不暇只為自身憂慮。』你們眾位邦君與各位大臣應該安慰我說：『不要被憂患嚇倒，不可不完成您文王所謀求的功業！』唉！我小子不敢廢棄天命。天帝嘉惠文王，振興我們小小的周國，當年文王只使用龜卜，能夠承受這天命。現在天帝幫助老百姓，何況也是使用龜卜呢？啊！天命可畏，你們輔助我們偉大的事業吧！」

王說：「你們是老臣，你們多能遠知往事，你們知道文王是如何勤勞的啊！天帝慎重地告訴我們成功的辦法，我不敢不快速完成文王圖謀的事業。現在我勸導我們友邦的君主：天帝用誠信

的話幫助我們，要成全我們的百姓，我們為什麼不對前文王圖謀的功業謀求完成呢？天帝也想施加勤苦給我們老百姓，好像有疾病，我們怎敢不對前文王所受的疾病好好攘除呢？」王說：「像往日討伐紂王一樣，我將要前往，我想說些艱難日子裡的想法。好像父親建屋，已經確定了辦法，他的兒子卻不願意打地基，況且願意蓋屋嗎？他的父親新開墾了田地，他的兒子卻不願意播種，況且願意收穫嗎？這樣，他的父親或許會願意說，我有後人不會廢棄我的基業嗎？所以我怎敢不在我自己身上完成文王偉大的使命呢？又好比兄長死了，卻有人群起攻擊他的兒子，作為為民之長難道能夠相勸不救嗎？」

王說：「啊！努力吧，你們諸位邦君和各位官員。使國家清明要用明智的人，現在也有十個人引導我們知道天命和天帝輔助誠信的道理，你們不能輕視這些！何況現在天帝已經給周國降下了定命呢？那些發動叛亂的大罪人，勾結鄰國，同室操戈。你們也不知天命不可改變嗎？我長時間考慮著：天帝要滅亡殷國，好像農夫一樣，我怎敢不完成我的田畝呢？天帝也想嘉惠我們先輩文王，我們怎能放棄吉蔔呢？怎敢不前去重新巡視文王美好的疆土呢？更何況今天的占卜都是吉兆呢？所以我要大規模地率領你們東征，天命不可不信，蔔兆的指示應當遵從呀！」

歷史中，郭嘉可稱得「算無遺策。」郭嘉（170－207）字奉孝，潁川陽翟（今河南禹州）人，東漢末年傑出的謀士。他先在實力較強的袁紹軍中出謀劃策，後來發現袁紹難成大業，遂轉投曹操，為曹操統一中國北方立下了功勳，史書上稱他「才策謀略，世之奇士」。而曹操稱讚他見識過人，是自己的「奇佐。」郭嘉有奇謀大略，在他伴隨曹操短短的一生軍旅中，幾乎戰役攻無不克戰無不勝。他獻計戰猛虎呂布，水淹下邳。連他病死的時候都能計定烏桓。曹操赤壁大敗，仰天長歎：「若奉孝在，不令孤至此也。」在中國古代歷史中「算無遺策」的軍事謀略家大有人在，但像文王這樣的「算無遺策」留下文字者又有人乎？

文王算出武庚反叛，可否算出「三監」……？「晝日三接」

起亂？是天意乎？

　　此卦真是符合天地之道另有空亡，就是宇宙的黑洞，道法中的空亡神秘點，玄也。玄之又玄，縱眇之門。

四十九、火山旅　回憶

56.火山旅
藏解易經49

旅：小亨，旅貞吉。

簡譯（回憶）

譯文：文王說：「回憶我朝歌之旅，羑里之災還是順利，這都是我安心事商才吉啊。」

彖曰：旅，小亨，柔得中乎外，而順乎剛，止而麗乎明，是以小亨，旅貞吉也。旅之時義大矣哉！

譯文：周公說：「羑里之旅，小順利。是(父王）以臣子之位居中沒有犯上而服從於大王的判決，雖然父王停止治理西郊，但是智慧文明卻能在羑里得以完成，因此是小順利也。父王在羑里一直保持著忠心才渡過了劫難，旅的意義大啊。」

大藏：文王羑里「演易」，在今天看來都是非常偉大寶貴，周朝制度的建立和《易經》的大道真諦畢竟給後世留下了一份寶貴的文化遺產。但在當時文王、周公聖人眼裡看來這個都是小順而已，為什麼呢？聖人認為寫下治理天下的「道」是一回事，能夠讓後代子孫永遠遵守大道治理國家永保江山永貞才是大順。

　　聖人見識不凡，周朝到十二代而亡。世上《易經》大道失傳。江山多次易主，都是馬上鐵蹄江山。即使偶有朝代

出現明君那也不過是「個性文化」時代，把人人之天下變成集權家天下，絕不是把偌大的江山看成是宇宙的一隅，都把自己當成老天。豈不知人命自不比天，也不過是一個朝代之「旅」而已，只是「旅」之時間長短。人生之旅不過七、八十年，江山朝代之旅能超過人生3倍已經不錯，能達到人生5倍稱奇。人世有春秋，朝代更迭。宇宙無際，春夏秋冬皆是自然。無論朝代如何更改，星球轉動依舊。任你人間折騰多少年。宇宙道法依然。

象曰：山上有火，旅；君子以明慎用刑，而不留獄。

譯文：孔子說：「山上有火，君子做事行為要端正，明察是非，謹慎用刑罰，不要不明原因隨便抓人。搞不好就引火燒山。」

大藏：紂王聽信崇伯虎讒言無故將文王囚羑，這是紂王犯了沒有明辨是非的錯誤。文王服刑，羑里三年困困於坎苔，最終徹底下了決心一定讓後代子孫百姓能過安貞的生活，才提筆演易，奇書興兵。而最終讓紂王的愚蠢付出了江山易主的代價。還好，文王用道智取江山非個人利益馬蹄江山，讓百姓僅過個年的時間就迎來了天下太平。

初六：旅瑣瑣，斯其所取災。

簡譯（去商之旅，擔心有災。）

譯文：文王說：「我去朝歌城這一路上都擔心，心中不安，怕到朝歌出現災難啊。」

象曰：旅瑣瑣，志窮災也。

譯文：孔子說：「一路擔心，怕自己的大志不能實現也。」

六二：旅即次，懷其資，得童僕貞。

簡譯（在朝歌，龜卜占卜。）

譯文：文王說：「我到了朝歌，因身懷資本，得到龜卜保佑才能

沒有出事啊。」

象曰：得童僕貞，終無尤也。

譯文：孔子說：「有龜卜，終究是沒有什麼危險發生。」

九三：旅焚其次，喪其童僕，貞厲。

簡譯（因占出火災，寫易經傳商面世。）

譯文：文王說：「我用龜卜占出朝歌有火災，就因為火災真的發生了，也因此要喪失龜卜《易經》了，我擔心這個《易經》會讓江山發生不穩定啊。」

大藏：紂王見文王龜卜占卜靈驗讓其寫《易經》傳給商朝。

象曰：旅焚其次，亦以傷矣。以旅與下，其義喪也。

譯文：孔子說：「朝歌著火了，《易經》面世了，也是傷害啊！這都是沒有辦法的事，旅於屋簷下怎能不低頭。」《易經》面世容易衍生禍端。

大藏：《陰符經》說：「日月有數，大小有定；聖功生焉，神明出焉。其盜，機也。天下莫能見，莫能知。君子得之，固躬；小人得之，輕命。」

九四：旅於處，得其資斧，我心不快。

簡譯（失去自由）

譯文：文王說：「被旅，居禁羑里，得其制服，我心裡不快樂啊。」

象曰：旅於處，未得位也。得其資斧，心未快也。

譯文：孔子說：「旅於處，沒有在西郊理政做應該做的事。得其制服，心不快樂也。」

大藏：誰又能快樂，除非傻子。

六五：射雉一矢亡，終以譽命。

簡譯（遭囚，成全美名。）

譯文：文王說：「紂王囚我，最終要我下定決心，最終寫完《易經》，文章記錄了我的歷史也完成了使命。」

注解：譽：以文章描述古今的諡號「譽」。

象曰：終以譽命，上逮也。

譯文：孔子說：「終寫成《易經》完成使命，用上策捉拿紂王也。」

大藏：紂王一箭射錯，射文王身上，這是什麼？這是天意也！射聖人驚醒聖人譽命江山始安。對於紂王來說因為失道，天意讓他在文王身上屢屢犯錯：一錯不明是非囚禁文王，二錯失道，眾叛親離，箕子知道文王《易經》寫什麼就是不告訴紂王，三錯放文王回故里不但以白茅受命還賜兵器要文王征伐犬戎。每一次決策自認為非常高明，先笑先狂，沒想到對文王來說都是天賜良機。你想上天把如此的機會擺在聖人面前是什麼意思呢？這就是天要滅你時，先叫你癲狂。人算不如天算也，福德用盡。孔子說：用過乎儉。用過度了就窮也。《易經》既是大道也是歷史。

上九：鳥焚其巢，旅人先笑後號咷。喪牛於易，凶。

簡譯（紂王喪生於「易經」之手）

譯文：文王說，「鳥被火燒死在巢穴中，紂王是先笑後哭，喪牲於《易經》，是凶啊！」

大藏：旅人是履人也，文王對商朝紂王隱晦的代稱也。《易經》小小牛刀讓紂王斃命，千古證明萬古流芳，文王演易，紂失江山。

象曰：以旅在上，其義焚也。喪牛於易，終莫之聞也。

譯文：孔子說：「紂王在上，道義焚燒他，喪牲與『易經』，最終誰也沒有聽說過這事啊。」

簡論旅卦：

文王入商，旅居留美，作易更換江山，紂王先笑後啕，喪牛於易，千古不聞。

老子不說，孔子描像，千年妄猜，《易經》費解。大藏解易，可否信也？

五十、水澤節　臣子節操

60.水澤節
藏解易經50

節：亨。苦節不可貞。

簡譯：（臣子節操）

譯文：文王說：「臣子為君王盡忠守節是順應天地禮節之道。但是讓天下百姓痛苦的君王之忠不可守也。」

象曰：節，亨，剛柔分，而剛得中。苦節不可貞，其道窮也。說以行險，當位以節，中正以通。天地節而四時成，節以制度，不傷財，不害民。

譯文：周公說：「臣子盡忠為君王守節操，要分清何者可守何者不可守。使天下百姓民不安生痛苦不堪的君王之忠就不可以守也，如守此節，天下就無大道也。人類的思想意識，言語行為都會使人類自行發生險境，因此就制定了相應規律法則來節制人類的自身行為。人能守中，正直便可以通行無險。天地有規律而四時春夏秋冬誰也不爭能夠依次序往復輪轉得以完成天的使命天功得成。因此君王也要仿照自然，用規律進行節制君臣的自身行為，不要傷財，不要害民。才能使君臣之功得以完成。」

大藏：先有天道，後有人道，君王不守天道，臣子何必守節。這

樣的臣子守節就是背道棄義謂之愚忠也。

象曰：澤上有水，節；君子以制數度，議德行。

譯文：孔子說：「百姓之上有官，節操，君子要以道義衡量節
　　　操，以仁德議論行為。」

大藏：百姓上面有父母官，節操，君子要以百姓的法則天道的
　　　規律來衡量什麼是節操，以百姓的心聲來議論什麼是德
　　　行。

　　　雨水落下變成澤雨，促成萬物之功。水者，民也，節者官
　　　也，水澤節也。當官的要管百姓。當官守節在大道的本意
　　　是為百姓盡忠。臣子輔佐君王目的是為了幫助君王推行
　　　天道。治理國家，讓百姓安居，這就是當官的使命。因
　　　此，文王說：「苦節不可貞。」周公說：「節，亨，剛
　　　柔分，而剛得中。苦節不可貞，其道窮也。」孔子說：
　　　「澤上有水，節；君子以制數度，議德行。」孔子意思已
　　　經告訴你了，官者，父母也，節，為百姓想。

初九：不出戶庭，無咎。

簡譯：（與紂王同宗）

譯文：文王說：「為紂王盡忠守節，只要你是屬於紂王家族的，
　　　這樣的節是可以守的。」

象曰：不出戶庭，知通塞也。

譯文：孔子說：「紂王宗族的為紂王守忠沒有過錯，但是以後的
　　　路子也就堵死了。」

九二：不出門庭，凶。

簡譯：（原在商朝當官的臣子）

譯文：文王說：「原商朝臣子也要為紂王盡忠守節就凶啊。」

大藏：要識時務，改換門庭棄商入周為官才是出路。

象曰：不出門庭，失時極也。

譯文：孔子說：「不出門庭，失去機會，過分也。」

六三：不節若，則嗟若，無咎。

簡譯：（願意吃周朝飯沒有問題）

譯文：文王說：「臣子如能分辨節操，不守苦節而能改變，願意拿我西郊俸祿的臣子沒有問題。」

大藏：不節若是不給紂王守節。則嗟若是改吃周朝飯碗，拿大周俸祿吃飯。

象曰：不節之嗟，又誰咎也。

譯文：孔子說：「不節之嗟，又是誰的過錯也。」

大藏：孔子意思，臣子不節紂王之過。

六四：安節，亨。

簡譯：（對事周者安排工作官位）

譯文：文王說：「對願意服務周朝的原商臣子安排工作、生活、住處，是順利。」

象曰：安節之亨，承上道也。

譯文：孔子說：「安節順利，承天道也。」

九五：甘節，吉；往有尚。

簡譯：（甘心、有能力的臣子入周朝任職，賞。）

譯文：文王說：「對商朝原來的賢臣、有能力、自願心甘情願地來周任職，要進行封官加賞。」

象曰：甘節之吉，居位中也。

譯文：孔子說：「甘節之吉，有官，好職位也。」

上六：苦節，貞凶，悔亡。

簡譯：（不辨是非，苦守臣子貞潔者，是隱患也。）

譯文：文王說：「不知紂王好壞，還願意為其守節的臣子日後對國家百姓不利。會導致悔亡的。」對於這樣的臣子既要教育又要有防備措施。

象曰：苦節貞凶，其道窮也。

譯文：孔子說：「苦節貞凶，沒有路也。」

簡論節卦

此卦中透露出三位聖人對節操的共同看法：一、文王怎麼看節操，二、周公怎麼看節操，三、孔子怎麼看節操。

我們先看看文王怎麼看節操的：文王說：「節：亨。苦節不可貞。苦節，貞凶，悔亡。」

什麼是苦，可以找出很多種語言來形容苦，但最多都是指人所遭遇的生活或心情。痛苦；困苦貧窮，苦海等。一個國家百姓如果遭遇這種狀況那就證明君主大王沒有治理好國家。天道是仁愛，陽光雨露，空氣，大地河流，自然的法則是讓人類能夠和諧地生活。可是作為君主卻沒有遵守天道的法則來治理國家百姓，卻給百姓製造出很多苦難。對於紂王來說，就是這樣的一個人，廢棄天道。那麼這樣的人，做為臣子應該如何呢？通過歷史知道紂王身邊的親戚，微子，箕子，各個都離他遠去，這說明上、中古人遵循天道，無論你是誰，既是親戚廢道也不能再輔助你。廢道的結果只能是眾叛親離的下場。但是原來商朝朝廷中畢竟還有很多臣工，他們應該怎麼辦呢？文王說，對於能明白苦節不守的道理者，願意服務新朝的官員要重新安排職務、安排工作。對於不明白是非還為紂王守苦節的臣子既要進行教育改過悔亡，又要小心防備，防止出現不安定的貞凶局面。事實也證明有一些人苦守節者的確成了武庚反叛的擁護者。最終也把武庚推向死亡的道路。雖然武庚叛亂受到三監挑撥，但是武庚沒有此心，沒有商朝舊臣煽風點火，加油，何來此膽，任其一個武庚又如何能相信三監幫他復國也。

因此說不怕沒好事就怕沒好人，這個苦節者就是總想克周複

商者。因此文王說：「苦節不可貞」苦節者不是穩定之人也。

現在我們再來看周公對臣子的節操怎麼看：「節，亨，剛柔分，而剛得中。苦節不可貞，其道窮也。說以行險，當位以節，中正以通。天地節而四時成，節以制度，不傷財，不害民。」周公象的這段話是說，臣子守節要分清好壞，對於給國家和老百姓造成巨大痛苦的君王之節是不能守的，守這樣的節就是沒有道也。

「說以行險，當位以節，中正以通。」這句話包含大道，是什麼道呢？首先瞭解什麼是險，什麼是說？什麼是行？什麼是當位？什麼是節？

《易經》中的險我在乾卦中解釋過了，人生所遭遇的險有三種：是天險，地險和人險。天險是天災也，迅雷狂風等；地險是地難，地震海嘯等；人險是人心險惡，因為種種貪欲所人為製造的殺戮克伐。人身上能給自己帶來險境的是耳朵，思想意識，和嘴巴。聽到的話語，會產生思想判斷，意識六欲價值好壞則影響決策行為，嘴裏說出的話會引起禍端，這些都是人類自我引來的遭難險境，正如《太上感應篇》說，福禍無門，唯人自招。正因為人類自身的語言，行為，欲望會引起災險，才要制定相應的制度禮儀規定什麼可以做，什麼不可以做。只要依照宇宙大道的法則擺正自己的位置，就像宇宙的星星各有自己的軌道，只要遵守自己的軌道就可以沒有問題了，就像道路上的斑馬線一樣，該你行走你再行走則安全無事也。所以說制定了這些規矩就是要遵守，就是守節。簡單說就是要遵守大道的規矩就是守節。但是前提是否遵循大道的規律所訂立的標準。只有遵守大道的規律的節才是中正以通的。否則是不通的。那麼大道的規律是什麼呢？天地節而四時成，節以制度，不傷財，不害民。也就是說，天地所制定的一年四季的法則都是為了造福人類的。是不傷財，不害民的。

這就是說所有君子應該遵守的節操都是以道為前提的。文王說：不是給君主守節，是給天地大道守節，苦節不守，周公說：

守節要遵循天地大道，以天地法則為准。

現在我們在看孔子怎麼看守節：孔子說：「澤上有水，節；君子以制數度，議德行。苦節貞凶，其道窮也。」孔子的意思也是非常的明白，他告訴人們了，水是百姓的父母，澤上有水，就是蓄水成塘，就是臣民要有魚水之情。百姓為魚肉，是國家財富的來源。既然是財富就要管理好財富，這就是節。孔子的意思就是說，做臣子是輔助賢明的制度，以制度為節操準則的，是以天道制度來議論節操德行的。君子是唯道是從，不為君王是從。從文王、周公、孔子，三個聖人對節操的認識，都是一致的看法，就是做君子臣子要有獨立的人格，做人節操的尺度是以天地大道為準繩的。遵道守節並非認人守節。君子守節守道義後有德行。就是說，君主尊道，臣子守節，這是道德也。

《易經》是讓人真正瞭解聖人到底是怎樣認識人類行為的。只有看明白了真正的《易經》之道，才能真正地認識文王，孔子也。周公自古有公論，自不必說，如果僅從表面瞭解《易經》文王那是膚淺，從《論語》中瞭解孔子，那也是見識有限。只有真正看懂了《易經》懂得《易經》的大道到底是什麼，人們才能得見聖人真容。才知道「道」在何方！德在何方也！！

下面的文章是孔子家語的儒行解第五譯文：（原文請見<孔子家語的儒行解第五>)

孔子在衛國時，冉求對季孫氏說：「國有聖人不能用，想要治理好國家，就像倒著走而又想趕上前面的人這是不可能的。今孔子在衛國，衛將要用他，我國的人才去幫助鄰國，這難以說是明智也。請您用厚禮把他請回來。」季孫氏把冉求的建議稟告了魯哀公，魯哀公聽從此建議。

孔子既回魯國，住在魯哀公的客舍裡。哀公從大堂東面的臺階走上來迎接孔子，孔子從大堂西面的臺階上來覲見哀公，然後到大堂裡，孔子站著陪哀公說話。

魯哀公問孔子說：「先生穿的衣服，是儒者的服裝嗎？」

孔子回答說：「我少居魯國，穿寬袖的衣服；長大居住宋國，戴緇布做的禮冠。我聽說，君子之學要廣博，穿衣服要隨鄉入俗。我不知道這是不是儒者的服裝。」

魯哀公問：「請問儒者的行為是什麼樣的呢？」

孔子說：「簡單講，儒者的行為講不全；詳細講，留僕侍奉疲倦也講不完。」

哀公令人設席，孔子邊坐，說：「儒者就像席上的珍品一樣等待聘用，晝夜刻苦學習等待用者來請教，心懷忠信等待賢人去舉薦，努力做事等待用者來錄用。儒者自身立命就是如此也。

儒者衣冠周正，行為謹慎，大事推讓好像傲慢，小事推讓好像虛偽。做大事時神態慎重心懷畏懼，小事時小心謹慎像不敢去做。艱難進取而易於退讓，柔弱謙恭像是無能。儒者容貌是這樣的。

儒者居處整齊隨時以候難。其行走坐立恭敬，話必誠信，行必中正。路途不爭好走的路，冬夏不爭冬暖夏涼之地。不輕言死以等待值得犧牲生命的事情，修身養性以期待有所作為。儒者預先準備就是這樣的。

儒者不以金玉為寶貴而也以忠信為寶貴，不謀求擁有土地而把仁義當做土地，不求積蓄財富而把學問廣博作為財富。儒者雖難得到但卻易供養，容易供養卻難以留住。時機不到不出現，不是很難得嗎？不正義的事不合作，不是很難留住他們嗎？先效力而後才要俸祿，不是很容易供養嗎？儒者近乎人情就是這樣的。

儒者對於別人委託的財貨不貪心，身處玩樂之境不沉迷，眾人威逼不懼怕，武力威脅不恐懼。見利不忘義，見死不改操守。猛禽猛獸攻擊不逞其勇，身受重任不逞己能。對過去的事情不後悔，對未來的事情不疑慮。錯話不說兩次，流言不追究。時常保持威嚴，不學習權謀。儒者的特立獨行就是這樣的。

儒者可親近而不可脅迫，可接近而不可威逼，可殺頭而不可

侮辱。他們居處不奢侈，飲食不豐厚，他們有過失可以委婉地指出不可以當面數落。儒者的剛強堅毅就是這樣的。

儒者以忠信作鎧甲，以禮儀作盾牌，以仁心去行動，懷抱著義來居處，即使遇到暴政，也不改變操守。儒者的自立就是這樣的。

儒者有一畝的宅院，居住一丈見方的房間，荊竹編的院門狹小如洞，用蓬草編作房門，用破甕口作為窗框。外出時才換件衣服，一天的飯並為一頓吃。君上採納他的建議，不敢以欺疑；君上不採納他的建議，也不敢諂媚求進。儒者做官的原則就是這樣的。

儒者今人以自居，以古人的道德為榜樣；今世之行為，可作後世之楷模。如果生不逢時，君上不引用，下面不推薦，進讒諂媚的人又合夥來陷害他，這只能危害他的身體，但卻不能剝奪他的志向。雖可危害他的生活起居，但仍要施展自己的志向抱負，仍就不忘百姓之痛苦。儒者的憂思就是這樣的。

儒者博學還在學，身體力行而不知倦怠，獨處時不放縱自己，通達於上時不離道義。遵循以和為貴的原則，悠然自得而有節制。仰慕賢人而容納眾人，有時可削減自己的棱角而依隨眾人。儒者的寬容大度就是這樣的。

儒者舉薦人才，對內不避親，對外不避仇。度量功績，積累事實，不謀求更高的祿位。推薦賢能而進達於上，不祈望報答。國君滿足了用賢的願望，百姓依仗他的仁德。只要有利於國家，不貪圖個人的富貴。儒者的舉賢薦能就是這樣的。

儒者潔身淨德，陳述自己的意見而伏身聽從君命。糾正國君的過失言語以平靜，君上和臣下都難以覺察。默默地等待施展抱負，不急於去做。不在位低者面前顯示自己高明，不把少的功勞誇大為多。國家大治的時候，群賢並處而不自輕；國家混亂的時候，堅守正道而不沮喪。不和志向相同的人結黨，也不詆毀和自己政見不同的人。儒者的特立獨行就是這樣的。

儒者中有這樣一類人，上不做天子的臣下，下不事奉諸侯，

謹慎安靜而崇尚寬厚，磨煉自己端方正直的品格。待人接物剛強堅毅，廣博地學習而又知所當行。即使把國家分給他，他也看做錙銖小事，不肯做別人的臣下和官吏。儒者規範自己的行為就是這樣的。

儒者交朋友要志趣相合，方向一致營求道藝，路數相同地位相等都高興，地位互有上下彼此也不厭棄。久不相見，聽到對方的流言飛語絕不相信。志向相同就進一步交往，志向不同就退避疏遠。儒者交朋友的態度就是這樣的。

溫和善良是仁的根本，恭敬謹慎是仁的基礎，寬宏大量是仁的開始，謙遜待人是仁的功能，禮節是仁的外表，言談是仁的文采，歌舞音樂是仁的和諧，分散財物是仁的施與。儒者兼有這幾種美德，還不敢說已經做到仁了。儒者的恭敬謙讓就是這樣的。

儒者貧賤不灰心喪氣，富貴不會得意忘形。不玷辱君王，不拖累長上，不給官吏帶來困擾，因此叫做儒。現今人們對儒這個名稱的理解是虛妄不實的，經常被人稱作儒來相互譏諷。」

魯哀公聽到這些話後，自己說話更加守信，行為更加嚴肅，說：「直到我死，再不敢拿儒者開玩笑了。」

以上是孔子和魯哀公的對話。孔子對魯哀公講述了儒者的特徵和所遵守的道德行為。孔子說儒者待聘、待問、待舉、待取，但人格自立，容貌是禮讓的。是有待、有為、有準備的。儒者不寶金玉，不祈土地，不求多積，但講求仁義、忠信。儒者不貪、不淫、不懼、不懾、不虧義、不更守，儒者是特立的。儒者剛毅。儒者戴仁而行，抱德而處，雖有暴政，也不逃避，精神是自立的。儒者處貧賤之中，屋小門敝，無衣無食，但不疑不諂。儒者稽古察今，今世人望，後世楷模，身危而志不能奪，憂國憂民，有憂思意識。

這篇文章就是孔子象曰：「澤上有水，節；君子以制數度，議德行」的最好詮釋。以什麼尺度來看待君子的節操，什麼是君

子該守的節操？

從這個節知道儒者之德，儒守貞德，節操。在這部易經中64卦中講的都是道，是德。大道如乾坤，如易。

那麼可不可以用通俗的話來解讀一下道呢？這是可以的，《老子道德經說》：「天得到道而清明；地得到道而寧靜；神得到道而英靈；河谷得到道而充盈；萬物得到道而生長；侯王得到道而成為天下的首領。侯王能遵守道並保護它而不破壞它，萬物資源將有序貢獻侯王。百姓不違反道的命令生活就有保障。誰掌握了那偉大的「道」，普天下的人們便都來向他投靠，嚮往、投靠他而不互相妨害，於是大家就和平而安泰。」《管子•形勢第二•》[1]同樣會告訴人們什麼是道。管子說：「關於「道」，道所說的道理只有一種，但用起來各異。有的人懂得治家的道，便是治家的人才；有的人懂得治鄉的道便是治鄉人才；有的人懂得治國的道便是治國的人才；而有的人懂得治天下的道便是治理天下的人才；如果懂得使萬物各居所屬，那這樣的人道行就和天地之道所相配。失道者，民心不來，得道者，民心皆往。道的設計最大顯現就是人身心之與天同化。（人是宇宙最大的大道設計品）。與天道保持一致的就與天同，可終獲得圓滿。安危存亡在於人心。失去天之法則，雖暫時滿盈，但必然枯竭；上下不和，雖暫時安定，但最終必然危亡。想要稱王統一天下，而先失去天道，天下就不可能被他統一起來。掌握了天道，成事猶如自然；失去了天道，雖然成功也不能長久地保持安全。已經得道的，不知不覺就能成功；已經成功了，往往又不知不覺地道又離開。道的影蹤沒有形體無可遁藏，這就是「天之道也」。但是道也不是不可見，對當今有不明者則可考察古代，對未來不了解，則可翻閱歷史。萬事的本性，內容雖不相同，但道理同歸，道從古到今都是一樣的從沒有改變。

【注解】

[1] 管仲：（約西元前723年或西元前716年-西元前645年）漢族，齊國潁上(今安徽潁上)人。名夷吾，又名敬仲，字仲，諡號敬，史稱管子。春秋時期齊國著名的政治家、軍事家。周穆王的後代，管仲少時喪父，老母在堂，生活貧苦，不得不過早地挑起家庭重擔，為維持生計，與鮑叔牙合夥經商後從軍，到齊國，幾經曲折，經鮑叔牙力薦，為齊國上卿（即丞相），被稱為「春秋第一相」，輔佐齊桓公成為春秋時期的第一霸主，所以又說「管夷吾舉於士」。管仲的言論見於《國語•齊語》，另有《管子》一書傳世。

《管子•形勢第二•原文節五》

道之所言者一也，而用之者異。有聞道而好為家者，一家之人也；有聞道而好為鄉者，一鄉之人也；有聞道而好為國者，一國之人也；有聞道而好為天下者，天下之人也；有聞道而好定萬物者，天下之配也。道往者，其人莫來；道來者，其人莫往。道之所設，身之化也。持滿者與天，安危者與人。失天之度，雖滿必涸；上下不和，雖安必危。欲王天下，而失天之道，天下不可得而王也。得天之道，其事若自然；失天之道，雖立不安。其道既得，莫知其為之；其功既成，莫知其釋之。藏之無形，天之道也。疑今者，察之古；不知來者，視之往。萬事之生也，異趣而同歸，古今一也。

五十一、雷山小過　小過不可放過

62.雷山小過
藏解易經51

小過：亨，利貞，可小事，不可大事。飛鳥遺之音，不宜上宜下，大吉。

簡譯：（謹防小過）

譯文：文王說：「小的過錯，對於小人犯錯可以，但是在大人既

使犯一點小的過錯也不行。有飛鳥死亡之象。一定要謹防小過。」

大藏：雷山小過，飛鳥遺之音。天上的雷打在山中的樹林中，一點小過引起大火了，林子裡的鳥被火燒的叫聲慘烈，逃跑中的鳥也被燒死。文王的意思是一點小的過錯在國家大事上會導致亡國。因此說不宜上宜下。什麼是不宜上宜下呢？就是說雷山小過不行，而山雷頤則大吉。就是說雷降到山裡，有火患雷打在地上則無事。為什說山雷頤則大吉，山雷頤是養賢將，雷山小過，是來了一個奸臣搗蛋的，是幹壞事的。

這裡的小事不是指小事上犯過錯，記住，文王的意思是小是指百姓有小過錯，最多影響個人或很小範圍的事情。但是國沒有小事，全是大事，豈能養小過而變大過。因此文王的意思是國家決不能放過小的過錯，導致飛鳥哀鳴，就是鳥都死了還能聽到鳥被大火燒死的淒慘叫聲。這就是飛鳥遺之音，這就是昨天，歷史也。紂王的商朝江山就是飛鳥遺之音，一把天賜雷火，把朝代燒滅。商朝已將成為歷史。你說國能養小過嗎？

彖曰：小過，小者過而亨也。過以利貞，與時偕行也。柔得中，是以小事吉也。剛失位而不中，是以不可大事也。有飛鳥之象焉，有飛鳥遺之音，不宜上宜下，大吉；上逆而下順也。

與卦辭同理。（省譯）

象曰：山上有雷，小過；君子以行過乎恭，喪過乎哀，用過乎儉。

譯文：孔子說：「山上有雷火，小過；君子的行為過於恭敬就會拍馬屁說恭維話。丟掉東西過分心痛就會哀痛，像死了親人一樣，財富福德用過就會變成貧窮。」

大藏：孔子真正的意思就是，君子行為過分恭敬就會諂媚。失去物質過分心疼就會哀痛，福分用過則窮。

這是指君子行為犯了小過失，使自己失去君子身份。君子的德行要適中，不諂上，不欺下。失去利益不要過分執著。對於財富不要過度追求，過分追求則什麼都沒有了。該是你的就是你的，行為要符合君子之道，這樣才不會犯小錯誤導致身份，名節出現問題。縱觀現在的君子犯錯都是因為過分追求不屬於自己的東西導致身敗名裂。由小過而養成大過。就是不知道山上有雷火。

初六：飛鳥以凶。

簡譯：（小過導致時代變遷）

譯文：文王說：「小過能導致朝代變更啊，凶啊！」

象曰：飛鳥以凶，不可如何也。

譯文：孔子說：「飛鳥以凶，不變怎辦也。不這樣又如何呢？」

六二：過其祖，遇其妣；不及其君，遇其臣；無咎。

簡譯：（過分貪婪，背主棄義。）

譯文：文王說：「過分貪戀財富之人為了自己的利益全然不會顧及祖宗，君王，臣子道義，就是遇到我也是如此。」

象曰：不及其君，臣不可過也。

譯文：孔子說：「不顧及其君主，臣不可犯這樣的過錯也。」

九三：弗過防之，從或戕之，凶。

簡譯：（費仲奸臣者凶）

譯文：文王說：「要防止費仲這樣的人事過錯再次發生，養這樣的人國家也是凶，既是殺了他還是凶。」

大藏：為啥殺也是凶呢？因為殺是因為這種人已經造成損毀國家的利益，事情敗露國家才殺他，可是他做的事情已經有了

後果。先產生惡果後懲罰之畢竟是凶也！

象曰：從或戕之，凶如何也。

譯文：孔子說：「從或殺都凶，又何必要這種人呢。」

九四：無咎，弗過遇之。往厲必戒，勿用永貞。

簡譯：（費仲者不用）

譯文：文王說：「像費仲這樣的人不要用，以往的歷史教訓必須警戒。不要用這樣的人才能使江山穩固。」

象曰：弗過遇之，位不當也。往厲必戒，終不可長也。

譯文：孔子說：「費仲這樣的人不適合做官，以往歷史必須警戒。這種事終不可長也。」

六五：密雲不雨，自我西郊，公弋取彼在穴。

簡譯：（將奸臣家產沒收歸國有）

譯文：文王說：「將費仲家產收回歸我西郊公共所有。」

象曰：密雲不雨，已上也。

譯文：孔子說：「密雲不雨，歸己（國）上策也。」

上六：弗遇過之，飛鳥離之，凶，是謂災眚。

簡譯：（以費仲為戒）

譯文：文王說：「費仲的過錯，就可謂飛鳥在火上烤一樣，凶啊，是災難啊！以費仲為戒！」

象曰：弗遇過之，已亢也。

譯文：孔子說：「費仲的過錯是屬於極端也。」

簡論雷山小過：

商朝一個費仲讓聖人視為災眚。觀今費仲不知有多少，抓都抓不完，殺一人又起來一群。小過六二爻「過其祖，遇其妣；不及其君，遇其臣；無咎。」這句話中要分兩段理解。這句話中文王說出兩個故事，

六二：1，「過其祖，遇其妣；不及其君。」2，「不及其君，遇其臣；無咎。」

這兩段什麼意思呢？先看第一句，1，過其祖，遇其妣；不及其君。我們先分析各別單詞的意思，祖，是指先代，祖宗。祖業，這裡單指商朝的祖業江山，商朝的祖業江山誰打下來的呢？是紂王先祖打下來的，如今呢卻是過到妣之手了，這個妣是誰？原意是指母親，這個母親是誰呢？就是國母也，妲己也。在武王牧野之戰牧誓中的那個母雞伺晨者。那麼這個祖宗的江山易手過到妲己之手是誰幹的呢？是費仲也。費仲為自己的高官厚祿施計廢除姜皇后，輔助妲己為後，全然不顧念君臣之道義。

2，「不及其君，遇其臣；無咎。」

第二段話是指，文王利用費仲見利忘義的特點而再次讓他做了一回叛徒，費仲屢試不爽。在「損卦」和「雷澤歸妹卦」中又有了用武之地，使得文王終能從羑里「澤風大過卦中」而回，這就是文王說不及其君，遇其臣；就是遇到我也同樣出賣君主。這個無咎，在這裏既不必譯出。也可以把他看做文王的心情是說，幸好遇到的是我，江山不會淪落到壞人之手，淪落到壞人之手，百姓就遭殃了。

這個小過卦就是文王說可小事，不可大事，飛鳥遺之音也。那麼這個費仲會如何處理呢？別急，此處暫時不說，後面再講。

22.山火賁
藏解易經52

五十二、山火賁　奔喪出殯

賁：亨。小利有攸往。

簡譯：（出殯）

譯文：文王說：「奔喪出殯要順從於禮儀。」

大藏：文王說做好「凶禮」對後代有好處。賁亨就是「凶禮」
也。奔喪出殯的事宜如下：

象曰：賁，亨；柔來而文剛，故亨。分剛上而文柔，故小利有攸
往。剛柔交錯天文也；文明以止，人文也。觀乎天文，以
察時變；觀乎人文，以化成天下。

譯文：周公說：「父王已去，父王文明已化成天下文明。」

象曰：山下有火，賁；君子以明庶政，無敢折獄。

譯文：孔子說：「山下有火，賁，君子明智，自己不反商。讓位
兒子武王管理國家主政。叫兒子繼承自己的大志。」

【注解】

賁：此字在本卦中有三個含義。
（賁bēn）：步行出殯的場面。
（賁bì）：裝飾，修飾，此處是指「小殮（liǎn）」小殮是舊時喪
禮之一，給死者沐浴、穿衣、覆衾（覆衾qīn：屍體入殮時蓋屍體
的東西）等。
（賁fén）隱喻「焚」焚燒紙錢等。與孔子象曰「山下有火。」

初九：賁其趾，舍車而徒。

簡譯：（1、小殮：腳的裝飾。）（2，子女、臣子腳上喪禮的著
裝。）

譯文：文王說：「1，給我沐浴身體，沐浴腳，腳上要纏上白布，（或穿白襪子？）

2，子女們腳穿白鞋，步行拉車。」

大藏：是否文王叫子女給自己纏上白布還是穿白襪子或白鞋，這無從得知，根據「賁其趾」是用白色的東西裝飾腳是沒錯的。也許三者皆有可能。

象曰：舍車而徒，義弗乘也。

譯文：孔子說：「舍車步行，禮儀如此。」

六二：賁其須。

簡譯：（小殮：臉部、鬍鬚的整理。）

譯文：文王說：「要整理好我的面部、鬍鬚。」

象曰：賁其須，與上興也。

譯文：孔子說：「面容要安詳美好。」

大藏：類似現代給死者修飾遺容。

九三：賁如濡如，永貞吉。

簡譯：（小殮：頭髮要帶好帽子，保持儒者端莊的形象。）
（2，子女、臣子頭部喪禮的著裝。）

譯文：文王說：「1、將我的頭髮洗淨帶好儒冠，乾淨整齊，保持儒者端莊的形象。吉。

2、子女、臣子頭戴白色冠帽。」

大藏：濡：通「儒」。儒士，學者。

象曰：永貞之吉，終莫之陵也。

譯文：孔子說：「永貞之名，之吉，最終道德純正令天下回應也。」

大藏：孔子的意思說文王沒有在生前親自克商，給自己一生留下了永貞之名。

六四：賁如皤如，白馬翰如，匪寇婚媾。

簡譯：（出殯送葬：中間白馬駕車，車上棺木，左右兩邊人群護衛白色喪服跟車行走。）

譯文：文王說，「中間白馬駕轅棺木裝車，左右兩邊臣子穿白色喪服送我，送我走後，要打起精神威風凜凜，與紂王廢除君臣關係。」

【注解】

賁如皤pó如：左右兩邊臣子穿白色喪服。
白馬翰如：白馬駕轅。
匪寇婚媾：廢除與紂王君臣關係。

象曰：六四，當位疑也。匪寇婚媾，終無尤也。

譯文：孔子說：「與紂王廢除君臣關係，六四在位的時候就反啊是不能做也！在位要做此事名節，德行是讓人所懷疑啊！死了讓兒子做終究是沒有過失的」。

大藏：這句話倒出商朝諸侯國與君主的關係是一種合約的關係，文王願意臣服商朝，只是一代的問題，文王死後兒子可以自立為王。可以獨立，廢除君臣關係是合理的行為。從孔子這句話中可證實這一點。

六五：賁於丘園，束帛戔戔，吝，終吉。

簡譯：（出殯下葬：在陵園豎立引魂幡）

譯文：文王說：「在我的陵園周圍豎立引魂幡。最終完成儀式。吉。」

【注解】

束帛戔戔（帛bó、戔jiān）：招魂幡、引魂幡又叫靈旗，古代招引亡魂的旗子。

象曰：六五之吉，有喜也。

譯文：孔子說：「六五之吉，有喜啊。」

大藏：孔子的意思是文王死後，武王可以放開手腳來做事情，可以實現反商的大業。這樣國家就別再亂下去，儘早結束百姓的痛苦生活。

上九：白賁，無咎。

簡譯：（喪禮一切都是白色）

譯文：文王說：「一切都是白色的喪服沒有過錯。」

象曰：白賁無咎，上得志也。

譯文：孔子說：「白賁沒有過錯，文王大志要實現也。」

簡論賁卦：

本卦是文王告誡武王、周公如何安排自己的葬禮，重要的是葬禮結束後立刻要「匪寇婚媾」與商朝決裂。這是說明，文王不想在自己活著時候與紂王決裂君臣關係，這樣做是為了保全君臣之禮，並非是為一己之名節，因此孔子說：「永貞之吉，終莫之陵也」。

「禮」的重要性在文王《易經》多處卦中出現，這個卦是喪葬之禮夾雜君臣之禮。

文王演繹《易經》，以乾、坤為首位排列。孔子解釋說：「天尊貴，地卑微，陽陰於是確定。由低至高排列有序，貴賤也就各得其位。」這是說君主和臣子之間的上下關係就像天和地一樣不能互易。君臣之間的名分只能是做臣子的恪守臣節，遵守臣道，忠貞不渝。君王大命應配上天，遵守天道，施行仁德。如果商朝能立賢明的微子為國君，而不是紂王來承受大命，那麼成湯創立的商朝就可配天道；也就不可能有文王羑里之旅，更不會有後來的諸侯、周朝之江山。但是微子寧肯國家滅亡也不願做君主，這就是君臣禮教的大節絕不可因此而遭到破壞。

　　姜尚對文王曾說：「僅屈居於一人之下，然而卻高居於萬人之上，只有賢能之士能做到。」文王禮賢下士親近先見到的有六人，後有十人，一經呼喚即成為朋友的有上千人。由友及朋，由朋及黨，由黨及群，與自己志同道合的人像滾雪球一樣越來越多。後來文王用這種辦法來結交天下賢能之人有三分之二。人民都歸順他。雖然文王得民之心但一直未能反商。因此史說：「周文王得了天下的三分之二，仍然向商紂稱臣。」所以在文王及古人的聖賢眼中看來，禮教中最重要的就是地位高下的區分。文王絕不可以破壞君臣之道，因此才決定自己死後叫武王來收拾紂王禍亂的江山，以全乾、坤保全君臣大節之道。讀者可以想想如果文王生前就毀壞了君臣體制，周朝能否擁有三百多年天下太平無事的時間，以至後來成康興盛之際，刑罰擱置有四十多年不被使用及衰落，這都是文王做樣板、周朝推行《周禮》，道義禮行天下，諸侯恪守規矩遵循聖人之訓的結果，才讓百里西周之地成為諸侯共主並領導了天下800多年之久。老子說：「治大國，若烹小鮮」。治理一個國家像煎魚一樣，不要翻來翻去，聖人早就按照天地的道理制定了國家的制度，君王總變來變去地治理國家，這個國家就像小魚一樣還沒等熟就被翻爛了。當然了，聖人治理國家是為了補過糾偏，適當增減損益是可以的。但是基本核心的道義不能變，什麼是基本的核心道義？天下是人人之天下，人人有公平享受權益的權力。仁義禮智信不能變。這就是天下的道理。

　　聖人制定禮義及其繁瑣，之所以繁瑣就是為了顯示尊崇、鄭重。因為重要就不會輕易改變，因為不輕易改變就規範了人的行為，人的行為被規範了就不容易冒犯他人、法律，不冒犯他人、法律，也就避免了人類的殺戮、相互災難。因此周禮規範人的種種行為，這才出現了成康興盛之際，刑罰擱置有四十多年不被使用及衰落的情況。

　　談完君臣之禮再來瞭解世人喪禮。下麵，從中國傳統葬禮來探求賁卦之究竟。

中國傳統葬禮：

主色調為白色和黃色，故稱白事。喪主辦理白色根據信仰酌請佛教、道教、陰陽家參與。

葬禮過程：

小殮：為死者淨身整容，穿壽衣。一般穿壽衣要在死者快死彌留之際前穿好。否則死後身體僵硬壽衣難穿。壽衣根據各地方習俗選擇。

報喪：或訃告或通知各處親友喪者死亡時間、死亡緣由和葬禮安排。並告知前來奔喪人員的一些程式、禮儀和規定。

奔喪：親友攜帶禮品、禮金、挽聯、花圈來參加葬禮。

停靈：將死者在靈堂停放幾天（有的是三天，具體天數還要根據各地習俗停放時間規定），目的一是避免死者昏迷假死，二是等待親友奔喪。靈堂設置根據死者的死時在家去世還是在外去世，可選擇家中房間，臨時搭制的靈棚或殯儀館的專用房間設置靈堂。靈堂內設悼念條幅、死者遺像、供奉死者的食品（供品）、香、蠟燭、紙錢等。如果暫時不能正式安葬死者可將棺材寄放在寺廟等地，等待未來下葬，也可稱作停靈。

守靈：停靈期間，要安排死者的親友、晚輩在靈堂輪流守護死者，接受奔喪者的弔唁。

孝服：親屬按與死者關係的親疏穿戴孝服，按舊制應分斬衰、齊衰、大功、小功、緦麻五種；而現代生活中孝衣分只分重孝和輕孝。重孝為直屬子女、孫子等，重孝男丁穿戴一筒白大褂、白鞋，女性為白上衣帶白褲子、白鞋，孫子、兒子如果未結婚，只需要纏頭就可以了，如果結婚，那需要穿一筒白大褂。輕孝就是女婿，外戚，只需要一白布纏腰即可。

孝帽：也叫纏頭，纏頭可以區分死者性別年長年幼，去世是男丁，打結在左邊，去世是女丁，打結在右邊，如果長輩在

世，如爺爺去世而奶奶在世，打結就在左邊，如果以後奶奶也去世了，直接打結在額頭上，正中間。

大殮：當著家屬的面，將死者移入鋪有褥子的棺材，蓋上被子，用釘子封棺。根據條件有的富裕的人家棺材制定講究，棺木分為內外兩層，有一層可以放置隨葬品。

出殯和下葬：根據信仰當地習俗擇地、擇墓、擇日、擇時把棺材送到墓地埋葬。出殯開始禮儀標誌是由孝子將一個瓦盆摔碎，稱為「摔盆兒」。

紙幡：也叫引魂幡，引魂幡是一種垂直懸掛的旗子，喪葬時用以招引鬼魂。用一根長長的竹竿撐起，放在屍體旁邊，一直到死者出殯。在出殯的時候，一般由長孫或長子舉起引魂幡走在出殯隊伍的最前列。有樂隊吹打，沿途散發紙錢到墓地。持引魂幡的時候，其杆靠在胸前，而幡卻掠過頭頂。在死者被埋入墳墓後，引魂幡將被插在墓上，直到隨風而去。

下葬：下葬儀式有陰陽風水師協助完成，由其是「招魂儀式」。

燒七：下葬後，親友每七天去墓地看望並燒紙錢，一共去七次共四十九天。還有類似的叫魂、燒紙錢等活動，稱為「做七」。第四十九天的儀式稱為「斷七」，為正式葬禮部分的結束。

守孝：按儒教的傳統，孝子應該守護在父母墓的周圍三年，期間避免娛樂、飲酒食肉、夫妻同房等。

牌位：家人用香燭祭品供奉寫有死者名字的牌位。

掃墓：親友於清明節期間修理、打掃墓地。

中國葬禮禮儀源遠流長，從本賁卦中可以讓讀者瞭解到中國葬禮的最初禮儀本源。由於中國歷史深遠，地廣人多，民族多樣，信仰紛呈，因此喪葬風俗多樣，又因現代工商社會節奏快速，人增地少，因此現如今的喪葬禮儀出現了刪繁就簡的方式。

大多數地區移風易俗，喪事新辦，如此全備的葬禮現如今也是少見了。

　　我大藏是個散人，喜歡自由自在，生哪死哪全憑自然。人死如生，人生一股煙來，一股煙去，迷霧中來，迷霧中去，宇宙道常，人生道短，一身臭皮囊，我氣暫居旅，身亡我走，不知下世是何方？幾十年七情六欲人生一場，到頭來魂幡一戔，何苦為幾十年累個吐血，臨了空了。黃泉路上不辨東西。再多追求何用？人生不如聞道喝酒，生時省房，死後省墓，你有錢財，我有時間，瀟瀟灑灑人生百年。文王說：「人生泰後賁於丘園，束帛戔戔，各後畫圓」。孔子曰：「朝聞道，夕死可矣。」我曰：「人生來不同，去時都相同，同是世上臨時人，何必爭煩惱。」

五十三、風水渙　換國號

59.風水渙
藏解易經53

　渙：亨。王假有廟，利涉大川，利貞。

簡譯：（換體制，建君王廟宇。）

譯文：文王說：「換體制、建君王廟宇，有利於長遠，有利於國家安定。」

　【注解】

　廟：是君王廟宇，也稱天子明堂是周天子聽政議事的大廳，用現代話說就是國家政府。換成美國就是白宮。

　大藏：文王告訴武王、周公要建立廟宇（明堂）天子聽政制度，因此要早早規劃建築廟宇（明堂）之事。

象曰：渙，亨。剛來而不窮，柔得位乎外而上同。王假有廟，王乃在中也。利涉大川，乘木有功也。

譯文：周公說：「換體制，建明堂，勢頭強勁而源源不斷。是柔弱的力量得到生長。王駕治理國家要有殿堂（明堂），王乃居中執掌國家大事也，這樣有利於長遠，建廟有功也。」

象曰：風行水上，渙；先王以享於帝立廟。

譯文：孔子說：「命令傳下，換殿堂，換國號，先王以享受皇帝天子稱號而立廟宇（明堂）。」

初六：用拯馬壯，吉。

簡譯：（丞相之位）

譯文：文王說：「明堂內設立丞相之位，吉。」

象曰：初六之吉，順也。

譯文：孔子說：「吉，順也。」

九二：渙奔其機，悔亡。

簡譯：（四周建立臺階）

譯文：文王說：「明堂內四周建立臺階，安排好各諸侯聽政位子、方位。」

象曰：渙奔其機，得願也。

譯文：孔子說：「渙奔其機，得諸侯所願也。」

六三：渙其躬，無悔。

簡譯：（換身份）

譯文：文王說：「換身份，無悔。」

象曰：渙其躬，志在外也。

譯文：孔子說：「換身份，大志挑明，不藏了。」

六四：渙其群，元吉。渙有丘，匪夷所思。

簡譯：（換新鮮血液，新臣子。）

譯文：文王說：「國家招賢納士，有新進賢臣良將，充實了臣工
　　　隊伍，國家吉，換殿址，如此超出尋常做法，讓紂王隨便
　　　想去。」

大藏：讓君主隨便想去。

象曰：渙其群，元吉；光大也。

譯文：孔子說：「渙其群，大王吉，光明前途遠大也！」

九五：渙汗其大號，渙王居，無咎。

簡譯：（換國號，換國都。）

譯文：文王說：「換國號，將西郊改國號為大周，更換皇家住
　　　所，沒有問題。」

象曰：王居無咎，正位也。

譯文：孔子說：「王居沒有過錯，正位也」

上九：渙其血，去逖出，無咎。

簡譯：（不受商朝節制）

譯文：文王說：「換掉原有約定，脫離與紂王的君臣關係，去掉
　　　對其的敬奉，納貢。光明正大地做王。」

象曰：渙其血，遠害也。

譯文：孔子說，「脫離與紂王的君臣關係，疏遠禍害也。」

　　簡論換卦：

　　此卦見譯文已明，陰消陽長，力量轉換。換國號，換國家首
府這是順理成章的事情。風水換王駕有廟，「前朝后寢，左祖右
社」帝王風水之鼻祖。所謂前朝後寢，就是宮殿的前半部分為天

子上朝和舉行重大典禮的地方，即所謂「前朝」，如北京故宮的三大殿。「後寢」是天子及後妃居住的地方，在「前朝」之後，一牆之隔。所謂左祖右社，是指宮殿的左邊（東）是祖廟（太廟），是天子祭拜祖先的地方；宮殿的右邊（西）是社稷，太子在此祭祀土地神、糧食神，祈求神靈保佑國家、百姓糧食豐收。本卦中有三個問題要講述：一、關於明堂。二、匪夷所思。三、周朝國都及明堂風水對後世的風水學之影響。

現在講述第一問題：關於明堂。

1、明堂內部佈局和君王廟宇為什麼叫做明堂？

王假有廟是天子太廟，君王廟宇也叫天子明堂。《逸周書、明堂解》明堂，明諸侯之尊卑也，故周公建焉，而朝諸侯於明堂之位。制禮作樂，頒度量，而天下大服，萬國各致其方賄。七年，致政於成王。許慎《五經異義》曰：明堂之陽，三里之外，七里之內；上員下方，八牖四闥，布政之宮，故稱明堂。盛貌也。徐虔《郊廟明堂議》曰：明堂在國之陽，國門之外。一宮九室，四門八階。

明堂方百一十二尺，高四尺，階廣六尺三寸。室居中方百尺，室中方六十尺，戶高八尺，廣四尺。東應門，南庫門，西皋門，北雉門。東方曰青陽(代表春天)，南方曰明堂（代表夏天），西方曰總章（代表秋天），北方曰玄堂（代表冬天），中央曰太廟。左為左介，右為右介。

2、佈局：

天子的位置：背靠繪有斧紋的屏風，面朝南站立，眾公卿陪侍在左右；

三公的位置：在堂上中階之前，面朝北以東為上；

眾侯爵諸侯的位置：在堂上東邊臺階以東，面朝西以北為上；

眾伯爵諸侯的位置：在堂上西階的西邊，面朝東以北為上；

眾子爵諸侯的位置：在內門東邊，面朝北以東為上；

眾男爵諸侯的位置：

在內門西邊，面朝北以東為上。東方各部族，在東門外邊，面朝

西以北為上；

南方各部族，在南門外邊，面朝北以東為上；

西方各部族，在西門外邊，面朝東以南為上；

北方各部族，在北門外邊，面南以東為上；

塞外荒遠的方國以及一世來見一次的方國，都在正門外邊，面朝北以東為上。這就是宗周明堂的位置安排。

3、關於君王廟宇：

《孔子家語》廟制第三十四中說：

衛國將軍文子將要在他的封地上建立先代君王的廟宇，派子羔向孔子詢問有關禮儀。

孔子說：「將公家的廟宇建立在私人的封地上，這是古代禮儀所沒有的，我不知道。」子羔說：「請問建立宗廟的尊卑上下的有關禮制，我能夠聽一聽嗎？」

孔子說：「自從天下有了君王，分封土地，建立國家，設立祖宗的宗廟，就有了親與疏、貴與賤、多與少的區別。所以天子建七廟，左邊是三座昭廟，右邊是三座穆廟，連同太祖廟一共是七廟。太祖廟為近親的廟，每月都要祭祀。遠祖的廟叫『祧』，有二祧，每季祭祀一次。諸侯建五廟，兩座昭廟，兩座穆廟，連同太祖的廟一共是五廟，叫做祖考廟，每季祭祀一次。大夫建三廟，一座昭廟，一座穆廟，連同太祖的廟一共是三廟，叫做皇考廟，每季祭祀一次。士建立一廟，叫做考廟，沒有祖廟，父祖合祭，每季祭祀一次。平民百姓則不立廟，四季就在家中寢室祭祀。這種制度從有虞到周代都沒有改變。凡是四代帝王稱作郊祭的，都和祭天一起祭祀。稱作禘的，是五年一次的盛大祭祀，都配天祭祀。地位為太祖的，他的廟不毀，不到太祖輩分的，即使受到禘、郊的祭祀，他的廟也可以毀。古代把祖有功而宗有德的叫做祖宗，他們的廟都不能毀。」

通過上述兩文介紹可瞭解明堂就是周朝處理國家政治大事的中心，它的功能涵蓋發佈政令、祭祀、制禮作樂、頒度量、行教

化可以說是國家政治、宗教、軍事、外交、科學、教育的中心。

那麼天子太廟為什麼不叫大殿而叫明堂呢？據文獻記載，明堂創始於黃帝，夏代叫「世室」，商代叫「重屋」，周代才叫「明堂」。上中古聖人治理國家人法天地與宇宙自然合一。因此在建立政治中心的宮殿上也要符合自然之道，天圓地方，德行明政、明明白白地治理國家。因此稱為明堂理政。

明堂格局四面空曠明亮，這是其一也。明為日月，日象徵君王，周天子，月象徵著臣子，一陰一陽謂之道，有道則明。文王告示武王、周公建立君王廟宇是讓天子與各聯邦諸侯一起治理國家大政，這是說要效法天地日月之道，治理國家要賢明，光明正大，公平正直。文王在泰卦中說：「無平不陂，無往不復，艱貞無咎。」所以明就是平衡，太陽和月亮各自遵守自己的職責，為國家百姓造福。另外看本卦可以與乾卦連起看。乾卦的國家政治體制就在這個明堂中實現。乾卦象曰：大哉乾元，萬物資始，乃統天。雲行雨施，品物流形。大明始終，這個大明始終與明堂的淵源深乎？

第二個問題是匪夷所思，此句一般指言談行動離奇古怪，不是一般人根據常理所能想像的。形容人的思想、言談、技藝、事情等離奇；超出尋常。文王的意思也是說周朝所建立的這個「君王廟宇」的建築格局和採用這種治國理政方式是紂王和其他外夷的思維理念中所難以想到的，是聞所未聞、思所未思，當世第一也。其實通過這四個字也可以讓讀者對聖賢智慧展開更多地想像。也可通過此四個字得知中國國都風水建造，及風水學起源在匪夷所思之處，也就是說風水學文王鼻祖也。

第三、周朝的國都以及明堂風水對後世的風水學之影響。

國都建築、明堂風水，風水渙，就是換磁場，三十年河東三十年河西，人生風水流轉。文王的風水就是從羑里遭囚轉到了天授大命，西郊由小變大因此要換住處，換身份、等等一系列的換，這就是風水渙的意義。文王《易經》風水渙，周朝的國都建築，不僅影響著後世帝王、王公、將相，更是影響著商賈和百

姓。天子明堂對後世風水學起到標杆作用。

　　當今流傳說風水，為堪輿術，傳說創始人是九天玄女，也有的說風水成熟於戰國以後。還有的說風水鼻祖當屬秦漢黃石公，因黃石公著書《青囊經》而推之。我說風水之術有人類就已有之，上古黃帝時就有，何如？何為風水學？風水學人類居住學也，鳥會擇樹築巢，獸會擇穴挖窩，人生大腦比動物高等與宇宙同源豈能不會擇地住居，只不過是懂不懂得人法自然之道罷了。文王即是聖君又是一大隱巫，人類歷史大巫引領，普通人看日月星辰，看不明白只知自然之物，看得明白也不過是春夏秋冬，在聖人眼裡則是天圓地方、元亨利貞，大道在其上下左右，天地人神，人與天地自然合一。因此伏羲畫卦，文王演易，文王八卦集之大成，道之大成，風水大成自不在話下，因此文王依法天地人文擇地風水換都為後人做了樣板工程。所以說聖人大巫引領人類歷史前行。擇地蓋屋原則恒古不變，不過是建築材料、形式隨著時代的不同而改變罷了。道還是那個道，人口多了，資源少了，人一層層的就磊起來了。自然風水分配稀少，因此變得沒有錢好風好水稀世難求。到底何為風水，往大了說複雜，簡單說就是風水與人的意義體現在人與大自然的和諧，是否人住下去對自己的健康、生活、工作起到積極的幫助作用，人離不開氧氣(風、空氣）人離不開水源，好的水、好的空氣能調節人身體的磁場。新疆的葡萄甜就是葡萄的生長之地對葡萄起到了良好的養育作用。人與自然相同，如果人住的地方的磁場能夠給人以滋養就是好的風水。否則人住下去身體變得都越來越差，吸收不到氧氣，越來越沒有精神，那麼求工作、事業順利就當屬費力了。以上說的是活人風水，俗稱陽宅風水此處沒有提及（死人）陰宅風水。

　　風水中有兩種磁場相交形成命運學說。

　　一是宇宙天體中依照四時而動所散發的氣場，屬於日月星辰季節變化與環境時空所交織的場態，另一種是人從母體落地，所得天地之間的生辰氣蘊俗稱出生八字所受到出生之間的磁場影響，和自身身體中存在的微量元素多寡，與環境時空的場態交織

所構成的吉凶悔咎的複雜關係。這些複雜的關係形成了風水學說。複雜的學說這裡不必細說，讀者看專業風水書籍自明。

現在，我們來看一下《易經》風水與《黃帝內經》的關係。

古人風水學來自天地，通過觀察自然形成。天圓地方、天人合一是一切道之本源，風水之術也不另外。天圓是指把宇宙天體中分為九宮與大地的八卦九宮相互對應，地方是把大地分為正東、正南、正西、正北、東南、東北、西南、西北、和中央大地，共把大地劃成九塊為九州分野。地之九野各與乾、坎、艮、震、巽、離、坤、兌《易經》中的八卦一一相對，八卦再與金、木、水、火、土五行、方位相對，如坎卦屬水，居於北方；離卦屬火，居於南方；震卦屬木，居於東方；兌卦屬金，居於西方；乾卦屬金，居於西北方；艮卦屬土，居於東北方；巽卦屬木，居於東南方；坤卦屬土，居於西南方；土居中央。

天之九宮。中心圓內是中宮招搖，為太一所居之位。太一，是天帝北極星也。因它不升不沒、恒居「天之中」，一年四季基本上處於正北方的一個寮上，所以把它作為確定方向和季節的標誌。

諺語說：「鬥柄指東，天下皆春；鬥柄指南，天下皆夏；鬥柄指西，天下皆秋；鬥柄指北，天下皆冬」。古人把這一周按正北、正南、正東、正西、東北、東南、西南、西北分為八個區域。再把一年二十四節分為八個時段，每個時段含三個節氣，約四十六天左右。這樣北斗在不同的時段處於八個不同的區域。在每個區域所在的時間內體現不同的氣候特點，而後再依據不同的時間內所觀察的氣候是否正常異常，來解釋與人體生理、病理的內在關聯，這就是太一遊宮的意義所在。

《內經》中太一遊宮，是把北極星連為一體而用。北極星是中心座標，北斗作為指針，從而確立「四正」、「四隅」八個方向，這樣外八宮也依此確立，加上中宮，共為九宮。天的九宮確立之後，覆蓋在大地之九野之上。中宮與地之中央上下對應，以下依次為正北的葉蟄宮，對應大地的坎位；東北的天留宮，對應

大地艮位；正東的倉門宮，對應大地震位；東南的陰洛宮，對應
大地巽位；正南的上天宮，對應大地離位；西南的玄委宮，對應
大地坤位；正西的倉果宮，對應大地兌位；西北的新洛宮，對應
大地乾位。天的九宮與地的九宮相互對應就形成了天體氣場運轉
將對地之氣場形成影響，這就使居住地球上的人因為自身身體免
疫力強弱的關係，而受到自然中寒暖燥熱濕的侵擾，從而產生疾
病來。

　　太一屬於中心座標位居天極中央，以鬥星旋轉為指向，從中
宮開始巡臨八宮，八風因此確定方位，根據八風方位來推測季節
的氣候的正常或異常。

　　從南方方向來的風，名叫大弱風，大弱風屬於南方火熱之
邪，其氣主熱證。它傷害人體是內侵入心，外傷血脈。

　　從西南方方向來的風，名叫謀風，其氣主虛性病證。它傷害
人體是內侵入於脾，外克伐於肌肉。脾為後天之本，其氣主虛。

　　從西方方向來的風，名叫剛風，西方屬金，風性剛烈，因此
其氣主燥性病證。它傷害人體是內侵入肺，外傷皮膚之間。

　　從西北方方向來的風，名叫折風，它傷害人體是內侵入小
腸，外感於手太陽經脈。如果脈氣竭絕，說明疾病惡化而深陷擴
散；如果其脈氣閉塞，氣機聚結不通，往往會形成猝然死亡。

　　從北方方向來的風，名叫大剛風，因為北風陰寒至盛，過傷
腎陽，所以其氣主寒性病證。它傷害人體是內侵入於腎，外攻伐
於骨骼和肩背的膂筋部。

　　從東北方方向來的風，名叫凶風，它傷害人體是內侵人大
腸，外傷於兩脅腋骨下及肢體關節。

　　從東方方向來的風，名叫嬰兒風，東方為水鄉濕地，東風多
雨，所以其氣主濕性病證。它傷害人體是內侵入於肝，外傷於筋
的連結之處。

　　從東南方方向來的風，名叫弱風，因為東南濕盛，其氣重
濁，所以其氣主身體困重不揚之病證。它傷害人體是內侵人於

胃，外傷於肌肉。

上面所說的八種風，凡是從當令節氣相對的方向而來的，都屬於虛風賊邪，因為是違背時令的不正之氣，和時令之氣相沖，所以它能使人發生疾病。人與自然氣息相通，假若人體虛弱，時值這一年的氣運衰微，恰逢身體虧空，又失卻時宜之調和，這樣三虛相結合，內外相因，正不勝邪，就會得暴病，會猝然死亡。如果三虛之中僅犯一虛，也會發生疲倦，寒熱相兼的病證。倘若趕上冒雨或涉水，或久居潮濕之地，濕邪相浸，傷於肌肉，便會發生痿病。因此，自古懂得養生之道的人，預防賊風邪氣，就如同躲避弓箭和礧石的射擊一樣。假若沒有預防，又恰逢三虛同時相遇，就可能偏中於邪風，而突然昏厥僕倒，或引起半身不遂一類的疾病發生。

通過內經，我們可以瞭解，八風與人體健康的關係。（見《黃帝內經‧靈樞經‧九宮八風篇》第七十七篇。）

見下圖：

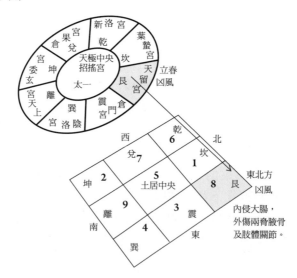

從以上內經的文字記載中可知道，八風，是從東南西北西面八方之處颳來之風，與當令所主之氣不相和諧，因其從虛鄉之處

颭來才稱之為虛風，因此能傷人。其實，八風是指四時氣候出現變化而已。在古代其他各典籍中也有詳細的八風記載。如：《易緯通卦驗》中記載：「八節之風謂之八風。立春條風至，春分明庶風至，立夏清明風至，夏至景風至，立秋涼風至，秋分閶闔風至，立冬不周風至，冬至廣莫風至。」在呂不韋《呂氏春秋》中也有記載：「東北曰炎風，艮氣所生，一曰融風。……東方曰滔風，震氣所生，一曰明庶風。……東南曰熏風，巽氣所生，曰清明風。……南方曰巨風，離氣所生，一曰凱風。……西南曰淒風，坤氣所生，一曰涼風。……西方曰飂(liù)風，兌氣所生，一曰閶闔風。……西北曰厲風，乾氣所生，一曰不周風。……北方曰寒風。坎氣所生，一曰廣莫風。……」《淮南子•墬形訓》中則稱：炎風、條風、景風、巨風、涼風、（風翏）風、麗風、寒風。《說文解字》中作：「東方曰明庶風，東南曰清明風，南方曰景風，西南曰涼風，西方曰閶闔風，西北曰不周風，北方曰廣莫風，東北曰融風。」等等

現在，我們再看一下孔子在《禮記·月令篇》的一些文字記載：

1、孟春之月

孟春正月，東風化解了寒冷，鴻雁從南方飛回來。春天，天子居住在明堂東邊名為「青陽」的部分，正月則住在青陽的左個。立春，為木德當令。

2、仲春二月

仲春二月，雨水的節氣，鷹鳥變為布穀鳥。天子居於青陽之大廟。

3、季春之月

季春三月，田野裡的土老鼠變成鵪鶉。池塘裡開始生了浮萍。天子居住在明堂東部青陽的南室。

4、孟夏之月

四月為孟夏：螻蟈鳴叫，苦菜開花。天子應時而居於明堂之

南一部分，四月則居於明堂之左個；立夏交到五行的火運。

5、仲夏之月

仲夏之月，節氣交到小暑，蛤蟆不做聲了。天子應時而居於明堂之左室。

6、季夏之月

季夏六月，暖風開始吹了，腐草堆裡生出螢火蟲。天子應時而居於明堂的右室。

年中祭祀

一年之中央屬土行：其日亦居天干之中央為戊己。土色黃，因此以黃帝為主宰，其神叫後土。天子居於明堂正中央之大室。

7、孟秋之月

孟秋之月，七月涼風吹來，白露初降，天子應時居於太寢西堂南偏。立秋為金德當令。

8、仲秋之月

仲秋八月：八月颱風迅至，鴻雁自北同南，燕子也都南歸，群鳥開始儲存食物。天子應時居於太寢西堂南偏。

9、季秋之月

季秋九月，鴻雁來到南方，菊開黃花，天子應時居於太寢西堂南偏。

10、孟冬之月

孟冬十月，河水開始結冰，大地開始凍結，天子應時居玄堂之西偏。立冬為水德當令。

11仲冬之月

仲冬十一月：水面結成硬冰，老虎開始交尾。天子應時居於北堂之太室。季冬之月

12、季冬十二月

鴻雁飛向北國，喜鵲開始做巢，野雞鳴叫，家雞抱蛋。天子應時居於北堂東偏。

　　以上《禮記‧月令篇》記載的就是周朝依月令移居住房的生活方式，就稱為「明堂」風水。其實上面更多講述的風水中實際只涉及八風並沒有談水，關於水，是人體重要之源，風水中分活水死水、旺水衰水、來水去水、內水外水、等等……這些專業的內容本書不過多地展開講訴因為這不是本卦之內容，讀者只記住一條就行，所謂風水就是人法天地，人隨自然，避風就水，吃當季當令水果蔬菜對人身體有益人人知曉，依照季節轉動更換居住位置，這就是調風以吸收當令空氣和躲避不正之氣，接受最強的五行氣息與吃當令水果原理一樣。春氣當令，當令者氣象萬新，春氣屬木，青陽為東同屬木之五行，同頻共振，天地合一。除非人體身體中木氣過強不喜再強，那又另當別論。總之，風水渙給大家所帶來的啟發就是要想調整身體健康、運氣需要改變居住環境還是非常重要的。但是一定要記住一點，風水之術，在道之內，人生不遵守大道，居住風水環境再好，也不過是牛毛之功何能保之？何如？自古帝王宮殿風水建造堪稱第一，又有誰做成萬歲天下？萬曆怠政，閹黨禍亂朝綱，明思宗煤山自縊，故宮風水最好又將如何？一陰一陽謂之道，大道之內，不守大道，風水之術又豈能扭轉乾坤？

五十四、火水未濟　還差一步，仍需小心

64.火水未濟
藏解易經54

未濟：亨，小狐汔濟，濡其尾，無攸利。

簡譯：（還差一步）

譯文：文王說：「還差一步，我現在還有一點狐疑，就要接近全部的計畫，越是準備到了尾聲越是小心，最後再忍耐一

下，沒有關係。開始要想到如何結果，結果不要拖泥帶水。準備越充分，結果越順利。不要像狐狸過河，越走水越深。對結果準備不充分。」

象曰：未濟，亨；柔得中也。小狐汔濟，未出中也。濡其尾，無攸利；不續終也。雖不當位，剛柔應也。

譯文：周公說：「未濟，柔變中強也。狐狸過河走到河水中間，河水浸濕了尾巴，前進不行，後退不是，不能走到河的終點，半途而廢。這是對環境，力量能力準備不足出現的不順也。因此做事前要準備得當才能水火既濟也。」

象曰：火在水上，未濟；君子以慎辨物居方。

譯文：孔子說：「火在水上，著不起來，這就是未濟，君子做事要謹慎，辨別周圍各種不利的環境因素。」

大藏：孔子的辨物居方是對各種環境、事物、狀態做到心中有數。居方，是四平八穩、要有把握。

初六：濡其尾，吝。

簡譯：（要思慮成熟）

譯文：文王說：「要思慮成熟。最後再忍耐一下，不忍耐則吝。」

大藏：有些諸侯已經等不及了，但文王的意思還是要謹慎一下。

象曰：濡其尾，吝，亦不知極也。

譯文：孔子說：「濡其尾，是不知道時機也。」

九二：曳其輪，貞吉。

簡譯：（等待時機）

譯文：文王說：「繼續準備，等待、按兵不動吉。」

象曰：九二貞吉，中以行正也。

譯文：孔子說：「九二貞吉，要打把握之戰。」

六三：未濟，征凶，利涉大川。

簡譯：（時機不到，征凶。）

譯文：文王說：「征伐大業，要做到萬全準備，時機不到，不利於出征啊，一定要等待戰機出現。」

象曰：未濟征凶，位不當也。

譯文：孔子說：「未濟征凶，不妥當啊。」

九四：貞吉，悔亡，震用伐鬼方，三年有賞於大國。

簡譯：（立志三年實現目標）

譯文：文王說：「小的閃失會導致失敗。繼續韜光養晦三年，用我伐鬼方法（易經方法），使自己的小國成為大國，並叫其他諸侯國全部興旺。」

象曰：貞吉悔亡，志行也。

譯文：孔子說：「貞吉悔亡，大志得實現也。」

六五：貞吉，無悔，君子之光，有孚，吉。

簡譯：（韜光養晦，穩定不動）

譯文：文王說：「堅守國土不動吉利。無悔與等待。君子並非為己私利打江山，是為了光芒普照天下，有福同享於天地大道。使百姓安居。吉。」

象曰：君子之光，其暉吉也。

譯文：孔子說：「君子太陽之光，其暉吉也。」

上九：有孚於飲酒，無咎，濡其首，有孚失是。

簡譯：（為國家百姓想沒有過錯，站在君臣立場上有過失。）

譯文：文王說：「雖然我是想有福於飲酒，百姓能過上好日子，這是沒有過錯的。但是畢竟要取紂王的首級，這也是事實啊，也有不是之處啊。」

大藏：文王意思是說對得起自己對得起百姓，而對不起紂王。

象曰：飲酒濡首，亦不知節也。

譯文：孔子說：「讓百姓飲酒，取君王首級，也是不知守節盡忠也。」

大藏：如此紂王，要是沒有文王，天道如何？天地的白天黑夜相互轉換。哪裡會有長久的黑夜。百姓，國家需要治理者，聖人出手，治理天下百姓有福也。什麼是節？有道才有節，無道何節之有？

簡論未濟卦：

聖人思想再次在未濟卦中體現，為了減少戰爭給老百姓帶來的損害，要以犧牲最小，最快的速度結束暴君統治，因此文王要等待最有利的戰機出現，這樣才能一劍而讓紂王斃命。不會在戰爭中減少太多人口，喪失生命，這就是不以百姓當芻狗的最好證明。縱觀中國朝代更迭歷史中，周朝取得江山是用很短的時間實現的，有的江山政權奪取的時間很長，戰火之苦要百姓遭遇很久，生命代價巨大。但換來的未必是長久的江山。

第五章　飛龍在天

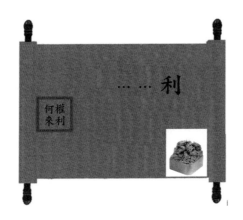

五十五、澤地萃　聚集軍演

45.澤地萃
藏解易經55

萃：亨。王假有廟，利見大人，亨，利貞。用大牲吉，利有攸往。

簡譯：（聚集，祭祀。）

譯文：文王說：「聚集諸侯，王駕有社稷宗廟，可以創造財富，利益於天下百姓，只有這樣才能利益於諸侯。只有如此，才能保持江山穩固。殺豬宰牛，祭祀宗廟，招待諸侯，關係著下步行動的重大決策。」

大藏：誰是大人？只有百姓才是大人，因此文王說王假有廟，利見大人，與乾卦中九五爻「飛龍在天利見大人」的意思是一樣的，只有飛龍在天才能王假有廟。

象曰：萃，聚也；順以說，剛中而應，故聚也。王假有廟，致孝
　　　享也。利見大人亨，聚以正也。用大牲吉，利有攸往，順
　　　天命也。觀其所聚，而天地萬物之情可見矣。

譯文：周公說：「萃，匯聚，聚集也。時機成熟了，對紂王征伐
　　　的工作準備將緒，因此召集諸侯匯聚，各路諸侯紛紛回
　　　應，故相聚也。王駕有社稷宗廟，不僅要致天子之孝，敬
　　　天敬地，敬三皇五帝，敬神明，敬祖宗，還要設宴招待諸
　　　侯，諸侯聚會以施行正義之事，用大牲招待吉，這關乎著
　　　下一步的行動計畫。這是順應天命也。觀察諸侯所匯聚的
　　　情況，就知道天地萬物之情人心所向，這樣也就有了具體
　　　的事情規劃了。」

象曰：澤上於地，萃；君子以除戎器，戒不虞。

譯文：孔子說：「澤上於地，諸侯匯聚，君子要拔除不利的人
　　　才，防備不是真心征伐紂王的盟友。」

大藏：這個是萃，是在發動正式的革命前做的一次盟軍革命軍事
　　　演習。這就是聖人文王在前面一卦中說的未濟的意思，
　　　目的一個是瞭解西郊的領導地位，號召力，影響力夠不
　　　夠，能否做到一聲號令天下800諸侯回應。二是要掌握這
　　　些800諸侯是否真心克商與己一心，有沒有不利的諸侯國
　　　夾在其中。三是做一個軍演，在正式征伐時能做到配合有
　　　序以達到默契。

初六：有孚不終，乃亂乃萃，若號一握為笑，勿恤，往無咎。

簡譯：（諸侯聚集、激勵士氣。）

譯文：文王說：「各路諸侯都很著急征伐紂王，心情已經浮躁，
　　　如果不進行一次聚集，時間久了大家就會渙散，後導致生
　　　亂。因此要聚集諸侯進行會盟，鼓舞士氣，凝聚諸侯力
　　　量。不用擔心，前往無咎。」

大藏：若號一握為笑，是一聲令下，產生號召力，凝聚力，就是
　　　使各路諸侯握成一個拳頭。

象曰：乃亂乃萃，其志亂也。

譯文：孔子說：「諸侯等不及了，有的按耐不住了，因此要召集
　　　諸侯聚會，以防止大的計畫出現亂子。」

六二：引吉，無咎，孚乃利用禴。

簡譯：（方向引導、利用春祭。）

譯文：文王說；「將諸侯聚集一起進行一次方向引導，是吉的，
　　　沒有問題，聚集就在春天舉行。」

象曰：引吉無咎，中未變也。

譯文：孔子說：「引吉無咎，中心意圖沒有改變。」

六三：萃如，嗟如，無攸利，往無咎，小吝。

簡譯：（諸侯交流）

譯文：文王說：「諸侯相聚互相感歎交談，沒有關係，前往沒有
　　　問題，但要小心。」

象曰：往無咎，上巽也。

譯文：孔子說：「前往沒有問題。都聽你的。」

大藏：上巽也，上令也，有話語權的。就好比美國召集各國總統
　　　開會聚會，上巽也。

九四：大吉，無咎。

簡譯：（吉）

譯文：文王說：「各路諸侯能按照約定前來是吉利。沒有問題」

象曰：大吉無咎，位不當也。

譯文：孔子說：「大吉無咎，九四位不當也。」

大藏：孔子位不當的意思在此處含義是指文王計畫會盟，武王實施會盟，文王不在其位，但是牌位去了。人沒有當位，因為這次會盟，武王是以太子發的身份去的。

九五：萃有位，無咎。匪孚，元永貞，悔亡。

簡譯：（諸侯工作分工，等待戰機出現。）

譯文：文王說：「諸侯匯聚各有分工，沒有問題。保持原有的狀態，安守各諸侯疆土，等待時間，繼續韜光養晦。現在紂王的氣數還沒到，等待時機出現時自會出征。」

大藏：此時紂王還在每日歡歌豔舞，不知悔亡。文王的計畫大志就要實現了，800路諸侯號令齊聚，已經把這個老虎按在了案板上，就等時間一到，手起刀落，砍下老虎之頭，如此亡君……

象曰：萃有位，志未光也。

譯文：孔子說：「諸侯各安此位，大志還沒有放光也。」

上六：齎咨涕洟，無咎。

簡譯：（加強感情，凝聚力。）

譯文：文王說：「諸侯在一起商議征伐事情，互相涕泣加強感情，凝聚力都沒有問題。」

大藏：齎（zī）咨涕洟（tì）：齎是諸侯大老遠的來的不能空手回去，要帶些禮物回去。咨是諸侯在一起商議征伐事情。涕洟是諸侯加深感情說到動容處激動哭泣留鼻涕，這樣即有了凝聚力，又進一步加強了合作力為下步行動打下堅實的基礎。這次會盟就是大戰前的知己知彼的一次大檢閱。

象曰：齎咨涕洟，未安上也。

譯文：孔子說：「齎咨涕洟，未濟而召集諸侯，安心，上策也。」

簡論萃卦：

萃卦是文王《易經》既定克商中的一次巨大的諸侯會盟軍演行動計畫。這個卦是文王從屯卦到蒙卦、師卦、蹇卦、蓄卦、遯卦、大壯卦、萃卦，自始至終一步步地發展演進中來。萃卦再次體現了文王的「小心翼翼」，和悔亡的意識。此卦與武王九年的盟津古渡口會盟八百諸侯時情景基本一樣，那麼是否先有武王的克商後才有這個《易經》呢？文王《易經》多處出現如此情況，是否《易經》是一部記錄歷史的書？當然《易經》的確記錄了歷史，但請讀者不要因為此點而走進歷史誤區。《易經》是文王的一個克商計劃書，而後逐步實施。這就像先有圖紙後蓋大樓，而後大樓樣子與圖紙數據顯示沒什麼不同。在現代人類戰爭歷史中，如第二次世界大戰中許多的戰爭都是事前策劃好的。文王的《易經》也不例外。只是文王《易經》畢竟不僅是一個戰爭計畫書，更是一部蘊藏著大道治國、治軍、治世的謀略書。像這麼完整的書，這麼神奇的書，整個記錄聖人如何謀取江山的寶典，真是前無古人後無來者。這是什麼？這是真正的神器。這要不是紂王廢道，文王老年羑里被囚，紂王讓其寫《易經》，我們凡人又如何得見大道真容？說到此處，能看到文王《易經》還要感謝紂王也！大道玄而又玄，此乃天機啊，天機莫測也！

關於此卦通過周武王「孟津之誓」可以讓讀者進一步瞭解：

周文王稱王九年之後病亡，太子姬發繼位，稱周武王。武王以薑太公為「師」，負責軍事；以弟周公旦為主政，負責政務；以召公和畢公為左右助手，出謀劃策，以期完成文王事業。武王將遠都城豐遷到了鎬（今陝西西安），此時克商已做好全面準備。

為了知己知彼掌握各諸侯國的忠誠程度和自己的戰鬥實力，武王九年(武王即位後未改元)在孟津（今河南孟津）舉行了800諸侯的大規模軍演，史稱「孟津觀兵」。在這次軍演中，武王的行動是率大軍由西始發，行至畢原(今陝西長安縣內)，在文王陵

墓祭奠，然後轉而東行向朝歌前進。在中軍豎起西伯昌（文王）名字的大木牌，自己稱太子發，此意是說這次行動是由文王任統帥。這個地方就是孔子說的大吉無咎，位不當也。是指文王木牌也。當大軍抵達黃河南岸的孟津(今河南孟津縣東北)，800諸侯也應約趕到。紂王孤立，人心歸周、商朝大勢已失，諸侯均力勸武王立即向朝歌進軍。武王和姜尚則認為時機還不成熟，在軍隊渡過黃河後又下令全軍返回，並以「諸位不知天命」告誡大家不要操之過急。

此時諸侯皆以為「紂王可伐」，而武王卻說「未可」。武王認為克商時機尚未成熟，應該等待時機。從這一點上說，說明武王的軍演目的是為征伐紂王做出最後準備工作，也說明，文王《易經》的計畫武王實施的非常好，這也就是文王在未濟卦中所提的還差一點，「小狐汔濟，濡其尾，無攸利。」為了做到在戰爭中要把握全局，做到知己知彼，不要出現失誤，做到戰而不殆，因此武王如文王計畫進行這次軍演。

到了武王十一年時，時機才真正地到來。這一次不再是孟津盟誓而是牧野揮師了。

後面卦中讀者很快看到。

五十六、火風鼎　使命、大業蒼生

50.火風鼎
藏解易經56

鼎：元吉，亨。

簡譯（受命、使命、重任在肩。）

譯文：文王說：「鼎命而受，重任在肩，大王使命，吉，亨通順利。」

【注解】

鼎：使命，訂立革命計畫。

彖曰：鼎，象也。以木巽火，亨飪也。聖人亨以享上帝，而大亨以養聖賢。巽而耳目聰明，柔進而上行，得中而應乎剛，是以元亨。

譯文：周公說：「鼎，烹煮用的器物。以木燒火，烹飪煮飯也，聖人用它烹飪食物，珍品以獻給上帝。而大王用大亨（鼎）以養聖賢，規則制度訂立了能使百姓聰慧文明，人人有鍋吃飯，生活幸福，因此大王就更大亨也。」

象曰：木上有火，鼎；君子以正位凝命。

譯文：孔子說：「木上有火，鼎命，君子以大王之位凝積天下百姓命運。」

大藏：鼎命，鍋裡有肉敬天意味著天下百姓有飯吃，也就是說，大王與聖賢頂（鼎）的是天下老百姓的命。

初六：鼎顛趾，利出否，得妾以其子，無咎。

簡譯（訂行軍路線）

譯文：文王說：「訂部隊行軍路線，訂立各個諸侯將士行走線路，要利於行走。」

【注解】

顛趾：顛簸，腳。行軍路線。

象曰：鼎顛趾，未悖也。利出否，以從貴也。

譯文：孔子說：「訂部隊行軍路線，利出否，以奪取政權。」

大藏：西郊諸侯國成為天子國，就是從貴也。

九二：鼎有實，我仇有疾，不我能即，吉。

簡譯（訂立征伐名頭，出師有名，正義之師。）

譯文：文王說：「定出師征伐的原因，是紂王無道，非是我跟他有仇，為天下大義，吉。」

象曰：鼎有實，慎所之也。我仇有疾，終無尤也。

譯文：孔子說：「出師有名，是謹慎也。羑里之仇，終無特別理由的。」

大藏：文王的意思說，讓武王出征時講話要天下人知道，這次的征伐目的是為了天下的百姓，並非是文王因為與紂王有仇才征伐商紂的。

九三：鼎耳革，其行塞，雉膏不食，方雨虧悔，終吉。

簡譯（革命目的）

譯文：文王說：「建立新的，革除舊的。要改朝換代。革命的目的是為了諸侯相互平等，不平等就會有虧，有虧則變而亡。因此要共同發展，平衡富裕。終吉。」

象曰：鼎耳革，失其，義也。

譯文：孔子說：「鼎耳革命，倒出裡面的不好腐爛的食物，為了大義也。」

九四：鼎折足，覆公餗，其形渥，凶。

簡譯（不公平，傾覆。）

譯文：文王，「鼎的三個角要平穩，就是要定好三公大臣，革命取得成功，所征江山及物品要與諸侯分配公平，不公平也會出現傾覆。」

象曰：覆公餗，信如何也。

譯文：孔子說：「出現覆公餗，誠信又該如何也？」

六五：鼎黃耳金鉉，利貞。

簡譯（定主帥）

譯文：文王說：「定主帥。利於國家指揮軍隊，人心穩定。」

象曰：鼎黃耳，中以為實也。

譯文：孔子說：「鼎黃耳，兒子，姬發掌握實權也。」

上九：鼎玉鉉，大吉，無不利。

簡譯（大印）

譯文：文王說：「定主帥接掌大印，大吉，號令三軍無不利。」

象曰：玉鉉在上，剛柔節也。

譯文：孔子說：「大印在上，節制軍兵將士。」

　　【注解】

　　鼎：在此文中還有下列含義：
　　原意：古代烹煮用的器物，一般是三足兩耳：銅鼎。鼎食。
　　本卦之意：立國的重器，是政權的象徵。鼎業(帝王的大業)。
　　鼎鉉：比喻宰相治理國家。
　　鼎足：喻三公、宰輔、重臣之位，如：鼎輔(三公，宰輔)；鼎司(三公的職位)。
　　鼎折足：是不平衡，「鼎折足，覆公餗（sù）。」餗，鼎中的食物。覆餗，謂傾覆鼎中的珍饌。常理以為以「覆餗」喻力不勝任而敗事。在此卦中特指公平，處理事情不公平會傾覆。
　　鼎耳革：建立新的，革除舊的。改朝換代。

　　簡論鼎卦：

　　鼎卦之道三處要表：

　　一，九三：「鼎耳革，其行塞，雉膏不食，方雨虧悔，終吉。」

　　鼎耳革，為什麼發動改朝換代的革命呢？這個其行塞的目的，（行塞：目的）不是為了諸侯互相殘殺，互相割肉，而是為了相互共同發展。雉膏本意是肥雞的肉，在這裡代表諸侯，君王是龍，臣子為雞，文王是鳳凰。文王要建立的朝代是群龍無首的朝代。

在中國上中古時代，是道行天下的時代。上古三皇五帝時代，統治者和百姓皆能遵循天道的法則做事，因此就產生了國家的政權禪讓的現象。不用自己長子繼承，是因為天道人人遵守，「五帝將天下視為公有。而到了夏商周三王時代，夏商二王將天下視為私有。因此視為私有則傳給子孫，視為公有則傳給聖賢。」到了商末紂王大道已廢，諸侯紛爭，百姓苦痛，因此聖賢文王在這個時代只能因時代狀況補救積弊而治理天下，因此要推行群龍無首，諸侯聯邦共同治理天下的制度。所以文王說，雉膏不食，諸侯國之間不要互相蠶食，方雨虧悔，就是天上下的雨要恩澤八方。如果不公平，則會造成有虧損，有虧損則是有悔。讀者要記住悔是改變。是易。乾卦的上九，亢龍有悔，悔到哪裡去？就是悔到坤卦去。悔到大地裡邊去。聖人洞悉天道，因此才要鼎革。只有平衡富裕，才會終吉。

二：象曰：大亨以養聖賢。

在文王《易經》中有多處提到養賢的卦，如夷卦等。那麼聖人為什麼要養賢呢？聖人養賢的目的就像天地養萬物是為了施行大道，愛也。聖人不僅知道，國運，氣數，人命的休否，而更知宇宙天地之玄機變數和福德積報，聖人順應天地的規律而盡人事來收養賢良人才，是順應自然。聖人識賢，求賢來幫助自己治理國家，整頓綱紀，匡正風俗，為百姓做事。所謂賢人，他們的見識高遠、洞察是非明智，做事不違背天道，因此能使百姓生活運轉平和，世道安詳，所以在文王易經中多處提到養賢。這個養賢就是周公象說：「大亨以養聖賢」，天下光明就養大聖賢，國家出現祥瑞，賢德的君王用豐厚的俸祿來養賢臣，用尊崇的地位來禮待他們。蓄養一個人而能能使天下百姓普遍被惠利，這就是養賢之真諦。是《易經》中的天地之道，君王之道能夠實現的體現。聖賢能力再強也不能一人治理天下，必須集成眾賢之力來共同治理國家。

聖人懂道尊道而養賢，設立三公，鼎足，三足鼎立。與此相反的是庸君昏君只能是折足之鼎而煮敗飯，窩養一群罪人，飯桶

而己。

　　三，象曰：鼎耳革，失其，義也。

　　鼎耳，原意是提鼎鍋用的把手。提起鍋的把手把變質的食物倒出來，在重新煮上新的食物，就是義也。孔子的大義指的就是利益。孔子說：「仁義原本就是利益！上不仁，則下無法安分；上不義，則下也爾虞我詐，這就造成最大的不利。所以《易經》中說：『利，就是義的完美體現。』又說：『用利益安頓人民，以弘揚道德。』這些是利益中最重要的。」

　　中國鼎是天道之器具：

　　孔子象說：「鼎耳革，失其，義也。」孔子曾說：「國家政權，就像一個大器物，放在安全的地方就安全，放在危險的地方就危險。治理國家的事，與器物沒有什麼不同，關鍵就看天子把它放在什麼地方。」商湯、周武把天下放在仁、義、禮、樂之上，子孫相傳數十代，這是天下人所共知的；秦始皇把國家放在暴政、刑罰之上，而禍及自身，子孫被滅絕，這是天下人有目共睹的。

　　孔子所說的大器物就代表國家的政權，政權是幹什麼用的？是讓百姓有飯吃，安居有業的。文王把自己的革命鼎耳革建立在天道，大德，大信上，而鼎本身就是禮。祭祀上天。兩耳為智慧，耳聰目明，如此一個鼎器正如孔子所說安置在仁義禮智信，周朝江山才有如此之久。義也。利益眾生也。國有鼎，置位不同，治國便有不同，天道何曾有變，用老子的話說，聖人居無為之事，依天道而行，治國如烹小鮮，何必翻來翻去，試想，秦嬴政有鼎不用非要扔鼎搬鍋。不是天道大鍋如何水煮江山？

五十七、離為火　龜卜出征

30.離為火
藏解易經57

離：利貞，亨。畜牝牛，吉。

簡譯（祭天）

譯文：文王說：「用母牛祭祀太陽之神，吉。」

象曰：離，麗也；日月麗乎天，百穀草木麗乎土，重明以麗乎正，乃化成天下。柔麗乎中正，故亨；是以畜牝牛吉也。

譯文：周公說：「離，太陽也，光明也，文明也，火也，日月麗乎天，百穀草木麗乎土，重明以麗乎正，乃化成天下。柔麗乎中正，因此亨通，用母牛祭祀吉也。」

象曰：明兩作離，大人以繼明照於四方。

譯文：「日月曰明，離，光明，大人以繼太陽之明照耀四方。」

初九：履錯然，敬之無咎。

簡譯（神龜低頭）

譯文：文王說：「取大寶神龜，龜的頭低頭，敬之是沒有問題。」

象曰：履錯之敬，以辟咎也。

譯文：孔子說：「神龜低頭了。以法服罪。」

六二：黃離，元吉。

簡譯（神龜頭在中間，吉。）

譯文：文王說：「如果是神龜頭在中間的位置，或出現黃色裂紋是最吉利。大王吉。」

象曰：黃離元吉，得中道也。

譯文：孔子說：「黃龜大吉，得中道也。」

九三：日昃之離，不鼓缶而歌，則大耋之嗟，凶。

簡譯（神龜昂頭，大凶。）

譯文：「文王說，神龜出現紅色紋理，或流血，龜的頭偏西，高高昂起，猶如唱歌，這是大凶。」

象曰：日昃之離，何可久也。

譯文：孔子說：「落日的烏龜，還能支持多久也。」

九四：突如其來如，焚如，死如，棄如。

簡譯（神龜死了，要放棄。）

譯文：文王說：「突如其來，沒有防備之下就被火燒了，或者死了，就要放棄。」

象曰：突如其來如，無所容也。

譯文：孔子說：「突如其來如，沒有允許也。」

六五：出涕沱若，戚嗟若，吉。

簡譯（神龜哭了吉）

譯文：文王說：「神龜流淚痛哭吉也。」

象曰：六五之吉，離王公也。

譯文：孔子說：「六五之吉，龜要被封王公也。」

大藏：神龜要完成神龜的使命，要殺身取義成仁回命與天庭。被
　　　賜封王公也。

上九：王用出征，有嘉折首，獲匪其醜，無咎。

簡譯（嘉獎神龜，斬首神龜。）

譯文：文王說：「嘉獎大寶神龜賜封王公，將其砍首。大王出征
　　　以獲取紂王首級。沒有問題。」

象曰：王用出征，以正邦也。獲匪其醜，大有功也。

譯文：孔子說：「大王出征伐紂，要正式治理國家，取得紂王首
　　　級，有大功也。」

簡論離卦：

　　此卦是文王告示武王在出征時要祭祀上天，進行龜卜，什麼
情況下可以斬頭並出征。

　　此卦中有三個重點內容：

　　一，如何龜卜：

　　神龜被賦予了二個特徵，一是上天的神明力量，二是代表紂
王的特性。

　　1、問卜。2、看龜的表現這就是徵兆。龜頭叫兆頭、龜腳叫
兆足。3、看龜甲出現的裂紋，叫兆紋。

　　如占卜時這樣說：「神龜啊神明，現在，出征伐紂行不行？
如果龜把頭低下，足的位置在中間，或者落淚了，就表明兆頭兆
足顯現出來，兆紋內外相應；如果不同意征伐，就請你把兆頭上
仰，兆足收斂，內外自垂。龜這樣一顯示，就得到占卜結果了。

把頭低下，足的位置在中間，或者落淚了表示上天同意，紂王也會順利接受上天的懲罰。這就是龜卜的第一個意義。

二：神龜在上古是神力的化身，它只受命於王。在王要出征時有嘉折首，等於神龜順從王命祭天，換言之這是大神龜的使命也。在上中古時人們對生死是一個輪迴概念，神龜赴死就義要回天庭複命受封神靈的。因此這裡文王說要嘉獎大神龜。我想這個神龜如果還在或者在豐鎬，或者在岐山，根據文王《易經》第四十六卦升，應該是在岐山宗周的地方某個遺址埋藏着，可惜我不是考古家沒有辦法探究。如果能找到這個神龜背片一定會有嘉獎文。就像孔子說是離（龜）王公也。這點是我推測，目前並沒有證據來源考證。

三，出征這一天，根據離卦的離和象曰：「離，麗也；日月麗乎天，百穀草木麗乎土，重明以麗乎正，乃化成天下。」「重明以麗乎正」，這句話背後隱藏着殺神龜的日子是丙午日，午時。為什麼呢？因為離也代表午，和丙，代表戰爭。起離就起兵。離字後天數字代表9，9的數字有戰火的玄機。這個問題不涉及了。

關於龜卜的龜占程式就是：在占卜之前，把龜甲鋸削平整，在甲骨的背面鑽出圓形的深窩和淺槽，占卜時，先把要問的事情向神明禱告述說清楚，再用燃燒著的木枝，對深窩或槽側燒灼，燒灼到一定程度的時候龜的甲骨相應部位便顯示出裂紋。辨別龜是仰頭、低頭、左斜、右斜、後長、前長，這就是龜兆。最後用刀子把占卜的內容和結果刻在葡兆的近處，這就是卜辭。

《周禮》中記載：凡占卜就指示龜甲高起的部位給臨視卜事的官員看，舉火灼烤龜甲，直到出現兆紋。凡占卜，辨別龜的仰頭、低頭、左斜、右斜、後長、前長，以授給發佈命龜辭的人，並告教和協助發佈命龜辭。

《史記》有一篇《龜策列》詳細地寫了關於龜卜的文章。文章很長，我刪繁就簡給讀者抽出關於龜卜的一些內容：

　　夏、商、周三代的興起，以蔔筮的吉祥之兆為根據。聖王遇到事，沒有拿不定主意的時候；解決疑難，沒有缺乏真知灼見的時候。他們所以要搞一套求神問蔔程式，是因為擔心後代衰敗，愚蠢人不向聰明人學習，人人各自滿足於自己的見識，教化分歧雜出，大道理被拆得七零八落無法掌握，所以才把物間事理推歸到最微妙的境界即神靈，求純真於精神。也有人認為，靈龜所擅長的，聖人是趕不上的。它的判斷吉凶，區別是非，往往比人的預測更準確。燒灼龜甲來觀察吉兆，變化無窮，因此要選用賢人擔任蔔官，這可說是聖人對蔔筮大事的重視吧！周公連蔔三龜，武王的病就好了。紂王暴虐，用大龜也得不到吉兆。龜兆預示出內在的趨勢，當時人能看到外部的表現，能不說這是兩相符合嗎？君子認為，那些輕視蔔筮不信神明的人，是糊塗；背棄人謀只信從吉祥之兆，鬼神也得不到應有的對待。所以《尚書》記載了解決疑難的正確方法，要參考五種見解，蔔和筮為其中兩種，五種意見不一致時，要順從其中占多數的意見，這表明，雖有蔔筮，但並不專信蔔筮。

　　古書說，「能得到名龜的，財物跟着就到，他家一定發大財，富到千萬錢。」名龜中，第一叫「北斗龜」，二叫「南辰龜」，三叫「五星龜」，四叫「八風龜」，五叫「二十八宿龜」，六叫「日月龜」，七叫「九州龜」，八叫「玉龜」，一共八種名龜。古書所畫龜圖的腹下各有字，寫明是哪種龜，我這裏只略寫出它們的名稱，不畫龜圖。尋取這類龜，不必滿一尺二寸，民間得到七八寸長的，就是寶貝了。珠玉寶器，就是藏得再深，也會透露出光芒，顯現出神靈，道理和名龜到來則如同財富到來一樣。神龜出在長江水中，廬江郡每年按時給太蔔官送去一尺二寸的活龜二十個。太蔔官在吉日剔取龜的腹甲。龜活一千歲才能長到一尺二寸長。君王調兵遣將，必先在廟堂上鑽龜占卜以定吉凶。現在高廟中有一個龜室，藏着這種龜，並看做神寶。

　　古代占卜書說：「斷取龜的前足臑骨穿起來佩帶在身上，在室內西北角懸掛一隻龜，這樣，走進深山老林時就不會迷惑。」

我做郎時，看過《萬畢石朱方》，書中說：『在江南嘉林中有神龜。嘉林地方，沒有虎狼類猛獸，鴟梟類惡鳥，沒有毒草，野火燒不到，樵夫砍柴足跡不到，所以叫嘉林。龜在嘉林中，常在芳蓮上築巢。』它的上面寫著字：『甲子重光，得到我的，原是平民百姓的，可以成為官長；原是諸侯的，可以成為帝王。』在白蛇蟠杼林中尋取龜的人，都是齋戒了以後專程等候，就像專程等待別人來報信一樣，同時敬酒祈禱，披散頭髮行禮，這樣連續三天，才能得到龜。」由此看來，尋取龜的儀式多麼莊嚴隆重！所以，對龜能不非常敬重嗎？

有一位南方老人用龜墊床腳，過了二十多年，老人去世，移開床腳，龜還依然活著。這是因為龜具有一種特殊的調節呼吸的方法。有人問：「龜的神通這樣大，但為什麼太蔔官得到活龜總是殺了剝取其甲呢？」不久以前，長江邊上有個人得到一隻名龜，養在家裡，因此家裏發了大財。和人商量，要把龜放了。人教他別放殺了。說放了，家要衰敗。龜給他托夢說：「把我放到水裏去，不要殺我。」這家人到底把龜殺了。殺龜之後，這家主人死了，家庭也倒了霉。人民和君王處理事情應遵循的辦法不一樣。老百姓得到名龜，看來好像不應當殺。根據古代慣例來說，聖明君王得到名龜都是殺了，供占卜用。

宋元王時得到一隻龜，也殺掉用了。現在僅把此事接寫在下面，供有興趣的人閱讀參考。宋元王二年，元王夜中做夢有神龜求救，「說自己是長江之神派遣神龜出使黃河。神龜遊到泉陽，被打漁人豫且用網撈起來關在籠子裏。知道元王有德義，向他求救。」元王受驚夢醒召來博士衛平相商，衛平仰天察看月光，觀看天象後告訴元王夢中所見是龜。後元王根據夢中所示找到漁民豫且，讓他放了龜，元王回宮後想放掉這個龜，衛平不同意說：「龜是天下之寶，先得此龜的為天子，而且十言十靈，十戰十勝。牠生於深淵，長於黃土，知曉天道，明白上古以來大事。漫遊三千年，牠安詳平穩，從容端莊，行動自然，不用拙力。壽命超過天地，沒有誰知道牠的壽命極限。牠順隨萬物變化，四時變

化著體色。平時自己藏在一邊，爬伏在那裡不吃東西。春天呈現青色，夏天變為黃色，秋天呈為白色，冬天變成黑色。牠懂得陰陽，精曉刑德。預知利害，明察禍福。葡問了牠，則說話無失誤，作戰得勝利，王能寶藏住牠，諸侯都得降服。王不要放走牠，用牠來安定國家。」

元王聽後說了很多話，還是想放掉神龜，衛平回答說：「不是這樣，我聽說，大恩德不會得到報答，貴重之物寄存出去得不到歸還，現在天賜寶物你不接受，天就要奪回牠的寶物了。這龜周遊天下還要再回歸原住地去，牠上達蒼天，下至大地，走遍九州，也未曾受過辱，也未遇到阻攔。而現在到了泉陽，打魚的卻折辱了牠，把牠囚禁起來。王雖然施大恩放了牠，長江黃河之神必怒，一定會設法報仇。龜自己認為被侵害了，要和神合謀報復。那時將淫雨不晴，大水氾濫無法治理。或者製造枯旱，大風揚塵，蝗蟲突然出現，百姓錯過農時。王施行了放龜的仁義，而天的懲罰必然降臨。這並非別的原因，禍害出在龜身上。以後您就是後悔，難道還來得及嗎？王別放掉龜啊。」

元王聽衛平的話後又是些感歎，還是拿不定這個主意，還想放掉龜，衛平回答一番話堅持不放。兩個人一來一往各說自己的道理，最後元王被衛平說服。開始高興起來。於是元王對著太陽拜謝上天，拜了兩次，接受了龜。選擇吉日齋戒，認為甲乙兩日最吉。於是殺了白雉和黑羊；在祭壇中央用血釁龜。用刀解剖，龜甲沒有弄殘。又用酒肉祭祀一遍，剔出腹腸。然後用荊枝燒灼，求兆。堅持要燒出兆紋來。果然兆紋顯現，條理清楚。叫葡官占視，所說的都很恰當。國家藏有如此重寶，消息徑直傳到國外。於是殺牛取皮，蒙在鄭國產的桐木上作成戰鼓。分別草木特性作成各種武器。打起仗來，無人是元王對手。元王時候，衛平做宋國的相，宋國力量在天下最強，這都是龜的神力。

褚先生說：「漁人提網捉到了神龜，龜自己托夢給宋元王，宋元王召博士衛平把夢見龜的情形告訴他，衛平拿起式推算，確定日月位置，分辨星官關係，推測吉凶，看出龜和所觀測推算的

形象相同，衛平力勸元王留住神龜作為國寶，這件事真好啊。」古時候談到蔔筮必然稱道龜，因為龜有靈驗好名聲，由來悠久了。我因此寫下這篇傳記。

占卜的禁忌規定：子時、亥時、戌時不可以占卜及殺龜。白天遇到日食，要停止占卜。暮色時龜微繞不明，不可以占卜。

庚日辛日可以殺龜，或在龜甲上鑽鑿。常在每月初一替龜洗滌，以除不祥。辦法是先用清水給龜洗澡，再以雞蛋在龜上摩擦，然後再拿龜去占卜，這是用龜的通常辦法。如果占卜不靈，都要用雞蛋摩擦龜以驅除不祥，面朝東站著，用荊枝或硬木灼龜，用土捏成卵形來指龜三遍，然後拿起龜用土卵繞一圈，祝禱說：「今天是吉日，謹以精米雞卵荊木黃絹，祓除玉龜的不祥。」這樣，玉靈必然誠實可信，因而知道萬事情況，什麼事都能辨以兆文占卜明白。如果占卜不信不誠，就燒掉玉靈，揚棄其灰，以警告以後使用的龜。占卜時必須面向北，龜甲要用一尺二寸的。

凡進行占卜，先用燃燒的荊灼龜上鑽凹，灼畢中部的，再灼龜首部的，各灼三次；再灼中部的，叫正身，灼首部的，叫正足，各灼三次。再以荊條火灼龜四周鑿凹，繞灼三遍，祝禱說：「借助你玉靈夫子神力。夫子非常靈驗，我用荊枝灼烤您的心，讓您能預知未來。您能上行於天，下行於淵，各種靈策，都不如您誠信。今天是好日子，求一個好蔔兆。我想蔔某事，如果得到適當兆文就高興。得不到就懊惱。如果我求的能得到，請向我呈現長又大的兆身，首足收斂，兆文成對向上揚。如果我求的不能得到，請向我呈現彎折不直的兆文，中心和邊緣兆文不相對應，首足不現兆文。」

用靈龜卜者祝禱說：「借助您靈龜神力。五巫五靈，不如神龜的靈，預知人死人活。我要得個好蔔兆，我想求得某物。如能得到，請將兆頭兆足顯現出來，兆文內外相應；如果得不到，就請兆頭上仰，兆足收斂，內外自垂。您這樣顯示，我就得到占卜結果了。」

　　為病人占卜時祝禱說：「現在某人病得厲害，如果必死，顯出如此兆文：兆首上開，內外亂交錯，兆身曲曲折折；如果死不了，現一個兆首上仰兆足收斂的兆文。」

　　葡問病者是否有祟時祝禱說：「這個病人如果中了邪祟，請勿現兆文，沒有中邪，就現出兆文。」

　　根據這個《龜策列》文章介紹，讀者能夠瞭解神龜在離卦中起到的作用。曾有人說，周朝迷信占卜。在此我說明一下，龜卜占卜與地震前蛇會亂跳，與豫卦五音辨吉凶，或者和我們今天人有的人出門摔跤辦事不順利一樣都是自然的預兆，只不過現代人不信也不懂罷了，說穿了就是某種自然界中的物種對磁場出現的頻率波有感應也。就像有的風濕病人能感應天要下雨一樣。對此有不明白的人如能想想自然的道理就不難知曉。另外，在此特別提一下，占卜在聖人的眼中只是一個參考，並不是全部決策的依據。如：文王在文酌中三穆說：一，不敬神靈則破敗精誠；二，占筮不吉也要善其所為；三，龜卜雖吉也要想到危。關於此點讀者要明察。但是有一點還需要注意的是，能算出什麼時候有災，有幾年災，演易，什麼時候會死。早在十幾年就算出這場周商更替之仗，一役收幕的文王來說，占卜靈驗那早就是情理之中也。否則何來有易，有周之史也。什麼是天人和一的最高境界。這就是最好的詮釋也。

　　另外與此卦相關的重要一點提示：世界人類文明起源最早與葡巫有關，可以說沒有葡巫史就沒有人類史。上古的智慧文明是由葡巫，大巫師帶領人類走向文明走向成熟的，只不過在今天看來葡巫離我們非常遙遠。如果能真正搞清葡巫就可以找出遠古人類之文明。關於此點不多涉及。有易識道，不枉此生也。

46.地風升
藏解易經58

五十八、地風升　起兵

升：元亨，用見大人，勿恤，南征吉。

簡譯（起兵南征）

譯文：文王說：「起兵南征，大王順利，見大人，不用憂慮，吉。」

象曰：柔以時升，巽而順，剛中而應，是以大亨。用見大人，勿恤；有慶也。南征吉，志行也。

譯文：周公說：「悄悄地起兵，神不知鬼不覺，出令，軍中而應，是大順利，用見大人，沒有憂慮，而高興也，南征伐紂吉利，革命大志正式行動。」

大藏：柔以時升是悄悄地起兵，神不知鬼不覺，天降神兵，出其不意，打你一個猝不及防。

象曰：地中生木，升；君子以順德，積小以高大。

譯文：孔子說：「前進，悄悄地前進；君子以順應德，是不驚動百姓，悄悄地行走，最後出其不意，突然而至。」

初六：允升，大吉。

簡譯（勻速行走）

譯文：文王說：「起兵，勻速行軍。大吉。」

象曰：允升大吉，上合志也。

譯文：孔子：「允升大吉，上合眾志也。」

九二：孚乃利用禴，無咎。

簡譯（春天起兵）

譯文：文王說：「起義的時間是春天，沒有問題。」

【注解】

禴yuè：春祭，春祭的時間，代表春天。

孚：指卦辭「南征」這件事。

象曰：九二之孚，有喜也。

譯文：孔子說：「南征，有收穫也。」

九三：升虛邑。

簡譯（地點：朝歌虛郊野外）

譯文：文王說：「前進地點朝歌城外的虛郊野外。」（牧野）

大藏：文王另一個意思是朝歌已經是虛城也，重要兵力不在朝歌。

象曰：升虛邑，無所疑也。

譯文：孔子說：「朝歌城外，沒有什麼懷疑的。」

六四：王用亨於岐山，吉無咎。

簡譯（軍需物資等，從岐山裝車。）

譯文：文王說：「糧草輜重、軍需物資等，從岐山裝車出發。」

象曰：王用亨於岐山，順事也。

譯文：孔子說：「王用亨於岐山，順事也。」

六五：貞吉，升階。

簡譯（晚上行軍）

譯文：文王說：「晚上行軍。」

【注解】

此處貞有代表冬天，晚上。女子、臣子貞德，忠誠。此爻中代表晚上夜間行走。

升階：一步一步往前走。

象曰：貞吉升階，大得志也。

譯文：孔子說：「晚上行軍，大志要實現也。」

上六：冥升，利於不息之貞。

簡譯（十六日晚上啟程）

譯文：文王說，「十六日晚上啟程，有利於行蹤隱藏，不被發現。」

【注解】

　冥：本義：昏暗。日，太陽。日數十，十六日而月始虧，幽暗也。

象曰：冥升在上，消不，富也。

譯文：孔子說：「晚上行軍沒有動靜，不被發現。發財了。」

簡論升卦：

升卦，文王告訴武王要在什麼時間起兵出征。此卦有三處要提：

一、出征行軍的速度：允升，行軍速度要勻速，平穩每天有計畫地行走。

二、出征行軍的時間：禴，冥，貞，禴是春天。冥是每月十六日。貞是戌時。這就是晚上行軍，白天睡覺，神不知鬼不覺。等你發現已經來不急了。

三、九三：「升虛邑。」虛邑指朝歌的虛郊野外後被稱之牧野。關於牧野這個地名，牧是一個邑落，是指距離朝歌70里以外的地方，野是牧的週邊，一個寬闊的原野。牧是放牧，是人們耕種的地方。野是野外是野獸出沒的地方。虛，在此卦中並不是說原野虛無人，而是指朝歌沒有大將守衛。箕子在《箕子操》中說：「泯社稷之阽危兮君無與守，」這就是說那時朝歌是一座空城也，主要兵力不在了，哪去了？都被文王用計給調走了，

文王戰法在坤卦就開始隱藏了：「利西南得朋，東北喪朋。」
「履霜，堅冰至」。「龍戰於野，其血玄黃。」在「睽」卦中，
說「見豕負塗，載鬼一車，先張之弧，後說之弧，匪寇婚媾，
往遇雨則吉。」這是與西南聯合，利用離間計。東北是惡人，離
間惡人與大惡人的關係，讓紂王與東夷部落各族先打，給他先累
個半死，把紂王的主力軍隊調走，讓你空城無人守衛，我再征伐
你。文王說：「討伐內亂的國家，討伐憎惡的國家，討伐疫病流
行的國家，」是武事的「順」。（伐亂伐疾伐疫，武之順也-見
《逸周書，武稱解》）文王八卦兵法是古代兵法之源頭啊！牧野
一役而戰，江山易手，自古可曾有過，用兵最高的境界在這裏！
曾經朋友說紂王不是打不過武王，是因為紂王伐徐州之夷，打了
勝仗，但損失很大，俘虜太多，消化不了，周武王乘虛進攻，大
批俘虜倒戈，結果商朝亡了國。我對朋友說：「你說這句話，是
外行之言。」文王準備革商紂之命，用各種手段革他，離間紂
王與東夷的關係，削弱紂王的兵力。耗費他的國力，使其國內
發生內亂，使其兵力不足，空城，乘順勢而就，這就是武事的
「順」。這就是文王說的等待戰機，這個戰機就是「升虛邑」，
你一個空城我怕什麼。文王《易經》的計畫誰知道？箕子知道
也，箕子說：江山社稷危險了，君王（紂王）身邊無人。箕子看
完文王《易經》早知道文王「東北喪朋」與「見豕負塗」要對紂
王採取何種策略，但就是不告訴紂王也。文王出羑里，紂王給文
王受命讓他在六年時間中替商殲滅其他外夷部落。你想，這是什
麼機會？文王從中能製造出多少個離間東夷與商紂的機會。東夷
對商的叛亂讓紂王一步步進入文王的「亂商弱商疲商空商」的策
略中。正如孔子象曰：「地中生木，升；君子以順德，積小以高
大。」何必要明征明戰他幾十年，天下生靈塗炭後再換天地。聖
戰也，製造機會順勢而為也。全在一個「順」。

　　武王到達虛郊野外（牧野之戰）紂王來不及調遣軍隊，臨時
組織一批軍隊，史上說十七萬，還有的說七十萬。就是100多萬
兵力也沒有用，都是想吃你肉的，組織越多死得越快，這就是失
去民心的下場！一口好好的鼎鍋不安在道的基礎上，廢道，廢三

公之足，眇能視，跛能履，這就是安在美女身上的下場！鼎足三腿，廢其三公、瘸其兩腿，就是跛能履也！一部《易經》蘊藏天地之大道，大藏如何能言盡也！

　一役成就大周，履霜開始準備。硝煙戰火，滅國就在平靜之中，看是歌舞昇平，套子早已下好。因此啊，要悔亡啊，悔亡！戰爭無處不在。無處不在啊。一個字，醒！

```
䷰
49.澤火革
藏解易經59
```
五十九、澤火革　革命反商

革：己日乃孚，元亨利貞，悔亡。

簡譯（己年起兵革命）

譯文：文王說：「在己年起兵革命，征伐順利。有利於改變。」

大藏：此處悔亡，一是改變現狀，二是小心行動，只有小心行動才能元亨利貞。

象曰：革，水火相息，二女同居，其志不相得，曰革。己日乃孚；革而信也。文明以說，大亨以正，革而當，其悔乃亡。天地革而四時成，湯武革命，順乎天而應乎人，革之時義大矣哉！

譯文：周公說：「革命。己年起兵革命。」(其他詞不用譯，知道這句就夠了。）

象曰：澤中有火，革；君子以治曆明時。

譯文：孔子說：「革命。君子治理國家（改朝）要知道契機而採取行動。」

初九：鞏用黃牛之革。

簡譯（丑年發動革命）

譯文：文王說：「在丑年發動革命行動。」

象曰：鞏用黃牛，不可以有為也。

譯文：孔子說：「鞏用黃牛，不要認為是牛也，這是大有作為
也。

大藏：孔子保護《易經》，有意誤導。此句孔子意思是不要真以
為黃牛是牲畜也。孔子真乃大德之人啊！此爻與卦辭連起
來就是「己丑」年發動克商革命，廢商成周。

六二：己日乃革之，征吉，無咎。

簡譯（己年革命，南征吉。）

譯文：文王說：「己年革命，南征吉，沒有問題。」

大藏：再一次強調「己」年革命。

象曰：己日革之，行有嘉也。

譯文：孔子說：「己日革之，行動有功也。」

九三：征凶，貞厲，革言三就，有孚。

簡譯（出征誓言：牧誓）

譯文：文王說：「征伐、兵者，凶也，要一就：出師有名，為
什麼要伐紂？實事求是講出紂王的罪惡；二就：師出以
律，軍隊出師要遵守紀律；三就：師出以謀，要講究策
略。」

象曰：革言三就，又何之矣。

譯文：孔子說：「革言三就，不說，都沒有問題啊。」

九四：悔亡，有孚改命，吉。

簡譯（做好各種部署）

譯文：文王說：「出征時要做好各種部署。為民改命改朝代。
　　　吉」

象曰：改命之吉，信志也。

譯文：孔子說：「改命之吉，信守大志也。」

九五：大人虎變，未佔有孚。

簡譯（發佈號令）

譯文：文王說：「大王執虎符發佈號令，讓虎賁眾將士隨王伴駕
　　　在其左右逼出紂王出城。」

　　【注解】

　　虎變：虎，指虎士。變，指虎士要隨王伴駕在其左右形影不離。

　　　由虎賁氏掌管：1、王外出時率領虎士，虎士按照軍事編制
列隊在王前後行進，以護衛王。2、王出征，會同時也這樣做。
留宿時就守衛王的行宮周圍。

　　　王在國都，就守衛王宮。國家有大變故，就守衛王的宮門。

　　　有大喪也這樣做；到出葬時，跟從遺車而哭。

　　　出使四方，就護從以擔任使者的士或大夫。

　　　如遇兵寇或泥水致使道路不通而有徵調軍隊或役徒的事，就
奉持王的徵令簡書出使四方之國。

象曰：大人虎變，其文炳也。

譯文：孔子說：「大人虎變，大王用令牌發號司令調兵遣將
　　　也。」

大藏：孔子這個文炳是指虎符，虎符是王調兵遣將用的兵符，用
　　　青銅或者黃金做成伏虎形狀的令牌，劈為兩半，其中一半
　　　交給將帥，另一半由王保存，只有兩個虎符同時使用，才
　　　可以調兵遣將。

上六：君子豹變，小人革面，征凶，居貞吉。

簡譯（擒賊要擒王）

譯文：文王說：「君子豹變，要盯住伐紂一人目標，不要征伐一片。抓住紂王，擒賊擒王。讓商兵反戈紂王。居貞吉。」

大藏；豹子只捕捉牠事先看準的那一隻鹿。雖然，在快速尾隨奔跑的過程中，豹子會距離另外一隻鹿很近，甚至擦身而過，但豹子絕對不會改變捕捉目標，不會採取機會主義策略，牠非常忠實於自己事先的選擇。文王的意思是擒賊要擒王，打擊一人不打擊一片，其他人就會倒戈。

象曰：君子豹變，其文蔚也。小人革面，順以從君也。

譯文：孔子說：「君子豹變，只抓一人，對商兵攻心。小人革面，商兵反過來投降。」

簡論革卦：

　　紂王一被誅殺，商朝就結束了。擒賊要擒王也。此卦三處要重點說明：

　　一：武王征伐是在這一年：己日乃孚，元亨利貞，悔亡。

　　成大事者用年，不在日。「己日乃孚，元亨利貞。」元亨利貞，春夏秋冬齊備，講的是天干己年，鞏用黃牛之革，講的是地支牛年丑年，60甲子中一共有五個牛見圖：

　　60甲子中的五牛表：

干支年	乙丑	丁丑	己丑	辛丑	癸丑
五牛	青牛	赤牛	黃牛	白牛	黑牛
五行	木	火	土	金	水
爻辭			鞏用黃牛之革（鞏：攻伐）		

　　這就是己丑年出征也。

二：九三：「征凶，貞厲，革言三就，有孚。」

《尚書》中的《牧誓》：

1.在甲子日的黎明時刻，周武王率領軍隊來到商國都城郊外的牧野誓師。武王左手拿著黃色大斧，右手拿著白色旄牛尾指揮，說：「遠勞了，西方的人們！」武王說：「啊！我們友邦的國君和辦事的大臣，司徒、司馬、司空，亞旅、師氏，千夫長、百夫長，以及庸、蜀、羌、髳、微、盧、彭、濮的人們，舉起你們的戈，排列好你們的盾，豎起你們的矛，我要宣誓了。」

2.武王說：「古人有話說：『母雞沒有早晨啼叫的；如果母雞在早晨啼叫，這個人家就會衰落。』現在商王『紂』只是聽信婦人的話，輕視對祖宗的祭祀不問，輕視並遺棄他的同祖的兄弟不用，竟然只對四方重罪逃亡的人，這樣推崇，這樣尊敬，這樣信任，這樣使用，用他們做大夫、卿士的官。使他們殘暴對待老百姓，在商國作亂。現在，我姬發奉行老天的懲罰。今天的戰事，行軍時，不超過六步、七步，就要停下來整齊一下。將士們，要努力啊！刺擊時，不超過四次、五次、六次、七次，就要停下來整齊一下。努力吧，將士們！希望你們威武雄壯，象虎、貔、熊、羆一樣，前往商都的郊外。不要禁止能夠跑來投降的人，以便幫助我們周國。努力吧，將士們！你們如果不努力，就會對你們自身有所懲罰！」

從這個《牧誓》上看只有革言二就，一就：師出有名，二就：師出以律。

那麼三就，師出以謀在哪裡呢？就是革紂王一人之命逼到鹿臺邊，不征伐其他人，讓這一群人倒戈反向紂王。擒賊要擒王，不打擊一片，這一仗是千古絕唱，萬古絕響了！堪稱人類戰爭歷史一奇！

52.艮為山
藏解易經60

六十、艮為山　武王克商　紂王歸「位」

艮：艮其背，不獲其身，行其庭，不見其人，無咎。

簡譯（阻斷後路）

譯文：文王說：「斷其後路，不用抓他，逼迫他走到自己建的庭閣中，讓其庭埋入其身。」

大藏：行其庭，不見其人，這個庭就是紂王所建的鹿臺，這句話換一種說法更能明白：

堵住他的後路，不抓獲他的身體，逼他行走到山崖邊，不見其人了，這樣讀者一看就知道跳崖了。同理，行其鹿臺不見其人，就是跳到鹿台下面。

象曰：艮，止也。時止則止，時行則行，動靜不失其時，其道光明。艮其止，止其所也。上下敵應，不相與也。是以不獲其身，行其庭不見其人，無咎也。

譯文：周公說：「艮，一切黑暗都將停止了。時間正好，光明出現，截住惡人，敵動我動，敵止我止、止其行動，把紂王包圍住，斷其後路，沒有任何人來救應，不抓獲他的身體，行其鹿臺不見其人，逼他跳到鹿台下面。沒有過錯也。」

【注解】

行其庭，不見其人：史書記載：周武王伐紂，商紂王發兵拒之於牧野(河南新鄉)，發生大戰。紂兵戰敗，商紂王逃至都城商邑(河南淇縣)鹿臺，「蒙衣其珠玉，自燔於火而死」。

鹿臺：商紂王所建之宮苑建築，在淇縣城西十五里太行山東麓，「其大三里，高千尺。」是殷紂積財處。史書記載：「厚賦稅以實鹿臺之錢」。紂建鹿臺七年而就，工程之大不言而喻。

象曰：兼山，艮；君子以思不出其位。

譯文：孔子說：「軍將像大山一樣斷其後路，君子要能想到這一
　　　天就不會被換了位子。命也沒了。」

初六：艮其趾，無咎，利永貞。

簡譯（阻斷去路）

譯文：文王說：「讓其停止腳步，阻斷去路，各勇士將紂王包
　　　圍，讓其沒有去路。」

象曰：艮其趾，未失正也。

譯文：孔子說：「艮其趾，做的對也。」

六二：艮其腓，不拯其隨，其心不快。

簡譯（斷其左右）

譯文：「斷其左右，不讓其隨人救應，使紂其心煩躁。」

象曰：不拯其隨，未退聽也。

譯文：孔子說：「不拯其隨，讓他們聽聽武王怎麼訴說紂王罪
　　　行。」

九三：艮其限，列其夤，厲薰心。

簡譯（逼到鹿臺）

譯文：文王說：「逼到鹿臺邊的範圍，列隊停住，使其害怕絕
　　　望。」

大藏：文王意思叫武王不要殺他，逼迫到鹿臺邊就可以，對其要
　　　尊重。

　　【注解】

　　列其夤yín：在一定距離下列隊停住。
　　厲薰心：薰火也，指鹿臺下有火池。

象曰：艮其限，危薰心也。

譯文：孔子說：「逼到鹿臺的範圍，讓其感受危險影響活著的心情。」

六四：艮其身，無咎。

簡譯（站住）

譯文：文王說：「停止其身，沒有問題。」

象曰：艮其身，止諸躬也。

譯文：孔子說：「艮其身，停住身體也。」

六五：艮其輔，言有序，悔亡。

簡譯（述說罪行）

譯文：文王說：「說出他以往所做的事情，一一列舉出無道的事實，告訴他只有自行了斷（死）才能平息民怨。」

象曰：艮其輔，以中正也。

譯文：孔子說：「艮其輔，對，中正也。」

上九：敦艮，吉。

簡譯（成全自殺不可侮辱）

譯文：「文王說，要尊敬紂王，列舉紂王的問題實事求是使其心服。行動上只是阻住他不要動武，使其自行了斷，甘心停止生命，吉。」

象曰：敦艮之吉，以厚終也。

譯文：孔子說：「敦艮之吉，以對紂王厚終也。成全他自殺。」

簡論艮卦：

艮卦是武王結束克商的一卦，也是商紂王朝終結的一卦。文王在此卦中告訴武王讓紂王自己感到無路可走，不要對其使用

武力，用軍將阻攔其逃路，歷數他的罪行，使其感到生路已斷，只有死路一條。只有自裁以謝罪天下。此卦又讓我想起朋友對紂王的評價：說紂王有骨氣，沒有投降，而選擇了自殺。文王說：要敦艮，成全自殺不可侮辱，自行了斷。這就是說紂王雖然有罪於天下，但畢竟是王啊，應該給予他應有的禮儀尊重，殺敵不辱敵，開創了戰爭禮儀。

艮卦在自然事物中即代表開始又代表終止。在本卦中既有停止又有開始兩個意思。一陰一陽謂之道也。商紂江山停止，周朝江山開始。一生一死，大道透隱。透物顯見，表面的事物人們容易知曉，隱物難知，暗藏的事物不易發現。透物不說人人都明，現在我說說《易經》中的二個重要的隱物，一個是《易經》中革、離、升、艮四卦背後所隱藏的「武王克商時間」密碼。另一個隱物是武王克商成功背後的《易經》謀始。

我先談第一個「武王克商時間」密碼：

如果把革、離、升、艮四個卦重新編排一下可以得出武王征伐商紂的出發時間，時間是：己丑年一月十六日戌時。

1、武王起兵出發之年：己丑年。

見革卦：己日乃孚，鞏用黃牛之革。（己年，黃牛年，己丑年。）

2、武王起兵出發之月：春天，一月，丙寅月。

見革卦：孚乃利用禴（利用春祭時間）。

3、武王起兵出發之日：十六日，丙午日。

見升卦和離卦，升卦：冥升，利於不息之貞（冥，每月十六日）。

離卦：王用出征，有嘉折首（丙午日)。

4、武王起兵出發之時：夜晚戌時。

見升卦：貞吉，升階（夜晚戌時）。

5、武王克商結束時間：尚書記載：甲子昧爽。

《易經》中是艮卦：艮其背，不獲其身，行其庭，不見其人。

如下所示（見下圖表一）：

表一：　《易經》革、離、升三卦中隱藏的武王克商行動時間：			
來源	內容	注解	時間
革卦	己日乃孚，鞏用黃牛之革。	黃牛年，己丑年	年：己丑年
	孚乃利用禴（利用春祭時間）。	春天，一月，丙寅月	月：一月，丙寅月
升卦：	冥升，利於不息之貞	（冥，每月十六日）。	日：十六日
離卦：	王用出征，有嘉折首	殺神龜出征日（丙午日）。離在時間為午時，龜的符號為丙。	日：丙午
升卦：	貞吉，升階	夜晚戌時行動部隊開拔。貞為立冬時間，在每年的11月7日或8日。如果出征選擇時間應是為酉時末戌時初。	時：夜晚戌時。（戌時指晚上七點鐘至九點鐘的時間）

另外在《清華簡‧尚書‧保訓》文王遺囑說：「惟王五十年，不豫，王念日之多曆，恐墜寶訓，戊子，自靧水，己丑，昧[爽]……己丑」，從這句話中的己丑，昧[爽]也可以確認己丑年就是武王克商的準確之年。此簡與革卦可以相互驗證。（具體內容見革卦與泰卦簡論部分。）

魏晉間醫學家皇甫謐《帝王世紀‧第五》曰：「武王定位元年歲在乙酉，六年庚寅崩。」。《史記‧封禪書》記載：「武王克殷二年，天下未寧而崩。」又《逸周書‧明堂解篇》曰：「既克紂，六年而武王崩。」依此計畫武王五年即文王受命十三年，正是己丑年，這也是與革卦文王所說己日乃孚，黃牛之革與文王遺囑己丑，昧[爽]相互所互證的。又《逸周書世俘解》曰：惟一月丙午，旁生魄，若翼日丁未，王乃步自於周，征伐商王紂。越若來二月既死魄，越五日，甲子朝，至接於商。則咸劉商王紂，執矢惡臣百人。太公望命禦方來，丁卯至，告以馘俘。戊辰，王遂禦循追祀文王。時日王立政。

　　以上各歷史資料中都可以充分地顯示武王克商時間是可以推算出來。武王克商年代干支時間與己丑年關係密切。

　　（見下圖表二）

表二：
歷史資料中所記載的武王克商時間：

歷史資料	內　　容	注　　解	時　　間
《尚書》	甲子昧爽。	甲子日早上天剛亮。昧為卯時	甲子日卯時
《清華簡•尚書•保訓》	文王遺囑說：「惟王五十年，不豫，王念日之多曆，恐墜寶訓，戊子，自靧水，己丑，昧[爽]……己丑」，	己丑，昧[爽]也可以確認己丑年就是武王克商的準確之年。此簡與革卦可以相互驗證。	己丑年
皇甫謐《帝王世紀•第五》	武王定位元年歲在乙酉，六年庚寅崩。」	乙酉 丙戌 丁亥 戊子 己丑 庚寅 ∨　∨　∨　∨　∨　∨ 　1　　2　　3　　4　　5　　6	
《史記•封禪書》	武王克殷二年，天下未寧而崩。		
《逸周書•明堂解篇》	既克紂，六年而武王崩。		
《逸周書•世俘解》	惟一月丙午，旁生魄，若翼日丁未，王乃步自於周，征伐商王紂。越若來二月既死魄，越五日，甲子朝，至接於商。則咸劉商王紂，執矢惡臣百人。	注解：1、旁生魄，亦作「旁生霸」。舊曆每月十六日的月相。亦借指農曆每月十六日。2、一月十六丙午，第二天丁未，武王帶兵從宗周來，又起兵出發，去征伐商紂王。到了二月初一，過五天甲子日早上到了商都，殺了商紂王，捉了那些邪惡大臣近百人。	1、一月十六丙午出發2、二月初一，過五天甲子日殺紂。

　　從以上資訊中可以得出武王克商關鍵的天干紀年時間為己丑年，那麼依此是否可以推算出武王具體的克商時間呢？鄙人依下粗陋嘗試：

1、通過干支己丑年這個時間，再根據己丑年60年一個迴圈的特徵製成3125年己丑年代表。

通過下表得出：最可能成為武王克商干支年的己丑年是西元前1051年和西元前1111年。（下圖表三：）

表三：3125年己丑年代表：（以2009年己丑年，每60年一迴圈）					相距時間
西元時間					
2009	1949	1889	1829	1769	240年
1709	1649	1589	1529	1469	300年
1409	1349	1289	1229	1169	300年
1109	1049	989	929	869	300年
809	749	689	629	569	300年
509	449	389	329	269	300年
209	149	89	29	——	240年
西元前時間					
31	——	——	——	——	60年
91	151	211	271	331	300年
391	451	511	571	631	300年
691	751	811	871	931	300年
991	1051？	1111？			180年
距離西元2009年					3120年
距離西元2013年					3124年

2、查閱2001年修訂版《新華詞典》載入的北宋易學家邵雍的「商代年表」。為什麼用邵雍「商代年表」呢。因為邵雍「商代年表」比較可靠。何為呢？因為邵雍是（1011—1077）北宋哲學家、易學家，創立「先天學」，著有《觀物篇》、《先天圖》、《伊川擊壤集》、《皇極經世》等著作，可以說在天干紀年萬年曆上製作堪稱權威和大家。

通過邵雍的「商代年表」得知己丑年是西元前1112年

（見下圖表四：）

朝代	年代 （西元前）	干支紀年	王（帝）	在位年數
表四：2001年修訂版《新華詞典》載入的北宋易學家邵雍的「商代年表」				
商前期	1766-1754	乙未-丁未	湯	13
	1753-1720	戊申-庚辰	太甲	33
	1719-1692	辛巳-己酉	沃丁	29
	1691-1667	庚戌-甲戌	太庚	25
	1666-1650	乙亥-辛卯	小甲	17
	1649-1638	壬辰-癸卯	雍己	12
	1637-1563	甲辰-戊午	太戊	75
	1562-1550	己未-辛未	仲丁	13
	1549-1535	壬申-丙戌	外壬	15
	1534-1526	丁亥-乙未	河亶甲	9
	1525-1507	丙申-甲寅	祖乙	19
	1506-1491	乙卯-庚午	祖辛	16
	1490-1466	辛未-乙未	沃甲	25
	1465-1434	丙申-丁卯	祖丁	32
	1433-1408	戊辰-癸巳	南庚	26
	1407-1402	甲午-己亥	陽甲	6
商後期	1401-1374	庚子-丁卯	盤庚	28
	1373-1353	戊辰-戊子	小辛	21
	1352-1325	己丑-丙辰	小乙	28
	1324-1266	丁巳-乙卯	武丁	59
	1265-1259	丙辰-壬戌	祖庚	7
	1258-1226	癸亥-乙未	祖甲	33
	1225-1220	丙申-辛丑	廩辛	6
	1219-1199	壬寅-壬戌	庚丁	21
	1198-1195	癸亥-丙寅	武乙	4
	1194-1192	丁卯-己巳	太丁	3
	1191-1155	庚午-丙午	帝乙	37
	1154-1122	丁未-己卯	帝辛	33
如果採用邵雍「商代年表」計算武王克商的時間應該是： 1154—1112，丁未-己丑，帝辛在位43年？				

3、最後根據中國「夏商周斷代工程」，碳14測年專家用西周初年遺存中出土的「利簋」炭樣作的測年，給出武王伐紂之役發生在西元前1050——前1020年的年代範圍時間進行推測：應該是1052年。

4、根據《史記》記載做出武王克商與文王受命之年關系表。

《史記》說：……西伯陰行善，諸侯皆來決平。於是虞、芮之人有獄不能決，乃如周。入界，耕者皆讓畔，民俗皆讓長。虞、芮之人未見西伯，皆慚，相謂曰：「吾所爭，周人所恥，何往為，只取辱耳。」遂還，俱讓而去。諸侯聞之，曰「西伯蓋受命之君」。明年，伐犬戎。明年，伐密須。明年，敗耆國。殷之祖伊聞之，懼，以告帝紂。紂曰：「不有天命乎？是何能為！」明年，伐邘。明年，伐崇侯虎。而作豐邑，自岐下而徙都豐。明年，西伯崩，太子發立，是為武王。西伯蓋即位五十年。其囚羑里，蓋益易之八卦為六十四卦。詩人道西伯，蓋受命之年稱王而斷虞芮之訟。後十年而崩，謚為文王。（見下圖表五）

表五：各資料綜合顯示文王囚羑、離世及武王克商大事時間一覽：			
干支紀年	資料	內容	分析
1、丁丑年	《易經》37卦：澤風大過	初六：藉用白茅，無咎。	從羑里回籍文王受命
	《史記》	虞、芮爭端	西伯蓋受命之君
2、戊寅年	《史記》	明年，伐犬戎	
3、己卯年	《史記》	明年，伐密須	
4、庚辰年	《史記》	明年，敗耆國	
5、辛巳年	《史記》	明年，伐邘	
6、壬午年	《史記》	明年，伐崇侯虎	
7、癸未年	——	——	
8、甲申年	——	——	
9、乙酉年	《帝王世紀·第五》	武王定位元年歲在乙酉，六年庚寅崩。」	武王定位元年
10、丙戌年	《易經》52卦：山火賁	六四：賁如皤如，白馬翰如，匪寇婚媾。	文王交代後事
	《史記》	明年，西伯崩，太子發立，是為武王。詩人道西伯，蓋受命之年稱王而斷虞芮之訟。後十年而崩，謚為文王。	文王離世武王守孝三年後起兵克商。

11、丁亥年	——	——	
12、戊子年	《清華簡‧尚書‧保訓》	戊子，自瀆水，	戊子整裝準備。
13、己丑年	《清華簡‧尚書‧保訓》	己丑，昧[爽]……	己丑，昧[爽]結束征伐。
澤火革	《易經》59卦：	初九：己日乃孚，鞏用黃牛之革。	己丑年出征。

以上四個資訊小結：

（1）第一個己丑年。西元前1051的己丑年和西元前1111年的己丑年，是以平年計算，如果按照閏年計算時間1051年己丑可推為1052年，1111年可推為1112年。

（2）、如果根據2001年修訂版《新華詞典》載入的北宋易學家邵雍的「商代年表」中查閱，1112年正是己丑年。如果以此計算武王克商時間換成西曆是：西元前1112年2月4日卯時。

（3）、如果使用「夏商周斷代工程」，碳14測年專家用西周初年遺存中出土的「利簋」炭樣作了測年，給出武王伐紂之役發生在西元前1050——前1020年的年代範圍。也可以說西元前1052年當可以確定。

（4）根據表五顯示武王克商應該是文王受命12或13年，武王5年。

從上述資訊中可以做出干支紀年判斷，文王受命12或13年，武王5年己丑年一月十六日戌時，武王從岐山或豐邑開起整軍出發，匯集各路諸侯，每天夜裡悄悄行軍，歷經19天時間在「己丑年二月五日（甲子日）卯時。」結束商紂王朝。這個時間也就是武王的克商時間也是牧野之戰時間。

如果邵雍的「商代年表」假設可以成立，根據紂王在位時間及《易經》中的卦中隱藏資訊揭秘可以推斷武王克商時間為西元前1112年。但是歷史紀年畢竟不能假設，由於歷史年代久遠考證艱難，根據炭14測年也許比較準確。但這畢竟涉及更專業的問

題。關於武王克商具體時間就留給專家探討。鄙人知道是己丑之年己感榮幸，另外是否己丑年這也只是鄙人個人的粗淺見識，本身《易經》涵蓋內容就博大精深，鄙人拋磚解讀也是希望《易經》大道得現。因此關於武王克商具體時間還請歷史學家、各專家學者根據歷史相關及考古資料考證為本，鄙人僅此提供《易經》及《清華簡•尚書•保訓》中文王遺囑的內容新譯的資料、供各位大家參考。因鄙學歷資歷有限，在各位專家學者面前搬刀，實屬初生牛犢之謂，望請各位專家海涵。海涵。

現在談談第二隱道，就是武王克商成功背後的《易經》謀始。艮卦在本書中排列60卦，到此可算文王《易經》克商成功，武王克商成功的背後之道，文王《易經》當屬大功。現給讀者回顧《易經》60卦中文王克商計劃一覽，（見下表五）

表五：
易經卦中隱藏的武王克商行動計畫：（卦序為鄙人之《道解易經》中的排列）

內容	卦序	卦辭或爻辭	計畫
文王被囚	1：坎為水	初六：習坎，入於坎窞，凶。	服坎想辦法
脫困謀政	2：澤水困	九二：困於酒食，朱紱方來，利用享祀，征凶。無咎。	寫易經
文王受命第一年	37：澤風大過	初六：藉用白茅，無咎。	從羑里回藉
文王受命後：十年未動進行系列克商準備工作	4：坤為地	坤：元，亨，利牝馬之貞。君子有攸往，先迷後得主，利西南得朋，東北喪朋。安貞吉。	聯合外交計畫
	29：水山蹇	蹇：利西南，不利東北；利見大人，貞吉。	出使外交聯盟
	23：水雷屯	六二：屯如邅如，乘馬班如。匪寇婚媾，女子貞不字，十年乃字。	十年屯軍馬。
	22：山雷頤	六三：拂頤，貞凶，十年勿用，無攸利。	人才評估儲備
	35：山澤損	上九：弗損益之，無咎，貞吉，利有攸往，得臣無家。	買通姦臣費仲
	36：雷澤歸妹	初九：歸妹以娣，跛能履，征吉。	美人計征紂
	41：火澤睽	上九：睽孤，見豕負塗，載鬼一車，先張之弧，後說之弧，匪寇婚媾，往遇雨則吉。（離間商朝君臣關係、離間商朝與東北部區域的部落關係製造戰爭使商紂軍力、物力空虛、商都空城……）	離間計

六十、艮為山　武王克商 紂王歸「位」

文王受命的第九年或第十年	47：地天泰	九二：包荒用馮河，不遐遺，朋亡，得尚於中行。	文王遺言
	52：山火賁	六四：賁如皤如，白馬翰如，匪寇婚媾。	文王交代後事
武王克商時間預計啟動	64：水火既濟	九三：高宗伐鬼方，三年克之，小人勿用。 （文王九年或十年離世，武王三年守孝，兩個時間相加共計12或13年後武王正式啟動克商計劃。）	武王守孝三年
武王克商行動安排	59：澤火革	己日乃孚，鞏用黃牛之革。利用禴，冥升。 注解：己丑年春天一月十六日，丙午日。	出征。
	57：離為火	王用出征，有嘉折首。	武王出征殺神龜。
	58：地風升	九三：升虛邑。（注：前往虛城商郊） 六四：王用亨於岐山，吉無咎。（從岐山開始出發）	出征開始地點到目的地。
	59卦：澤火革	九三：征凶，貞厲，革言三就，有孚。	牧誓。
	60卦：艮為山	艮：艮其背，不獲其身，行其庭，不見其人，無咎。上九：敦艮，吉。	紂王跳入鹿臺。
	61卦：火天大有	大有：元亨。	勝利結束南征。

上表僅是文王《易經》道之一撇。文王《易經》堪稱聖經，我輩得見實屬幸運。

這正是：

文武二王克商，道隱於無形，艮之生死同門，紂王先生後死。商朝即止周朝頓生。伏羲作先後天八卦，文王演義神奇。紂生於泰山謂之受命，死於鹿臺曰其回家。文王羑里演「易」興兵滅商計劃，十年韜光養晦，三年加快步伐，武王貓步七百公里，一天叫紂王魂喪回家。

好了，現在我該給讀者講解《周易•說卦傳》中的帝出乎震，齊乎巽，相見乎離，致役乎坤，說言乎兌，戰乎乾，勞乎坎，成言乎艮在本部《大藏道解易經》中的全面含義。

此八句話真正體現天人合一，道法自然的最高境界。我以一

句舉例：

帝出乎震：自然中象徵着太陽從東方卯時升起。要給人間以光明。人世中象徵着天子要像太陽一樣早晨卯時登朝理政給百姓以光明，因此震卦，代表天子的責任、天子的威儀。其他卦皆是自然與人世相對應，以下七句自然部分省略，代表人事事物如下：

齊乎巽：巽指國家制度、禮儀、法令。

相見乎離：相見是指戰爭。武王離卦王用出征，有嘉折首，武王與紂王兵戈相見。

致役乎坤：戰爭開始準備時間從坤卦起，開始西南諸侯外交，離間東北與紂王的關係。

說言乎兌：指文王與姜尚二人，文王與各諸侯的外交政策、說服諸侯聯盟共同反商。

戰乎乾：革命的目的是為了改變國家的體制，乾卦的群龍無首，聯邦共治分封天下。

勞乎坎：文王囚入坎窞，入羑里三年後開始勞心勞筆寫《易經》。

成言乎艮：革命成功，停止了征伐，紂王跳下鹿臺。武王，獲其匪首。到艮，江山就易主了。

這就是王（人）法天地，道法自然的最好詮釋。

文王《易經》64卦，60卦準備征伐，4卦叫紂王歸天。

這正是：

己日乃孚黃牛革，禴冥離龜岐始發，

虛邑南征革言就，艮其鹿臺紂回家。

甲子昧爽乾坤轉，天道亦生天亦殺。

千年易經道不變，變的都是人心浮。

14.火天大有
藏解易經61

六十一、火天大有　勝利

大有：元亨。

簡譯（勝利，戰利品。）

譯文：文王說：「戰利品。國有。」

象曰：大有，柔得尊位，大中而上下應之，曰大有。其德剛健而文明，應乎天而時行，是以元亨。

譯文：「革命勝利，收穫戰利品。」

象曰：火在天上，大有；君子以竭惡揚善，順天休命。

譯文：孔子說：「革命成功了，大收穫。君子以斷惡揚善，順應天道使惡人終止性命。」

初九：無交害，匪咎，艱則無咎。

簡譯（清點戰利品）

譯文：文王說：「戰利品，財物要清點交付與有關的人，不清點就有壞處。防止小人混水撈財，清點財務時要有人監督。」

　　【注解】

　　交：清點財物，交付與有關的人監督。

象曰：大有初九，無交害也。

譯文：孔子說：「收繳戰利品不清點有害處也。」

九二：大車以載，有攸往，無咎。

簡譯（戰利品裝車）

譯文：「戰利品全部用大車裝好。沒有問題。」

象曰：大車以載，積中不敗也。

譯文：孔子說，「戰利品全部用大車裝好，統一保管不會毀壞。」

九三：公用亨於天子，小人弗克。

簡譯（登記照冊，嚴防流失。）

譯文：文王說：「戰利品歸公所有，一一登記照冊。防止小人劫財。」

象曰：公用亨於天子，小人害也。

譯文：同上。

九四：匪其彭，無咎。

簡譯（眾多的財務寶貝，分類。）

譯文：文王說：「將繳獲紂王的眾多戰利品、財務、寶貝，按物分類不要出差錯。」

　　【注解】

　　　匪其彭：匪，紂王。彭，眾多的。

象曰：匪其彭，無咎；明辨晢也。

譯文：孔子說：「眾多戰利品分類。」

六五：厥孚交如，威如；吉。

簡譯（論功行賞，分配公平。）

譯文：文王說：「論功行賞分配要有根據，分配公平，讓各諸侯感到信服滿意，吉。」

象曰：**厥孚交如，信以發志也。威如之吉，易而無備也。**

譯文：孔子說：「厥孚交如，誠信可以使周朝的大志向得到長久的發展。威如之吉，革命成功了，有如此的信譽也不用防備其他的禍患了。」

大藏：革命成功各諸侯有收穫，心滿意足，天下既然是諸侯、百姓之天下，自然不會戒備諸侯功高蓋主，3000年前周武革命為共和打江山。也不必費事鳥盡弓藏，兔死狗烹。

上九：**自天佑之，吉無不利。**

簡譯（上天保佑）

譯文：文王說：「上天保佑，大吉，沒有不吉利的。」

象曰：**大有上吉，自天佑也。**

譯文：孔子說：「大有上吉，自天保佑也。」

　　簡論大有卦：

　　此卦中文王告訴武王克商成功後，如何管理、如何分配商紂江山的財產首先是清點，登記，分類，然後諸侯分配。關於此卦與後面的井、姤二卦連起來論。

48.水風井
藏解易經62

六十二、水風井　安置商民百姓

井：**改邑不改井，無喪無得，往來井井。汔至，亦未繘井，羸其瓶，凶。**

簡譯（改變朝代，要改善百姓生活。）

譯文：文王說：「改變朝代，而不改變百姓的生活。既沒有喪失

什麼也沒有得到什麼，井水照樣乾枯，百姓餓得骨瘦如柴，沒有飯吃，只好勒緊褲袋，紮緊脖子。這樣的革命沒有什麼意義。革命成功沒有改善老百姓的生活，這樣就凶啊。」

【注解】

汔qì：水乾涸

繘jú：井上汲水的繩索。用繩汲井水。

羸：餓，瘦瘠饑餓。亦指瘦瘠饑餓的人。

象曰：巽乎水而上水，井；井養而不窮也。改邑不改井，乃以剛中也。往為井井，汔至亦未繘井，未有功也。羸其瓶，是以凶也。

譯文：「一切的法令政策都是因為解民與水。有井水喝老百姓就不會遭受窮困。改變朝代卻沒有改變百姓的生活狀況，不過是諸侯發生改變而已。革命目的所為何來？就是為了百姓。革命最後卻沒有把百姓生活改變，是沒有功也。只解決了諸侯問題，沒有解決饑餓的百姓現實的生活問題是凶啊。」

象曰：木上有水，井；君子以勞民勸相。

譯文：孔子說。「草木有水得以生養，建井，君子以操勞百姓的生活，教導輔助人民勞動生、養、休、息。」

初六：井泥不食，舊井無禽。

簡譯（商民饑餓）

譯文：文王說：「朝歌百姓的井啊，已經乾涸沒有水，就剩下了井裡的泥了，這都是原來的商紂沒有盡好自己的義務管理好百姓啊。」

象曰：井泥不食，下也。舊井無禽，時舍也。

譯文：孔子說：「井裏全是泥吧，百姓沒有飯食，是治國下也。

舊井無禽，百姓的生活沒有人管理，捨棄百姓農時不顧
也。」

九二：井穀射鮒，甕敝漏。

簡譯（漏碗無食）

譯文：文王說：「破舊的漏碗在井底撈魚果腹。這是商朝百姓，
漏碗無食啊。」

　　【注解】

　鮒fù即「鯽魚」：涸澈之鮒（喻處在困難中急待援助的人）。
　甕：「瓶」是汲水器一種盛水或酒等的陶器：水甕、酒甕、菜甕。
　甕城。
　敝bì：破舊，壞。

象曰：井穀射鮒，無與也。

譯文：孔子說：「井裡撲魚，沒有也。」

九三：井渫不食，為我心惻，可用汲，王明，並受其福。

簡譯（商民百姓無田）

譯文：文王說：「井邊掛滿了污泥，百姓沒有辦法吃飯喝水。為
我困難的百姓悲痛啊，現在，要幫助百姓打井汲水，要給
百姓田地種糧啊。我兒啊，做君王要賢明啊，使百姓受
福。

　　【注解】

　渫：xiè：除去，淘去污泥。
　汲jí：從井裡打水，取水

象曰：井渫不食，行惻也。求王明，受福也。

譯文：孔子說：「井渫不食，要體恤百姓也，這是文王要求武王
做王要賢明，使百姓受福。」

六四：井甃，無咎。

簡譯（修田）

譯文：文王說：「幫助百姓修井修田，沒有過錯。」

　　【注解】

　　甃zhòu：砌。以磚修井。

象曰：井甃無咎，修井也。

譯文：孔子說：「井甃無咎，修井也。」

九五：井冽，寒泉食。

簡譯（讓百姓有飯吃）

譯文：文王說：「讓窮困的百姓能喝上清泉的井水。有飯吃，過
　　　上清美的生活。」

　　【注解】

　　冽：冽香；冽泉(清泉)；清冽(清澈)。
　　寒：貧弱無助的人。

象曰：寒泉之食，中正也。

譯文：孔子說：「清泉之食，中正，好也。」

上六：井收勿幕，有孚無吉。

簡譯（給百姓分田）

　　譯文：文王說：「把土地全部收攏過來，謀劃好進行公平的
　　分配種田，讓百姓有飯吃。」

象曰：元吉在上，大成也。

譯文：孔子說：「元吉在上，有大功也。」

簡論井卦：

　　本卦是井田制之由來，此卦背後大道之深超出想像……井卦蘊藏天地大道之義，文王《易經》真經之根本，老子《道德經》之寶鑒，孔子「克己復禮」之始源……「克己復禮」一般解釋為儒家對自己行為的約束，使每件事都歸於「禮」（西周之禮）。但是孔子真正的意思並非如此。如果想瞭解克己複禮這句話，首先要理解何為禮？何為己？能懂得何為禮就可對孔子的意思思之過半矣。本卦留給讀者自悟，恕大藏不展開深解，天地皆有玄機。

　　本卦就是文王告誡武王克商成功後要如何對待百姓。此卦用東漢末史學家荀悅的一句話說明則已，荀悅說：「天性仁慈，頭腦清醒，志在天下大同，所有的舉措都是為了人民，而不是為滿足自己的私欲，這是『王主』——王主是可作帝王的君主。」

　　文王革命的最終目的：「諸侯共同，有福變如，百姓井冽，寒泉食，天下大同。」

44.天風姤
藏解易經63

六十三、天風姤　解散軍隊 分封天下

大藏：用九：群龍無首，天風姤。吉。

姤：女壯，勿用取女。

簡譯（諸侯分封，解散軍隊。）

譯文：文王說：「克商大業結束了，要立即諸侯分封，解散軍隊。不再用兵。」

彖曰：姤，遇也，柔遇剛也。勿用取女，不可與長也。天地相遇，品物咸章也。剛遇中正，天下大行也。姤之時義大矣哉！

譯文：周公說：「姤，是兩者結合，是弱小者與強大的，老的與少的，君子與小人等種種的不和諧的結合。要勿用取女去掉此種姤病，因為這種結合不可長久也。天地相遇，萬物交感而生，品類眾多，性質各異。如果勢力強硬的能夠平和中正，而不欺負弱小者，則天下平安無事順也。因此，姤的意義大啊。」

象曰：天下有風，姤；後以施命誥四方。

譯文：孔子說：「天下起風波，因此姤結而解決風波，風波平定後，要履行盟約並解散軍隊誥命四方生養休息。」

初六：系於金柅，貞吉，有攸往，見凶，羸豕，孚蹢躅。

簡譯（封地：豲道，嬴秦人。）

譯文：文王說：「戰爭結束立即停車下馬諸侯分封，嬴秦人在豲道住足可以降服兇猛的西(犬)戎，可以駐守疆土啊。」

【注解】

系於金柅（ní）：系住戰馬的韁繩。
羸：嬴秦。秦人。西周前，秦人先祖在天水河谷繁衍生息，後有功於周王室賜姓，受封「秦地」於此。
豕：犬。西戎，即犬戎也。
孚：浮現，發現。俘虜。
蹢zhí：徘徊，住足也。
躅zhú：足跡，道路也。

象曰：系於金柅，柔道牽也。

譯文：孔子說，「繫馬停車，文王知諸侯牽掛分封。」

大藏：繫於金柅，繫住戰馬的韁繩。意思是停下來。停下戰馬幹什麼？文王意思是停下戰馬不再打仗。不打仗才貞吉

麼。有攸往。是關乎未來，關乎國家的將來。什麼能關係國家的將來呢？豕凶啊！豕的部落人好戰，兇殘，豕是什麼部落呢？就是犬戎族（西部的少數民族）。犬戎族為遊牧民族，是中國古代的一個民族，即獫狁，也稱西戎，活動於今陝、甘一帶，獫、岐之間。在甘肅靜寧縣威戎（今靜寧威戎鎮）立都。族人的圖騰為狼，這個狼也可以說是獵犬，白色的獵犬，上，中古白犬如狼一般兇猛。西戎以狼犬為圖騰，說明非常尊敬犬，因此也稱作「犬戎。」為什麼說叫贏秦人在此定都呢？我們再看蹢躅二字的含義是什麼？蹢是徘徊，住足也。躅是足跡也。孚字通「俘」俘獲；俘虜，也有發現的意思。整句意思是贏秦人在犬出現的道路上徘徊。翻譯就是：叫秦人在犬戎區域駐紮定都。節制犬戎部落。

為什麼要節制犬戎呢？因為文王說見凶，文王是說犬戎人的性格好鬥。諸葛亮在《諸葛亮兵法‧西戎》說：「西戎，性情勇悍貪利，有的結城而住，有的分散居住野外，沒有充足的糧食，但金銀財寶卻很豐盈，人人都勇猛善戰，難使他們屈服。他們住在大漠以西，種族繁衍很快，有廣闊、險峻的形勢，他們習慣於逞強行兇，不願臣服於中原。所以只有等待時機，當他們外遇他族挑戰，內部混亂時，才可以向他們進兵，徹底地擊敗他們。」（西戎之性，勇悍好利，或城居，或野處，米糧少，金貝多，故人勇戰鬥，難敗。自磧石以西，諸戎種繁，地廣形險，俗負強很，故人多不臣，當候之以外釁，伺之以內亂，則可破矣。《諸葛亮兵法》說：「西戎性格從上古到西周到三國性格都沒有改變，這就是江山易改秉性難移。但是文王知道秦人可以降住他們，因此叫贏豕，孚蹢躅。」

九二：包有魚，無咎，不利賓。

簡譯（封地：山東魚臺，分給姬姓。）

譯文：文王說：「分封之地山東魚臺縣這個地方瘦，也沒啥不好，就是不肥，不利於分給諸侯，留分給姬姓吧（極國封地）。」

象曰：包有魚，義不及賓也。

譯文：孔子說：「包有魚的地方小啊，上賓（姜尚）的貢獻大啊，給賓不仗義也。」

大藏：包：包圍，包括，是指土地包括有魚的地方。古代有魚的地方是「極」，是今山東魚臺縣。位於中國山東、江蘇、安徽三省交界處，東瀕中國北方最大的淡水湖--微山湖，聞名世界的京杭大運河從東部穿流而過；南與江蘇省徐州市毗鄰，西與金鄉縣接壤，北與濟寧市隔河相望，總面積654.2平方公里。

賓：諸侯、諸伯、諸子、諸男之相為賓也。諸公之臣相為國客，是散文賓客通稱，對稱則賓尊而客卑，賓大而客小。——《周禮•司儀》

九三：臀無膚，其行次且，厲，無大咎。

簡譯（封地：鎬京，周朝武王。）

譯文：文王說：「從豐邑遷到鎬京，分批遷移，雖然過分些，但是沒有大過。」

象曰：其行次且，行未牽也。

譯文：孔子說：「分批遷移啊，可惜，沒有遷啊。」

大藏：孔子意思是，文王武王都沒有活到那個時候也。

【注解】

臀無膚：沒有肉，只有骨頭。臀：是人體中的最豐厚的部位。屬於人體山丘。在地名應該屬於豐邑(1)，無膚是臀部上的肉要刮掉，用鎬刮掉。京：也是山丘。另外：臀無肉是代表骨頭，臀骨五行為金，突起山丘為高，金加高為鎬也，因此為鎬京。

其行次且，分批遷移，且；往也。其行是指一行人，一行人可定是

西郊的原班國家人馬，次是順序，分批。且往也，連起來就是國家一行人分批前往鎬京。什麼意思？遷都也。

(1)豐邑：鎬京在今西安市長安區西北，是西周時代的首都，又稱西都、宗周。周武王即位後，由豐遷都鎬京。《詩•大雅•文王有聲》篇有：「考卜維王，宅是鎬京」，末年遷都洛邑。西周在豐鎬建都歷時為289年。

九四：包無魚，起凶。

簡譯（封地：漢江，鬻熊。）

譯文：文王說：「把漢江分給鬻熊（凶）。」

象曰：無魚之凶，遠民也。

譯文：孔子說「漢江給鬻熊，離百姓遠也。」

大藏：包無魚，是指包含漢江的地理位置。無魚，無魚是指魚不能生長，沒有魚肯定是水幹了，那地理位置肯定是漢江也。凶，同熊發音，熊乃鬻熊[yù]也，又作粥，又稱鬻熊子、鬻子。楚之祖先。相傳曾為周文王師（火師）。楚人以漢江上游丹陽為起點，取威定霸於春秋戰國，開疆拓土，先後統一了50多個小國，全盛時領域北至黃河、東至海濱、西至雲南、南至湖南。

九五：以杞包瓜，含章，有隕自天。

簡譯（封地：焦、祝、薊、陳、杞、分黃帝後代。）

譯文：文王說：「將杞縣包括瓜州周圍地區分給三皇五帝之後人。表彰三皇五帝之功績，飲水思源。」

　　神農氏的後代於焦國，賜封黃帝的後代於祝國，賜封堯帝的後代於薊，賜封舜帝的後代於陳，賜封大禹的後代於杞。

象曰：九五含章，中正也。有隕自天，志不舍命也。

譯文：孔子說：「九五含章，中華文化來源，做得對啊。飲水思

源，實現大志而不忘本也。」

大藏：杞(qǐ)，是指河南杞縣。含章是表彰。有隕自天是指隕石
　　　從天上來，文王用此話比喻，人類的文化從何而來，飲水
　　　要思源，不忘本也。

神農之後，封諸侯於焦。即今弘農陝縣是也，其後為春秋齊國所並。
黃帝之後，封諸侯於祝。即今山東濟南府是也，其後為戰國所滅。
帝堯之後，封諸侯於薊。即今北京順天府是也，其後為戰國所滅。
帝舜之後，封諸侯於陳。即今河南開封府是也，其後為田氏齊所滅。
夏禹之後，封諸侯於杞。即今河南開封府是也，其後為春秋戰國所
滅。

上九：姤其角，吝，無咎。

簡譯（封地：營丘姜尚。）

譯文：文王說：「現在要分給國家的功臣公爵（角），將地理版
　　　圖的一隅（角）齊國分給太公角氏。雖然地理小了點，沒
　　　有什麼問題。」

象曰：姤其角，上窮吝也。

譯文：孔子說：「分一隅也，再往上面也沒有什麼也。」

大藏：還有海。這裏的角氏，就是指文明之國、之民。西周初
　　　期，姜太公子牙受周武王賜封營丘，其後立諸侯國，公
　　　爵，是為齊國，並具有征伐其他不服周禮之諸侯國的特
　　　權。當初的齊國在西周時期是東方文明的代表，其國在今
　　　山東省益都縣以西至歷城、聊城兩縣之間，以及河北省滄
　　　州、景縣諸縣，東南至大海的一大片地方。角，與爵同
　　　音，音韻學上稱「古嶽切」，故而用來稱呼服侍有爵位
　　　之人。爵，實際上是古代盛酒的器具，青銅制，形似爵
　　　而無柱與流，兩尾對稱，有蓋，可用以溫酒和盛酒。西
　　　周時期禮制繁複，飲酒用具有著十分嚴格的規定，周王
　　　用尊（鐏、樽），公爵用爵（稱），侯爵用角（觚、觸），子爵用

觚，男爵用觚。其以下，卿用盉，大夫用斝(鐘)，民用盅(鍾)，再以下的無身份地位之奴、僕、婢等，所用的就稱作杯(桮)。齊國中侍奉君侯飲宴的侍從，稱角人，或角侍(觴侍)，多為君王親信，地位比車右(侍衛長)還高許多。其後裔以其官職稱謂為姓氏，稱角氏。

簡論姤卦：

一，談談姤（gòu）道：姤卦為上乾下巽，乾卦為老陽，為老男人，巽卦為長女，長女不配壯男而配老年，這是什麼象呢？這說明這種結合呀，不會長久。為什麼呢？因為長女年輕，老男老矣，說明此種結合是短暫的因緣之合。

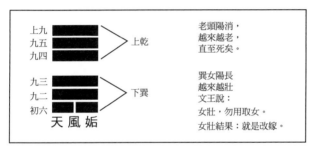

姤卦的道用在諸侯結盟上就是風雲際會，聚散有緣（原因），原（緣）了即散。好合好散。好散分封，不獨享天下。此乃姤道之用也。

本人愚見如此，並另附臨摹西周地圖一張，此乃姤卦爻辭所言的分封，非武王克商後的全部諸侯分封。望讀者明察。

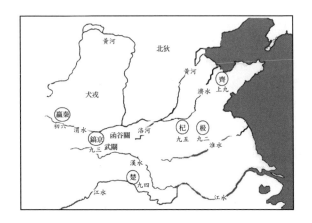

　　現在讀者可以瞭解一下與此卦相關的歷史資料。《史記，周本紀》記載：

　　二月甲子日的黎明，武王一早就來到商郊牧野，舉行誓師……（關於牧誓段背景見革卦，此處不再贅述）

　　……誓師完畢，前來會合的諸侯軍隊，共有戰車四千輛，在牧野擺開了陣勢。

　　帝紂聽說武王攻來了，也發兵七十萬來抵抗武王。武王派師尚父率領百名勇士前去挑戰，然後率領擁有戰車三百五十輛、士卒兩萬六千二百五十人、勇士三千人的大部隊急驅衝進殷紂的軍隊。紂的軍隊人數雖多，卻都沒有打仗的心思，心裡盼著武王趕快攻進來。他們都掉轉兵器攻擊殷紂的軍隊，給武王做了先導。武王急驅戰車衝進來，紂的士兵全部崩潰，背叛了殷紂。殷紂敗逃，返回城中登上鹿臺，穿上他的寶玉衣，投火自焚而死。武王手持太白旗指揮諸侯，諸侯都向他行拜禮，武王也作揖還禮，諸侯全都跟著武王。武王進入商都朝歌，商都的百姓都在郊外等待著武王。於是武王命令群臣向商都百姓宣告說：「上天賜福給你們！」商都人全都拜謝，叩頭至地，武王也向他們回拜行禮。於是進入城中，找到紂自焚的地方。武王親自發箭射紂的屍體，射了三箭然後走下戰車，又用輕呂寶劍刺擊紂屍，用黃色大斧斬下了紂的頭，懸掛在大白旗上。然後又到紂的兩個寵妃那裡，兩個

寵妃都上吊自殺了。武王又向她們射了三箭，用劍刺擊，用黑色的大斧斬下了她們的頭，懸掛在小白旗上。武王做完這些才出城返回軍營。

　　第二天，清除道路，修治祭祀土地的社壇和商紂的宮室。開始動工時，一百名壯漢扛著有幾條飄帶的雲罕旗在前面開道。武王的弟弟叔振鐸護衛並擺開了插著太常旗的儀仗車，周公旦手持大斧，畢公手持小斧，侍衛在武王兩旁。散宜生、太顛、閎夭都手持寶劍護衛著武王。進了城，武王站在社壇南大部隊的左邊，群臣都跟在身後。毛叔鄭捧著明月夜取的露水，衛康叔封鋪好了公明草編的席子，召公奭（shi，式）獻上了彩帛，師尚父牽來了供祭祀用的牲畜。伊佚朗讀祝文祝禱說：「殷的末代子孫季紂，完全敗壞了先王的明德，侮慢鬼神，不進行祭祀，欺凌商邑的百姓，他罪惡昭彰，被天皇上帝知道了。」於是武王拜了兩拜，叩頭至地，說：「承受上天之命，革除殷朝政權，接受上天聖明的旨命。」武王又拜了兩拜，叩頭至地，然後退出。

　　武王把殷朝的遺民封給商紂的兒子祿父。武王因為殷地剛剛平定，還沒有安定下來，就命令他的弟弟管叔鮮、蔡叔度輔佐祿父治理殷國。然後命令召公把箕子從牢獄裡釋放出來。又命令畢公釋放了被囚禁的百姓，表彰商容的裡巷，以褒揚他的德行。命令南宮括散發鹿臺倉庫的錢財，發放钜橋糧倉的糧食，賑濟貧弱的民眾。命令南宮括、史佚展示傳國之寶九鼎和殷朝的寶玉。命令閎夭給比幹的墓培土築墳。命令主管祭祀的祝官在軍中祭奠陣亡將士的亡靈。然後才撤兵回西方去。路上武王巡視各諸侯國，記錄政事，寫下了《武成》，宣告滅殷武功已成。又分封諸侯，頒賜宗廟祭器，寫下《分殷之器物》，記載了武王的命令和各諸侯得到的賜物。武王懷念古代的聖王，就表彰並賜封神農氏的後代於焦國，賜封黃帝的後代於祝國，賜封堯帝的後代於薊，賜封舜帝的後代於陳，賜封大禹的後代於杞。然後分封功臣謀士，其中師尚父是第一個受封的。把尚父封在營丘，國號為齊。把弟弟周公旦封在曲阜，國號為魯。封召公奭於燕。封弟弟叔鮮於管，

封弟弟叔度於蔡。其他人各自依次受封。

武王召見九州的長官，登上邠（bīn，賓）城附近的土山，遠遠地向商朝的國都眺望。武王回到周都鎬京，直到深夜不能安睡。周公旦來到武王的住處，問道：「你為什麼不能入睡？」武王說：「告訴你吧：上天不享用殷朝的祭品，從我姬發沒出生到現在已經六十年了，郊外怪獸成群，害蟲遍野。上天不保佑殷朝，才使我們取得了今天的成功。上天建立殷朝，曾經任用有名之士三百六十人，雖然說不上政績光著，但也不至於滅亡，才使殷朝維持至今。我還不能使上天賜給周朝的國運永保不變，哪裡顧得上睡覺呢？」武王又說：「我要確保周朝的國運不可改變，要找出所有的惡人，懲罰他們，像對待殷王一樣。我要日夜勤勉努力，確保我西方的安定，我要辦好各種事情，直到功德在四方放光。從洛水灣直到伊水灣，地勢平坦沒有險阻，是從前夏朝定居的地方。我南望三塗，北望嶽北，觀察黃河，仔細察看了洛水、伊水地區，這裡離天帝的居室不遠，是建都的好地方。」於是對在洛邑修建周都進行了測量規劃，然後離去。把馬放養在華山南面，把牛放養在桃林區域；讓軍隊把武器放倒，進行整頓然後解散：向天下表示不再用兵。（——《史記，周本紀》）

二，淺談分封：

文王準備推翻商紂統治建立西周新政的體制核心來源卦：

乾卦：「乾：元亨，利貞。」用九：「見群龍，無首吉。」
　　　九五：「飛龍在天，利見大人」

蓄卦：九五：「有孚攣如，富以其鄰。」

恒卦：九二：「悔亡。」上六：「振恒，凶。」

姤卦：上九：「姤其角，吝，無咎。」

中孚：九五：「有孚攣如，無咎。」上九：「翰音登於天，貞
　　　凶。」

　　這些卦中全部體現文王對大道的理解與奉行。在對國家財富問題上，能夠依道而行：當王者革命成功後擁有了前朝的全部國有財產，立刻把土地、財寶封賞給有功的大臣，有孚攣如功臣高興百姓高興，分配滿意大家心悅誠服的。文王知道建周革命的真正目的以及天下之財非己之財，取財要有道，天下之才乃眾之財，自己不能獨佔天功之密。因此，聖明的君王在對待不屬於自己財富問題上用了宇宙之大道：「中孚」，將土地分封諸侯，不和老百姓爭奪利益，這就是周朝諸侯聯邦分封，諸侯共和的制度由來。這也是一個聖明的君王掌握了真正治國的法則，這個法則就是如何將天下之財公平合理地支配使用，從而達到恒久地鼎業江山。萬物天生，宇宙創造，人皆自然，人者當享，人命雖有富貴高低，生存卻是平等，一個朝代的建立，興盛秘訣萬法歸一，不過就是制度公平。權貴者不要和老百姓爭奪利益。否則就會「負且乘，致寇至也。」

　　　　日月星辰尚依舊，辛業江山卻失守。

　　　　非是大周滅商紂，自行失道怨何由。

　　　　系於金柅下戰馬，分疆安民賜諸侯。

　　　　飲水思源不獨有，八百春秋好自由。

第六章　亢龍有悔

沒有結束，歷史螺旋輪迴

63.水火既濟
藏解易經64

六十四、水火既濟　飯熟了祭天祭地祭祖宗

既濟：亨，小利貞，初吉終亂。

簡譯（沒有結局）

譯文：文王說：「既濟是事情的發展到了尾聲，就要有結局了，結局順利，有小利，要安定啊。事物的發展都是剛開始吉利最終結果都是亂也。」

象曰：既濟，亨，小者亨也。利貞，剛柔正而位當也。初吉，柔得中也。終止則亂，其道窮也。

譯文：周公說「既濟，小順利，小者順利，要服從安貞安定才可以，要各自擺正位置，在自己的軌道上運行也。剛開始都能做到，因為柔弱的得到中間平衡，到最後結果就會生亂。結果還是失去大道沒有道也。」

象曰：水在火上，既濟；君子以思患而預防之。

譯文：孔子說：「一鍋米粥在火上煮，飯就要熟了，要小心，過火就把飯燒焦了。想吃也吃不著了。君子要想到憂患而預

防之。」

初九：曳其輪，濡其尾，無咎。

簡譯（知始知果）

譯文：文王說：「知道如何開始就要更知道如何結果，沒有過
　　　錯。」

大藏：飛機起飛時就要想到如何降落。

象曰：曳其輪，義無咎也。

譯文：孔子說：「開車，道是沒有過錯的。」

大藏：開車的人不同，大道從來都沒有變。遵守交通規則的在大
　　　道順利行駛，不遵守交通規則的會怎樣？

六二：婦喪其茀，勿逐，七日得。

簡譯（七天後處理費仲）

譯文：文王說：「費仲先不用管他，等伐紂成功七天後再處理
　　　他。」

象曰：七日得，以中道也。

譯文：孔子說：「七日得，以盡中孚之道也。」

九三：高宗伐鬼方，三年克之，小人勿用。

簡譯（「易經」，小人用之喪命。）

譯文：文王說：「我用祖宗留下的八卦歸藏，演成《易經》的
　　　方法。我兒，要在我死後三年用此克商，不可叫小人使
　　　用。」

大藏：此爻文王表明：君子得之固身，小人得之喪命。有《易
　　　經》還要有命。

象曰：三年克之，憊也。

譯文：孔子說：「預備三年後克商，準備充分。最後文王也累

　　矣、老矣。」

　【注解】

　　憊：極度疲乏。

六四：繻有衣袽，終日戒。

簡譯（貧富差距，有戒鬥。）

譯文：文王說：「你穿綢緞，我穿破衣爛衫，不平衡，貧和富所
　　　　構成的差距，每天發生戒鬥，爭久終會出現征伐的。」

　【注解】

　　繻xū：細密的絲織品。

　　袽rú：爛衣服或破舊棉絮。

象曰：終日戒，有所疑也。

譯文：孔子說：「終日戒，有危險。」

九五：東鄰殺牛，不如西鄰之禴祭，實受其福。

簡譯（殺費仲祭祀，立誓為盟。）

譯文：文王說：「諸侯總是爭鬥，為停止互相征伐，殺費仲祭祀
　　　　立誓為盟，聯合治國，平均享福。」

　【注解】

　　禴yuè祭：春天祭祀。

象曰：東鄰殺牛，不如西鄰之時也；實受其福，吉大來也。

譯文：孔子說。「祭祀，不如西鄰慶功，之食也，時勢也；實受
　　　　其福，大吉革命成功也。」

上六：濡其首，厲。

簡譯（斬費仲首級）

譯文：文王說，「斬費仲首級祭祀，諡號『厲』，代表群龍無

首，財富天下均享，共和治理。」

【注解】

厲：暴戾而不認親情的諡號「厲」，殺戮無罪之人的諡號「厲」。

象曰：濡其首厲，何可久也。

譯文：孔子說：「殺費仲，這合約能堅持多久呢？」

大藏：周朝諸侯聯邦到孔子時代，天下已經沒有道也。

簡論既濟卦：

既濟卦涉及一個歷史迷案，什麼迷案呢？就是西周利簋，下面讀者先看一篇文章：

以下文章圖片全面摘錄《百度百科》，該文章由百科小ROBOT創建。

利簋(gui，音軌)，又名武王征商簋，中國西周早期的青銅器。是迄今所見最早西周青銅器，造型莊重，紋飾是一種龍紋。1976年陝西省臨潼縣零口鄉西周窖藏出土，現藏中國歷史博物館。簋是古代的盛食具，即現代的碗。利簋，又名檀公簋。圓形，侈口，鼓腹，雙獸頭耳垂珥(er，音耳)，作獸首口銜鳥頭狀，圈足下附帶方座。腹及圈足以雲雷紋為地，分別再飾獸面紋、夔紋；方座飾獸面紋，四隅飾蟬紋。簋高28釐米，口徑22釐米。這種圈足連鑄方座的簋是西周初期新出現的形式。簋腹內底鑄銘文4行32字。

利簋記載的史實證實了周武王於甲子日滅商準確無誤，為商周斷代提供了不可代替的實物標本。其內壁銘文明確記載「武王征商」之役發生在某年「甲子」日的早晨，「歲」星正當中天。在「夏商周斷代工程」實施過程中，碳14測年專家用

西周初年遺存中出土的炭樣作了測年，給出武王伐紂之役發生在西元前1050——前1020年的年代範圍；天文學家依據銘中所記「甲子」日「歲」（木）星在中天的天象，參照《國語•周語下》記載的天象記錄，計算出武王伐紂的時間在西元前1046年01月20日。由此，古代史上這一著名的戰役有了一個絕對年代；它為商周兩代的劃分，提供了重要的年代依據。

2012年，《國家人文歷史》（原《文史參考》雜誌）獨家邀請九位考古、文博方面的專家，在國寶中做取捨之間的思量、權衡，盤點出中國文物中的九大「鎮國之寶」。利簋為鎮國青銅器。

銘文解釋：

簋腹內底鑄銘文4行32字如下：

　　武王征商，唯甲子朝，歲鼎，克昏夙有商，辛未，王在闌師，賜有事利金，用作檀公寶尊彝。

譯文大意是：

武王征伐商國，甲子日早上，歲祭，占卜，能克，傳聞各部軍隊，早上佔有了朝歌，辛未那天，武王的軍隊在闌駐紮，賞賜右史利銅，用作檀公寶尊彝。

武王伐商，甲子日凌晨歲星正當其位，宜於征伐；戰勝商朝八天後的辛未日，武王在軍隊駐地賞「有司」利以銅，利覺得很榮耀，就用銅來鑄造寶器以紀念這件事。再有是從開戰後的第八天，就對有關人員進行獎勵，說明戰爭持續的時間不長。

上文就是《百度百科》關於西周利簋的介紹，關於武王克商的時間，我在前面革卦中已經有具體地解讀。此處不必再言，重點說說這個簋。

簋，圓口，雙耳。自商代開始出現，延續到戰國時期。《周禮•冬官•考工記•第六•磬氏/車人》記載：施人制作簋，容量為一瓠（瓠hú：古代量器名。一斗二升为一瓠。），高一尺，厚半寸，口緣厚一寸。《周禮•地官•舍人》：「凡祭祀，共簠簋」。

古籍中多寫作簋，而銅器自銘則常為「皂殳」。青銅簋器物造型形式多樣，變化複雜，有圓體、方體，也有上圓下方者。早期的青銅簋跟陶簋一樣無耳，後來才出現雙耳、三耳或四耳簋。據《禮記•玉藻》記載和考古發現而知，簋常以偶數出現，如四簋與五鼎相配，六簋與七鼎相配。

簋，流行於商至春秋戰國時期。主要用於放置煮熟的飯食。簋的形制很多，變化較大。商代簋形體厚重，多為圓形，侈口，深腹，圈足，兩耳或無耳。器身多飾的獸面紋，有的器耳做成獸面狀。西周除原有式樣外，又出現了四耳簋、四足簋、圓身方座簋、三足簋等各種形式，部分簋上加蓋。商周時多數簋體形厚重，飾雲雷、乳釘等紋飾，少數為素面或僅飾一二道弦紋。春秋時期，簋的銅胎變薄，花紋細碎，有的簋蓋鑄成蓮瓣形。戰國以後，簋極少見到。簋是商周時重要的禮器。宴享和祭祀時，以偶數與列鼎配合使用。史書記載，天子用九鼎八簋，諸侯用七鼎六簋，卿大夫用五鼎四簋，士用三鼎二簋。

我根據這個簋的銘文重新給大家翻譯一遍以下是本人愚見。

武王征商，唯甲子朝（1），歲鼎克昏（2），夙有商（3），辛未（4），王在闌師（5），易有事，（6）利金（7），用作檀公寶尊彝（8）。

（1）武王征商，唯甲子朝：武王在甲子日征商。

什麼是王？《逸周書諡法解》集仁、義在身的稱「王」。

什麼是武？《逸周書諡法解》戰勝禍災又平定動亂的諡號「武」。

此處的武王克商是隱藏著文王，武王，文王二王的兩代克商的使命在此完成。把他譯成武王征商也是可以說得通的。

（2）歲鼎克昏：同年殺費仲，殺昏君殺昏臣。（見上六：「濡其首，厲。」）

《史記·殷本紀》記載：「費中善諛，好利，殷人弗親」。在《史記•周本紀》中記有西方崇國的君侯曾向殷紂王告發「西

伯積善累德，諸侯皆向之，將不利於帝」。商紂王得知，「乃囚西伯於裏」。西伯昌之臣閎夭買通了費仲，給商紂王獻上了「有莘氏美女，驪戎之文馬，有熊九駟，他奇怪物」。商紂王非常高興，說「此一物(按：指有莘氏美女)足以釋西伯，況其多乎！」於是釋放了西伯，並「賜以弓矢斧鉞，使西伯得征伐」。幾年後，西伯伐滅了崇國，並「作豐邑」，把都城從岐遷到了豐。

費仲可說是一個奸臣，詭計多端，最後商亡，被處斬首，這或許就是一個奸臣的歸宿。

（3）夙有商：各諸侯共同有了商朝天下。

（4）辛未：辛未日，克商甲子日後7天。（見本卦六二爻：「婦喪其茀，勿逐，七日得。」）

（5）王在闌師：王在分封。

（闌師：把諸侯軍隊一塊一塊圍圈起，象徵著分土地，分封。來見六四：「繻有衣袽，終日戒。」）

克商日	1	2	3	4	5	6	7
甲子	乙丑	丙寅	丁卯	戊辰	己巳	庚午	辛未

（6）易有事：易，指革命，指易經也。革命征商大業（易經）改換朝代的事業。

九三：「高宗伐鬼方，三年克之，小人勿用。」

（7）利金：利是費仲之諡號「厲」之稱謂。金，為雞血也是費仲之血，用費仲之血祭天地祖宗，及戰爭中的死去的將士亡魂。

為什麼是雞？雞彝是六彝之一，用戰爭祭祀亡魂的。雞的地支為酉，酉的五行為金。金雞報曉，金雞一叫天下白。另外這裏的雞也代表著所有的諸侯。為何？文王在中孚卦中上九說：「翰音登於天，貞凶。」這個翰音既是雞的叫聲也，雞也金也，金也，諸侯也，王者，龍也。利金就是克商大業利於各諸侯也。易

有事利金這句話可以連起來看，就是革命征商大業改換朝代利於各諸侯國。

（8）用作檀公寶尊彝：此處有兩個意思，一是文王先祖亶父[1]，二是《歸藏》大寶後被文王發揚而演的《易經》。也就是說寶典是宇宙的大道天賜之物，在這裡也被敬奉。

【注解】

古公亶父[1]：古公，姬姓，名亶父，人名，又被尊稱為「周太王」。陝西省旬邑縣（古稱「豳」）人。據推算古公亶父是軒轅黃帝的第35代孫，是周祖後稷的第12代孫。他是中國上古周族領袖。周文王的祖父。亶父「積德行義，國人皆戴之」，而戎、狄等遊牧部落卻常侵逼進犯。周人雖同仇敵愾，準備與狄人決一死戰，但畢竟不是狄人的對手，於是古公亶父決定率周人棄地出走，舉族南遷周原另圖發展。岐山之下的周原是片沃土，在這裏長出的野菜也會象飴糖那樣甜美。古公亶父率周人於此劃分田界，挖溝泄水，墾殖耕地，進一步發展農業生產。在這裡建都邑，設宗廟，立太社，設官分職，官職庶務，奠定了周人國家的基礎，定國號為周，因而被周人尊為太王。古公亶父在周人發展史上是一個上承後稷公劉之偉業，下啟文王武王盛世的關鍵人物。

現在譯文完整地連起來就是：

原文：武王征商，唯甲子朝，歲鼎克昏，夙有商，辛未，王在闌師，易有事。利金，用作檀公寶尊彝。

譯文：武王甲子日征商，各王諸侯分封，為紀念諸侯革命征伐成功，與同年辛未日殺費仲祭首（諡號利）以示群龍無首共同擁有商朝天下。以立此簋，用作檀公寶尊彝。

那麼為什用簋呢？《周禮‧地官‧舍人》：「凡祭祀，共簠簋」，方曰簠（fǔ）。圓曰簋（guǐ）。簋是古代祭祀和宴饗時盛放黍、稷、粱、稻等飯食的器具。簋是盛放煮熟飯食的器皿。「凡祭祀，共簠簋」的意思就是凡是祭祀，用簠簋，盛上飯，加以陳列。在《易經》中前面損卦中有「二簋可用享。」文王叫武王給費仲單獨送禮。簋也就在此隱藏了。

其實這個簋就是這個水火既濟卦，上面水裡面是飯，下面火

就是燒飯，既濟飯熟了，要祭天祭地祭祖宗，此處文王的意思是殺費仲以血祭祭江山社稷也。

一陰一陽謂之道，佛說六世輪迴。看《易經》就知道了，前世今生的輪迴不說，就說人世間的輪迴全在《易經》的六個爻裏麼，世間輪迴，不過是人心的輪迴罷了，人心不滿，所謂初吉，柔得中也。用大白話說就是窮人變富人了，小官變大官了，終止則亂是說，等有錢了，有權了又不滿意現實的一切還想追求更富，更大的官，人心黑洞永遠填不滿，人的思想意識永遠在這個黑洞裏轉來轉去，不滿足。老子說：「金玉滿堂，莫之能守；富貴而驕，自遺其咎。功成身退，天之道也」。佛說，一切皆空。文王說：「既濟：亨，小利貞，初吉終亂。」「既濟」，輪迴的開始，沒有結局。這是3000年前的聖人思維啊！多少人誤解《易經》，誤解上古聖人思維，認為陰陽就是二元論，相對論。如果真正瞭解《易經》，就知道《易經》是多元論，多維思維，從一點輻射多點，演變事物不同，時空多維。太極點，到底在哪里？文王《易經》太極點起於坎卦，止與艮卦，擔心變於「既濟」。商朝緣滅妲己母雞打鳴，周朝亡於褒姒一笑，紅顏妙能視，江山令人愁。

既濟，未濟，是二元乎？是多元乎？是二元論，紅顏一笑與江山何干？一點輻射多點，物物相關，紅顏一笑，別人愁也，別人愁也，江山滅也！多元萬物相關。

在小過卦簡論中我提到，要如何處理費仲的問題。看這個卦得知費仲被既濟了，既是祭天祭祖也，是諸侯共同遵守承諸群龍無首共治天下「鳳有商」。「鳳有商」就是沒有龍，諸侯國治理天下。一群鳳凰，名號大周（大周取為天圓360度），擁立中央之國作為周天子，周天子是稱號，相當於現在美國的總統，大周土地是諸侯聯邦的。百姓井田而制，各諸侯聯邦在周天子廟明堂聽政共同治理天下，開始了中華古國的聯邦政治。歷史不能粉飾，歷史也不能掩埋。人類歷史到底多少年，7000年乎？人類的歷史誰說了算？是文字的歷史，還是思維的歷史？人類是否進

步？古人是否落後？遠古的人民是迷信還是瞭解更神秘的自然？現代人類是進步了、科技了還是過極而浮躁？人類在自然之外還是在自然之內？人類的盲目自大讓地球到處受傷，人類的貪婪瘋狂最終也是自然難逃。從乾變坤，從未濟到既濟難道只是幾百年的循環嗎？沒有千年的循環嗎？沒有萬年的循環嗎？我們現在的人類到底比古人知道多少？3000年的古人尚知道遵守大道，以道是從，今人卻只剩下貪婪，商朝一個費仲讓眾諸侯斬首祭天，今人成群的費仲是否永遠安然？商朝一個妲己讓紂王失去了江山，今人數不清的妲己也讓高官夕陽落山。今人除了需要錢還需要什麼？千瘡百孔的地球，到處漏坑的地球，此輩子已經出現危機，後代子孫又將如何？自認為聰明的現代人，與甜美的清泉絕緣，與清晰的空氣絕緣，看不到美麗的蝴蝶，只能看到滿天的陰霾，與肥沃的土地絕緣，再也吃不到綠色自然的食品，全成了化學人，就算擁有了千年的財富，住上千平萬平的房子，毒空氣、毒水、毒食品包圍着你，沒有了自然，人們又有何幸福而言。

想想吧，既濟未濟，歷史螺旋輪迴。看《易》思「易」，看道如何輪迴？

人類歷史無論如何螺旋發展，「道」是永遠不能改變！只要宇宙在，「道」就永遠存在！

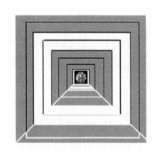

關於我

> 贊我中華，生有文王，
> 大音稀聲，道隱無形。
> 羑里服坎，演易興周。
> 易經出世，聖人來復。
> 老子示道。孔子樹德，
> 中華三聖，萬世當尊。

　　我生於中國鞍山，現居住廣州，大藏是母親道家的師傅，我稱為師爺在我幼年入道送我的道號，我本名叫吳思洋。自幼喜歡神秘文化，少年時期隨家母學藝，家母精通八字、風水及其占卜。家母受外祖父影響對佛道儒一生不懈研究，因此，在我的少年時期便為我的哲學基礎注入深深的根基。在我的同年人正為人生描繪更多偉大夢想時，16歲的我念完中學二年便決定輟學，想一心與母親學藝，我想先跟母親學習，學成後在根據自己的喜好再重新進入社會讀書，雖然，這樣打破了國內正常的就學和就業程式，但我想沒有關係，人生不需要統一一種模式。我個性隨意，喜歡自由的生活，沒事喜歡喝上一杯小酒，看看書，下下棋，有人需要我，我就給其看看風水，說說命。也許是很早離開學校的緣故，多年沒有經歷學校群體生活，因此我的語言能力遲鈍跟不上大腦的思維，如果我的思維可以想到十，我的語言只能表達二，說話不是我的特長，寫點文章勉強可以。多年學習道學有些體會，與母親論道偶爾會提出自己的一些觀點和看法，母親就鼓勵我應該寫點什麼。受到母親的鼓勵，我就想寫一本書，曾記得小時候見母親寫過幾本小說，後來母親都將書稿燒掉，我父親說：「燒了真可惜，那麼好的小說。」母親說：「寫的都不是有靈魂的作品，毫無價值，燒了有何可惜。」母親的這句話讓我經年忘不了，因此，這次提筆寫書又想起了母親的這句話。就想

寫點有價值的，這樣就不會枉費時間。免得像母親一樣日後不滿意費力燒書，心想又何必多此一舉。鄙人自小喜歡看《易經》、《道德經》、《論語》，但久讀之下便對現存譯文產生歧義。《道德經》、《論語》歧義不算太大，《易經》歧義卻是很大。這是一個百花開放的年代，我也想開一朵小花，讓其在花海爭豔一下，因此比較三本書，非《易經》莫屬。又因我人太懶，也許寫了一本，再也不會寫第二本了，如此一來，就更非《易經》不可了。這或許是我這一輩子唯一願意花時間寫的一本書，子曰：「朝聞道，夕死可矣。」我想：「我寫了《道解易經--文王聖經》，就是此時讓我離開人世，我都不遺憾，人生留一經，足矣！」另外又想，文王、老子、孔子，三聖千年掩其塵，真容不現實是我中華之不幸，也是人類之不幸。道乃天地之情，如何能讓《易經》與三聖繼續蒙塵？因此抱著必須讓三聖一同現世點醒世人「迷茫」的心情也要寫《道解易經--文王聖經》。從提筆到書成歷經三年，多次掩淚，心情難以用筆墨所形容，無論如何，大藏理解下的聖人、《易經》就要再現世人，褒貶爭議、見仁見智皆屬正常，人生無常、結果無常。

最後，要說明的是，鄙人學歷不足文字功底有限，所想所思筆墨難以描盡。譯文、觀點難免出現錯誤。《易經》大道高深玄奧，我大藏只能識得萬分之一，因此取「易」一隅，鄙人僅以此書呈獻給世人，作為2013年「拋磚」獻禮，正如文王當年「演易」引來春秋戰國百家爭鳴。希望《道解易經》一書同樣帶來新時期的百家爭鳴。能使各家大師高臺貴筆現出私藏的真知寶鑒，讓中華文化、文明從此真正崛起。此書書成正逢國家在做強國之夢，也僅以此書作為獻禮，並希望中國夢要從悔亡開始！

另，大藏成書即攜酒遁山林，臨別一賦。

何然謂佛，心動即佛，靜心無念，戒定成佛。
何然謂我，癡迷是我，不知本源，身外求佛。
何然謂神，人心難測，不測之心，皆然是神。
身同天地，同屬塵埃，宇宙道法，心通自然。
人類伊始，真理就現，空氣陽光，水源大地。
誰人不享，誰可離缺，命之所宰，道之真機。
各教真知，皆知此理，後人愚癡，妄尋天機。
藩籬牆笆，高高築起，為己之利，各自攻擊。
各種皮膚，人人神通，生之父母，同來天地。
天賦秉性，地賦營肌，失去二位，何人生之。
天父教我，陽光雨露，空氣雷電，絲絲是愛。
地母教我，育化萬物，資源礦場，盡盡為慈。
春夏有序，日月不爭，和諧守靜，同為兄弟。
開天闢地，人類始生，亙古不變，只此至理。
天外求法，自說自法，做法作罰，人文失序。
天地共主，母慈父愛，有孚變如，何來困難。
春夏秋冬，否泰福來，即濟未濟，乾坤輪轉。
有咎無咎，亨利悔厲，物物相對，吉凶亦然。

天地已立，道法自然，萬法由心，天機人性。
人發殺機，爭權奪利，王發殺機，炮火連天。
地發殺機，山毀海嘯，地震災異，滾滾起來。
天發殺機，龍卷颶風，太陽風暴，暴雨劇降。
天心互感，人發天發，心生此物，必死此物。
天地齊發，人之必潰，天能生你，天亦殺你。
聖人盡知，居羑演易，留預後人，以示周全。

何者為易，易之日月，一陰一陽，謂之道矣。

陽道為男，強者為剛，剛者守序，不要爭也。

陰者為女，弱者為柔，柔者守德，不要逆也。

天地人三，三才即分，天為義道，地為德道，

人為中道，中道為五，五常齊備，才為順道。

人全陰陽，福禍相依，順道為福，逆道為禍。

尊道守德，有禍也消，廢道亂德，禍來難逃。

不信看易，易理一理，今拜文王，在此說易。

眾人得易，要敬文王，周公孔子，老子聖人。

人能識此，當見真機，真機一現，萬法歸一。

大道恒一，萬國咸寧，人類守序，天下大同。

書終

大藏成書於中國廣州

2013年3月17日

國家圖書館出版品預行編目資料

道解易經 / 大藏 著

--初版-- 臺北市：蘭臺出版社：2014.5

ISBN 978-986-6231-76-6 (平裝)

1.易經 2.研究考訂

121.17　　　　　　　　　　102022558

易經研究 2

道解易經

作　　者：大藏
編　　輯：雷中行
美　　編：林育雯
封面設計：林育雯
出 版 者：蘭臺出版社
發　　行：蘭臺出版社
地　　址：台北市中正區重慶南路1段121號8樓之14
電　　話：(02)2331-1675或(02)2331-1691
傳　　真：(02)2382-6225
E—MAIL：books5w@yahoo.com.tw或books5w@gmail.com
網路書店：http://www.bookstv.com.tw
　　　　　http://store.pchome.com.tw/yesbooks/、http://www.5w.com.tw
總 經 銷：成信文化事業股份有限公司
劃撥戶名：蘭臺出版社 帳號：18995335
網路書店：博客來網路書店 http://www.books.com.tw
　　　　　華文網路書店、三民書局
香港代理：香港聯合零售有限公司
地　　址：香港新界大蒲汀麗路36號中華商務印刷大樓
　　　　　C&C Building, 36,Ting, Lai, Road, Tai,Po, New,Territories
電　　話：(852)2150-2100　傳真：(852)2356-0735
總 經 銷：廈門外圖集團有限公司
地　　址：廈門市湖裡區悅華路8號4樓
電　　話：86-592-2230177
傳　　真：86-592-5365089
出版日期：2014年5月 初版
定　　價：新臺幣680元整（平裝）
ISBN：978-986-6231-76-6